根据教育部、中央军委国防动员部2019年制订的《普通高等学校军事课教学大纲》编写

大学生军事教程

《大学生军事教程》编写组　编

东北大学出版社
·沈　阳·

ⓒ《大学生军事教程》编写组　2020

图书在版编目（CIP）数据

大学生军事教程 /《大学生军事教程》编写组编 . — 沈阳：东北大学出版社，2020.8（2021.8 重印）
　　ISBN 978-7-5517-2477-7

Ⅰ. ①大… Ⅱ. ①大… Ⅲ. ①军事理论—高等学校—教材　Ⅳ. ①E0

中国版本图书馆 CIP 数据核字（2020）第 141211 号

出 版 者：东北大学出版社
　　　地　址：沈阳市和平区文化路三号巷 11 号
　　　邮　编：110819
　　　电　话：024-83680182（总编室）　　83687331（营销部）
　　　传　真：024-83680182（总编室）　　83680180（营销部）
　　　网　址：http // www.neupress.com
　　　E-mail：neuph@neupress.com

印 刷 者：辽宁一诺广告印务有限公司
发 行 者：东北大学出版社
幅面尺寸：185 mm×260 mm
印　　张：16
字　　数：440 千字
出版时间：2020 年 8 月第 1 版
印刷时间：2021 年 8 月第 2 次印刷
策划编辑：曹　明
责任编辑：石玉玲
责任校对：李　佳
封面设计：潘正一

ISBN 978-7-5517-2477-7　　　　　　　　　　　　　　　　　定　价：46.00 元

目录

第一章 绪 论

第二章 中国国防
    第一节 国防概述……………………………………………………………010
    第二节 国防法规……………………………………………………………019
    第三节 国防建设……………………………………………………………028
    第四节 国防动员……………………………………………………………042

第三章 军事思想
    第一节 军事思想概述………………………………………………………050
    第二节 毛泽东军事思想……………………………………………………054
    第三节 邓小平新时期军队建设思想………………………………………065
    第四节 江泽民国防和军队建设思想………………………………………071
    第五节 胡锦涛关于国防和军队建设的重要论述…………………………076
    第六节 习近平关于全面推进新时代强军思想的重要论述………………082

第四章 国际战略环境
    第一节 战略环境概述………………………………………………………092
    第二节 国际战略格局………………………………………………………101
    第三节 中国周边安全环境…………………………………………………105

第五章 军事高技术
    第一节 军事高技术概述……………………………………………………110
    第二节 高技术在军事上的应用……………………………………………114
    第三节 高技术与新军事革命………………………………………………132

第六章 信息化战争
第一节 信息化战争概述……138
第二节 信息化战争的基本特点与发展趋势……139
第三节 信息化战争与国防建设……143

第七章 共同条令教育与训练
第一节 《内务条令》教育……148
第二节 《纪律条令》教育……152
第三节 《队列条令》教育……153

第八章 轻武器射击
第一节 轻武器常识……166
第二节 简易射击原理……174
第三节 射击动作……187

第九章 战 术
第一节 战斗类型和战斗样式……196
第二节 战术基本原则……200
第三节 单兵战术动作……203

第十章 军事地形学
第一节 地形对军队战斗行动的影响……208
第二节 地形图基本知识……213
第三节 现地使用地图……227
第四节 定向运动……235

第十一章 综合训练
第一节 行 军……242
第二节 宿 营……245
第三节 野外生存……247

参考文献

第一章

绪 论

一、国防和军队建设的重要性

当前,国际形势继续发生深刻而复杂的变化。和平与发展依然是当今时代的主题,国际形势发展的基本态势保持总体稳定,但不确定、不稳定、不安全因素有所增加,所以建立强大的国防是保障国家安全的前提。

世界多极化、经济全球化趋势在曲折中深入发展。国际力量对比正在发生新的变化,主要力量重新分化组合和利益重新分配的进程加快。大国关系出现新的深刻调整,既相互合作又相互制约。经济全球化和科技进步带来新的发展机遇,全球产业结构调整步伐加快,区域经济合作持续发展,各国相互依存加深,共同利益增加。但是,公正、合理的国际政治经济新秩序尚未建立。霸权主义和单边主义有了新的发展,围绕战略要地、战略资源和战略主导权的斗争此起彼伏,局部战争和地区冲突对国际和地区安全形势产生深远影响。世界经济发展不平衡加剧,南北差距拉大,经济安全面临新的问题。

军事因素对国际格局和国家安全的影响加深。世界新军事变革加速发展,战争形态正由机械化向信息化转变,信息化成为提高军队战斗力的关键因素,体系对抗成为战场对抗的主要特征,非对称、非接触、非线性作战成为重要作战方式。世界主要国家调整安全战略和军事战略,发展高新技术武器装备,创新军事理论,加快军队转型。以信息化对机械化、半机械化的军事技术时代差距仍在拉大,世界军事力量对比进一步失衡。军事力量对保障国家安全的作用进一步凸显。

亚太地区安全形势基本稳定。亚太依然是全球最具经济活力的地区。绝大多数国家以发展为主要政策取向,大国关系保持改善和发展势头,和平协商成为解决争端的基本途径,不同形式的安全对话与合作日趋活跃。亚太经济合作组织在促进共同发展方面发挥着重要作用。上海合作组织的机制化建设基本完成,并不断扩大和深化政治、安全、经济、人文等领域的合作,在促进地区和平、稳定、发展方面的作用进一步展现。中国与东盟国家建立致力于和平与繁荣的战略伙伴关系,双方合作全面、快速发展。以东盟与中、日、韩为主的东亚合作不断扩展,促进了区域经济发展和政治、安全互信。东盟地区论坛作为亚太地区最重要的官方多边安全对话渠道,对促进地区安全合作发挥了积极作用。朝鲜半岛核问题已步入通过对话和平解决的轨道,六方会谈进程在讨论实质问题和推进机制化等方面取得一定进展。印巴紧张局势缓解,两国保持和平对话势头。

亚太地区安全形势中的复杂因素也在增加。美国重组和加强在亚太地区的军事存在,强化军事同盟关系,加速部署导弹防御系统。日本加紧推动修宪进程,调整军事安全政策,发展并决定部署导弹防御系统,对外军事活动明显增加。六方会谈基础尚不牢固,解决朝鲜半岛核问题仍存在不确定因素。恐怖主义、分裂主义、极端主义威胁依然严峻,走私、海盗、贩毒、洗钱等跨国犯罪活动猖獗。许多国家面临消除贫困、实现可持续发展、加强公共卫生安全等多方面的艰巨任务。

台湾海峡两岸关系出现缓和,但局势纷繁复杂,变幻莫测。国共两党顺应民情民意,积极推动两岸经济文化交流,促进了两岸交流的快速发展,两岸感情逐步升温。民进党及"台独分子"肆意挑衅两岸同属一个中国的现状,图谋分裂中国的"台湾独立"活动明显升级。他们不断鼓吹两岸"一边一国"的分裂主张,煽动岛内民众仇视大陆,破坏中国主权和领土完整,危害台海两岸及亚太地区和平与稳定。美国多次重申坚持一个中国政策、遵守三个联合公报、反对"台湾独立"的立场。但是,美国继续提升售台武器的数量和质量,向台湾当局发出错误信号,不利于台海局势的稳定。

经济发展需要国家主权的存在,更需要有强大的国防。多年来,中国走经济建设与国防建设协调发展的道路。经济越发展，越需要国防的保障。诸如重要城市、经济区域、交通枢纽、大型水利电力工程设施、核电厂等战略经济要地（要点）的安全在国防安全中占有重要地位。人民解放军是国防安全的主体。发扬我军优良传统，完成向机械化、信息化的转变，把人民解放军建设成为一支现代化的武装力量，尤其是发展海、空军力量，加快中国特色的军事变革，刻不容缓。它是确保中国的主权不受侵犯、领土完整统一和安全、参与维护国际新秩序及在国际军事交往与对抗中掌握战略主动权的实力依托和决定性条件。

中国近、现代史的沉痛教训告诉我们，没有强大的国防力量，经济的发展也会化为乌有。有关资料统计，1820年中国的经济发展水平居世界第一，但20年后在鸦片战争中惨败；1890年中国的国民生产总值是日本的5.8倍，但4年后中国在甲午战争中被日本打败，之后又在中法战争和八国联军入侵中，被迫签订了一系列丧权辱国的不平等条约。中国人民对国防重要性的认知是从先人的血泪中得到的。

要深刻认识经济建设是国防建设的基本依托，国防实力是综合国力的重要体现，努力建设与国家安全和发展利益相适应的巩固国防和强大军队。深刻认识履行新世纪新阶段我军历史使命是党的重托、人民的期望，全部工作都要围绕有效履行这一历史使命来展开，各项建设都要围绕提高履行历史使命的能力来进行，确保能够有效应对危机、维护和平、遏制战争、打赢战争。要深刻认识必须始终把思想政治建设摆在军队各项建设的首位，作为军队的根本性、基础性建设抓紧抓好。要深刻认识我们必须主动适应世界军事变革趋势，奋发有为地把中国特色军事变革推向前进。

党的十九大报告强调要坚持走中国特色强军之路，全面推进国防和军队现代化。"国防和军队建设正站在新的历史起点上。面对国家安全环境的深刻变化，面对强国强军的时代要求，必须全面贯彻新时代党的强军思想，贯彻新形势下军事战略方针，建设强大的现代化陆军、海军、空军、火箭军和战略支援部队，打造坚强高效的战区联合作战指挥机构，构建中国特色现代作战体系，担当起党和人民赋予的新时代使命任务。"这一论述明确了新时代新阶段全面推进国防和军队现代化的任务和要求。

我们党历来高度重视国防建设，根据发展阶段的不同及形势任务的变化适时提出处理国防建设和经济建设关系的原则和方针。新中国成立初期，毛泽东同志就提出了一手抓经济、一手抓国防的方针。20世纪80年代，邓小平同志提出了国防和军队建设要服从和服务于国家经济建设大局，并在这个大局下面行动的战略思想。江泽民同志在党的十六大报告中提出，坚持国防建设与经济建设协调发展的方针，在经济发展的基础上推进国防和军队现代化。胡锦涛同志指出，坚持国防建设与经济建设协调发展的方针，是我们党对国防建设和经济建设内在规律的科学总结。经济建设是国防建设的基本依托。国防实力是综合国力的重要组成部分。我们在集中力量进行经济建设的同时，必须切实加强国防建设，使国防建设和经济建设协调发展，形成相互促进的良好局面。党的十八大以来，以习近平同志为核心的党中央着眼于实现中国梦强军梦，作出了推动军民融合深度发展的战略部署。把军民融合发展上升为国家战略，是我们党长期探索经济建设和国防建设协调发展规律的重大成果，是从国家发展和安全全局出发作出的重大决策，是应对复杂安全威胁、赢得国家战略优势的重大举措。在党的十九大报告中，习近平同志从坚持和发展新时代中国特色社会主义的基本方略、决胜全面建成小康社会坚定实施的国家战略、坚持走中国特色强军之路等不同角度三次提到军民融合发展，并且对如何形成军民融合深度发展格局、构建一体化的国家战略体系和能力作出重大战略部署。

二、学生军事训练的发展

新中国成立以来，党和国家十分重视国防教育，尤其注重培养青少年学生继承光荣传统、树立国防意识、增强保卫祖国的责任感。1955年8月，中央军委依据《中华人民共和国兵役法》（以下简称《兵役法》）的规定和广大学生的要求，向党中央递交了在高等院校进行学生军事训练的报告，为部队培养预备役军官。该报告中指出，高等院校的军事训练，除学习一般军事知识、进行军事生活锻炼外，还应在普通学科的基础上，增加学习有关的军事专业知识。1955年11月1日，中央批准了在高等院校进行学生军事训练的报告。从1955年冬季起，首先在北京体育学院、北京钢铁学院进行试点。1956年暑假后，经国务院批准，又增加了北京邮电学院等12所高等院校。在两批共14所高等院校中，进行了21种军事专业课的训练，受训学生共1万多人。1956年年初，高等教育部根据周恩来同志关于培养经济建设干部要快、要好、要多，以及高等院校学生军事训练应当减少时间或缓办的指示，同训练总监部反复研究，提出了军训时间的意见，并报国务院。7月28日，国务院常务会议决定1956年秋在北京邮电学院等12所高等院校进行学生军事训练的时间全期为150小时，最多不超过200小时。1955—1957年，教育部、国防部依据《兵役法》的规定，为了对中等学校进行征集前军事训练，并为高等学校军训打下基础，先后在全国127所中等学校进行学生试点军训，训练时间为100小时，受训学生共7万余人。当时重点是大学培养预备役技术军官；高中进行基础军事训练。这一举措对激发学生的爱国主义热情、增强国防观念、扩大知识面、促进教学起到了积极作用。

20世纪60年代初，经国务院批准，全国53个大中城市的38所高等院校和70所高级中学（中专）的一年级学生进行了军训试点。1956年，根据中央有关大专院校学生到部队当一段时间兵的指示精神，全国又有部分大专院校学生到部队当兵。"文革"期间，党和国家各项事业遭到新中国成立以来最严重的挫折，有些学校虽然也组织了军训，但失去了军训的意义。党的十一届三中全会以后，我国的政治、经济建设形势出现了新中国成立以来的大好局面，开展学生军训的时机渐趋成熟。中共中央在《关于调整民兵组织的报告》（中发〔1981〕11号文件）中规定，高等院校要把学生军事训练纳入教学计划，部分学校恢复了学生军训工作。1985年，国家教委、解放军三总部等八部委联合发出的通知中指出："高等学校学生接受军事训练，是保卫社会主义祖国应尽的义务。通过军事训练，使学生树立爱国主义思想和保卫祖国的观念，增强组织性、纪律性，初步了解现代战争的基本特点，掌握基本的军事知识和技术，随时准备响应祖国号召，打击侵略者。"因此，1985年年底，全国有52所高校和102所高级中学（中专）作为试点进行学生军事训练。1986年年初，中央领导同志强调以后对高等院校新生要集中进行军事训练，过一段时间严格的军事生活。中央军委领导同志也强调指出：学生军训不但要搞而且要搞好，搞成功，要形成制度。军队要把这项工作作为一件大事来抓，只能办好，不能办坏。1987年，学生军训试点高校由1986年的69所增加到105所。其中，到部队训练的为40所，在校内训练的为65所。为了进一步搞好学生军训试点工作，国家教委、总参谋部、总政治部、总后勤部还于1987年5月颁发了文件，就试点范围、军训的时间和内容、军事教员配备及学生军训的经费和物资保障等方面作出了明确规定。

随着学生军训工作的深入开展，这一形式最终被国家以法律程序固定下来。1984年5月31日，第三届全国人大二次会议审议通过的《中华人民共和国兵役法》对学生军训做出明确规定：高等院校的学生在就学期间，必须接受基本军事训练。根据国防建设的需要，对适合担任军官职务的学生，再进行短期集中训练，考核合格的，经军事机关批准，服军官预备役。高等院校设军事训练机构，配备军事教员，组织实施学生的军事训练。培养预备役军官的短期集中训练，由军事部门派出现役军官与高等院校军事训练机构共同组织实施。高级中学和相当于高级中学的学校，配备军事教员，对学生实施军事训练。高等院校和高级中学学生的军事训练，由国家教委、国防部负责。教育部门和军事部门设学生军事训练的工作机构或者配备专人承办学生军事训练工作。1997年颁布的《中华人民共和国国防法》（以下简称《国防法》）对学生的军事训练和国防教育也作了具体阐述。在2001年4月28日第九届人大常委会第二十一次会议通过的《中华人民共和国国防教育法》里，特别将学校国防教育作为第二章列在总则之后，明确指出："学校的国防教育是全民国防教育的基础，是实施素质教育的重要内容。"要求学校应当将国防教育列入学校的工作和教学计划，设置适当的国防教育课程，将课堂教学与军事训练相结合，对学生进行国防教育。根据国家的国防教育法律和中央的指示精神，高等院校在进行军事训练的同时，要开设军事理论课。2002年，教育部、总参谋部、总政治部制定并下发了《普通高等学校军事课教学大纲》，并于2007年进行了修订，作为普通高等学校实施学生军事技能训练和军事理论教学的基本依据。《教育部关于全面提高高等教育质量的若干意见》（教高〔2012〕5号）中规定："把军事训练作为必修课，列入教学的计划，认真组织实施"；《教育部等部门关于进一步加强高校实践育人工作的若干意见》中明确指出，军事训练是实践育人的主要形式；《学生军训训练工作规定》中就组织实施学生军事训练工作作出明确规定。所有文件都强调了实践育人目的，明确了学生军事训练为学习国防教育的主要内容，军事理论课作为必修课，成为培养学生全面发展的主要途径。

三、学生军事训练工作指导思想

学生军训工作的指导思想是：以习近平强军思想和习近平总书记关于教育的重要论述为遵循，严格执行《中华人民共和国兵役法》《中华人民共和国教育法》，全面贯彻党的教育方针、新时代军事战略方针和总体国家安全观，围绕立德树人根本任务和强军目标根本要求，着眼培育和践行社会主义核心价值观，以提升学生国防意识和军事素养为重点，为实施军民融合发展战略和建设国防后备力量服务。

学生军训工作的目的是：提高学生的政治思想觉悟，激发爱国热情，加强国防观念和国家安全意识；进行爱国主义、集体主义和革命英雄主义教育，增强组织纪律观念，培养艰苦奋斗作风，提高学生综合素质，掌握基本的军事知识和技能；为中国人民解放军培养后备兵员和预备级军官，为国家培养社会主义事业建设者和接班人打好基础。

学生军训工作的目标和任务是：将学生军训和军事理论课纳入学校的整体教学计划，统筹安排，认真组织实施，并建立比较完善规范的军事技能训练和军事理论教学体系，达到正常化、规范化、制度化。

学生军训工作的基本形式是：在校党政直接领导下，在参训部队指导帮助下，训练、教学及日常管理都以学校为主，集中军事技能训练和分散军事理论教学都在校园内进行的一种学生军训形式。

学生军训工作的基本内容是：根据2019年1月教育部、中央军委国防动员部联合印发的《普通高等学校军事课教学大纲》要求，军事课纳入普通高等学校人才培养体系，列入学校人才培养方案和教学计划，实行学分制管理，课程考核成绩记入学籍档案。

军事课由"军事理论""军事技能"两部分组成。"军事理论"教学时数为36学时，记2学分，教学内容一般为中国国防、国家安全、军事思想、现代战争、信息化装备等，一般在新生入学后的第一学期或者第二学期进行。军事理论教学进入正常授课课堂，严禁以集中讲座等形式替代课堂教学。坚持课堂教学和教师面授在军事课教学中的主渠道作用，重视信息技术和慕课、微课、视频公开课等在线课程在教学中的应用和管理。

"军事技能"训练时间为2~3周，实际训练时间不得少于14天112学时，记2学分。军事技能训练应坚持按纲施训、依法治训原则，积极推广仿真训练和模拟训练，严禁违规开展商业化运营和市场化运作。军事技能训练考核由学校和承训教官共同组织实施，成绩分为优秀、良好、及格和不及格四个等级。根据学生参训时间、现实表现、掌握程度综合评定。军事课成绩不及格者必须进行补考，补考合格后取得相应学分。

四、学生军事训练的意义

高等院校的学生，按照规定接受军事训练，是公民履行兵役义务的重要形式之一。对大学生依法进行军训，不仅是为国家建设培养所需的各类人才，而且是为未来战争输送高素质兵员奠定基础的重要举措。

（一）对学生进行军训有利于加强国防后备力量建设

强大的国防力量是一个综合性的质量概念。它不仅包括强大的物质力量，而且包括强大的精神力量；不仅包括强大的常备军，而且包含高素质的后备力量等。

在我国，随着常备军的进一步精干，国防后备力量建设的地位越来越突出，尤其是如何提高后备兵员质量，与精干的常备军协调发展，走中国特色的国防建设之路，已摆上了建设强大国防的议事日程。未来战争是高技术战争，是高精尖武器装备与高素质兵员完美结合的战争，这就迫切需要大批能熟练掌握和操纵现代武器装备的兵员来参与和驾驭战争。这种高素质的兵员，只有依靠提高后备兵员的文化、科技储备起点的方式才能获得。因此，学生军事训练将在全体公民中形成越来越大的覆盖面，这无疑对提高后备兵员的整体素质起到基础性的作用。

（二）学生参加军训是公民履行兵役义务的重要形式

我国《宪法》第五十五条第一款规定："保卫祖国、抵抗侵略是中华人民共和国每一个公民的神圣职责。"高等院校的学生是祖国的未来，他们不仅肩负着建设祖国、强大祖国的重任，而且必须担负保卫祖国的光荣义务。我国《兵役法》中明确规定，学生参加军事训练是履行兵役义务的一种形式。将来一旦战争爆发，这种形式为兵源的军事技能和心理准备提供了基础。

（三）学生参加军训有利于提高全民国防意识和振奋民族精神

强烈的国防观念是一个国家现代文明的标志之一，它不仅是保卫国家利益的思想基础，而且是增强民族凝聚力的强大精神力量。要提高全民族的国防意识，就必须加强国防教育。大学生参加军事训练、学习军事科学知识，是学校国防教育的一项重要内容。一方面，青年学生正处于世界观形成时期，有计划地组织他们参加军事训练，比较系统地学习军事科学知识，有利于他们尽快提高国防观念，增强国防意识；另一方面，现在的大学生是21世纪我国现代化建设的主力军和保卫者。他们自身国防素质的高低、国防意识的强弱，将直接影响到我们民族的振兴、国防的强弱。因此，对大学生进行军事训练，开展军事科学教育，对于提高全民族的国防意识、振奋民族精神，具有深远的历史意义。

（四）对学生进行军训是培养全面发展人才的重要措施

当前和今后，我们国家人才培养的目标就是要培养和造就一批批"有理想、有道德、有文化、有纪律"的建设人才。这是国家发展战略的要求，也是时代赋予全社会的一项社会性的系统工程。学生军训，是造就"四有"人才的一个重要环节，它的作用和意义远远超过学习军事知识的一般内涵。一是通过国防教育、爱国主义教育、民族精神教育，激发他们的爱国热情，提高他们的爱国主义觉悟，增强他们的民族自尊心、自信心和自豪感，为使他们成为忠诚地服务于本阶级、本民族的有用之人奠定坚实的思想政治基础；二是通过军事训练，使他们抛弃个人主义，养成以集体主义为核心的社会主义道德修养，真正做到"心中有他人、心中有集体、心中有祖国"；三是通过一定强度的军事训练，锻炼他们强健的体魄和良好的心理素质；四是通过有目的、有计划、有组织地学习军事专业知识，使他们了解到我军最新武器装备的性能及军事前沿科学，激发他们的学习兴趣和热情，提高学习效果，为未来的发展和成才奠定应有的基础。许多军训试点院校对毕业学生的追踪调查结果表明，通过军训的学生，在工作岗位上，有严格的组织性和纪律性，不怕困难，吃苦耐劳精神体现突出，具有乐于助人、甘愿奉献的高尚品德和强烈的社会政治责任感，国防意识和国防观念都较强。

五、学生军事训练的特点

（一）练兵与育人相结合

学生军训不是单纯的军事知识学习，而是对在校学生综合素质的培养和提高。从储备高素质后备兵员的角度来看，学习军事知识和技能固然很重要，但热爱祖国、献身国防、遵纪守法、吃苦耐劳等优秀品质的培养更为重要，甚至是第一位的。只有把军事知识、军事技能的教练与政治思想教育、道德品质教育、政策纪律教育、法制观念教育等有机结合起来，才能培养出真正有用的国防人才。

（二）集中训练与分散训练相结合

由于学生军事训练受时间、内容、场地、教学力量、训练对象等条件的制约，在训练方法上仅采用单一形式，是很难完成训练任务和提高训练质量的。因此，采取集中训练与分散训练相结合的形式，是学生军事训练的特点之一。

集中训练和分散训练是同一内容的两种训练形式，是一个有机整体，舍弃任何一个都将会影响训练的效果，二者必须结合使用。使用的时机及其使用时间的搭配，应根据各地区、各院校的实际情况确定。另外，在组织训练过程中，要严密组织，真正做到分散而不松散。

（三）统一领导与分级管理相结合

统一领导与分级管理相结合是我军在管理工作上一贯倡导和采取的举措。统一领导是分级管理的前提，它制约、支配分级管理，而分级管理则是统一领导的具体反映。统一领导和分级管理是一个科学的管理体系，缺其一支，就会出现责权不符、领导不畅的矛盾，必将造成管理效应低下，甚至会产生负效应。学生军训实行二者的结合，旨在建立一个以责定权、以权查责的权力和责任相一致的管理机制，创造提高学生军训质量的组织领导条件。学生军训是依据《兵役法》的规定，由教育部、总参谋部、总政治部、总后勤部实行统一领导，由各级地方政府的教育部门和当地军事领导机关、负有军训任务的学校共同组织实施的一种教育活动。负责学生军训的各级主管部门，应按照上级下达的学生军训计划和要求，拟制本级的实施计划，并负责组织施训和考核验收。

（四）计划性与灵活性相结合

学生军训不同于现役部队的军事训练，受主客观因素制约大。无论是在内容上还是在时间上都应适当留出余地，以避免遇到情况时出现被动。作为上级部门，要注意坚持以指导性为主、指令性为辅，总计划明确、分计划灵活的原则。下级在上级的总计划之下，有权根据本单位的实际情况，自行调整和修改各自的分计划，做到宏观统而不死、微观活而不乱。

第二章
中国国防

　　自古以来，有国就有防。任何一个国家的国防，都是一个十分复杂的系统，它包括的内容十分广泛，国家的国土、资源、人口、民族和社会制度，涉及政治、经济、军事、科技、心理、文化教育和意识形态等一个国家或一个民族赖以生存和发展的各个方面。一个国家安全系数的多少、生产发展的快慢、国际威望的高低、对世界和平事业贡献的大小等，在很大程度上取决于这个国家国防力量的强弱。

第一节　国防概述

国防是国家防务的简称,是指国家为防备和抵抗侵略,制止武装颠覆,保卫国家的主权统一、领土完整和安全生产进行的军事活动,以及与军事有关的政治、经济、外交、科技、教育等方面的活动。

国家与国防是人类社会发展到一定阶段的产物。国防伴随着国家的产生而产生,是为国家利益服务的。古往今来,国防虽然因国家的性质、制度、国力及其推行的政策不同而具有不同的特征,但一切国防的共同实质都是以捍卫和维护国家利益为核心来组织的。没有巩固的国防,就不能成为独立富强的国家。当今世界,和平与发展是主题,但由于霸权主义和强权政治依然存在,世界并不安宁。只有居安思危,才能面对复杂多变的国际形势。

一、国防要素

国防要素是指在国防建设中具有普遍联系和相互影响,并对构成整个国防的本质、特征、功能和运行效果具有直接的、决定性作用的重要因素。正因为这些要素的相互联系、相互制约、相互作用,才决定着国防建设和发展的进程及作用的效果。根据国防的主要内容和建设的基本规律及作用发挥的程度,国防要素通常包括国防领导体制、国防战略、国防法规、国防政策、国防力量、国防经济、国防科技及国防动员等。

(一) 国防领导体制

国防领导体制是指国防领导的组织体系和管理权限及相应制度。它包括国防领导机构的设置、职权划分、相互关系等。它是国家政权组织形式和机构的重要组成部分。一般设有最高统帅、最高国防决策机构、国家行政机关中管理国防事务的部门、武装力量领导指挥系统等。根据我国《宪法》《国防法》和有关法律,我国建立和完善了国防领导体制,对国防活动实行高度集中统一的领导。

(二) 国防战略

国防战略是指筹划和指导国防力量长远建设与使用,保障国家全局安全的方略和策略。其任务是决定国防力量的建设和发展,指导国防斗争的实施,维护国家安全利益。国防战略受国家战略的指导和制约,是国家战略中重要组成部分,通常是由国家最高决策机关依据国际国内条件和国防目标制定的,与指导战争的军事战略相比,国防战略具有更为浓厚的特色,尤其在国防力量的使用方面,除了强调直接使用军事力量外,更加注重综合运用政治、经济、科技、外交、文化等一切可能使用的手段;在国防力量建设方面,主要包括国防实力和潜力建设及国防潜力向国防实力的转化机制;在国防力量运用的目的方面,则偏重于防止战争和保持戒备。确立国防战略,有利于理顺国家经济建设与国防建设的关系,合理分配、使用有限的力量和资源,更好地运用综合国力,有效地完成各项国防任务,在保证加速国家建设的情况下,不断提高国防建设水平。

(三) 国防法规

国防法规是用于调整国防和武装力量建设领域各种社会关系的法律规范的总和。主要包括军队内部的社会关系、武装力量内部的社会关系、武装力量与外部的社会关系等军事性的社会关系。在国家建立社会主义市场经济体制的新形势下,在依法治国的大环境中,国防法规对于加强国防和武装力量建设，做好新时期军事斗争准备，发挥着越来越重要的作用。由于国防法规所保护的国防利益是直接关系到国家生死存亡的、最根本的国家利益，因而，对危害国防利益的犯罪行为必须严加惩处。

（四）国防政策

国防政策是指国家进行国防建设和使用国防力量的基本准则。通常可分为总政策和具体政策，是国防建设和国家安全正常运作的保证。国防政策有鲜明的阶级性，不同的国家有不同的国防政策。中国的社会主义国家性质，走和平发展道路的战略抉择，独立自主的和平外交政策，"和为贵"的中华文化传统，决定了中国始终不渝奉行防御性国防政策。坚决捍卫国家主权、安全、发展利益是新时代中国国防的根本目标。

来源：搜狗百科

（五）国防力量

国防力量是指捍卫国家主权、领土完整和安全的各种实力和潜力的统称。主要包括国家的军事及与国家安全有关的政治、经济、科学技术等方面的实力和潜力。主要由以下要素构成：人力资源、国防能源状况；武器装备状况；国防经费、国防基础设施、国防科学技术水平和国防工业生产能力；政治组织；军队指挥与管理水平、教育训练水平、战备程度；军事理论水平；等等。国防力量的强弱直接关系到国家的安全稳定和生存发展等利益；国防力量对国家经济发展水平具有最直接的依赖关系；增强国防力量的最直接途径就是在重点进行经济建设的同时，积极加强国防建设。

（六）国防经济

国防经济是指保障国家安全、促进军事需求的经济部门和经济活动及与此相适应的经济关系的统称，是国民经济中的特殊部分。它以国民经济为基础，在经济结构、活动方式和管理体系等方面，与民用经济既有密切的联系，又有不同的性质和特点。国防经济部门大致可分为两类：一类是以军品生产为主要任务的部门；另一类是为军事需求提供产品和劳务的民用经济部门。一般来说，国防工业是现代国防经济的主体。国防工业部门主要有兵器工业、航空工业、航天工业、舰船工业、电子工业、核工业、军需工业等，以及相关的军品采购和国防经济管理部门。国民经济中农业、机械制造、建筑、交通运输、原材料、邮电通信、科学技术等部门也直接或间接地为国防提供产品和技术保障。国防经济的作用基本可以分为两个方面：一是对军事的作用。国防经济对军事具有基础作用，军事活动所需要的武器装备及一切军用物资都来源于国防经济，社会生产力的水平及其提供的武器装备、军用物资的数量和质量，对战争的规模、强度、进度和结局起着基础作用。二是对国民经济的促进作用。在国防活动中，以经济和科技为核心的综合国力，不但为现代战争提供物质保障，而且本身也成为一种战略威慑手段。国防经济的需求和发展，对国民经济的发展还具有推进作用，因为国防经济不仅生产大量的军品，而且可以生产大量的民品，直接成为国民经济发展的重要组成部分，更为主要的是：国防科技在现代科学技术中往往处于带头和领先地位，由此有效地引领着现代科学技术的发展。

（七）国防科技

国防科技是指为国防服务的自然科学及各种工艺与技术的统称。主要包括国防科学技术基础理论、武器装备的研制、试验生产、使用、维修技术、国防工程技术、军事系统工程等。国防科技现在已经发展成为一个比较独立完整的系统，具有较完整的体系和科研机构。按照应用领域划分，有兵器技术、航空技术、航天技术、舰艇技术、核技术、信息电子技术及军事工程技术等。从世界范围来看,国防科技发展现在已经重点转向高科技。国防科技是构成军事实力的重要因素之一,是衡量国防现代化水平的显著标志。它为国防经济,特别是国防工业提供先进的技术和工艺,研制和生产各种新式武器装备,改造和完善国防经济产业结构和产品结构,促进国防经济发展,并对军事思想、战略战术和军队建设产生重大影响。正如恩格斯指出的:一旦技术上的进步可以用于军事目的的并且已经用于军事目的的,它们便立刻几乎强制地而且往往是违反指挥官的意志而引起作战方式上的改变甚至变革。国防科技的进步,不断推动武器装备的发展,进而导致战争样式的变化;反过来,新的战争样式又向武器装备提出新的要求,从而进一步推动国防科技向前发展。这就构成了国防科技、武器装备、战争样式三者之间互相促进的循环关系。武器装备的发展,始终遵循着矛与盾的对立统一规律,当一种进攻性武器出现后,必然产生相应的防御武器;而新的防御武器出现,又必然促进新的进攻性武器的发展。这种矛盾运动,贯穿于整个国防科技和武器装备发展的全过程。国防科技的发展还取决于国民经济实力,并受国家政治制度、国防政策、军事理论及管理体制等诸因素的制约;而国防科技的进步及成果在国民经济中的推广应用,又对整个国家的经济和科学技术的发展起到巨大的推动作用。

(八) 国防动员

国防动员是指为捍卫国家利益,达成国家防务目的而进行的国防实力和国防潜力的动员。国防动员从主体内容上说,就是主权国家进行防务的战争动员,即国家采取措施,由平时状态转入战时状态,统一调动人力、物力、财力为战争服务。动员是国家行为,国家的人力、物力、财力乃至所有的物质和能量几乎都是动员的对象。国防动员已经成为国家安全与发展的重要因素。和平时期,任何国家都不可能也没必要经常维持庞大的战争准备规模,但必须拥有足以应付可能发生的战争、对潜在之敌构成威慑的国防力量。为减轻国家负担,又必须保持一定的国防力量,各国普遍选择了兼顾安全与发展两方面需要的途径。这就是在加快常备军精干化的同时,注重加强国防后备力量建设和动员准备。国防动员已被越来越多的国家作为总体发展战略的重要内容,成为与国家发展需求相适应的达成维护国家安全目的的重大战略举措。从本质上说,国防动员是将战争潜力转化为实力的关键环节。为了进行战争,国家必须拥有能够随时补充和满足军队作战需要的后备兵员和物资。所有这些战争潜在能力,只有通过实施有效的动员,才能转化为战争实力,形成赢得战争胜利的强大的物质和精神手段,以保证战争的顺利进行。无论是大规模战争,还是局部战争,战争动员对于形成和保持一定的兵力优势,补充和满足战场所需的作战物资,都是关键性的中间环节。就我国国防战略的要求而言,国防动员是坚持和进行现代化人民战争的基本手段。在未来高技术条件下的战争中,人民战争仍将是我国赖以战胜敌人的优势所在。人民战争的人民性决定了人民群众是战争的主体力量,而人民群众的主体地位必须通过实施战争动员才能形成。只有通过实施战争动员,才能广泛地组织和武装群众,将蕴藏于人民群众的威力转化为战争实力,夺取最后的胜利。在未来战争中,只有实施充分有效的国防动员,我军的作战行动才能得到广大人民群众的配合,从而更加有效地运用人民战争的战略战术,才能组织群众支持前线、保卫后方,充分发挥出人民战争的整体威力。

二、国防历史

(一) 我国古代国防的兴衰

我国古代国防,经历了几千年的荣耀和屈辱、昌盛和衰败的历史,从我国第一个奴隶制国家的建立到1840年鸦片战争爆发,大约经历了4000年,在这漫长的国防历史发展过程中,给我们留下了丰富的国防遗产，积累了宝贵的历史经验。

1. 古代的国防政策和国防思想

我国古代为了提高国防能力，提出了许多卓有成效的国防政策和国防思想。一是"以民为本""居安思危"的国防指导思想；二是"富国强兵""寓兵于农"的国防建设思想；三是"爱国教战""崇尚武德"的国防教育思想；四是"不战而胜""安国全军"的国防斗争策略等。遵循这些思想及政策，使我国取得了无数对外战争的胜利，使中华民族代代繁衍、生生不息，使国防出现过"中国既安，四夷自服"的鼎盛时期。

在诸多卓有成效的国防思想中，富国强兵是我国古代各朝各代都十分重视的一项最基本的国防思想。早在春秋战国时期，许多统治者和军事家就已经认识到国家与经济的关系，提出"国不富"则无称雄之本，"兵不强"则无争霸之力，他们无不重视发展经济和充实武备。当时的军事家孙武在《孙子·作战》篇中指出："带甲十万""日费千金"，说明军队进行战争必须要有物资作为保证。而齐国著名的政治家管仲也说："甲兵之本，必先于田宅"，进一步阐明了国防强大依赖经济发展。在富国乃强兵之本的思想主导下，他在齐国从整顿国政入手，推行乡制，便于农工商各务其业，经济发展、国家的富裕很快带来了齐国国防的振兴。此后，各朝的统治者都十分强调这一思想，并采取了一系列政策，努力把发展生产与加强国防建设统一起来。例如，秦始皇之所以能吞并六国一统帝业，正是由于秦国推行富国强兵思想的结果；汉高祖得天下后，实行裁军赐爵、安民生息、重视农业的政策，尽快恢复和发展生产，增强军力；西汉与唐朝的军事屯田收到明显的效果；明朝把开发边疆、繁荣经济同抵制外来侵略结合起来。

2. 古代的兵制建设

兵制就是指军事制度。它包括武装力量体制、军事领导体制和兵役制度等方面内容。在武装力量体制上，我国古代一般区分为中央军、地方军和边防军。秦朝以前，武装力量比较单一，在军事力量构成上，实行兵民合一的民军制，平时生产劳动，战时集合成军，以临时征集的方式组成军队。秦以后，随着政治制度的完善和经济、生产的发展，各朝各代根据国家的状况和国防的需要，以及驻防地区和任务，将军队区分为中央军、地方军和边防军，并对军队的组织编制、屯田戍边、兵役军赋、军队调拨、军需补给、驿站通道、武器制造和配发等都做了具体的规定，通过法律形式颁布执行，如唐代的《卫禁律》《军防令》等。

在军事领导体制上，夏、商、西周时期还设有专门的军事机构，皇帝一般亲自主持军政，领兵作战。春秋末期，国家机构出现将相制，以将为主组成军事指挥机构。战国时期，将军独立统兵作战已很普遍。秦统一后，设立了专门管理军事的机构，最高的军事官员称太尉。隋朝对国家机构进行了改革，设立了三省六部制，专门设立了主管军事的兵部。宋朝为了防止"权将"拥兵自重，在中央设立枢密院，作为军事领导的最高机构，主官用文官担任。枢密院对军队有调遣权，但无指挥权；将军对军队有指挥权，但又不能调遣军队，造成枢密院和将军的相互牵制。各朝各代在军事领导体制方面的做法虽然不尽一致，但皇权至上，军队的调拨使用大权始终掌握在皇帝手中。

在兵役制度上，随着各个历史时期的政治、经济、人口状况和军事需要发展变化。奴隶社会时期，生产力低下，人口稀少，战争规模小，主要实行兵民合一的军事制度。封建社会时期，民军制度逐渐演变为与当时历史条件相适应的兵役制度，如秦汉时期的征兵制、三国两晋南北朝时期的世兵制、隋唐时期的府兵制、宋朝时期的募兵制、明朝时期的卫所兵役制等。

3. 古代的国防工程建设

我国古代为抵御外敌的侵犯，巩固边境海防，修筑了数量众多、规模庞大的国防工程，如城池、长城、京杭运河及海防要塞等。城池是我国古代国防建设中时间最早、数量最多的工程。城池建筑始于商代，之后规模不断扩大、结构日益完善，一直延续到近代。由此，城池的攻守作战成为我国古代战争中主要的样式之一。

长城是城池建设的延续和发展，始建于春秋战国时期。秦灭六国完成统一后，为了防御北方匈奴的南侵，于公元前214年，将秦、赵、燕三国北部的长城予以修缮，连贯为一。故址西起临洮（今甘肃岷县），北傍阴山，东至辽东。后经各朝各代多次修建连接，至明代形成了西至嘉峪关、东至山海关的万里长城。

京杭运河是我国古代伟大的水利工程。隋炀帝时在原有的旧河道上开凿连贯。运河北起通州、南至杭州，全长1794公里，把南北许多州县连成一线，对军事交通运输"南粮北运"起到了积极作用。

古代海防建设是从明代开始的。为防止倭寇的袭扰，明代在沿海重要地段陆续修建了以卫城、新城为骨干，水陆寨、营堡、墩台、烽堠相结合的海防工程体系。

4. 古代国防的兴衰

我国古代国防的兴衰与各朝各代的政治、经济、军事状况密切相关。纵观我国几千年的国防史，不难发现，当统治阶级处于上升时期，政治修明、经济发展、军事强大、民族团结、国家统一的时候，国防就强盛；当统治阶级走下坡路，政治腐败、经济凋敝、军事孱弱、民族分裂、国内混乱的时候，国防就削弱、崩溃。

从整个历史来看，我国古代前期国防日趋发展、日趋强盛，以至于发展到鼎盛。从春秋战国到秦汉、盛唐就是如此。其后，国防便日趋衰败，以至于一触即溃、不可收拾，从中唐到两宋、晚清就是如此。其间，虽然盛唐之前有两晋的糜烂，中唐以后有明清中前期的振作，但整个封建社会国防事业由盛到衰的基本趋势是没有改变的。从汉、唐、宋、元、明、清等几个历史朝代看，国防事业也都是由兴而盛、由盛到衰。其间，固然不乏极盛之间的短暂衰落，衰败之后的一时复兴，但终其一朝，由盛到衰的基本趋势也是没有改变的。

（二）我国近代国防的屡弱

1840年西方殖民主义者利用坚船利炮击破了清王朝紧锁的国门。在西方殖民主义者面前，清朝统治者却奉行"居安思奢""卖国求荣"的国防指导思想；"以军压民""贫国臃乡"的国防建设思想；"愚兵牧民""莫谈国是"的国防教育思想；"不战而败""攘外必先安内"的国防斗争策略。其结果导致有国无防，国家沦为半殖民地半封建社会，人民惨遭蹂躏和屠杀。从1921年开始，中国共产党带领中国人民经过20多年的武装斗争，终于推翻了压在中国人民头上的"三座大山"。1949年10月1日，中华人民共和国成立，我国国防开始进入了社会主义新的历史时期。

1. 清朝时期的国防

清朝自顺治开始，经康熙、雍正、乾隆、嘉庆五代，经历了177年，是清朝的兴盛时期。在这之后，政治日趋腐败，国防日益衰弱。1840年鸦片战争爆发，西方殖民者大举入侵，从此，清王朝每况愈下，有国无防，内乱外患不息，逐步沦为半殖民地半封建社会。

① 清朝的武备。清朝政府的武备包括军事领导体制、武装力量体制和兵役制度等方面。在军事领导体制方面，1840年以前，清王朝先后设立了议政王大臣会议、兵部和军机处。鸦片战争后，开始实施"洋务新政"，成立了总理衙门。八国联军入侵中国后，清朝政府深感军备落后，通过改革军制来加强军事，遂改总理衙门为外务部，裁撤兵部，成立陆军部。在武装力量体制方面，清人关前，军队是八旗兵；入关后，为弥补兵力的不足，将投降的明军和新招募的汉人单独编组，成立了绿营兵。1851年以后，为镇压太平天国运动，咸丰号召各地乡绅编练乡勇，湘军和淮军逐渐成为清军的主力。甲午中日战争以后，开始编练新军。

在兵役制方面，八旗兵实行兵民合一的民军制。清朝政府规定，凡满人男子16岁以上的即兵丁，不满16岁的闲散余丁编为养育兵，以充后备。绿营兵虽然是招募的，但一经入伍即编入兵籍，家属随营居住，成为职业兵，直到年过50岁才解除现役。湘军和淮军是由地方练勇逐渐发展起来的。太平天国运动被镇压后，湘、淮军取代八旗兵和绿营兵的地位，成为清军的主力。甲午战争中，湘、淮军大部溃散，清朝政府开始"仿用西法，编练新兵"。新军采用招募的形式，在入伍年龄、体格及文化程度方面均有要求。

② 疆域和边境海防建设。清朝政府初期重视边境海防建设。在同国内割据势力的斗争中，制止了分裂，促进了国内各民族的团结，维护了国家的统一；在与外部侵略的斗争中，捍卫了国家的领土主权，建立了一个空前统一、疆域辽阔的多民族的封建专制国家。从清朝道光年间开始，朝政日益腐败，防务日渐废弛。海防要塞火炮技术性能落后，炮弹威力甚小且不能及远。西方殖民者乘虚而入，以坚船利炮打开了中国封闭的国门。

③ 对外战争。1840年英国殖民主义者以清王朝禁烟为由对中国发动鸦片战争。1842年战败的清政府被迫与英国签订我国历史上第一个不平等条约——《南京条约》。中国的领土主权遭到破坏，开始走向半殖民地半封建社会。1856—1860年，英国不满足已获得的利益，联合法国，分别以"亚罗艇事件"和"马神甫事件"为借口，对中国发动第二次鸦片战争。战败的清王朝被迫与英法签订了《天津条约》和《北京条约》，并与沙俄签订了《瑷珲条约》。中国的领土主权进一步遭到破坏，半殖民地程度加深。

在1885年的中法战争中，冯子材率领的清军在刘永福黑旗军的配合下，取得了镇南关大捷。但腐败的清政府却一味偷安，李鸿章认为，法国船坚炮利，强大无敌，中国即便一时而胜，难得终久不败，不如趁胜而和。于是清政府与法国签订了《中法新约》，将广西云南的部分权益出卖给了法国，使法国虽败反胜，清政府的腐败无能暴露无遗。

1895年日本发动了甲午战争，清政府战败，被迫签订了《马关条约》，中国的领土被进一步肢解，加深了中国半殖民地化和民族危机。1900年，英、美、德、法、俄、日、意、奥八国以保护在华侨民"利益"为借口，组成联军，发动侵华战争。战败的清政府被迫与八国签订《辛丑条约》。这个条约从政治、经济、军事各方面都扩大和加深了帝国主义对中国的统治，中国完全沦为半殖民地半封建社会。

从1840年鸦片战争到1911年辛亥革命，清政府与外国列强签订了几百个不平等条约，割让领土近160万平方公里。在签订的条约中，几乎每个都有中方支付赔款的款项，而且数额巨大，仅《辛丑条约》中规定的"庚子赔款"本息就达9.8亿多两白银。当时中国1.8万公里的海岸线上，竟找不到一个中国自己享有主权的港口。国家有海无防、有边不固，绝大部分中国领土成了帝国主义的势力范围。俄国在长城以北，英国在长江流域，日本在台湾和福建，德国在山东，法国在云南，如虎狼盘踞，中华民族的国土被蹂躏得支离破碎。

2. 民国时期的国防

辛亥革命推翻了清政府的统治，建立了中华民国，但并没有改变中国任人宰割的历史。帝国主义扶植各派军阀为自己的代理人，加紧对中国进行掠夺，各派军阀争权夺利，一片混战。中国依然呈现有边不固、有海无防的局面。

1919年五四运动爆发，标志着我国反帝反封建的资产阶级民主革命发展到新阶段。

1921年7月，中国共产党的成立，把中国人民的救亡图存斗争推向新阶段，中国工人阶级开始以自觉的姿态登上了历史的舞台。

1931年9月18日，日本发动了九一八事变。面对日本人的侵略，蒋介石却奉行"攘外必先安内"的政策，一味妥协退让，出卖民族利益，使东北大片国土迅速沦陷。1937年7月7日，日本发动卢沟桥事变，进一步扩大了对中国的侵略，中华民族到了生死存亡的紧要关头。中国共产党高举团结抗日的旗帜，肩负着民族的希望，领导全国人民进行了14年艰苦卓绝的抗战，终于取得了我国近代历史上第一次抗击外敌侵略的完全胜利。

抗日战争胜利后，全国人民迫切需要一个和平安全的建设环境，但蒋介石背信弃义，妄图消灭中国共产党及其所领导的军队。中国共产党领导中国人民经过3年解放战争，推翻了国民党反动统治，从此结束了近代中华民族有国无防的屈辱历史。中华民族和中国人民从此获得了解放，一个独立的、人民民主的新中国从此屹立于世界民族之林。

三、我国国防的主要启示

我国数千年国防史给我们不少有益的启示，主要有下列三点。

（一）政治昌明是国防巩固的保证

政治与国防紧密相连，国家的政治是否开明、制度是否进步，直接关系到国防能否巩固，只有政治昌明，才能有巩固的国防。

春秋战国时期，各诸侯国就十分注意修明政治，变法图强，把尊贤厚士、举贤任能、选拔优秀人才治理国家作为强国的根本大计。例如，齐国得管仲、孙膑、孟尝君、邹忌等而历久不衰；魏国得李悝、吴起而国强拒秦；吴国得孙武、伍员而崛起争霸；越国得范蠡、文种而复国称雄。汉高祖得天下后，实行"文武"政策，建立法制，修明政治，此后，文帝、景帝至武帝，都实行比较开明的治国之策。国家的昌盛，为西汉长达200多年的基本安定奠定了基础。

相反，秦朝实行暴政，激起农民起义，终至推翻秦始皇梦想千秋万年、子孙相继的基业；宋朝由于机构臃肿，官僚奢侈腐化，国力衰竭不堪，无力抵抗外侵，终为元兵所灭；明朝由于宦官专政，结党营私，终为起义军所败，后又清兵入关，政权沦丧。特别是近代中国，由于清政府政治日趋腐朽，国防日益虚弱，面对列强入侵，屡战屡败，乞降求和，割地赔款，使中华民族遭受了前所未有的奇耻大辱，将中国人民带进了苦难的深渊。

总之，国防史的兴衰，王朝的更替，近代中国的百年国耻，都深刻地告诉我们，政治的昌明是国防巩固的基础，是国家得以长治久安的根本保证。

（二）经济发展是国防强大的基础

经济是国防的物质基础，国防强大依赖经济发展，这是我国国防历史给予我们的深刻启示。早在春秋战国时期，统治者就认识到国富才能兵强，自强方可自立，无不把发展经济作为巩固国防、争夺霸权的重要措施。春秋初期，晋国还是一个国贫兵弱的小国，晋文公执政后，通过整顿内政、发展经济、扩充军队等一系列的综合治理，使晋国实力急剧增长，有"晋国天下莫强"的声威，先后兼并20余国，一跃成为中原霸主。秦国重用商鞅，进行变法，推行了"开阡陌""废井田"等一系列土地改革措施，极大地解放了生产力，促进了经济的发展，这对秦军南征百越、北逐匈奴，最终吞并六国完成统一大业起到了重要作用。而唐朝由"贞观之治"达到封建社会的鼎盛时期，更是当时统治者注重发展经济的结果。

与此相反，各朝各代的衰落、灭亡，一个王朝被另一个新生的王朝取代，几乎毫无例外地是这个王朝政治腐败、经济落后，结果动摇了国防的根基，才使得政权易手。由此可见，只有经济强盛，才能有强大的国防，才能有政权的稳固、国家的安全。

（三）只有国家的统一和民族的团结才能有强大的国防

我国几千年的国防史给予我们一个重要启示：凡是国家统一、民族团结的时期，国防就强大；凡是国家分裂、民族矛盾尖锐的时期，国防就虚弱。

清朝晚期，在西方列强的进攻面前，不仅不敢发动反侵略战争，不依靠、不支持人民群众进行战争，反而认为"患不在外而在内""防民甚于防火"。对人民群众自发组织的反侵略斗争实行镇压的方针，最终屡战屡败，割地赔款，逐步沦为半殖民地半封建社会。

抗日战争时期，在中国共产党的倡导和组织下，建立了抗日民族统一战线。在敌强我弱的条件下，中国共产党坚持人民战争的战略战术，充分动员和组织人民，团结一切抗日力量，共同打击侵略者，最终取得了抗日战争的全面胜利。

四、现代国防观

现代国防观是指现代人民群众对国防的态度和观点。

随着科学技术的发展，现代社会中出现了以核武器、远程导弹和空间技术为代表的先进军事装备。在社会制度上，出现了无产阶级掌握政权的社会主义国家。现代国防不仅在形式上是一种立体的、全球性的活动，在内容实质上更体现了不同阶级之间的利益冲突。帝国主义、霸权主义国家的本性是以侵略、掠夺为特征的，而社会主义国家则是从根本上维护全体劳动人民的利益，并以和平共处五项原则作为国与国之间交往的基本原则。在社会主义国家，上述国防观念已逐渐成为全体公民的共识。

（一）国防目的——从捍卫生存走向利益拓展

1997年颁布的《国防法》中规定，国防的目的是为防备和抵抗侵略，制止武装颠覆，保卫国家的主权统一、领土完整和安全。不难看出，主要是聚焦捍卫国家的生存权。2015年颁布的《国家安全法》对国家安全的规定，指国家政权主权统一和领土完整、人民福祉、经济社会可持续发展和国家其他重大利益相对处于没有危险和不受内外威胁的状态，以及保障持续安全状态的能力。这是对国家发展的战略空间状态进行的重新认识和规划，需要国防为战略空间拓展提供安全保障。可见，国防是国家安全的基础，国家安全面临的威胁和挑战变了，国防目的也必须随之改变。

1. 兼顾生存利益和发展利益

近代以来，中华民族始终面临着生死存亡的威胁。因此，国防的重心不能不长期放在维护国家的生存利益上。这是完全正确，也是非常必要的。随着冷战结束，特别是进入21世纪以来，中国面临的全面战争威胁明显下降，国家发展利益受到的制约和威胁相对上升。当前，国家发展的集中体现就是瞄准"两个一百年"奋斗目标，实现中国梦和强军梦，它在实施过程中将面临诸多风险和挑战，必然要求国防的重心适时做出调整，即从过去的维护生存利益为主向维护发展利益为重转变。

2. 保障现实安全和长远安全

现实安全和社会稳定是一切活动的基础和前提。当今时代国际政治经济复杂程度远超预料，对内，一些影响社会稳定、国家安全的因素依然存在；对外，诸如海洋权益争端、文化和意识形态斗争、国际恐怖势力等敌对势力恐怕短期内难以消除。因此，在国家利益拓展过程中，不仅要关注现实安全，还要关注长远安全。

3. 统筹国内安全和世界安全

当今世界各国相互联系越来越密切，相互依存也越来越深入。联系和交往的密切使得各国的利益更加交融交汇，真正形成全球性命运共同体。在这个相互依存的世界里，面对各种挑战，再强大的国家也不可能单打独斗、独善其身。同时，中国已从边缘越来越接近世界中心。未来的中国将成为全球性国家，扮演全球性角色，承担全球性责任。国际地位的变化要求国防的目的从单纯考虑保卫本国国土范围内的安全，转变到综合考虑维护本国、地区与世界的安全，为国家发展赢得广阔的战略空间。

（二）国防范畴——从边界安全放眼安全边界

随着经济社会的飞速发展和国力的由大向强，中国的"朋友圈"越来越大、伙伴越来越多，海外利益分布也越来越广。中国国防已不仅仅是那条长长的边界线，国防的范围应该跳出有形的实体边疆，向无形的利益边疆扩延。

1. 从维度上看，从陆地本土延伸到立体空间

当前，除了陆地本土外，太空、深海和极地这些"战略新疆域"有着现实和潜在的重大国家利益，将成为未来竞争的重要领域，面临着重大安全威胁和挑战。首先，是太空，将成为国际战略竞争新的制高点。世界各主要国家纷纷制定航天发展规划，研制太空武器，为争取制天权做准备。其次，深海蕴藏着丰富的矿产、生物、能源等资源种类，是地球上尚未被大规模开发利用的潜在战略性资源基地。未来海洋竞争，尤其是深海领域的国际竞争将日趋激烈。最后，极地将从"冰点"变为战略博弈的"热点"。随着全球气候变暖及冰川消融加快，极地开发战略位置尤为凸显。

2. 从形态上看，从有形空间到无形空间

看得见的海洋关系国家长治久安和可持续发展，必须突破重陆轻海的传统思维，高度重视经略海洋、维护海权。看不见的网络空间，是通往胜利之门的钥匙。谁掌握了信息、控制了网络，谁将拥有整个世界；谁失去了网络权力，谁就失去了网络疆域的国家主权。一是网络领域将成为各国军力角逐的新空间。目前，网络空间已成为继陆、海、空、天之后的第五维作战空间。未来战争完全有可能首先在网络空间爆发。二是传统网络安全威胁向移动互联网快速蔓延。当今社会，云计算、物联网、大数据、移动互联和集群存储等新技术得到广泛应用，由此带来的网络安全问题更加复杂多样。恶意程序传播、远程控制、网络攻击等传统网络安全威胁向移动互联网快速蔓延。三是胜利的天平始终向网络技术发达的国家倾斜。这是因为全球90%的核心芯片为发达国家制造，全球13台互联网根服务器绝大多数设在美国。我国网络空间领域存在严重的安全隐患，对于网络空间这一无形的国家主权，绝不能掉以轻心。

3. 从领域上看，从局部安全到总体安全

随着中国实力攀升，国际话语权博弈渐趋频繁，迫切需要全面认识我们面临的安全问题。如中国的国际和地区利益，要求我们站在一个全新的高度，具备全球视野，重新审视自己在21世纪的国际诉求。最主要的是在这些问题的背后，更深层次的是未来中国的发展，将在什么样的国际环境和世界政治经济秩序框架下展开。我们需要从总体上思考建设什么样的军队才能为国家发展提供足够的空间，建设什么样的国防才能保证国家总体安全。我们的目标是：国家安全在哪里受到威胁，哪里就是中国国防的安全边界；国家利益拓展到哪里，国防的安全边界就要延伸到哪里。

（三）国防手段——从被动应付转为主动塑造

国防手段是国家为达到国防的目的而采取的一切方法和措施。习近平总书记强调，要综合运用政治、军事、经济、外交和文化等多种手段，特别是军事手段，以更加坚定的斗争来维护我国的国家安全和发展利益，以更为主动的先手棋化解和消除现实和潜在的威胁挑战，以更加积极的行动改善和塑造国家安全斗争的态势，提升国家战略实力和能力的运用水平。要求现代国防积极主动塑造安全环境、应对安全威胁，避免被动应付。

1. 威慑能力，从静态展示到总体设计

威慑的本质是通过国防手段展现能力和意图，从而达到不战而屈人之兵的目的。因此它往往是用兵者的首选。过去，我们对威慑能力的运用相对不足。现在，我们更加敢于和善于运用总体设计来筹划未来发展。以设计引领政治、经济的创新发展推进国防和军队建设，已经成为各国提升威慑能力的重要方式。

2. 国防实力，从属地防御到全局多维

强大的国防实力是国家和平崛起的保证。怎样看待我国的国防实力呢？一是军事力量由分散向成体系发展。现在，国防和军队建设着眼新的国家安全需求，正在构建中国特色现代军事力量体系。在力量更新上，要求新型作战力量与传统作战力量有机融合；在力量结构上，要求陆、海、空、天、电、网一体；在能力重心上，要求立足本土，倚陆向海、辐射利益关区；在作战效能上，要求精干、联合、多能、高效；在中国特色上，要求具有防御性、地区性、人民性的不对称特征。二是军区变成战区。当前，从军委管总、战区主战、军种主建的总原则出发，调整划设东部、南部、西部、北部、中部五大战区。战区担负应对本战略方向安全威胁、维护和平、遏制战争、打赢战争的使命。三是各军种的职能转型。陆军，按照机动作战、立体攻防的战略要求，加强顶层设计和领导管理，优化力量结构和部队编成，加快实现区域防卫型向全局作战型转变。海军，按照近海防御、远海护卫的战略要求，逐步实现近海防御型向近海防御型与远海护卫型结合转变，构建合成、多能、高效的海上作战力量体系。空军，按照空天一体、攻防兼备的战略要求，实现国土防空型向攻防兼备型转变。火箭军，按照核常兼备、全局慑战的战略要求，增强可信可靠的核威慑和核反击能力。战略支援部队，坚持体系融合、军民融合，努力在关键领域实现跨越发展，高标准高起点推进新型作战力量加速发展、一体发展。

3. 国防潜力，从军民结合到深度融合

国防潜力是评价一个国家实力的重要参数，也是一个国家总体战争能力的基础。俄罗斯媒体报道，中国是世界上军事动员能力最强大的国家之一。外国军事专家称："中国还拥有世界上最庞大的高速铁路、公路和高速公路网络，中国可以通过自己的高速铁路网从一个地方迅速向另一个地方转移大量军事人员和物资，这种大范围的军事人员转移，只有在严格且精确的调度指挥下才能正常运行，而在这方面，中国的效率无人能比。"随着军民深度融合大战略的不断推进，中国一定可以更加从容自信地维护自身利益。

★ 第二节　国防法规 ★

国防法规是指国家为了加强防务，尤其是加强武装力量建设，用法律形式确定并以国家强制手段保证其实施的行为规则的总称。国防是国家的总防务；国防建设是国家总体建设的重要组成部分；武装力量建设是国防建设的核心。国防法规作为国防活动的基本法律规范，其主要任务是调整规范国家在国防领域中的各种社会关系，把国防建设纳入法制化轨道，确保军队革命化、现代化、正规化建设总目标的实现。

国防法规是国家法律的重要组成部分，是加强国防和武装力量建设的基本法律依据，是调整国防领域中各种关系、坚持以法治军、全面提高部队战斗力的重要保证，也是做好战争准备、赢得战争胜利的根本保证。

一、国防法规体系

我国古代《尚书》中的甘誓、汤誓、牧誓、大诰、费誓等，可算是最初的军事法规。至封建社会，又有了如《军爵律》《戍律》《傅律》等一些军事法律，军事立法、司法及监督制度开始建立，军事法规调整的范围逐步拓展。1933年6月，国民政府颁布了我国历史上第一部《兵役法》。但总的来说，新中国成立之前的几千年中，我国的国防法规体系并不完善。新中国成立后，在中国共产党的领导下，人民成了国家的主人，为了规范和推动国防活动，保障国家安全和人民的利益，国家制定和颁布了一系列国防法规。尤其是最近20年，国防立法工作的力度增强，制定并完善了《国防法》《兵役法》《国防教育法》等法规。这些法规在国防活动的实践基础上产生，体现了社会主义国家和广大人民群众的意志，体现了我国《宪法》的精神，对实现依法治国、规范和推动国防建设起到重大的作用。

（一）中国国防法规体系的划分及特性

1. 中国国防法规体系的划分

① 按照立法权限划分的国防法规体系。

第一个层次是国防方面的法律，这是由全国人民代表大会及其常务委员会制定的，如《国防法》《兵役法》《国防教育法》等；还有一些关于法律问题的决定，如修改兵役法的决定，设立全民国防教育日的决定等，与法律具有同等效力。

第二个层次是国防法规。国防法规是由国务院和中央军委制定的。由中央军委制定的为军事法规；由国务院制定或国务院与中央军委联合制定的为军事行政法规。现有国防法规近200件，如《军人抚恤优待条例》《征兵工作条例》等。

第三个层次是国防规章，由军委各总部、各军兵种、各军区制定的为军事规章，由国务院有关部委与军委有关总部联合制定的为军事行政规章，现有国防规章2000多件。

第四个层次是地方性国防法规，是由省、自治区、直辖市人民代表大会及其常务委员会制定的贯彻执行国家国防法规的实施办法、实施细则、补充规定，如关于加强人武部建设的意见、征兵工作若干规定等。

② 按照调整领域划分的国防法规体系。主要由国防基本法类、国防组织法类、兵役法类、军事管理法类、军事刑法类、军事诉讼法类、国防经济法类、国防科技工业法类、国防动员法类、国防教育法类、军人权益保护法类、军事设施保护法类、特别行政区驻军法类、紧急状态法类、战争法类、对外军事关系法类16个门类构成。

2. 中国国防法规的特性

国防法规除了具有阶级性、权威性、强制性、普遍适用性和相对稳定性这些法律的一般特性外，还具有一些特殊的性质，主要有以下几方面。

① 调整的对象是军事性的社会关系。

② 在作战、训练、军队编制和国防科研等方面的法规具有保密性而不予公开。

③ 在解决与国防利益、军事利益有关的法律问题时，如果国防法规和普通法规都有相关规定时，以国防法规为准，在司法程序上实行排他性的"军法优先适用"原则。

④ 对危害国防利益的犯罪实行比较严厉的处罚，如我国《刑法》规定，抢劫罪通常处3年以上10年以下有期徒刑，而冒充军警人员抢劫的，或抢劫军用物资的，处10年以上有期徒刑、无期徒刑或死刑。

⑤ 对同一类型的犯罪，战时的处罚严于平时。如平时应征公民拒绝、逃避征集的，在2年内不得被录取为国家公务员、国有企业职工，不得出国或者升学，并处以罚款；而在战时则要依法追究刑事责任。

（二）中国主要的国防法规

1.《中华人民共和国国防法》

1997年3月14日，第八届全国人民代表大会第五次会议通过了第一部《中华人民共和国国防法》（以下简称《国防法》），共十二章，七十条。

(1)《国防法》的主要内容

《国防法》对我国国防建设的基本原则主要做了以下几个方面的规范。

① 规范了我国国防建设的方针及原则。我国国防建设的方针、原则是：维护国家安全；保证领土、领海、领空不受侵犯；抵御外敌入侵；防止颠覆；国防建设同国民经济协调发展；全民防御；平战结合；坚持独立自主处理国防事务与国际合作为辅等。通过对国防建设方针、原则的规范，我国国防建设得以保持正确发展方向。

② 规范了国防建设的基本制度。国防建设的基本制度主要有兵役制度、军事人事制度、军事经济制度、国防科技制度、国防动员制度、国防协调会议、国防教育等若干基本制度。

③ 规范了党对武装力量和国防活动的领导及国家机构的国防职权等。

④ 规范了公民、国家机关、社会组织的国防义务和权利。如依法征兵，保证兵员质量，公民依法服兵役，自觉接受国防教育，相关企事业单位要保质保量地完成国防科研生产、接受国家军事订货等。

(2)《国防法》的基本特征

当今世界各国无不把国防建设放在重要的位置。为了加强国防建设，保障国家各项事业的发展，各国都针对本国的实际，制定具有本国特征的《国防法》。我国的《国防法》具有以下基本特征。

①《国防法》是国防领域的基本法。新中国成立以来，特别是党的十一届三中全会以来，国家出台了一系列国防方面的法规，诸如《兵役法》《中国人民解放军现役军官服役条例》《中华人民共和国预备役军官法》等兵役制度的法规；关于人民防空的规定；关于国防交通工程、通信的规定；关于军事设施保护的法规；关于国防后备力量建设的规定；关于军事人事制度的规定；关于优待与抚恤的规定；关于国防教育、国防后勤、国防科技、国防内卫的法律法规；等等。第八届全国人民代表大会第五次会议通过了《国防法》，它成为调整我国国防领域各种社会关系的一部基本法律。

②《国防法》调整范围宽。从上层建筑领域到经济基础，从军内到军外，凡涉及国防社会关系，它都予以规范和调整。它调整的对象既有现役军人的特殊主体，也有一般主体的公民和企事业单位。国防法是涉及建立巩固的国防，关系到国家安全和全国各族人民切身利益，需要全体公民共同遵守和维护的一部法律。有了这部法律，在新的历史条件下，组织动员人民积极投身于国防建设事业就有法可依了。国家和社会对在国防活动中作出贡献的组织和公民个人，采取各种形式给予表彰和奖励。相反，如果违反国防法和有关法律，拒绝履行国防义务或者危害国防利益，将依法追究当事人的行政、民事和刑事责任。

③《国防法》重申了我国的武装力量受中国共产党的领导。党对武装力量的领导，是进行国防建设和武装斗争的成功经验，也是国家政权巩固、社会稳定、民族团结和国家安全的根本保证。《国防法》中规定：中华人民共和国的武装力量受中国共产党领导。武装力量中的中国共产党组织依照《中国共产党章程》进行活动。《国防法》中重申党对武装力量的领导，这是《国防法》具有中国特色和必须坚持的原则，也是传统的党指挥枪原则的法律化。

(3) 颁布《国防法》的意义

① 有利于把国家防务纳入法制的轨道。新中国成立以来，我国国防领导体制和防务政策在相当长的时期里，只有制度化而缺乏法律化，国防立法方面大大滞后于国内的经济发展和国防形势。为了适应新的形势需要，在全国人大代表和军内外有关人士的共同努力下，我国第一部《国防法》问世了，它把党和国家在国防建设、军队建设中形成的优良传统及方针、

政策用法律的形式固定下来。《国防法》是国家意志的体现,有很高的权威性和强制性,在这部法律规范的调整下,我国的现代化国防建设将会日臻完善。

② 有利于保障国防建设与经济建设协调同步发展。改革开放以来,经济建设快速发展,而国防建设与国家经济建设在同步发展的过程中难免发生不协调。有了《国防法》,依靠法律来调整国防社会关系,使国防建设能依法适应国家经济体制的转变,充分发挥法律机制在国防建设中的规范、调节、保障和引导作用。这样,既可以使国防建设适应社会主义市场经济的客观要求,也能保障国防建设与经济建设的协调同步发展。

③ 有利于树立和维护我国爱好和平的国际形象。当今世界应该是一个法制世界。我国通过制定一部《国防法》,向世界宣告我国的国防基本原则和防务政策,说明我国加强国防建设只是为了防备侵略和抵抗侵略,制止武装颠覆,而不是为了侵略和威胁任何国家。使世人从我国《国防法》中清楚地看到,社会主义中国永远不称霸、不对外侵略,从而使"中国威胁论"不攻自破。

2. 《中华人民共和国兵役法》

《中华人民共和国兵役法》(以下简称《兵役法》)是国家关于公民参加军队和其他武装组织或在军队外接受军事训练的法律。它从国家的国情和军情实际需要出发,主要规定了国家武装力量的组成和实行什么样的兵役制度;公民服兵役的条件、形式、期限;后备力量建设体制,以及公民服兵役而产生的权利和义务等。我国《兵役法》是由国家最高权力机关——全国人民代表大会依据我国《宪法》制定的,目的在于保障军队平时和战时的兵员补充,保证兵员质量,加强武装力量建设,以满足我军现代化建设和未来反侵略战争的需要。因而,它是我国兵役制度的根本大法。

(1) 新中国《兵役法》的历史沿革

1955年,新中国颁布了第一部《兵役法》,这也是我国历史上第一部真正意义上的《兵役法》。这部《兵役法》第一次比较完整地规范了国家兵役工作,真正实行了义务兵役制,建立了定期征兵和退伍制度,确立了预备役制度和学生军事训练制度,规定了军队实行军衔制度等。

1984年,国家总结了近30年兵役工作经验,吸取了国外一些好的做法,对《兵役法》在结构和内容上做了较大调整,由原来的九章五十八条改为十二章六十五条,增加了军事院校从青年学生中招收学员,民兵、预备役人员的军事训练,现役军人的优待和退出,现役的安置,以及惩处五章,将原来的预备役军人登记和统计、现役军人和预备役军人的权利和义务两章的一些内容分别写入了有关章节。1984年颁布的《兵役法》反映了党的十一届三中全会以来,我国兵役工作在党的正确路线指引下拨乱反正的成果,标志着我国国防建设走上了一个新的阶段。

随着社会主义市场经济体制的建立和新时期军队建设的发展,有些规定已不适应新的情况,需要修改、补充和完善。为此,《全国人民代表大会常务委员会关于修改〈中华人民共和国兵役法〉的决定》已由第九届全国人民代表大会常务委员会第六次会议于1998年12月29日第一次修正通过,国家主席江泽民签署第十三号主席令,公布此决定,对实施14年的《中华人民共和国兵役法》做了重大的修改。修改后的兵役法共十二章六十八条。

(2) 现行《兵役法》的指导思想和主要内容

根据2009年8月27日第十一届全国人民代表大会常务委员会第十次会议《关于修改部分法律的决定》第二次修正,根据2011年10月29日第十一届全国人民代表大会常务委员会第二十三次会议《关于修改〈中华人民共和国兵役法〉的决定》第三次修正。

现行《兵役法》共分十二章七十四条。

第一章，总则。明确指出《兵役法》是依据《宪法》制定的；明确规定中华人民共和国实行义务兵与志愿兵、民兵与预备役相结合的兵役制度；中华人民共和国公民，不分民族、种族、职业、家庭出身、宗教信仰和受教育程度，都有义务依照本法的规定服兵役；有严重生理缺陷或严重残疾不适合服兵役的人，免服兵役；依照法律被剥夺政治权利的人，不得服兵役。同时，在这一章中还明确规定了中华人民共和国武装力量的组成，以及现役军人和预备役人员的义务、权利，规定了全国各级兵役工作的负责机构。

第二章，平时征集。明确指出全国每年征集服现役的人数、要求和时间，由国务院和中央军委的命令规定；明确规定了征集服现役人员的年龄，"每年十二月三十一日以前年满十八周岁的男性公民，应当被征集服现役。当年未被征集的，在二十二周岁以前，仍可以被征集服现役。"根据军队需要，也可按照上述规定征集女性公民服现役，也可按照军队需要和本人自愿，征集当年十二月三十一日以前年满十七周岁未满十八周岁的公民服现役。同时规定应征公民是维持家庭生活唯一劳动力的，可以缓征。应征公民正在被依法侦查、起诉、审判的或被判徒刑、拘役、管制正在服刑的，不征集。

第三章，士兵的现役和预备役。现役士兵包括义务兵役制士兵和志愿兵役制士兵，义务兵役制士兵称为义务兵，志愿兵役制士兵称为士官；义务兵服现役的期限为2年；义务兵服现役期满、根据军队需要和本人自愿，经团级以上单位批准，可以改为士官；士官实行分级服现役制度，士官服现役的期限一般不超过30年，年龄不超过55周岁；士兵服现役期满，应当退出现役。因军队编制员额缩减需要退出现役的，经军队医院诊断证明本人健康不适合继续服现役的，或者因其他特殊原因需要退出现役的，经师级以上机关批准，可以提前退出现役；士兵退出现役时，符合预备役条件的，由部队确定服士兵预备役；经过考核适合担任军官职务的，服军官预备役。

第四章，军官的现役和预备役。规定了现役军官的补充人选、预备役军官包括的人员、现役军官和预备役军官的退役等。

第五章至第十章，对军队院校从青年学生中招收学员、民兵、预备役人员、普通高等学校和普通高中学生的军事训练，战时兵员动员，现役军人的待遇和退出现役的安置等问题做出了规定。一是对民兵的性质和任务做了规定。民兵是不脱离生产的群众武装组织，是中国人民解放军的助手和后备力量。民兵的任务是：参加社会主义现代化建设；执行战备勤务，参加保卫作战，抵抗侵略，保卫祖国；为现役部队补充兵员；协助维护社会秩序，参加抢险救灾。二是对预备役人员、普通高等学校和普通高中学生的军事训练，分别提出了要求。明确规定普通高等学校的学生在就学期间，必须接受基本军事训练。普通高等学校设军事机构，配备军事教员，组织实施学生的军事训练。三是对战时兵员动员、现役军人的待遇和退出现役的安置分别做了规定。

第十一章，法律责任。对公民，现役军人，机关、团体、企事业单位，逃兵役登记和服兵役，拒绝履行军事职责，扰乱兵役工作程序，滥用职权，徇私舞弊等违反兵役法规的行为，在处罚措施、执行机关方面都做出了明确的规定。

第十二章，附则。规定《兵役法》同样适用于中国人民武装警察部队。

3.《中华人民共和国国防教育法》

《中华人民共和国国防教育法》（以下简称《国防教育法》）是我国第一部全面调整和规范国防教育的重要法律。第九届全国人民代表大会常务委员会第二十一次会议通过的我国第一部《国防教育法》，于2001年4月28日，由国家主席江泽民发布第五十二号主席令公布施行。

(1) 制定《国防教育法》的意义

国防教育是建设和巩固国防的基础,也是增强民族凝聚力和提高全民素质的重要途径。在跨入21世纪的时候,总结历史经验,着眼未来发展,制定这部中国特色的《国防教育法》,具有重要意义。

① 制定《国防教育法》有利于增强全民国防观念,建设和巩固国防。我们在抓住历史机遇、集中力量进行现代化建设过程中,必须清醒地看到,为确保国家的长治久安,不仅要有强大的国防实力,更要加强全民族的忧患意识和国防观念。《国防教育法》的公布施行,为认真贯彻党在国防教育方面的方针、政策,推动国防教育深入、持久开展,提供了可靠的法律保障。

② 制定《国防教育法》有利于提高全民素质,促进国防建设和经济建设协调发展。普及和加强国防教育,能激励人民的爱国之心、报国之志,自觉地把党的事业、国家和民族的利益放在首位,从而产生国家利益高于一切的民族向心力、凝聚力。这种巨大的精神力量在军事上可以转化为强大的战斗力,在经济上可以转化为巨大的生产力。《国防教育法》的公布实施,为提高全民族的素质,促进国家建设和经济建设协调发展,创造了必要的条件。

③ 制定《国防教育法》有利于贯彻落实《国防法》《教育法》,保证全民国防教育依法进行。《国防法》《教育法》分别是我国国防领域和教育领域的基本法律。《国防法》设专章对国防教育的方针、原则等做了规定;《教育法》在总则中明确要求:"国家在受教育者中进行爱国主义、集体主义、中国特色社会主义的教育,进行理想、道德、纪律、法治、国防和民族团结的教育。"《国防教育法》的公布施行,贯彻落实了《国防法》《教育法》中对国防教育的原则要求,使国防教育工作的各个方面、各个环节都有明确的可以遵循的法律规范,增加了可操作性。

(2)《国防教育法》的主要内容

① 明确了国防教育的方针和原则。《国防教育法》明确了国防教育贯彻全民参与、长期坚持、讲求实效的方针,实行经常教育与集中教育相结合、普及教育与重点教育相结合、理论教育与行为教育相结合的原则。针对不同对象,确定相应的教育内容,分类组织实施。

② 规范了国防教育内容。《国防教育法》对国防教育的内容、目的做了明确规定。国家通过开展国防教育,使公民增强国防观念,掌握基本的国防知识,学习必要的军事技能,激发爱国热情,自觉履行国防义务。国防观念是指人们对国防的认识和态度;国防知识是指有关国防的基本理论、常识;军事技能训练包括学习防原子、防化学、防生物武器知识和个人防护器材的使用,学习人民防空知识和战场救护常识,以及学习开展射击、投弹、刺杀等军事训练活动。国防教育作为一门相对独立完整的教育学科,其内容是十分丰富的。可以说,凡是与国防有关的理论、知识、精神等,都是国防教育内容的组成部分。

③ 明确了国防教育的领导体制。国防教育是一项全局性、长期性的全民教育活动,其组织性、计划性很强,没有健全的领导机构,难以保障《国防教育法》的贯彻实施。因此,《国防教育法》依据《宪法》《国防法》的有关规定,明确了中央和地方国防教育工作的领导体制,即国务院领导全国的国防教育工作,中央军委协同国务院开展全民国防教育,地方各级人民政府领导本行政区域内的国防教育工作,驻地军事机关协助和支持地方人民政府开展国防教育。

④ 规范了学校的国防教育。学校是培养各类人才的专门机构,学校国防教育是全民国防教育的基础,是实施素质教育的重要内容。《国防教育法》专门设置了学校国防教育一章,并根据现行学校教育制度和不同年龄段学生身心发展的特点,针对不同情况,对学校的国防教育做了具体要求。一是将国防教育的内容纳入小学和初级中学的有关课程,实行课堂与课

外活动相结合。同时,提倡有条件的中小学校组织学生开展以国防教育为主题的少年军校活动。二是高级中学和相当于高级中学的学生在有关课程中安排专门的国防教育内容。高等学校设置适当的国防教育课程,实行课堂教学与军事训练相结合。三是负责培训国家工作人员的各类教育机构,将国防教育纳入培训计划,设置适当的国防教育课程。这些规定充分说明国防教育是每个学生的必修课,是各级各类学校不可缺少的教育内容,体现了学校是国防教育主阵地等立法意图,并通过在学生中开展形式多样的国防教育活动保证学校的国防教育常抓不懈、收到实效。

4. 其他法规

国家非常重视国防法律、法规的建设,除已经介绍的《国防法》《兵役法》《国防教育法》外,主要的法规还有下列几部。

① 《中华人民共和国预备役军官法》。
② 《中华人民共和国军事设施保护法》。
③ 《中华人民共和国军事设施保护法实施办法》。
④ 《中华人民共和国现役军官法》。
⑤ 《中国人民解放军军官军衔条例》。
⑥ 《中国人民解放军现役士兵服役条例》。
⑦ 《中华人民共和国民兵工作条例》。
⑧ 《军人抚恤优待条例》。
⑨ 《中国人民解放军警备条令》。
⑩ 《中国人民解放军共同条令》。
⑪ 《中华人民共和国国防动员法》。

二、公民国防权利和义务

国防是整个国家的国防,是全体人民的国防,绝不仅仅是军队和武装部门的事。保卫祖国、抵抗侵略是全体公民的神圣职责。全体公民,不分民族、种族、性别、职业、信仰、受教育程度,都具有义不容辞的国防义务。公民在履行国防义务的同时,也享有相应的权利。

(一)国防权利与义务是辩证统一的

所谓国防权利,是指由国家《宪法》、法律赋予公民在国防活动中所享受的权益。所谓国防义务,是指《宪法》和法律规定的公民在国防活动中对国家必须履行的某种责任。它要求一切负有国防义务的公民依照法律规定,平等地承担国防义务,对法定的各项国防义务,每个公民都必须自觉履行,绝不允许应当履行而拒不履行国防义务的现象存在。对拒不履行国防义务的,必须承担法律责任,受到法律制裁。

权利和义务是统一的。《宪法》第三十三条第四款规定:"任何公民享有宪法和法律规定的权利,同时必须履行宪法和法律规定的义务。"没有无义务的权利,也没有无权利的义务。任何人都不会只尽义务不享有权利,也不能只享有权利而不尽义务。公民只有认真履行法定的国防义务,才能享有相应的国防权利;不履行国防义务的公民,就没有资格享有相应的国防权利。国防义务与权利的一致性,体现了国家与公民之间一种平等的法律关系。一方面,国家赋予公民各项国防权利,并保证其权利的行使;另一方面,公民应当自觉维护国家的安全与利益,严格履行各种国防义务。

权利和义务相互促进、相互转化。公民履行国防义务的自觉性越高,能力越强,越有利于国防建设事业的发展,也就越有利于公民享有国防权利;而公民真正享有了相应的国防权利，就能激发其"天下兴亡，匹夫有责"的使命感，提高其履行国防义务的积极性和创造性。在很多情况下，权利和义务融为一体。例如，接受国防教育、服兵役等，这些既是公民的国防权利，又是公民的国防义务。

（二）公民的国防义务

我国国防法规赋予公民的国防义务主要有以下六大方面。

1. 履行兵役的义务

兵役义务是公民最重要的一项国防义务。它要求公民根据国家法律规定，在军队中服役或在军队之外承担有关军事方面的责任。我国《宪法》第五十五条规定："保卫祖国、抵抗侵略是中华人民共和国每一个公民的神圣职责。""依照法律服兵役和参加民兵组织是中华人民共和国公民的光荣义务。"我国《兵役法》第三条规定："中华人民共和国公民，不分民族、种族、职业、家庭出身、宗教信仰和教育程度，都有义务依照本法的规定服兵役。"并对征集对象、免征对象、缓征对象、不征对象和征集方法做了原则规定；对拒不服兵役的，规定了惩戒措施；还规定公民履行兵役义务有服现役、服预备役和参加民兵两种形式。其中，应征服现役是公民依法履行兵役义务的主要形式；服预备役和参加民兵组织是公民依法履行兵役义务的普遍形式。每个公民都应自觉履行兵役义务，为神圣的国防事业作出自己应有的贡献。

2. 维护国家统一和安全的义务

我国《宪法》第五十二条规定："中华人民共和国公民有维护国家统一和全国各民族团结的义务。"第五十四条规定："中华人民共和国公民有维护祖国的安全、荣誉和利益的义务，不得有危害祖国的安全、荣誉和利益的行为。"维护国家统一，主要是指维护国家领土的完整，任何公民都不得破坏、变更和以其他各种形式分裂肢解国家领土；维护国家政权的统一，不允许任何公民以各种方式分裂国家政权、破坏国家的统一，不允许任何人以任何方式把国家主权割让给外国。维护国家的安全，主要是指维护国家的领土、主权不受侵犯，国家各项机密得以保守，社会秩序不被破坏。公民履行维护国家统一和安全的义务，就要有高度的爱国主义精神和爱国主义行动，把国家利益置于至高无上的地位，自觉维护祖国统一、安全、荣誉和利益，绝不做危害国家安全、民族荣誉和祖国利益的事。

3. 保护国防设施的义务

国防设施包括军事设施、人民防空工程、国防交通工程设施和其他用于国防目的的设施。国防设施是国防的物质屏障。在战时，它是打击敌人、抵抗侵略的重要依托；在平时，它具有制约敌对力量的威慑作用。因此，保护国防设施，确保其效能的实现，是巩固国防、维护国家安全利益的具体体现。我国《国防法》第五十二条第二款规定："公民和组织应当保护国防设施，不得破坏、危害国防设施。"《军事设施保护法》第四条中明确规定："中华人民共和国的所有组织和公民都有保护军事设施的义务。""禁止任何组织或者个人破坏、危害军事设施。""任何组织或者个人对破坏、危害军事设施的行为，都有权检举、控告。"

公民在履行保护国防设施的义务过程中，要做到以下几点。首先，应当爱护国防设施。无论是使用、参观或者是管理维护，都应当以高度的主人翁精神和责任感予以爱护，特别是要注意保护国防设施的使用效能。其次，要遵守国家关于保护国防设施的有关规定。在从事经济、文化和其他活动时，公民应当严格遵守法律的规定，任何人不得破坏、危害国防设施，不得对军事禁区非法进行摄影、摄像、录音、勘察、测量、描绘和记述，不得非法进入军事禁区；不得进行影响人民防空工程使用或者降低人民防空工程能力的作业，不得向人民防空工程内排入废水、废气和倾倒废弃物，不得在人民防空工程内生产、储存爆炸剧毒、易燃、放射性和腐蚀性物品，不得擅自拆除人民防空工程；不得影响国防交通安全工程设施的正常使用，不得危及国防交通工程设施的安全。再次，公民对于破坏、危害国防设施的行为，应当检举、控告或制止。最后，不履行国防设施保护义务的，将受到法律的追究或给予治安行政处罚。

4. 保守国家军事机密的义务

我国《宪法》规定，保守国家机密是每个公民应尽的义务。《中华人民共和国保守国家秘密法》第三条第二款规定："一切国家机关、武装力量、政党、社会团体、企业事业单位和公民都有保守国家秘密的义务。"《国防法》第五十二条第三款规定："公民和组织应当遵守保密规定，不得泄露国防方面的国家秘密，不得非法持有国防方面的秘密文件、资料和其他秘密物品。"国防方面的国家秘密主要是军事机密，不仅关系着平时政权的巩固、社会的稳定，而且关系着未来战争的胜败、领土的得失，影响着整个国家的生存、安全与发展。因此，保守国防方面的国家秘密，是公民的一项重要国防义务。公民在履行这些义务时，必须牢固树立保密意识，在管理秘密载体、通信和办公自动化、新闻出版、对外活动等方面，严格遵循保密规定。公民发现国家军事秘密已经泄露或者可能泄露时，应立即采取补救措施并及时报告有关机关、单位；有关机关、单位接到报告后，应当立即做出处理。泄露国防秘密、危害国防安全与利益者，应当承担相应的法律责任，该追究刑事责任的要追究刑事责任，该给予行政处分的要给予行政处分。

5. 接受国防教育的义务

我国《宪法》第二十四条规定："在人民中进行爱国主义、集体主义和国际主义、共产主义的教育。"《国防法》第五十二条第一款规定："公民应当接受国防教育。"《国防教育法》第五条规定："中华人民共和国公民都有接受国防教育的权利和义务。""普及和加强国防教育是全社会的共同责任。"在国防教育中，对于拒不履行接受国防教育义务的公民，要视情节追究法律责任。除《国防法》《国防教育法》之外，我国已有10多个省、市、自治区颁布施行了国防教育条例。这些地方性法规也对公民的国防教育权利和义务等做了明确规定。

6. 支持和协助国防活动的义务

《国防法》第五十三条规定："公民和组织应当支持国防建设，为武装力量的军事训练、战备勤务、防卫作战等活动提供便利条件或者其他协助。"公民履行支持和协助国防活动的义务时，应正确认识国防活动的意义，明确国防的战略地位和作用，不断提高履行国防义务的自觉性；正确处理国家安全利益与个人利益的关系，当两者发生矛盾时，要从国家安全大局出发，个人利益服从国家安全利益；在工作和生活中为武装力量提供力所能及的帮助，只要武装力量建设或作战需要，公民就应根据自己的能力和条件，自觉提供便利和协助。具体来讲：一是支持国防建设的义务。公民应当在政府的统一领导下，积极支持国防建设。例如，拥军优属、拥政爱民，尊重、关心军人军属，切实做好优抚工作；切实做好征兵工作，保证兵员的数量和质量；妥善安置军队的转业干部和离退休干部；正确处理军地之间发生的矛盾；开展军民经济互助与协作；保质保量并按时完成军工生产任务等。二是为武装力量活动提供便利条件的义务。公民应当为武装力量的军事训练、战备勤务、作战防卫等国防活动提供协助，必要时积极参与。三是支持民兵、预备役建设的义务。民兵、预备役人员应当做到服从组织领导，接受军事训练，掌握军事技术，爱护武器装备，学习政治文化，带头遵守法律、法规，保护群众利益，做自觉履行兵役义务的模范。四是支前参战的义务。包括踊跃参军、配合部队作战、服从征用、积极担负战备勤务、支援前线作战等。

(三) 公民享有的国防权利

按照国防法规，公民在履行国防义务的同时，享有权利，军人家属也享有某些特殊的权利和待遇。

1. 褒扬抚恤

革命烈士或因公牺牲、病故的现役军人的家属由政府发给一次性抚恤金，并对其无工作的父母、配偶和未成年的子女定期发给抚恤金。革命残废军人继续在部队服现役，或者退出现役参加国家党政机关、团体、企事业单位工作的，按照因战残废、因公残废的不同标准，由部队或者地方人民政府发给残废金。对残废军人生活方面的特殊需要，要按照规定抚恤。

2. 优待

对革命烈士家属、牺牲病故军人家属、现役军人及其家属、革命残废军人和退出现役的军人，从生产、生活和社会福利诸方面，给予照顾和优待，包括在和群众同等条件下，在参军、入学的录取、助学金待遇的取得、职工的录用、社会救济款的领取等的优先权；医疗、入学等费用和义务工等劳务的减免；生产、生活的妥善安置；精神上的慰问和关怀；义务兵从部队发出的平信免费邮递；现役军人随军的配偶，驻地政府的劳动、人事部门应负责安排其工作，随军的子女需要在中小学上学的，当地政府教育部门应负责安排他们入学；乡、镇和城市街道办事处在公民接到入伍通知书，或接到军人在部队立功或获得荣誉称号的喜报时，应组织人民群众给他们的家属贺喜；新年、春节期间，组织人民群众对军属进行慰问。

3. 安置

国防法规规定：根据国家建设的需要和经济形势的发展，妥善组织和安排退出现役的军人，伤、病、残军人和离休退休军人的生产、生活和休养。

★ 第三节　国防建设 ★

中华人民共和国成立以来，党和国家十分重视国防建设，取得了举世瞩目的巨大成就。

一、国防领导体制

我国根据《宪法》、《国防法》及其他有关法律，建立和完善国防体制，国家对国防活动实行统一的领导。

① 中华人民共和国全国人民代表大会是最高国家权力机关，决定战争与和平问题，并行使《宪法》规定的国防方面的其他职权。全国人民代表大会常务委员会是全国人民代表大会的常设机关，决定战争状态的宣布，决定全国总动员或者局部动员，并行使《宪法》规定的国防方面的其他职权。国家主席根据全国人民代表大会的决定和全国人民代表大会常务委员会的决定，宣布战争状态，发布动员令，并行使《宪法》规定的国防方面的其他职权。国务院领导和管理国防建设事业。中央军事委员会领导并统一指挥全国武装力量。

② 中国人民解放军实行中央军事委员会领导下的总参谋部、总政治部、总后勤部、总装备部体制。总参谋部负责组织领导全国武装力量的军事建设，组织指挥全国武装力量的军事行动；总政治部负责管理全军党的工作，组织进行政治工作；总后勤部负责组织领导全军后勤工作；总装备部负责组织领导全军武器装备建设工作。

③ 中国人民解放军现役部队是国家的常备军，主要担负防卫作战任务，必要时可以依照

法律规定协助维护社会秩序。预备役部队平时按照规定进行训练，必要时可以依照法律规定协助维护社会秩序，战时根据国家发布的动员令转为现役部队。中国人民武装警察部队担负国家赋予的安全保卫任务，维护社会秩序。民兵在军事机关的指挥下，担负战备勤务、防卫作战任务，协助维护社会秩序。中国人民解放军由陆军、海军、空军和火箭军组成，在全国范围内设立五大战区。

④国家对国防科研生产实行统一领导和计划调控。国务院负责领导和管理国防科研生产，管理国防经费和国防资产。中央军事委员会批准武装力量的武器装备体制和武器装备发展规划、计划，协同国务院领导和管理国防科研生产，会同国务院管理国防经费和国防资产。实行国家军事订货制度，保障武器装备和其他军用物资的采购供应。国家对国防经费实行财政拨款制度，并根据国防建设和经济建设的需要，确定国防资产的规模、结构和布局，调整和处分国防资产。

⑤国务院和中央军事委员会共同领导动员准备和动员实施工作。国家在和平时期进行动员准备，将人民武装动员、国民经济动员、人民防空、国防交通等方面的动员准备纳入国家总体发展规划和计划，逐步完善动员体制，建立战略物资储备制度。国家重视开展国防教育，并将国防教育纳入国民经济和社会发展计划。

二、国防建设成就

新中国成立以来，在党中央、中央军委的领导下，重视国防和军队建设，国防和军队建设取得了很大成就。党中央高度重视国防和军队建设，从根本上说，是因为国防的强弱与国家的安危存亡、兴衰荣辱紧密相关。在21世纪的征途上，我们要坚定不移地贯彻党的十九大精神，努力加强国防和军队建设，更好地担负起保卫国家主权和领土完整的神圣使命，保证社会主义现代化建设顺利进行。

（一）建立和完善了有中国特色的武装力量领导体制

我国的武装力量领导体制，是在长期的革命战争中形成和发展起来的。新中国成立后，根据中央人民政府1949年10月19日的命令，成立了中央人民政府人民革命军事委员会，作为全国武装力量的最高统帅机关。1954年9月，第一届全国人民代表大会第一次会议通过的《中华人民共和国宪法》中规定，中华人民共和国主席统帅全国武装力量，并决定设立国防委员会和国防部，由国家主席担任国防委员会主席。与此同时，取消了中央人民政府人民革命军事委员会，在同月召开的中央政治局会议上，决定在中央政治局和书记处之下，成立中共中央军事委员会，领导中国人民解放军和其他武装力量。军委下设总参谋部、总政治部、总后勤部，作为军委的工作机关。为加强我军武器装备建设，1998年，中央军委增设了总装备部。在中央军委的领导下，还设有负责各军种组织建设、军事训练和战备作战的陆军、海军、空军、第二炮兵（现更名为火箭军）指挥机关。此外，直接隶属中央军委的还有军事科学院和国防大学等单位，以及负责指挥驻在各大战略区范围内的陆、海、空军部队和民兵的大军区领导机关。

1982年起，党和国家共同设立中央军事委员会。同年12月召开的第五届全国人民代表大会第五届五次会议通过的《中华人民共和国宪法》中规定，中华人民共和国中央军事委员会统一领导全国的武装力量。国家的中央军委设立后，与党的中央军委同时存在，为避免机构重叠，中共中央决定，国家的军委与党的军委是"一个机构，两个牌子"，其组成人员完全相同，而且全体军委委员都由共产党员担任。党的中央军委与国家的中央军委并存，同时向中央和全国人大及人大常委会负责。

这种体制,既贯彻了党对军队绝对领导的根本原则,又适应我军已成为国家主要成分的实际,进一步完善了国家武装力量的领导体制,体现了党领导军队与国家领导军队的一致性。这种领导体制,便于运用国家机器来加强武装力量的建设,可以使党中央对军事工作的决策、指示具有法律效力,成为国家意志;可以保证军队的最高领导权、指挥权高度集中统一。这种领导体制,也符合我国的国情和军情,坚持了党领导军队的传统,体现了"四项基本原则"这个立国之本的要求,体现了中国共产党在国家政治生活中的领导地位和作用。

(二)进一步发展和健全了"三结合"的武装力量体制

武装力量是国家的正规军和其他武装组织的总称。根据《国防法》的规定,我国的武装力量由中国人民解放军(包括现役部队和预备役部队)、中国人民武装警察部队和民兵组成,实行"三结合"的武装力量体制。

(三)中国人民解放军的现代化、正规化和革命化建设有了突破性的进展

新中国成立后,人民解放军在毛泽东关于建设现代化革命武装力量的战略思想和邓小平新时期军队建设思想的指引下,不断向现代化、正规化和革命化迈进。特别是改革开放以来,我国国防实力得到进一步加强,国防现代化建设,尤其是军队的建设,有了突破性的进展,取得了一系列重大成就。

1949年10月1日,当毛泽东主席在天安门城楼上向全世界庄严宣告中华人民共和国成立时,经过长期考验的中国人民解放军,也迈开了建设诸军兵种构成的合成军队的坚实步伐。当时的人民解放军基本是一支单一的以普通步兵为主的陆军,海军、空军仅具雏形,而陆军中的炮兵、装甲兵等技术兵种所占比例非常小。经过50多年的艰苦努力,人民解放军实现了由单一陆军向诸军兵种合成军队的发展。不仅掌握着种类比较齐全的常规武器装备,而且拥有了具有一定威慑力的原子弹、氢弹等尖端武器装备。

进入20世纪90年代以来,人民解放军继续向着更高级的阶段迈进。根据高技术战争的特点和影响,人民解放军开始把军事斗争准备的立足点放在打赢现代技术,特别是高技术条件下的局部战争上面,军队建设逐步实现由数量规模型向质量效能型、由人力密集型向科技密集型的转变;在发展武器装备方面,人民解放军根据现代技术,特别是高技术条件下局部战争的需要,努力发展高技术"撒手锏";在改革调整体制编制方面,人民解放军进一步压缩了军队规模,优化诸军兵种比例结构,完善合成体制,使军队体制编制更加适应现代合同作战和联合作战的需要;在改革教育训练方面,为培养掌握现代科技知识和战争知识、精通现代军事科学理论的高层次指挥人才,指挥院校增设了硕士、博士研究生教育,部队训练加大了实战力度。2019年10月1日,在国庆七十周年阅兵大典上,中国人民解放军受阅部队,浩浩荡荡地通过天安门广场,接受祖国和人民的检阅。装备着新式武器的受阅部队,以空前的阵容和世界一流的训练水平,向世界展示了中国军队革命化、现代化、正规化建设的巨大成就,展示了人民军队威武之师、文明之师、胜利之师的崭新风貌,展示了共和国钢铁长城维护祖国安全与统一、促进世界和平与发展的坚强决心和强大力量。

走进21世纪的人民解放军按照"政治合格、军事过硬、作风优良、纪律严明、保障有力"的总要求,继续优化体制编制,更新教育训练内容和手段,改善武器装备,加强军队的质量建设,提高诸军兵种的合成化水平,朝着精兵、合成、高效的方向发展。可以预见,人民解放军将以新的面貌勇敢地面对任何挑战而不辱使命。

(四)形成了门类齐全、综合配套的国防科技工业体系

国防科技是衡量一个国家综合国力的重要标志之一,也是国防现代化建设的一个重要方

面。新中国成立以来，在党中央、国务院、中央军委的关怀和领导下，经过70多年的建设和发展，我国的国防科技工业从无到有、从小到大、从落后到先进，建立起包括电子、船舶、兵器、航空、航天和核能等门类齐全、综合配套的科研实验生产体系，取得了一大批具有国内或国际先进水平的科研成果，为我军现代化建设和切实增强我国的综合国力作出了重要贡献。

在军用电子方面，逐步发展成为具有相当规模、门类齐全的新兴工业部门，特别是在指挥自动化、情报侦察、预警探测、电子对抗和通信等方面，为我军提供了各种新式装备和产品，进一步增强了部队侦察、通信、指挥和作战能力；在船舶工业方面，先后自行研制建造了核动力潜艇、常规潜艇、导弹驱逐舰、导弹护卫舰、导弹快艇等作战舰艇，以及各种辅助船舶和新型鱼雷、水雷、反水雷等新装备；在兵器工业方面，研制生产了一大批具有先进性能的装甲车辆、火炮、弹药、轻武器、军用光电器材和综合火控、指挥系统等新型武器装备，为我军现代化建设作出了重要贡献；在航空工业方面，已能够生产歼击机、歼击轰炸机、轰炸机、直升机、运输机、预警机、空中加油机、教练机等，基本满足了海空军作战和飞行训练的需要；在航天科技工业方面，已拥有地地、地空、海空和空空导弹武器系统，运载火箭、各种应用卫星的研制和实验能力及各种应用卫星的发射能力，在世界高技术领域占有一席之地；在核工业方面，我国不仅可以生产制造原子弹、氢弹，还掌握了核潜艇技术，形成了我国的核威慑力量，在和平利用核能方面，我国也取得了突破性进展。

军事沙龙
来源：爱奇艺

（五）国防后备力量建设取得了长足的发展

党和国家历来十分重视国防后备力量建设。我国国防后备力量建设，经过几代人的努力，形成了一整套制度和优良作风，打下了坚实的基础。党的十一届三中全会以来，尤其是从1985年，党中央、国务院、中央军委明确提出"精干的常备军和强大的后备力量相结合，是建设现代化国防的必由之路"这一基本指导方针之后，作为一支伟大战略力量的我国国防后备力量，越来越受到党和国家的高度重视，并在全国范围内形成了一个各级地方党政领导关心后备力量建设、各级军事机关狠抓后备力量建设、社会各界和广大人民群众积极支持后备力量建设的可喜局面。我国国防后备力量建设，经过一系列的调整改革，各项工作均取得了明显的成绩。一是实现了指导思想的战略性转变，走上了相对和平时期稳步发展的轨道。当前，民兵工作要以更好地适应新时期军事战略方针、适应发展社会主义市场经济的新形势为指针。二是确立并实行了民兵与预备役相结合的制度，初步形成了中国特色的国防后备力量体系，并下大力狠抓基干民兵队伍建设和预备役部队建设，加强了训练，改进了武器装备，使我国后备兵员的整体素质较过去有了明显的提高。三是注重宏观指导，合理布局，边海防、大中城市和重点地区的民兵工作得到加强。四是民兵、预备役部队在参战支前、保卫边疆、发展生产、扶贫帮困、抢险救灾、维护社会治安等方面发挥了重要作用，为国家的改革、发展和稳定作出了巨大的贡献。五是健全了国防动员机构，为了保证国家在一旦发生战争的情况下，能很快由平时状态转入战时状态，调动足够的人力、财力、物力应对战争的需要，我国于1995年成立了战争动员委员会，下设兵员动员、经济动员等4个办公室，负责指导、协调全国的后备力量建设和动员工作。军队从总部机关到各军区、集团军、师、团均设有动员机构或动员军官。省军区、军分区、人武部既是同级党委的军事部门，又是政府的兵役机关，是兼后备力量建设与动员工作于一体的机构。六是加强了国防教育，恢复并加强了对大学、高中（含相当于高中）在校学生的军训工作，使国防教育逐步纳入整个国民教育体系之中，走上了法制化、规范化的轨道。

（六）国防法规建设取得了显著成效

国防法规是国家法律的重要组成部分，是加强国防和武装力量建设的基本法律依据，是调整国防领域中各种关系、坚持依法治军、全面提高部队战斗力的重要保证，也是做好战争准备、赢得战争胜利的根本保障。

三、国防建设的目标和政策

（一）国防建设的目标

1. 建立强大的国防军

在长期的革命战争中，由于受到客观历史条件的限制，人民解放军基本上是靠步兵作战。强大的国防军必须是现代化的诸军兵种合成军队。解放战争后期和新中国成立初期，随着武器装备的发展，人民解放军在陆军的基础上组建了海军和空军，后来又组建了战略导弹部队，并逐渐增加了炮兵、装甲兵、工程兵、通信兵、防化兵等特种兵在军队员额中的比例，从而由单一的陆军发展成为诸军兵种合成的现代化的军队。

现在，人民解放军正朝着精兵、合成、高效的方向不断发展。强大的国防军必须建立高效能的司令机关。在建立诸军兵种合成军队的同时，人民解放军加强了各级司令机关的建设，挑选了一批优秀的、富于组织和指挥才能的指挥员到各级司令机关中工作，创造了司令机关新的作风和新的气象。

强大的国防军必须掌握先进的军事科学技术。新中国成立以后，中央军委十分重视部队的教育训练，举行了多种规模、多种样式的诸军兵种协同作战演习，提高了部队在现代战争中的协同作战能力，并陆续创办了100多所军事院校，形成了初、中、高三级院校培训体制，为军队培养了一大批掌握先进军事科学技术的指挥人才和专业技术人才，在建设强大的国防军队的过程中，发挥了重要作用。

2. 建设强大的国防后备军

国防后备军，是除现役部队以外的一切可用于战争或为战争服务的后备武装力量的总称。它是国家武装力量的重要组成部分，主要包括民兵、预备役组织和人员，以及人民防空、交通战备专业队伍等。

1984年5月13日，第六届全国人民代表大会第二次会议通过的《中华人民共和国兵役法》中规定："中华人民共和国实行义务兵役制为主体的义务兵与志愿兵相结合、民兵与预备役相结合的兵役制度"，从而在法律上确立了中国的后备力量建设制度。以后，中共中央又进一步提出了民兵、预备役工作"减少数量，提高质量，抓好重点，打好基础"的"十六字"方针。经过几年的调整、整顿，民兵数量大为减少、质量更高，民兵组织结构更趋合理，队伍更为精干，更能适应战备的要求。同时，在全国各重点地区还组建了各军兵种的数十个预备役师（团）的数十万预备役部队，并逐步开展了预备役人员登记和学生军事训练工作，开展了广泛深入的国防教育活动，从而使国防后备力量的建设进入到一个新的历史发展时期。

（二）国防建设的政策

我国国防建设的基本原则是：适应国家根本利益的需要，坚持人民战争思想，提高综合国防力量；与国家经济建设有机结合、协调发展，国防建设以经济建设为基础，并服从国家经济建设大局；坚持以现代化为中心，实现国防科技、武器装备、国防人才、国防体制现代化；突出重点，以武装力量建设为主，全面提高国防建设的综合效益；遵循独立自主、自力更生的方针，把国防建设放在自己力量的基点上，发挥自身优势，学习和借鉴其他国家的先进技术；全国军民共同努力，在党中央、国务院和中央军委的统一领导下，党、政、军、民通力合作，齐心协力地进行国防建设。

我国的国防政策是根据本国的国防原则，结合实际情况制定的在一定时期内关于国防建设和斗争的基本行动准则，是国家政策的组成部分。我国的国防政策主要包括以下几项内容。

① 巩固国防，抵抗侵略，制止武装颠覆，保卫国家的主权、统一、领土完整和安全。
② 国防建设服从和服务于国家经济建设大局，国防建设与经济建设协调发展。
③ 贯彻积极防御的军事战略方针。
④ 走中国特色的精兵之路。
⑤ 维护世界和平，反对侵略扩张。

从以上内容可以看出，我国实行的是防御性国防政策。

四、我国的武装力量建设

武装力量建设，是指为建立和加强国家武装力量所采取的一系列举措。它以军队建设为主体，是国防建设的重要组成部分。目的是提高武装力量的作战能力，为国家的根本利益服务。

推荐阅读
来源：搜狗百科

武装力量建设的原则是：以人民战争为指导，坚持和完善正规军、地方部队和广大民兵相结合的武装力量体制。实行精兵政策，常备军精干化，减少数量，提高质量，实现武器装备现代化。不断改进和完善军队的组织结构，建立科学、合理的编制体制，形成强大的整体作战能力。坚持平战结合、军民结合，精干的常备军和强大的后备力量相结合，常规力量和战略核力量相结合，国防实力和国防潜力相结合，全面提高武装力量的整体威力。

武装力量体制是：武装力量的体制，是构成武装力量战斗力的一个重要因素。体制是否科学，将决定着武装力量能否胜任其肩负的使命。《国防法》规定：中华人民共和国的武装力量，由中国人民解放军现役部队和预备役部队、中国人民武装警察部队、民兵组成。我国武装力量建设的目标是革命化、现代化、正规化。

军事沙龙
来源：爱奇艺

五、中国人民解放军

《国防法》第二十二条第二款规定："中国人民解放军现役部队是国家的常备军，主要担负防卫作战任务，必要时可依照法律规定协助维护社会秩序"。

中国人民解放军由陆军、海军、空军和火箭军组成。这些军种在组织上按照主要武器装备的性能和作战活动空间及任务的不同，又区分为若干兵种。

（一）陆军

中国人民解放军从1927年诞生至今，已走过了90多年的历程。目前，陆军在我国常备军的编制上占有比例最大，人数最多，兵种较为齐全。我军陆军不仅规模上较为庞大，而且以作战勇敢、顽强著称于世。

陆军是担负陆地作战任务的军种。它由步兵、炮兵、装甲兵、工程兵、通信兵、防化兵、陆军航空兵、陆军防空兵等兵种和其他专业分队组成。

1. 步兵

步兵是陆军中的主要兵种。它担负着地面直接歼灭敌人的主要任务，同时能在任何时间、季节、气候和各种地形上进行各种战斗。

①步兵的组成：步兵由徒步步兵、摩托化步兵和机械化步兵组成。

②步兵的基本任务：一是在战斗中歼灭敌人有生力量，夺取或扼守指定地区和阵地；二是搭乘机动工具，遂行机降作战任务；三是遂行登陆战斗任务；四是担任特种作战任务。

③步兵的主要装备：步兵的主要装备是枪、炮、火箭筒。

2. 炮兵

炮兵是以火炮、反坦克导弹和战役战术导弹为基本装备的陆军兵种，在陆军中占有很大比例，也是陆军中重要的火力突击力量。

①炮兵的组成：按照炮兵担负的任务可分为压制炮兵和反坦克炮兵。

②炮兵的基本任务：一是压制、摧毁敌炮兵、导弹和指挥、控制、通信、情报系统，特别是核、化学武器；二是击毁敌坦克和其他战斗车辆及舰艇，压制、歼灭敌有生力量；三是破坏、封锁敌交通枢纽、机场、港口、直升机停机场、空降场、桥梁和渡口；四是破坏敌工程设施、仓库及其他重要目标；五是必要时在敌障碍物中开辟通道。

③炮兵的主要装备：炮兵的装备主要有加农炮、榴弹炮、加农榴弹炮、迫击炮、无坐力炮、火箭炮、反坦克导弹。

3. 装甲兵

装甲兵是以坦克和其他装甲战斗车辆为基本装备的战斗兵种。它是陆军中一支重要的突击力量，具有较强的火力、快速的机动力和良好的装甲防护力。在协同作战中，可在其他军（兵）种协同下独立遂行作战任务，也可配属步兵作战。

①装甲兵的组成：装甲兵由坦克兵、装甲步兵、炮兵分队及工兵、通信、侦察、防化、运输、修理等保障分队编成。

②装甲兵的基本任务：通常是在合成军队编成内进行机动作战。在攻、防战斗中，通常担负以下任务：一是进攻战斗中的任务。突破敌人防御，消灭敌坦克、装甲战车和反坦克火器，摧毁阻碍步兵前进的敌火力点，配合步兵各个歼灭敌人；夺取敌纵深内的重要地区，摧毁其重要目标，保障我主力行动；歼灭反冲击（反突击）、增援和突围之敌，追歼退却之敌；歼灭敌空降兵和配合我空降兵作战。二是防御战斗中的任务。对突入我防御纵深之敌实施反冲击（反突击），坚决消灭突入之敌；抗击敌人进攻，在其他兵种的协同下封闭敌突破口；歼灭空降着陆之敌；抢占和扼守要点，制止敌人扩张，掩护主力调整部署或转移；直接支援步兵坚守阵地，有时可用少量坦克占领重要地段作为坦克发射点或担任伏击。

③装甲兵的主要装备及用途：装甲兵的主要装备是坦克，常见的主要有中型坦克，是指战斗全重为20~40吨的坦克。它是装甲兵部队的主要战斗车辆，也是较好的地面突击兵器。主要用于摧毁敌装甲目标，消灭敌人的有生力量和技术兵器，破坏敌防御工事。轻型坦克是指战斗全重为20吨以下的坦克。它具有轻便灵活的特点，适用于山地、水网稻田地作战，便于执行侦察、反空降任务。水陆坦克具有水上行驶装置，能自身浮渡，可在水上和陆地上使用。

4. 工程兵

工程兵是协同作战中执行工程保障任务的技术骨干力量，既是保障兵种，又是战斗兵种。它以技术能力和战斗能力与其他军（兵）种密切协同，保障部队隐蔽安全、稳定指挥、实施机动，并破坏和限制敌人的机动。

①工程兵的组成：工程兵由工兵、舟桥、建筑、给水、伪装等部（分）队组成。

②工程兵的基本任务：一是实施工程侦察；二是构筑和维护指挥所及其他重要的、技术复杂的工事；三是排除障碍物，开辟通路；四是构筑、设置障碍物，对重要目标实施破坏作

业；五是对重要目标实施工程伪装；六是构筑和维护野战给水；七是对其他兵种和人民群众的工程作业进行技术指导。

③ 工程兵的主要装备：爆破器材，主要有地雷、布雷车、扫雷器材、扫雷器、遥控爆破器、点火机等。渡河、桥梁器材主要有舟桥器材、机械化桥、橡胶舟、冲锋舟等。伪装器材主要有野外分光光度计、伪装网、假目标、角反射器、防近红外涂料等。工程机械主要有阵地机械（阵地机械分为野战筑城机械和永备筑城机械）、道路机械、渡河架桥机械、给水机械、保障机械等。

5. 通信兵

通信兵是担负通信联络的兵种，主要任务是组织运用各种通信手段，保障军队实施不间断的作战指挥。

① 通信兵的组成与基本任务：通信兵是由通信、通信工程、通信技术保障、无线电通信对抗、航空兵导航、军邮等专业部（分）队组成的。其基本任务：一是建立和保持通信联络；二是建立和管理指挥自动化系统；三是实施观通、导航；四是实施军邮勤务；五是构筑和维护野战通信工程；六是实施战场无线电管理；七是统一管理战斗地区的通信设施。

② 通信联络的主要手段及其组织运用：无线电通信是利用无线电波传递信息而达成的通信，它分为无线电台通信、无线电接力通信、卫星通信和激光通信等。有线电通信是利用导线传输信息而达成的通信，它分为野战线路通信、架空电缆通信、地下（水下）电缆通信及光缆通信等。运动通信是通信人员徒步或用交通工具采取直接传递和中间传递的方法，进行文件或口头传递的通信，它能传递大量文书，确实可靠，保密性好。简易信号通信是使用各种简易通信工具、简便器材和简便方法，按照预先规定的信号（记号）通过听辨或观察而达成的通信。

6. 防化兵

防化兵是担负防化保障任务的兵种，是我军对核武器、化学武器防护的技术骨干力量。它主要以技术装备协同各兵种共同完成防化保障任务。

① 防化兵的组成：防化兵由防化（观测、侦察、洗消）、喷火、发烟等部（分）队组成。

② 防化兵的主要任务：指导部队对核武器、化学武器和生物武器的群众性防护；实施核观测、化学观察和化学、辐射侦察；实施剂量、沾染检查；实施消毒和消除沾染；组织实施烟幕保障，并以喷火分队直接配合步兵战斗。

③ 防化兵的主要装备：防化兵的主要装备有核爆炸观测仪、辐射仪、侦毒器、防化侦察车、化验车、淋浴车、喷洒车、轻喷火器。

7. 陆军航空兵

陆军航空兵作为一支独立的兵种诞生于第二次世界大战之后。1985年，党中央、中央军委在决定裁军百万的同时，果断地做出了组建中国陆军航空兵这一历史性的战略决策。1988年元旦前夕，我军终于成立了这一崭新的兵种。它是陆军中装备直升机和轻型飞机直接支援地面部队作战的兵种，主要任务是在战术范围内实施航空火力支援、运送部队和进行航空侦察。

① 陆军航空兵的组成：陆军航空兵是由武装直升机、运输直升机分队和战斗勤务飞机分队及地面保障分队组成的。

② 陆军航空兵的主要任务：在战区内进行航空侦察、航空火力支援、反坦克作战、校正炮兵射击、空运人员和物资等。

8. 陆军防空兵

陆军防空兵是以地空导弹系统、高射炮武器系统为基本装备，遂行陆军防空作战任务的兵种。

①陆军防空兵的组成：陆军防空兵由高射炮和地空导弹、雷达、电子对抗部（分）队组成。

②防空兵的基本任务：一是实施对空侦察、警戒和空情报知；二是制止敌航空兵侦察；三是消灭和拦截敌空袭兵器，掩护部队主要部署战斗行动和后方重要目标的空中安全；四是消灭敌人正在运行的伞兵、机降的空降兵。

③防空兵的主要装备：防空兵的主要装备是高射炮。

（二）海军

海军是以舰艇部队为主体，主要在海洋战场执行作战任务的军种。它具有在水面、水下和空中作战的能力，既能独立地在海上作战，又能协同陆、空军和火箭军作战。我国海军诞生于1949年4月23日，在保卫祖国海防的斗争中不断发展壮大，为维护国家领海主权和保卫和平作出了重大贡献。

1. 海军的编成及任务

海军是一支由多兵种组成的合成军种。目前，海军的编制序列是军委海军—舰队、海航—基地、舰航—水警区、舰艇支队、航空兵师—舰艇大队、团。军委海军是海军的最高领导和指挥机关，下辖3个舰队和海军航空兵部。舰队是海军中担负某一海洋战区作战任务的战役军团，受军委海军和所在战区的双重领导。舰队通常下辖海军基地、潜艇部队、水面舰艇部队、航空兵部队、岸防部队、陆战队及各种专业勤务保障部队。海军基地是担负一定海区作战任务，并为辖区内驻泊的海军兵力和过往舰船提供全面保障的海军一级组织，隶属于舰队。海军基地通常下辖水警区、舰艇支队、岸防部队及勤务保障部队等。水警区是担负一定海区水上警备任务的海军师级单位，通常下辖轻型水面舰艇、辅助船只、岸防部队和观察、通信等勤务部（分）队。舰艇支队是由一种或几种舰艇编成的师级作战单位，是用于完成海洋战区作战任务的基本作战单位。

海军的基本任务是：消灭敌舰艇和运输舰船，破坏敌海上交通运输；袭击敌海军基地、港口和海岸附近的重要目标；协同陆、空军进行反袭击，保卫海军基地、港口和沿海重要目标；协同陆、空军进行登陆和抗登陆作战；进行海上封锁和反封锁；保卫国家海洋资源，维护国家海洋权益。

2. 海军各兵种的编成、任务及装备

（1）水面舰艇部队

水面舰艇部队是以水面舰艇为基本装备，在水面执行作战任务的兵种，是海军的基本突击力量。它可担负多种作战和勤务保障任务，具有较强的连续作战和机动作战能力，主要分为战斗舰艇部队和勤务舰艇部队。战斗舰艇部队通常按照支队、大队、中队编成，主要有导弹驱逐舰、登陆舰、气垫船等，勤务舰艇部队根据技术性能和所担负的任务，编成不同专业性质的大队，主要有运输船、油船、水船、冷藏船、工程船、消磁船、医院船、救生船、侦察船等。舰艇上的主要武器有中小口径的舰炮、各种型号的舰艇导弹、反潜武器、舰空导弹，有的舰艇上还装备有舰载直升机。其主要任务是：消灭敌海上兵力，破坏敌岸上目标，参加登陆、抗登陆作战，实施封锁和反封锁作战，参加夺取制电磁权、制空权和制海权斗争，担负侦察、巡逻、反潜、布雷、扫雷、护航、救生和运输等任务。

军事沙龙
来源：爱奇艺

（2）潜艇部队

潜艇部队是以潜艇为基本装备，主要在水下执行作战任务的兵种，是海洋战场的重要突击力量。它具有良好的隐蔽性、强大的突击力和持续作战能力。潜艇部队的基本编制是潜艇支队和潜艇基地。其主要任务是：对敌陆上重要目标实施核突击，破坏敌海上交通线，攻击敌各型水面舰船，实施反潜、侦察、布雷、救援、护送特种部队登陆等。其主要装备有常规动力鱼雷潜艇、核动力鱼雷潜艇和飞航式导弹潜艇。潜艇装备有各种型号的鱼雷、水雷、飞航式导弹和弹道导弹等武器。

（3）海军航空兵

海军航空兵是以作战飞机为主要装备，在海洋和濒海地区上执行作战任务的兵种，其机动性强，活动范围大，不受各种障碍限制，是海军的重要突击力量。海军航空兵的最高统帅机关是海军航空兵部，航空兵部队按照师、团、大队、中队编成。其主要任务是：攻击敌方海上和空中目标，袭击敌方和保护己方海军基地、港口、机场和海上交通线，夺取海洋战区的制电磁权、制空权和制海权，从空中支援、掩护己方舰艇部队的作战行动，执行侦察、巡逻、反潜、布雷、预警、通信、运输等任务。其装备的飞机与空军航空兵基本相同，主要是各种型号的歼击机、轰炸机、强击机、水上飞机、反潜机、运输机、直升机及其他特种飞机。机上装备有航炮、航空火箭弹、航空炸弹、空空导弹、空舰导弹、鱼雷和深水炸弹等。

（4）海军岸防兵

海军岸防兵是以岸炮和岸舰导弹为基本装备，部署在沿海重要地段，主要执行海岸防御作战任务的兵种，是海岸防御的骨干力量。它能充分利用岛岸的有利条件进行持久作战，既能攻击近距离的海上目标，又能袭击较远距离的海上目标。海军岸防兵按照团、营、连编成。其主要任务是：突击敌方舰船保卫基地、港口和沿海重要地段，扼守重要海峡、水道，掩护近岸海上交通线和己方舰船，支援岛岸和要塞守备部队作战等。主要装备有"海鹰""鹰击"系列的岸舰导弹。岸炮部队主要装备有130毫米口径的自动化火炮。

（5）海军陆战队

海军陆战队是以两栖作战武器为基本装备，主要执行登陆作战任务的兵种，是海军实施登陆作战的重要力量。海军陆战队按照旅、营、连编成。其主要任务是：独立或协同其他军兵种实施登陆作战，参加海军基地、港口、岛屿的防御作战，进行特种作战、机动作战等。其装备与陆军大体相同，主要有自动化步兵武器、反坦克导弹、防空导弹、各种火炮、火箭炮、水陆两用坦克、装甲输送车、气垫船、冲锋舟、舟桥及其他特种装备和作战器材等。

（三）空军

空军是以航空兵为主体、空防合一、以航空空间为主战场的军种，它具有高速机动、远程作战和猛烈突击的能力。我国空军成立于1949年11月11日，是我军实施空中进攻和对空防御作战的主要力量。既可协同陆、海军和火箭军作战，又能独立地执行作战任务，其作战行动往往对战争的进行和结局产生重大影响。

1. 空军的编成及任务

空军的编制序列为军委空军—军区空军—空军军（空军基地）—师（旅）。军委空军是空军的最高指挥机关。军区空军是空军的战役军团，下辖空军军（空军基地）、各兵种部队和专业勤务保障部队，主要担负战区内的空军作战任务，受军委空军和所在军区的双重领导。空军军是空军的战役战术兵团，下辖各兵种及专业勤务保障部队，主要担负一个方向（地区）的空军作战任务。空军基地相当于空军军，负责对责任区内的空军各兵种部队和专业勤务保障部队实施管理和指挥，主要担负某一地区（方向）的空军作战任务。空降兵隶属于军委空军，下辖空降兵部队和专业勤务保障部队。空军的基本任务是：国土防空；实施相对独立的空中进攻作战；协同陆、海军和火箭军作战；实施空降作战；实施空域威慑；实施空中运输。

2. 空军各兵种的编成、任务及装备

（1）航空兵

航空兵是装备军用飞机，在空中执行作战任务的兵种，是空军的主体。它具有强大的突击力、快速机动能力和远程作战能力，按照师、团、大队、中队编成。按照装备飞机机种不同，航空兵又可分为歼击、轰炸、强击、侦察、运输等几类。

歼击航空兵是以歼击机为主要装备，主要打击敌空中目标的作战力量。其主要任务是：拦截、消灭来袭敌机，掩护己方重要目标和重要作战行动的空中安全；实施空中掩护，保障其他航空兵的作战行动；参加反空降作战，拦截敌空降兵载机，消灭敌空降兵；必要时，也可对地面和水上目标进行突击。

轰炸航空兵是以轰炸机为主要装备，对敌战略、战役纵深的地面、水上目标实施突击的空中力量。其主要任务是：突击敌后方重要目标，削弱敌战争潜力；突击敌机场、指挥机构、防空设施，夺取制空权；突击敌高技术兵器、重兵集团，削弱敌作战能力；突击敌交通枢纽，迟滞敌行动。

强击航空兵是以强击机为主要装备，主要对敌战役、战术纵深和前沿的地面、水上目标实施突击的空中力量。其主要任务是：突击敌战役、战术纵深目标，打乱敌作战部署，削弱敌作战能力；对地面部队实施近距航空火力支援；参加空降和反空降作战；参加夺取制空权作战等。

侦察航空兵是以侦察机为主要装备，通过目视、照相、电子、辐射等侦察手段获取敌情报的空中力量。其主要任务是：查明敌兵力、兵器部署和行动情况，检查我军对敌突击的效果。

运输航空兵是以运输机为主要装备，主要执行空运、空投任务的空中力量。其主要任务是：保障地面部队的空中机动，输送空降兵实施空降作战，运送作战物资和伤员等。

除上述兵种外，我军空军航空兵装备有电子干扰机、空中加油机和预警指挥机等。

（2）地空导弹兵

地空导弹兵是以地空导弹武器系统为基本装备，执行防空作战任务的兵种。它是国土防空的重要力量，具有较强的战斗力、较高的射击精度和机动能力，能全天候执行作战任务。地空导弹兵按照师、团、营或旅、营编成。其主要任务是：担负要地防空，保卫领空主权；参加夺取制空权作战，掩护己方主要部署和作战行动的安全。

（3）高射炮兵

高射炮兵是以高炮为基本装备，执行防空作战任务的兵种。它具有较强的火力和机动力，按照旅（团）、营、连编成。其主要任务是：担负要地、军队集团等重要目标的防空任务，必要时，可对地面、水上目标进行射击。

（4）空降兵

空降兵是以伞降或机降方式投入地面作战的兵种。它具有较强的快速反应、远程作战和全纵深作战能力。空降兵按照军、师、团、营、连编成。其主要任务是：夺取或扼守敌纵深的重要目标或地域，配合主力的作战行动，突袭敌纵深的指挥机构、高技术兵器阵地、重要军事设施和后方补给系统，打乱敌作战部署，削弱敌作战能力；实施敌后特种作战。武器装备主要有步兵武器和炮兵武器。此外，还装备有轻型装甲车辆及其他特种装备。

（5）雷达兵

雷达兵是以雷达获取空中情报的兵种，是防空预警系统的主体和实施指挥、引导的主要保障力量。它具有全天候搜索、测定和监视空中目标的能力，按照旅（团）、营、连编成。

其主要任务是：实施对空警戒侦察，提供空中情报；保障有关部门对航空器的指挥、引导和实施航空管制。主要装备有各种型号的超视距、超远程、中远程、中近程警戒雷达。另外，还装备有各种引导雷达、航管雷达和测高雷达等。

（四）火箭军

火箭军是装备地地战略导弹武器系统，执行积极防御战略任务的重要核反击力量。火箭军于2015年12月31日成立，由第二炮兵更名而来。第二炮兵部队成立于1966年7月1日，受中央军委直接领导和指挥，与海军潜地战略导弹部队和空军战略轰炸机部队构成了我国"三位一体"的战略核力量。

1. 火箭军的编成及任务

火箭军主要由地地近程、中程、远程、洲际等导弹部队及各种保障部队、院校、科研试验单位等组成，按照基地（相当于军）、旅、营编成。火箭军是我国实施积极防御战略方针的战略兵种，是对敌实施核反击的中坚力量。其使命是：和平时期，不断加强建设，增强实力，发挥核威慑作用，打破敌核讹诈，为我国的政治、外交斗争服务；战争时期，根据中央军委的命令，独立地或联合其他军兵种对敌实施核反击或常规导弹突击，达成特定的战略、战役目的。其使命可以概括为八个字：双重任务、双重作用。双重任务是指核反击和常规导弹作战，双重作用是指威慑与实战。

火箭军的基本任务是：打击敌政治、经济中心，从政治上、心理上威慑敌人；打击敌重要经济目标，削弱敌战争潜力；打击敌空、海军基地，削弱敌远程作战能力；打击敌军政治指挥中心，破坏敌战略指挥；打击敌交通枢纽，切断敌补给，阻止机动；打击敌重兵集团集结地，杀伤敌有生力量，削弱敌作战能力；配合其他军兵种实施常规导弹突击。

军事沙龙

来源：爱奇艺

2. 火箭军的主要装备

目前，我军火箭军装备有多种型号的地地导弹，包括近程导弹（射程在1000千米以内）、中程导弹（射程在1000～3000千米以内）、远程导弹（射程在3000～8000千米）、洲际导弹（射程在8000千米以上）。

（五）战略支援部队

中国人民解放军战略支援部队是维护国家安全的新型作战力量，是我军新型作战能力的重要增长点，主要是将战略性、基础性、支撑性都很强的各类保障力量进行功能整合后组建而成的。成立战略支援部队，有利于优化军事力量结构、提高综合保障能力。

新成立的战略支援部队可能包括情报、技术侦察、电子对抗、网络攻防、心理战五大领域，特种作战、后勤保障和装备保障更多属于战役层面的内容，是否包括在内还有待确认。战略支援部队属于独立军种部队，按照军种主建的原则，仅负责相关部队的军政管理工作，不具备作战指挥功能。

习近平主席指出，战略支援部队是维护国家安全的新型作战力量，是我军联合作战体系的重要支撑。战略支援部队建设，最需要的是创新，根本出路在创新。要在把握规律的基础上，勇于创新思路、创新模式、创新发展，贯彻更加注重聚焦实战、更加注重创新驱动、更加注重体系建设、更加注重集约高效、更加注重军民融合的战略指导，高标准高起点推进各项建设，努力走出一条中国特色新型作战力量建设的路子。

六、武装警察部队

武装警察部队是中华人民共和国武装力量的重要组成部分，受中共中央、国务院和中央军委的统一领导。

（一）武装警察部队的编成及任务

武装警察部队（以下简称武警部队）自1983年重新组建后，力量逐步扩大，构成日趋复杂，任务也日趋繁重。武警部队由内卫部队和属武警序列的公安边防、消防部队和公安警卫系统及交通、水电、黄金、森林警察部队组成。这支遍及中华人民共和国大江南北的武警部队，既肩负着保卫国内安全的重任，又肩负着建设社会主义的重任。

① 武警总部。是武装警察部队的最高统帅机关，设司令部、政治部、后勤部等机构，下辖若干个总队、专业部队指挥部和武警院校等。其主要任务是：宣传、执行党的路线、方针、政策和国家的法律；贯彻执行党中央、国务院、中央军委关于武警部队建设的方针、原则和指示；组织领导教育训练；办好院校，为部队培养合格的干部；领导部队搞好党的建设，做好思想政治工作，全面加强部队建设，完成党中央、国务院、中央军委赋予的一切任务。

② 武警总队、支队、大队和中队。是武警总部所属部队通常采用的编制序列。各省、自治区和直辖市设立武装警察总队，隶属于武警总部，同时受省、自治区、直辖市公安厅（局）领导。总队下辖若干个直属支队和各地区（自治州、市）支队。各地区、自治州、市的武警支队隶属于武警总队，同时接受所在地区公安处（局）领导。支队下辖若干个大队。各县、旗、县级市设武警大队或中队，大队为营级，中队为连级，隶属于支队。中队是武警部队的基层单位，以执勤为中心任务。

③ 武警内卫部队。其领导机关为武警总部，省以下设总队、支队、大队、中队。武警内卫部队主要担负警卫党政机关和外国使（领事）馆，守卫机场、电台、工厂、仓库、科研机构，守护重要桥梁、隧道，看守和押解罪犯，追捕逃犯，对大中城市特定地区实施治安巡查警戒，应付各种紧急、重大情况。

④ 武警边防部队。受武警总部和公安部门双重领导，有关部队的军事、政治、后勤工作接受武警总部的指导。武警边防部队在公安部设边防局，省以下设总队、支队、边防大队、边警队，在国家开放口岸设边防检查站，民航机场设安全检查站，海防地区设边防派出所、边防工作站、公安检查站。主要担负边防巡逻警戒、边境社会治安和边防口岸、机场、国际列车出入境人员的检查，以及海上巡逻等重要任务。

⑤ 武警警卫部队。受武警总部和公安部门双重领导，有关部队的军事、政治、后勤工作接受武警总部的指导；警卫部队设警卫后，省设警卫处，地、市设警卫科（处），并有直属警卫队。主要担负部分国家领导人、重要外宾及重大政治活动的警卫任务。

⑥ 武警消防部队。受武警总部和公安部门双重领导，有关部队的军事、政治、后勤工作接受武警总部的指导。武警消防部队设消防局，省以下设总队、支队、大队、中队。在各级公安机关领导下开展工作，实行"统一规划，分级管理，分级指挥"的原则，主要担负消防监督和火灾扑救任务。

⑦ 武警水电部队。在业务方面分别归公安部门和能源部门领导，有关部队军事、政治、后勤工作接受武警总部的指导。设武装警察部队水电指挥部，下辖总队、支队、营、连、排、班，还有水电学校、水电工程指挥所等。主要担负国家边远艰苦地区的水电建设重要工程的施工任务，并进行一些军事训练，协同维护社会治安，战时可作为后备武警黄金部队。业务上分别归公安部门和冶金部门领导，有关军事、政治、后勤工作接受武警总部的指导，实行部队的军事建制。

⑧ 武警黄金指挥部。下辖总队、支队、营、连。它是以军事化的组织形式，担负国家黄

金地质勘探、生产、基建和部分群众采金管理任务的专业化经济建设部队。这支部队平时除担负施工任务外，还要进行必要的军事训练，协同维护社会治安。在战争情况下，可作为后备军事力量。

⑨武警交通部队。在业务上归公安部门和交通部门领导，有关部队的军事、政治、后勤工作接受武警总部的指导。设武警交通部队指挥部，下辖总队、支队、营、连、排、班。主要担负国家交通重点项目的建设任务；同时，进行必要的军事训练，担负维护社会治安的任务。战时，可作为军事后备力量。

⑩武装森林警察部队。在业务上归公安部门和林业部门领导，有关部队的军事、政治、后勤工作接受武警总部的指导。省设总队，下辖支队、大队、中队。这支部队担负着保卫国家2.5万公顷原始森林和草原及安全防火任务。

（二）武装警察部队的主要装备

武警部队的主要装备包括自卫防护器具、非致命性防暴武器、致命性攻击武器、交通工具和特殊用途的装备。

自卫防护器具主要有防护头盔、防弹服、防暴盾牌；非致命性防暴武器主要有警棍、电击器、催泪弹等；致命性攻击武器以轻武器为主，主要有手枪、狙击步枪、自动步枪、冲锋枪、机枪等。交通工具主要有各种车辆、防暴车等。特殊用途的装备主要包括各种探测、监视、跟踪和排爆装置等。

七、后备力量

后备力量是指经过动员可以直接为战争所用，战时能迅速转化为直接或间接参战的军事力量。后备力量在广义上是指除常备军以外，国家可以用于战时动员的精神和物质的一切力量；在狭义上只是指国家除现役部队以外的武装组织，在我国是指民兵和预备役部队。后备力量既是国家武装力量的重要组成部分，也是常备军扩军、补充的重要来源。

（一）后备力量的编成及任务

1. 民兵的编成及任务

民兵是不脱离生产的群众武装组织，是我国武装力量的重要组成部分，是人民解放军的助手和后备力量。平时其成员各司其职，定期进行必要的军事训练，战时就地配合军队作战。民兵有着光荣的斗争历史，在历次革命战争中都发挥了重要作用。《兵役法》中规定，中国实行民兵与预备役相结合的制度。民兵分为基干民兵和普通民兵。基干民兵属于第一类预备役，随时准备参军参战，或执行抢险救灾等应急任务。普通民兵属于第二类预备役。民兵通常编成团、营、连、排、班。基干民兵中还设有专业保障分队。其主要任务是：积极参加社会主义现代化建设，带头完成生产和各项任务；担负战备勤务，保卫边疆；维护社会治安；随时准备参军参战，抵抗侵略，保卫祖国。

2. 预备役部队的编成及任务

预备役部队是以退出现役的军人为骨干，以预备役军官和士兵为基础编组起来的武装组织，是我军后备力量的重要组成部队，是战时实施快速动员的重要组织形式。1983年，我国正式组建预备役部队，它被列入中国人民解放军编制序列，并授予番号和军旗。预备役部队按照师、团、营、连、排、班编成。

依照《国防法》的规定，预备役部队平时按照规定进行训练，必要时可以依照法律规定协助维护社会秩序，战时根据国家发布的动员令转为现役部队。

（二）后备力量的主要装备

后备力量的武器装备与常备军中相应的各兵种大体相同，主要有各种轻武器、火炮、通信设备、工程设备等。

★ 第四节 国防动员 ★

国防动员也称战争动员，是国家采取紧急措施，由平时状态转入战时状态，统一调动人力、物力、财力为战争服务所采取的措施。通常包括武装力量动员、国民经济动员、人民防空动员、交通力量动员和政治动员等。动员是国防活动的重要组成部分，动员准备的完善程度是国防强弱的标志之一。加强动员准备，已经成为各国普遍重视的战略问题。2010年2月26日，第十一届全国人民代表大会常务委员会第十三次会议通过了《中华人民共和国国防动员法》，使国防动员走上了法制化轨道。

一、国防动员的意义

国防动员涉及国家的经济、政治、军事各个方面，是关系国家安危的全局性大事。国防动员的准备与实施情况如何，对国家的经济发展和人民生活、对战争的进程和结局，都有重大影响。

（一）做好国防动员工作是夺取战争胜利的重要保障

国防动员准备和实施的好坏是决定战争胜负的重要因素。现代战争具有突发性的特点，处于防御地位的国家，如果战前准备不足，势必陷入战略被动，使武装力量和经济命脉在敌人的突然袭击之下遭受巨大的破坏。在和平时期重视国防动员工作，制定动员法规，建立高效完善的动员体制，就能以最快的速度动员足够的兵力、物力和财力投入战争，迅速完成战争初期军队的组建和补充，保证战略适时展开，减弱敌人突然袭击而造成的暂时优势，使战略被动化为战略主动，粉碎敌人的战略突袭，保证国家在军事、政治、经济、文化等一切领域迅速转入战事体制，夺取战争的主动权，并赢得战争的胜利。

（二）做好国防动员工作是加强经济建设及增强国防实力的重要措施

在和平时期，国防动员的准备工作应当遵循经济建设的基本规律，顾全国家经济建设大局，纳入国民经济和社会发展的总体规划，贯彻军民结合、平战结合的方针。武装力量建设、物资力量储备、群众性防卫措施、政治工作等，都要在平时奠定良好基础。就武装力量建设而言，目前各个国家普遍采用常备军和后备力量相结合的原则，平时保持精干的常备军作为战时动员扩建部队的骨干力量，同时积极训练，储备后备力量，以便战时根据需要组编参战。这样可以加速国民经济的发展，又可以从根本上增强国防实力。

（三）做好国防动员工作是增强国防威慑力的重要战略

一个国家的国防威慑力，不仅取决于常备军的数量和质量，而且取决于军队后备力量和其他动员潜力，取决于常备军与后备力量动员准备的有机结合，以及动员机制的完善程度和运行效率。平时加强国防后备力量建设，做好战争动员准备，无疑可以增强威慑力量，从而达到制止战争爆发、维护和平的目的。

二、国防动员的内容

国防动员的内容十分广泛，主要包括人民武装动员、国民经济动员、人民防空动员、交通战备动员等。

（一）人民武装动员

1. 人民武装动员的含义

人民武装动员是将现役部队和其他武装力量，由平时编制体制迅速扩大为战时编制体制的动员。它是国家进行动员的主题，是国防动员的核心和重要组成部分。在现代战争中，武装力量动员的好坏，直接关系到战争的开局、进程和结局。因此，世界各国对武装力量的动员都极为重视。

2. 人民武装动员的内容

人民武装动员的内容包括兵员动员、军官动员和相应的武器装备、后勤保障等方面的动员。我国《国防法》规定，中华人民共和国的武装力量由中国人民解放军现役部队和预备役部队、中国人民武装警察部队、民兵组成的。因此，我国的武装力量动员包括现役中国人民解放军、中国人民武装警察部队，也包括预备役部队和民兵。

3. 人民武装动员的方式

① 将部分现役部队迅速补充满员。这种动员方式简便易行，速度快、效果好，但它不能提供整个战争需要的大量兵力。

② 对部分现役部队进行扩编。如将一个团扩编为一个师，或将一个建制部队扩编为几支相同建制的部队。这种扩编形式的优点是部队数量可成倍增长，但扩编后的部队在开始时战斗力不会很强。

③ 组建新的作战部队，建立新的兵团。这种新组建的部队要先在后方进行一定的训练，以提高其战斗力。

④ 把预备役部队转为现役部队。预备役部队每年都要进行一定的军事训练，军事素质和战斗力都较强，是国防后备力量中的骨干和精华。

⑤ 将地方部队升级为野战部队。这种动员方式速度快，部队素质也较高，是一种较好的动员方式。

（二）国民经济动员

1. 国民经济动员的含义

国民经济动员是把和平时期的经济转入战时轨道，充分调动国家经济力量，保障战争的物质需要。国家将经济部门、经济活动和相应的体制从平时状态转入战时状态所采取的措施，是战争动员的基础。国民经济动员的目的是充分调动国家经济能力，提高生产水平，扩大军品生产，保障战争的需要。

2. 国民经济动员的内容

国民经济动员的内容通常包括工业、农业、物资、交通运输、财政金融、邮电通信、卫生力量等方面的动员。把各方面力量组织动员起来，充分发挥国民经济的潜力，把生产重点转换到为战争服务，大规模生产战争物资，保证国家、武装部队、人民群众在战争中的需求。

3. 国民经济动员的方式

根据国家发布的动员令组织实施，国民经济动员的方式主要有以下几种。

① 根据战争需要，调整军工生产在国民经济中所占的比例，重新分配人力、物力、财

力，统筹安排军需民用。

② 动员生产线启封并投入军品生产，充分发挥军工厂的生产能力；改组民用工业结构和产品结构，扩大军工生产。

③ 搬迁、疏散可能遭到战争破坏的重要工厂和战略物资，加强重要经济目标的保护。

④ 调整科学技术研究机构及任务，加速研制新式武器装备。

⑤ 加强交通运输管理，保障军队作战和军事运输的需要。

⑥ 调动邮电通信、医疗卫生及外贸、文教等各行各业力量为战争服务。

⑦ 改组农业，提高农业产量，加强粮食生产和储备，保障军民粮食供给。

⑧ 加强经济资源的开发利用和管理，扩大生产，厉行节约，保障战争的需要。

4. 做好动员准备工作

保证战时动员工作的有效进行，要在和平时期做好动员准备工作。

① 建立有权威的国民经济动员机构，制定完善的国民经济动员法规和动员计划，实行统一领导，保证国民经济动员工作的全面实施。

② 合理布局生产力和安排经济建设，对重要工业部门，特别是军事工业部门，以及军用物资、仓库、试验基地、通信站等，采取集中与分散、前沿与纵深、常备与后备相结合的原则进行配置和建设，以提高战时的生存能力，便于迅速、安全地实施动员。

③ 实行军事工业和民用工业相结合的生产方针，军工企业平时在保证军品生产的前提下，也生产民用产品；民用企业中建立军工动员生产线，为战时转产军品、扩大军品生产做好准备。

④ 储备一定数量的武器装备和战略物资，保证战争初期军队扩编，以及扩大军工生产的需要；储备一定数量的粮食、食盐等生活物资，保证军队和人民群众生活的需要。

⑤ 根据平战结合的方针，加强铁路、公路、港口、码头、机场及通信设施的建设，提高重要枢纽工程的防护能力；制定征用民间交通运输、通信工具的计划和措施，在重要部门和厂矿企业中设立军事管理机构，以保证战时人员、物资运输和不间断指挥。

⑥ 加强农业、财贸、文教、邮电通信、医疗卫生等建设，以适应战时需要。

⑦ 国家在财政预算上划出一定的比例，保证有关经费的落实。

⑧ 加强科研机构建设，研制新式武器装备，为战时大批生产做准备。

（三）人民防空动员

1. 人民防空动员的含义

人民防空动员是指国家战时发动和组织人民群众防备敌人空袭，减少空袭损失，消除空袭后果所采取的措施，是战争动员的重要组成部分。动员的目的在于保护居民、经济设施及其他重要目标安全，减少国家及人民群众的生命财产损失，保存战争潜力。

2. 人民防空动员的内容

依据国家有关法律法令，动员社会力量，进行防空设施建设，组建防空专业队伍，普及防空知识教育，组织隐蔽疏散，配合防空作战，消除空袭后果。战时人民防空动员，根据国家发布的动员令，在统一部署、统一指挥下组织实施。按照防空动员计划，组织居民疏散隐蔽和对重要物资、工厂企业、科研单位、机关进行搬迁疏散；对重要经济目标实施防护，减少经济损失；扩大防空专业队伍，进行防空袭斗争，消除空袭后果，配合城市防卫和要地防空作战；组织和动员人民群众，协助各部门恢复生产和生活秩序。平时做好人民防空动员的准备，是战时实施快速动员的前提。

3. 人民防空动员的方式

① 制定和完善人民防空动员法规，建立和健全各级领导机构。

② 拟制各项防空动员计划，如人口和物资疏散、工业搬迁计划，重要经济目标防护措施和抢修预案，以及各种保障方案。

③ 组织实施人民防空工程、通信警报等设施的建设与管理。

④ 按照专业对口、平战结合的原则，组织训练抢险抢修、医疗救护、消防、防化、通信、运输等防空专业队伍，提高专业技能。

⑤ 对人民群众进行防空知识教育和训练，掌握防空的基本知识和技能，提高自救互救能力。

⑥ 人民防空重点城市，根据战时需要，结合平时周转供应，做好粮食、医药、油料等必要物资的储备。

（四）交通战备动员

1. 交通战备动员的含义

交通战备动员就是国家采取紧急措施，使交通系统由平时状态转入战时状态，并统一组织和使用铁路、公路、水路、航空、管道、民间动力和邮电通信力量，进行人员、物资、装备输送，为战争服务的活动。交通战备动员是国民经济动员的重要组成部分。

2. 交通战备动员的内容和方式

按照《民用运力国防动员条例》中的有关规定，交通战备动员的内容和方式概括起来就是，战时统一管制交通运输线路和设施，保障军队机动、兵员和武器装备的补充，军工生产、军品供应、居民疏散、工厂搬迁及其他人员、物资的前运后送等。交通战备动员对于保障战争需要、夺取战争胜利具有重要影响。在现代高技术战争中，交通战备动员对战争的准备与实施、对国家战时的经济活动和社会行为有着重要影响。

三、国防动员的分类

国防动员属于战略问题，涉及国家的军事、政治、经济、文化教育、科学技术、外交等一切领域，关系到国家的安危，对战争的进程和结局具有决定性影响。

国防动员按照规模分为总动员和局部动员；按照动员方式分为公开动员和秘密动员；按照动员时机分为战争早期动员、临战动员、战争初期动员和战争中后期动员。动员的各项准备工作主要是在平时进行。决定实施动员的权限属于国家最高权力机关，通常由国家最高权力机关和国家元首发布动员令。随着科学技术和武器装备的不断发展、战争规模和消耗的不断增大，国防动员也不断发展，主要表现在：一是动员的范围扩大；二是动员的速度加快；三是动员的数量增多；四是动员的准备加强。

（一）总动员和局部动员

总动员也称全面动员，是在国家全面遭到敌人大规模武装入侵时，在全国范围内进行的扩及全体武装力量、国民经济的各个部门及社会各个领域的动员，这时国家政治经济体制转入战争状态，一切为了战争，一切为战争服务。比如我国的抗日战争、苏联的卫国战争等都是总动员。

局部动员是指在局部地区遭受敌国入侵或战争威胁时，仅限于部分地区和部门的动员，涉及的只是某些军区或部队及国民经济的某些部门，整个国家的政治经济体制并不发生根本改变。我国的抗美援朝战争就是局部动员。然而，战争是发展变化的，局部战争也可能随着规模的扩大而发展成为全局性战争。

我国《宪法》中规定：决定进行全国总动员或者局部动员的权限，属于全国人民代表大会及其常务委员会；发布动员令的权限属于中华人民共和国主席。

（二）秘密动员和公开动员

秘密动员是在不公开颁布动员令和不公开宣传的情况下采取秘密方式进行的。秘密动员的主要措施是保密和实施战略伪装，目的是达成军事的突然性，政治上避免给敌人以发动战争的口实。战前动员（包括早期动员和临战动员）通常都是秘密进行的。苏德战争爆发前，希特勒采取的政治、外交、军事上的欺骗手段；中国抗美援朝出兵朝鲜，军事上的秘密行动和政治外交上斗争的成功等，都是秘密隐蔽动员的实例。

公开动员通常是在战争爆发后宣布进行的。在形势高度紧张、时间紧迫的情况下，如何实施快速动员，争取主动，是尤为突出的问题。公开发布动员令，使用一切可以使用的宣传工具和通信手段，以最快的速度把战争的形势和真相告诉军民，号召人民群众行动起来，履行保卫祖国的义务。同时以专门的命令和约定的信号，对负有军事义务的人员和物资器材的提供者，根据战争需要发出个别信号。公开动员既可对本国人民起到巨大的动员作用，又可对敌人起到一定的威慑作用。

（三）早期动员、临战动员、战争初期动员和战争中后期动员

早期动员是在预见到敌人确实有发动战争的企图，并已经有某些征兆时实施的，是在平时状态下进行的。

临战动员又称应急动员，是在战争临近、高度紧张的情况下进行的，力争以最快的速度在最短的时间内，整个国家或局部地区进入战时状态。

战争初期动员是指战争爆发起到完成第一步战略任务为止的一段时间的战争动员，其主要任务是补充战争初期的消耗，完成扩充组建部队，为转入反攻或保持持续进攻的能力，准备兵员和其他方面的条件。

战争中后期动员是指战争进行到中后期所做的动员，其任务是随着战争的发展和变化，继续扩大和补充部队，增加军工生产，保证战争需要，把战争继续进行下去，直到最后胜利。

新形势下，一场涉及世界范围的军事革命悄然兴起。这场革命是世界经济、政治、科技发展的必然产物，将对作战理论、作战方式和方法、战争形态产生深刻影响。现代战争多为高技术条件下的局部战争，具有快节奏性、局限性、高技术性和破坏性等特点，呈现出首战即决战的特性，要求动员保障趋向一次性到位，对于动员工作提出了更高的要求。

四、国防教育

（一）国防教育的含义

国防教育是为捍卫国家主权、领土的完整和安全，防御外来侵略、颠覆和威胁，对全民传授与国防有关的思想、知识、技能的社会活动。包括为增进全民的国防思想、国防知识、国防技能和身体素质，以及有利于形成和增强国防观念、国防能力的各种类型的社会活动。

（二）国防教育的基本任务

普及国防知识，培训军事技能，培育国防后备人才，激发爱国热情，强化国防观念，增强民族自尊心、自信心、自豪感和凝聚力、向心力，提高公民履行国防义务的自觉性。

（三）国防教育的方针和原则

贯彻全民参与、长期坚持、讲求实效的方针，坚持以下原则。

1. 经常教育与集中教育相结合

通过媒体宣传、活动培养、典型推动、环境熏陶、文学艺术感染等途径，进行长期不懈、形式多样、生动活泼的国防教育，将教育融入公民日常的工作、学习、生活之中；利用全民国防教育日和其他重大节日、纪念日，征兵、民兵和预备役人员集训、学生军训，以及国际国内重大事件等时机，有组织、有计划地开展专题或系统的国防教育。

2. 普及教育与重点教育相结合

坚持面向社会、面向全体公民，着眼国防建设现实需要与未来发展，突出领导干部、青少年和民兵、预备役人员，有所侧重地进行教育，使国防教育既覆盖全民，又重点推进。

3. 理论教育与行为教育相结合

通过普及国防知识，学习国防理论，引导公民认清国防建设的重要性，树立牢固的国防观念，为履行国防义务提供思想保证；通过组织军事技能培训，体验军事生活，参与国防建设实践，开展拥军优属、拥政爱民等活动，增强公民履行国防义务的意识和能力，把国防观念转化为保卫祖国、建设祖国的实际行动。

4. 针对国防教育对象分类施教

国防教育的对象根据公民不同职业、社会分工，分为国家机关工作人员，中国人民解放军、中国人民武装警察部队官兵，学生，民兵、预备役人员，以及工人、农民、其他社会人员等类别。应当针对公民不同情况，分类施教，保证国防教育效果。

（四）国防教育的内容

国防教育的内容应当突出爱国主义主旋律，着眼国家安全和发展战略全局，围绕实现中国梦和党在新形势下的强军目标，依据国防和军队现代化建设的理论和方针原则确定。

1. 国防理论

学习马克思列宁主义军事理论、毛泽东军事思想、邓小平新时期军队建设思想、江泽民国防和军队建设思想、胡锦涛国防和军队建设思想、习近平关于国防和军队建设重要论述；学习我国国防政策和军事战略，了解国防建设、军事斗争，特别是信息化战争的理论，提高国防理论素养。

2. 国防知识

学习国家领土、领海、领空及海洋权益知识，学习信息化战争知识、军事高科技知识、国防经济知识，了解人民军队的性质、宗旨和任务，了解我国的国防领导体制、武装力量体制、兵役制度和国防动员体制，掌握基本的国防常识。

3. 国防历史

学习我国国防与战争历史，进行爱国主义、集体主义、革命英雄主义教育，加强党史国史军史教育，着重了解中华民族为国家统一、独立、富强而浴血奋战的历程，了解中国共产党领导全国人民和人民军队在中国革命、建设和改革各个历史阶段建立的功勋，了解革命先烈、民族英雄和仁人志士的高尚品格和光辉事迹，激发爱国之心、报国之志。

4. 国防法规

学习我国《宪法》有关条款，学习《国防法》《兵役法》《国防动员法》《国防教育法》《军事设施保护法》《人民防空法》等法律法规，明确国防义务与权利，增强履行国防职责、关心支持国防和军队建设的责任感、使命感。

5. 国防形势与任务

针对国际国内环境的发展变化，开展国家安全形势教育，引导公民认清国家安全面临的现实挑战和潜在威胁，了解世界新军事革命的发展态势，了解我国国防和军队建设的使命任务，增强国家安全意识、忧患意识和危机意识，大力支持国防和军队现代化建设。

6. 国防技能

组织开展学生军训和群众性的国防体育活动，了解掌握防空袭、核化生武器防护、战场救护、轻武器使用、单兵和分队战术技术等军事技能，强健体魄，磨炼意志，提高参与保卫国家的基本能力。

（五）高等学校开展国防教育的要求

2014年5月22日，经国务院、中央军委批准，国家国防动员委员会颁布新修订的《全民国防教育大纲》（以下简称《大纲》）。新修订的《大纲》对高等学校学生开展国防教育提出了明确要求，具体包括以下几个方面。

① 高等学校应当对学生进行全面系统的国防教育，增强学生的国防观念和国家安全意识，强化民族自信心、自尊心和自豪感，激发爱国主义、集体主义和革命英雄主义精神，掌握基本的国防知识与技能，全面提高国防素养。

② 高等学校应当设置军事理论课程，内容主要包括：马克思主义战争观；毛泽东军事思想、邓小平新时期军队建设思想、江泽民国防和军队建设思想、胡锦涛国防和军队建设思想、习近平关于国防和军队建设重要论述；中国国防概况；世界新军事变革与军事高科技知识；信息化战争知识；国际战略格局与我国安全形势。时间不少于36学时。对学生学习情况应当进行严格的考勤考核，成绩记入档案。在高等学校学习的国防生，军事理论课程应当作为其学位必修课，并计入学分，学时、内容由所在高等学校与军队有关部门商定，一般不少于120学时。高等学校在完成规定的学时之外，应当积极开设国防教育选修课和举办国防知识讲座。

③ 高等学校应当开展学生军事训练，实际训练时间为2～3周，训练成绩记入学生学籍档案。具体组织实施，按照教育部、总参谋部和总政治部联合颁发的《普通高等学校军事课教学大纲》执行。高等学校国防生的军事训练，按照教育部、总参谋部和总政治部的有关规定执行。

④ 高等学校应当经常在学生中开展主题鲜明、形式多样的国防教育活动。

⑤ 高等学校应当在核定的教师总编制内，按照国防教育教学任务，配备相应数量的国防教育教师。军事机关派出派遣军官，协助开展国防教育教学和活动。

思考题

① 我国国防历史带给我们哪些启示？
② 我国公民国防权利和义务是什么？
③ 新中国的国防建设取得了哪些主要成就？
④ 我国武装力量的组成及各组成的任务是什么？
⑤ 国防动员主要包括哪些内容？

第三章
军事思想

军事思想是人们关于战争、军队和国防问题的理性认识，是研究和指导战争、加强国防建设的指导思想。它揭示战争的本质、基本规律及进行战争的指导规律，阐述军队建设的基本理论和原则。它来源于战争和军事活动的实践，又给战争和军事实践以理论指导，并随着战争和军事实践的发展而发展。

★ 第一节 军事思想概述 ★

一、军事思想的定义、分类和特征

（一）军事思想的定义

军事思想是关于战争、军队问题的理性认识，通常表现为国防与军队建设、战争准备与实施的指导理论与原则，是军事科学的重要组成部分，属于社会意识形态，受世界观和方法论的制约，具有鲜明的政治性。

（二）军事思想的分类

① 按照时代划分：有古代军事思想、近代军事思想、现代军事思想。
② 按照阶级划分：有地主阶级军事思想、资产阶级军事思想、无产阶级军事思想。
③ 按照地域划分：有东方军事思想、西方军事思想。
④ 按照国别划分：有中国军事思想、美国军事思想、俄罗斯军事思想、法国军事思想等。

（三）军事思想的特征

军事思想不同于其他学科，在长期的历史发展进程中，不断完善和充实，形成了自己独有的特征——阶级性、实践性、继承性、异同性。

1. 具有时代特色的鲜明阶级性

战争产生于人类社会发展进步的历史中，军事思想是随着人类社会的发展而不断演变的，不同的历史时期，军事思想有着不同的时代特征，它反映着时代的物质生产水平和军事实践的总体水平，打着时代的烙印。战争是阶级斗争的产物，是集团与集团的较量、阶级利益的争夺。而军事思想是战争的经验总结，不同的阶级站在不同的立场对战争的认识有所不同，人们站在不同的阶级立场上，对战争进行不同的理性思考，形成了突出时代特色的具有鲜明阶级特点的军事思想。

2. 源自军事活动的突出实践性

自人类有战争开始，人们就对它进行认识、研究、总结，不断地从感性认识上升到理性认识。军事思想正是通过军事实践活动归纳总结出来的理论形态的成果，它来源于军事实践活动，集中反映战争与军队问题，并对军事实践具有很强的指导性，在指导军事实践的过程中得到提升发展，不断完善，再经反复实践验证，逐步掌握其规律，再经系统概括、整理、提高，形成军事著作，用以传授军事思想，指导军事实践活动。也就是说，军事思想基于实践而形成、发展，在不断实践的循环往复中进行发展。

3. 不断积累创新的明显继承性

军事思想形成与发展是一个不断积累、不断完善、不断创新的过程。它是在继承前人军事理论成果的基础上，站在前人军事理论成果的阶梯上发展进步的。没有人们对战争问题认识的积累，形不成军事思想；没有把前人对战争问题的认识进行总结归纳，军事思想不会完善；没有创新，军事思想就不能丰富与发展。创新是在继承前人军事思想基础上的创新，是军事思想发展的必然要求。离开了继承，创新就成了无源之水、无本之木。因此，军事思想的每一次发展，都离不开对以往军事思想的扬弃，是对军事实践认识成果中正确理论的继承和发展。

4. 共通共同形态的多样异同性

不同的时代、不同的国家、不同的民族、不同的历史，其军事思想形成与发展也不尽相同，存在各种对立与统一。即使同一时代、同一国家、同一民族由于代表的阶级不同，所站的立场、所代表的利益、所持的基本观点、观察战争的角度和层次各有不同，对战争问题和认识也不尽相同，形成的关于战争的理论——军事思想必然具有形态上的多样性，也必然形成不同的军事思想体系。然而，军事思想毕竟是关于战争的理性认识，对于一般军事规律、作战原则、战术思想仍然有很多共通点和共同点。

二、军事思想的科学体系

在《中国军事百科全书》中，军事思想是一个知识门类，下设马克思、恩格斯、列宁、斯大林军事理论，毛泽东军事思想、军事辩证法，中国历代军事思想，以及外国军事思想四个学科。其中介绍毛泽东军事思想，也包括介绍邓小平新时期军队建设思想，介绍周恩来、朱德等中国无产阶级军事家的军事理论。军事辩证法以介绍军事领域矛盾运动的一般规律和主观指导的思想为基本内容，为人们研究和解决军事问题提供认识论和方法论工具。中国历代军事思想学科，即对中国古代和近代的军事思想发展及军事思想进行介绍。外国军事思想学科，分别介绍世界上一些有代表性的国家及著名军事将帅、著名军事著作等的军事思想。

军事思想在军事学科体系中处于基础性地位，对军事学科其他门类的研究和发展具有总体指导作用，又从军事学科其他门类中汲取营养，使自身不断发展。随着军事实践和军事科学的发展，新的军事专业将不断出现，如国防经济学、国防教育学、军事心理学、军事管理学等。新的学科和边缘学科的不断产生，为军事思想的研究开辟了新天地，提供了更丰富的原材料。

三、军事思想的形成与发展

人类对战争和军队问题的理性认识，随着社会生产力的发展，社会经济、政治制度的更替，人们科学文化水平的提高及思想意识的转变，战争的日益频繁和战争规模的不断扩大等，有一个历史发展过程。从时代的角度划分，军事思想可以划分为古代军事思想、近代军事思想和现代军事思想三个阶段。

（一）古代军事思想

1. 中国古代军事思想

中国古代军事思想，是指奴隶社会和封建社会时期，即夏朝至清朝后期（公元前21世纪—1840年）4000余年间各阶级、集团及其军事家和军事论著者对于战争和军队问题的理性认识。它是我国古代千百次王朝战争和大规模农民起义战争经验的总结。公元前21世纪—公元前8世纪，我国先后建立了夏、商、周三个王朝，这是我国古代军事思想的形成时期。这一期间出现的《易经》《尚书》《诗经》等文献，简单概括了当时的军事思想。此外，出现了《军志》《军政》两部兵书。

约从公元前8世纪初到公元前3世纪末，即春秋战国时期，是我国古代军事思想趋向成熟时期，这一时期涌现出一批杰出的军事思想家，中国历史上最为著名的七部兵书中有五部（《孙子》《吴子》《司马法》《尉缭子》《六韬》）都问世于这个时期。

约从公元前3世纪末至1840年，即我国历史上的秦、汉、晋、隋、唐、宋、元、明、清等朝代，这一漫长的历史时期是我国古代军事思想的丰富发展时期。这一时期比较有价值的兵书有《李卫公问对》《三略》《武经总要》《三十六计》等。中国古代军事思想的丰富内容是前人留下的宝贵军事遗产，也是中华民族灿烂文化遗产的一个重要部分。中国近代直至现代的军事思想，都从中批判地继承和吸收了许多有价值的内容。我们应该认真地学习并力争在前人的基础上有所发展。

2. 西方古代军事思想

西方古代军事思想是在西方的奴隶社会和封建社会历史时期关于战争和军队问题的理性认识。奴隶制时期的军事理论主要蕴含在军事历史著作中。如古希腊修昔底德的《伯罗奔尼撒战争史》、古罗马凯撒的《高卢战记》、阿里安的《亚历山大远征记》等记述了一些战争的情况，反映出古代欧洲一些国家的军事思想。

至1世纪，开始出现带有较强理论色彩的军事著作。如古罗马的政治家和军事理论家弗龙蒂努斯的《谋略》以及后来著名军事作家韦格蒂乌斯的《论军事》等。中世纪的欧洲，军事理论著作屈指可数，拜占庭帝国佚名作者的《将略》，主要论述的是战术问题，稍后有利奥六世的《战术》等少量著作。文艺复兴时期，意大利政治思想家、历史学家和军事理论家马基雅维利的《战争的艺术》则强调会战在战争中的决定作用，主张征募民军代替雇佣军，建立步兵和炮兵相结合的国家军队，在欧洲军事思想发展史上有承前启后的作用。

（二）近代军事思想

近代军事思想发展的总体特征为：一是欧洲一些国家在文艺复兴运动和产业革命的推动下，率先实行军事思想的变革，资产阶级军事思想体系得到确立；二是人类军事思想发生革命性变化，以马克思主义军事理论为代表的无产阶级军事思想宣告诞生。

1. 资产阶级军事思想

15世纪和16世纪之交，欧洲军事思想领域出现了近代化的萌芽，主要代表著作是意大利马基雅维利的《战争的艺术》等。近代欧洲军事思想变革的成果，集中体现在产生于18世纪末至19世纪前期的拿破仑战争艺术，以及德国克劳塞维茨所著《战争论》和瑞士A.H.若米尼所著《战争艺术概论》这两部军事理论名著之中。这两部著作均在总结拿破仑战争经验的基础上产生，标志着欧洲和世界近代资产阶级军事思想体系的基本确立。

2. 无产阶级军事思想

19世纪中后期，为适应当时工人运动发展的需要和迎接即将到来的无产阶级暴力革命，马克思和恩格斯共同创立了马克思主义军事理论。他们运用辩证唯物主义和历史唯物主义，首次正确揭示了战争和军队同社会生产方式之间的内在联系。阐明了军事领域的若干基本规律，确立了军事问题认识论和方法论的科学原则，创立了关于城市工人武装起义、无产阶级军队和人民战争及其战略战术原则的学说。

3. 中国晚清和民国时期的军事思想

中国在1840年鸦片战争之后，传统兵学受到西方军事思想的严重冲击。林则徐、魏源等有识之士提出"师夷长技以制夷"的主张，标志着变革传统军事思想的开端。在"洋务运动"中，清政府在"自强以练兵为要，练兵又以制品为先"的思想指导下，开始兴办中国近代军事工业，引进、仿造西式的枪炮、战舰，编练军队。在中法战争和甲午中日战争中，清军虽然最后失败，但国防建设思想、作战指导思想和作战方式却向近代化迈进了一步。以孙中山为代表的资产阶级革命党人，在共产国际和中国共产党的帮助下，提出以党治军、军队与国民相结合，进而成为群众武装力量的建军方针，并在军队中建立党代表和政治工作制度，在建军思想上迈出了重大的一步。

(三) 现代军事思想

1. 现代外国军事思想

1917年俄国十月社会主义革命的成功，标志着人类文明跨入现代史时期，而世界现代军事思想的孕育，则可前推至19世纪和20世纪之交。19世纪中叶以后，世界列强竞相利用产业革命所提供的崭新物质技术手段，在全球加剧争夺势力范围，相应的军事理论开始产生。德国首相俾斯麦宣称，德国的一切重大问题都只能通过"铁与血"的手段解决。日本首相山县有朋宣布，以朝鲜和中国等邻国国土为日本的"利益线"。英国斯宾塞的"社会达尔文主义""社会有机论"，以及德国拉采尔的一些观点是国际生活"地理环境决定论""强存弱汰"的"自然法则"，一个"健全的国家有机体"有权通过战争扩展自己的"生存空间"。美国马汉的"海权论"则提出，谁控制了海洋谁就能控制世界，为此必须大力发展海上力量。罗斯福执政时期，美国国家安全的指导原则由19世纪前期专注控制西半球，改变为追求全球扩张。随着垄断资本主义的进一步发展，帝国主义国家之间重新瓜分世界的争斗愈演愈烈，终于导致了第一次世界大战的爆发。第一次世界大战结束之后，帝国主义列强在签订各种和平条约和实行军备控制的同时，纷纷抢先发展坦克、飞机、潜水艇、航空母舰等机械化兵器并大量装备军队，种种新的战争理论也应运而生。英国麦金德提出"大陆心脏说"，德国纳粹地缘政治学家豪斯霍弗尔把这一学说加以利用和发展，为希特勒的侵略政策制造舆论。鲁登道夫提出"总体战"理论，意大利的杜黑、英国的特伦查德、美国的米切尔等人，认为空中力量在现代战争中有决定性作用，主张建立并优先发展独立的空军。英国的富勒和利德尔·哈特、法国的戴高乐和德国的古德里安等人，认为现代战争中的决定性制胜手段是高度装甲化机械化的机动突击力量。古德里安提出"闪击战"理论，戴高乐主张把小型职业军队作为军队建设的发展方向，利德尔·哈特还提出"间接路线"战略。上述理论在第二次世界大战中得到一定程度的应用，并有所发展。无产阶级军事思想在世界范围内蓬勃发展。列宁在领导俄国十月社会主义革命和反对帝国主义武装干涉及国内战争中，从帝国主义和无产阶级革命时代的特点与俄国的实际出发，创立了关于战争与革命、武装起义和建设工农红军、实行全民战争等学说，为马克思主义军事理论谱写了新篇章。列宁代表性的军事著作有《革命军队和革命政府》《莫斯科起义的教训》《社会主义与战争》《无产阶级革命的军事纲领》《战争与革命》《大难临头，出路何在》《沉痛的但是必要的教训》《无产阶级革命和叛徒考茨基》《大家都去同邓尼金作斗争》《为战胜高尔察克告工农书》等。列宁逝世后，斯大林等在领导苏联工农红军和国防现代化建设中，在领导和指挥反对法西斯侵略的卫国战争中，继承和发展了马克思列宁主义的军事理论，制定了苏维埃国家军队和国防建设的基本原则，作出了关于决定战争命运的诸因素及其相互关系、战略与策略等问题的论述，全面建立起苏联军事思想体系。斯大林代表性的军事著作有《在俄共（布）第八次代表大会上关于军事问题的演说摘要》《关于建立共和国的战斗预备队》《论俄国共产党人的战略和策略问题》《论中国革命的前途》《论红军的三个特点》《最高统帅部大本营指示信》《伟大的十月社会主义革命二十七周年》《在莫斯科市斯大林选区选举前的选民大会上的演说》等。世界其他一些国家的无产阶级政党在领导本国人民的革命武装斗争中，把马克思列宁主义军事理论的原理与本国的实际结合起来，创立了各具特色的军事思想。

2. 现代中国军事思想

1919年五四运动之后，中国经历了民族解放战争、抗日战争、建立新中国的解放战争和新中国成立后的若干次战争的洗礼，中国无产阶级在长期的革命战争实践和国防建设探索中，汲取了古今中外的军事思想精华，结合自身革命战争和国防建设的经验，逐步形成和发展了中国现代化的军事思想。其重要的理论成果有毛泽东军事思想、邓小平新时期军队建设思想、江泽民国防和军队建设思想、胡锦涛关于国防和军队建设的重要论述及习近平强军思想。

★ 第二节 毛泽东军事思想 ★

一、毛泽东军事思想的科学含义

毛泽东军事思想，是以毛泽东为代表的中国共产党人关于中国革命战争、人民军队和国防建设及军事领域一般规律问题的科学理论体系，是马克思列宁主义普遍原理与中国革命战争实践相结合的产物，是中国革命战争和国防建设实践经验的科学总结，是中国共产党集体智慧的结晶，是毛泽东思想的重要组成部分。毛泽东军事思想的产生、形成和发展，离不开马克思列宁主义的理论基础，更离不开中国革命战争的实践。毛泽东是坚定的马克思主义者，结合中国的实际，成功地走出了一条工农武装割据、以农村包围城市的道路；创立了以农民为主体的新型人民军队；毛泽东关于在革命战争中根据不同时期、不同对象建立统一战线的理论，都不是马克思主义条条本本的翻版，而是将马克思列宁主义的普遍原理与中国革命战争的具体实践科学地结合起来，从而形成了毛泽东军事思想。

毛泽东军事思想具有鲜明的实践性，中国人民的伟大革命实践是毛泽东军事思想赖以产生和发展的物质基础。中国人民革命战争经历了国共合作的北伐战争、土地革命战争、抗日战争、解放战争和抗美援朝战争之后，又经历了中印、中苏和中越边境自卫反击作战等。通过这些战争，推翻了中国的反动政权，粉碎了外强入侵的阴谋，捍卫了民族独立的尊严，创建了中华人民共和国，巩固了国防，维护了国家安宁和世界和平。

毛泽东军事思想作为我党的军事理论，是全党、全军集体智慧的结晶。遵义会议后，党中央逐步形成了以毛泽东为代表的领导集体，很多重大路线方针，都经过党中央集体讨论，凝聚了毛泽东及其战友们的集体智慧。同时毛泽东一贯遵循"从群众中来，到群众中去"的原则。全党、全军和全国人民在人民革命战争中迸发出来的聪明才智，由毛泽东加以集中概括，成为无产阶级军事科学中最博大精深的理论体系。

党的十一届六中全会通过的《关于建国以来党的若干问题的决议》中指出，毛泽东思想主要内容的基本点：一是关于新民主主义革命的理论；二是关于社会主义革命和社会主义建设的理论；三是关于革命军队的建设和军事战略的理论；四是关于政策和策略的理论；五是关于思想政治工作和文化工作的理论；六是关于党的建设的理论。其中，第三点就是毛泽东军事思想的主要内容。由于毛泽东在指导战争中，把军事、政治、哲学、经济、文化、党的建设等工作熔于一炉，因而在他著作的其他部分论述中，也不可避免地大量联系军事斗争问题。蕴藏在毛泽东军事思想中的许多原理，也经常被毛泽东引申到重大的政治、经济等理论著作中，毛泽东对军事实践活动倾注了大量的精力，指导战争又是他一生中最光辉的经历，因而其军事思想部分必然在整个思想科学体系中占有重要的位置。

二、毛泽东军事思想的主要内容

（一）战争观和方法论

战争观和方法论，是毛泽东研究和指导战争的基本立场、观点和方法，阐明了正确认识战争和对待战争的基本观点和态度，揭示了战争领域矛盾运动的规律和指导方法，是毛泽东军事思想科学体系的理论基础和灵魂。

1. 战争观

战争观是人们对战争这一人类社会特殊活动现象的总的看法和基本态度。毛泽东运用马克思主义基本原理，综合考察了战争与阶级、战争与政治、战争与经济、战争与和平等各种关系，得出了一系列认识战争的观点和结论，明确了马克思主义者对待战争的基本态度。

① 战争是私有财产和阶级的产物，战争是一个历史范畴，它是一个从萌芽到成形再到成熟直至消亡的发展过程。马克思主义战争观认为，战争是人类社会生产力和生产关系这对基本矛盾发展到一定阶段的产物，它与私有财产、私有制和阶级的出现有着密切的关系。因此，私有制和阶级斗争是战争产生的社会根源。毛泽东的战争理论是以指导阶级社会的现实战争为目的，其不仅继承了马克思主义战争观的阶级学说，而且在指导中国革命斗争的实践中有了重大发展。

首先，毛泽东肯定阶级斗争是阶级社会的主要矛盾。在阶级社会中，阶级矛盾是社会发展的主要矛盾，而这种矛盾是根本对立的、不可调和的。阶级矛盾发展到一定程度，战争就成了解决这种矛盾的必然手段。因此，战争主要产生于阶级斗争，服务于阶级斗争，以阶级斗争为基本的、直接的动力。

其次，毛泽东指出战争是阶级斗争的最高形式。他说："战争——从有私有财产和有阶级以来就开始了的、用以解决阶级和阶级、民族和民族、国家和国家、政治集团和政治集团之间、在一定发展阶段上的矛盾的一种最高的斗争形式。"①

最后，毛泽东指明阶级分析是中国革命的首要问题。他深知中国共产党要想领导中国革命并取得成功，必须运用阶级分析的观点来认识和指导战争，根据现实中国际与国内的社会政治和经济的关系进行具体分析，确定斗争的敌、我、友，才能正确地认识和指导战争。

② 战争的本质是政治的继续。毛泽东说："'战争是政治的继续'，在这点上说，战争就是政治，战争本身就是政治性质的行动，从古以来没有不带政治性的战争。"②在这种一致性中：一方面，政治决定战争；另一方面，战争又反作用于政治。同时，毛泽东又强调"战争是政治的特殊手段的继续"，总之，政治与战争是普遍性与特殊性的关系，也是整体与部分的关系，政治包括战争，战争是政治的一种。

③ 拥护正义战争，反对非正义战争。战争的政治属性，是战争本质的具体表现，以正义性和非正义性来划分。毛泽东依据战争与政治的关系，继承了马克思列宁主义鉴别战争性质的学说，明确指出："历史上的战争分为两类，一类是正义的，一类是非正义的。一切进步的战争都是正义的，一切阻碍进步的战争都是非正义的。"③

2. 研究和指导战争的方法论

毛泽东在领导中国革命战争的长期实践中，运用辩证唯物主义的观点认识和指导战争问题，形成了系统的研究和指导战争的认识论和方法论。

① 把握战争规律，正确指导战争。毛泽东研究和指导战争方法论的核心，就是认识和把握战争规律，用以正确地指导战争。毛泽东在《中国革命战争的战略问题》一文中，开宗明义地指出："战争的规律——这是任何指导战争的人不能不研究和不能不解决的问题。"④

---

① 毛泽东. 毛泽东选集：第1卷［M］. 北京：人民出版社，1991：171.

② 同①：146.

③ 毛泽东. 毛泽东选集：第2卷［M］. 北京：人民出版社，1991：383.

④ 同①：170.

"不懂得它的情形,它的性质,它和它以外事情的关联,就不知道战争的规律,就不知道如何指导战争,就不能打胜仗。"①

② 研究和指导战争,要着眼特点,着眼发展。由于战争的情况不同,战争指导规律有时间、地域、性质的差别。在把握战争一般规律的同时,更要研究战争的特殊规律。毛泽东非常重视对战争的特殊规律的研究。他指出:"中国革命战争——不论是国内战争或民族战争,是在中国的特殊环境之内进行的,比较一般的战争,一般的革命战争,又有它的特殊的情形和特殊的性质。因此,在一般战争和一般革命战争的规律之外,又有它的一些特殊的规律。如果不懂得这些,就不能在中国革命战争中打胜仗。"②

毛泽东所提的研究战争规律要着眼特点、着眼发展是统一的。毛泽东指出:"战争情况的不同,决定着不同的战争指导规律,……我们研究在各个不同历史阶段、各个不同性质、不同地域和民族的战争的指导规律,应该着眼其特点和着眼其发展,反对战争问题上的机械论。"③毛泽东比一般军事家高明的地方,就在于他能着眼战争的特点、发展,实事求是地指导战争,从不机械地照搬别人的经验。

③ 研究和指导战争要关照全局,把握关键战争与其他客观事物一样,是一个由多种因素综合作用而形成的整体,有整体与部分、全局与局部之分。全局统帅,决定局部;局部隶属,服从全局。处理好全局与局部的关系,从整体上驾驭战争,是指导战争最高层次的制胜之道。因此,毛泽东说:"战争的胜败的主要和首先的问题,是对于全局和各阶段的关照得好或关照得不好。"④"指挥全局的人,最要紧的,是把自己的注意力摆在照顾战争的全局上面。"⑤把握关键是推动全局发展的重要方法。因此,"应当把自己注意的重心,放在那些对于他所指挥的全局说来最重要最有决定意义的问题或动作上,而不应当放在其他的问题或动作上。"⑥

④ 主观指导符合客观实际,发挥自觉能动性。战争的客观实际,是不依赖人的意志而独立存在的,且又有为人所认识的战争情况及其规律性。由此可见,战争指导至关紧要的问题,就在于能否正确地解决主观指导与客观实际的矛盾,正如毛泽东所指出的,多打胜仗少打败仗的关键,"就在于把主观和客观二者之间好好地符合起来。"⑦

(二)人民军队思想

毛泽东人民军队思想是以毛泽东为代表的中国共产党人在马克思主义理论指导下,在长期革命战争实践中,逐步形成的关于建设人民军队的系统化的理性认识,是毛泽东军事思想科学体系的重要组成部分,它成功地解决了如何把以农民为主要成分的军队建设成为一支无产阶级性质的、具有严格纪律的、同人民群众保持血肉联系的新型人民军队的问题。它指引我军从小到大、由弱到强,不仅战胜了国内外一切强大敌人,而且一直沿着正确轨道不断向全面建设方向发展。

我党领导下的人民军队是执行革命政治任务的具有无产阶级性质的武装集团。为保持人民军队的这一根本性质,完成党赋予的各项政治任务,毛泽东从人民群众是历史的主人这个历史唯物主义的基本观点出发,把军队的命运与人民群众的命运、军队的发展与人民群众的

---

①② 毛泽东. 毛泽东选集:第1卷 [M]. 北京:人民出版社,1991:171.

③ 同①:173.

④ 同①:175.

⑤ 同①:176.

⑥ 同①:176.

⑦ 同①:179.

根本利益紧密地联系起来，规定了人民军队的宗旨和任务。

① 坚持党对军队的绝对领导，建立无产阶级性质的人民军队。

② 全心全意为人民服务是人民军队的唯一宗旨。

③ 执行战斗队、工作队和生产队的三大任务。

毛泽东在长期的革命战争实践中，按照无产阶级的要求，成功地解决了如何在半殖民地半封建的国家里，在严酷的战争条件下，把以农民为主要成分的军队建设成为一支无产阶级性质的人民军队的问题。他把马克思列宁主义军事学说与中国人民军队建设的实践相结合，确立了人民军队建设的一系列基本原则，这些关于建设人民军队的理论和实践对此后人民军队的建设具有重大的指导意义。

政治工作是我军的生命线。毛泽东把政治工作比喻成我军的"生命线"，一方面是因为政治工作是关系到我军的强弱、胜败、生存和发展的根本因素；另一方面，则强调政治工作是"生命线"，是由其对军队的服务作用的实质决定的。只有真正发挥"服务保证"作用，才能体现"生命线"的地位。因此，这就需要我军把政治工作摆在适当位置，既要防止和纠正忽视政治工作的偏向，也要防止和纠正片面夸大政治工作的作用。实行政治、经济、军事三大民主政策；执行"三大纪律八项注意"。"三大纪律八项注意"，是在毛泽东创建和领导人民军队建设的过程中逐步形成的，是对我军纪律的集中概括，是统一全军的革命纪律。

（三）人民战争思想

毛泽东的人民战争思想，是毛泽东军事思想的重要组成部分，是毛泽东军事思想的核心，是中国人民进行革命战争的根本指导路线，是我军克敌制胜的强大理论武器。

1. 人民战争的含义与精神实质

《中国大百科全书·军事》把人民战争定义为："被压迫阶级和被压迫民族为谋求自身解放，发动和依靠广大人民群众所进行的战争。"这个定义表明，人民战争具有两个基本属性，即正义性、群众性。正义性和群众性是人民战争的两个密不可分的基本属性，只看战争的正义性而不看战争的群众性，或只看战争的群众性而不看战争的正义性，都不能正确认识和理解人民战争。

毛泽东人民战争思想的基本精神是：在中国共产党的领导下，一切为了人民群众的根本利益，坚决相信、依靠人民群众，充分动员、组织和武装人民群众，实行全面彻底的人民战争。

人民战争的精神实质是：战争的目的是为了人民，进行战争依靠人民，胜利果实属于人民。这就表明：我们党领导进行的人民战争，是为了广大人民群众的根本利益而战的。这种战争的最终结果要促使人民群众彻底解放。由于这种战争是建立在坚决相信和依靠人民群众这一思想基础上的，因而能最大限度地动员和组织人民群众的力量投入战争。战争胜利后，由于人民群众得以彻底翻身，成为国家的主人，从而能真正占有胜利果实。

2. 人民战争思想的理论

毛泽东指出："人民，只有人民，才是创造世界历史的动力。"[1]这是历史唯物主义的一个根本观点，是我们实行人民战争的根本理论依据。毛泽东人民战争思想，从根本上说，就是唯物史观在革命战争中的具体运用。这是马克思列宁主义、毛泽东思想的战争指导理论同其他一切非无产阶级思想战争指导理论本质区别之所在。毛泽东把这一根本观点，运用于指导中国革命战争的实践，形成了一系列关于人民战争的比较完整的基本原理。这些基本原

---

[1] 毛泽东. 毛泽东选集：第3卷 [M]. 北京：人民出版社，1991：1031.

理，从不同的角度和侧面阐明了战争指导所依据的一个核心思想，就是人民群众是主宰战争胜负的主人。因此，只要依靠人民群众，再加上正确的领导，就一定能打败一切敢于来犯的敌人。

① 战争的正义性是实行人民战争的政治基础。对双方进行战争的政治目的的进步与否做进一步的研究，从而明确战争的正义性质或非正义性质。正义战争的政治目的是进步的，因而正义战争代表着社会发展的方向，符合人民群众的根本利益，能够得到人民群众的拥护。战争的政治目的决定战争的性质，战争的性质决定民心的向背，民心的向背决定人民群众参与战争活动的状况如何。所以，战争性质便成为进行战争的政治基础，而战争的正义性质又成为进行人民战争的政治基础。

② 革命战争是群众的战争。毛泽东在《关心群众生活，注意工作方法》一文中指出："革命战争是群众的战争，只有动员群众才能进行战争，只有依靠群众才能进行战争。"这是马克思主义关于群众自己解放自己的观点在革命战争中的具体体现，也是毛泽东对这一观点在革命战争中的具体运用。

革命战争的组织者、领导者必须把人民群众看成战争的主体，因而在战争中要相信群众、依靠群众，组织和动员群众投入战争。领导者要通过宣传教育，使广大人民群众认识自己的利益和责任，从而自觉地参加对敌斗争，积极支援人民军队的战争活动。对军队本身来说，也要通过宣传教育，使他们明白，自己不仅仅是在为人民而战，也是在为自己而战，懂得为谁当兵、为谁打仗的根本道理，从而在战争中发挥出自觉的能动性去夺取胜利。

③ 人民群众是战争伟力之最深厚根源。战争是力量的竞赛，而根本的力量在于人民的力量，毛泽东指出："战争的伟力之最深厚的根源，存在于民众之中。"[①]他还说过从长远的观点看问题，真正强大的力量不是属于反动派，而是属于人民。这是因为，按照历史唯物主义的观点，人民是历史的主人。无疑，人民也是书写战争历史、主宰战争胜利进程的主人。

人民群众是战争军力和经济力的源泉。军力和经济力是进行战争的物质基础。进行任何性质的战争，进行战争的任何一方，都必须考虑这个物质基础。这个军事和经济的力量源泉是存在于民众之中的。毛泽东说："动员了全国的老百姓，就造成了陷敌于灭顶之灾的汪洋大海，造成了弥补武器等缺陷的补救条件，造成了克服一切战争困难的前提。"只有依靠群众、动员群众才能解决战争的军力和经济力问题，克服这方面面临的困难。反革命战争之所以失败，正是因为其失去了人民的支持，难以克服面临的军力和经济力的困难；人民革命战争之所以胜利，是因为有人民作为靠山，能源源不断地得到人民给予的人力、物力的支援，中国共产党领导的革命战争，从星星之火开始，进而形成燎原之势，并打败强敌，建立新中国，正是依靠并动员人民群众的力量，克服战争所需人力、物力困难而获得的成果。

战争的实践一再证明，有了人民这个条件，军队就如鱼得水、行动自如，而敌人则处处挨打、行动受约束。在历次的革命战争中，为什么我军处处光明，敌军处处黑暗？为什么我军能运用"蘑菇战术"将敌人"肥的拖瘦，瘦的拖死"，使之精疲力竭而被歼，而敌人却不能以此法对我军？为什么我军在广阔的战场上，在灵活的机动中，能有效地运用"集中优势兵力，各个歼灭敌人"的战法歼敌，敌人却不容易做到这一点？根本的道理，就在于我军有人民群众支持这个条件，敌军则没有这个条件。显而易见，武装的和非武装的广大人民群众，直接和间接地配合人民的军队作战，就能陷敌于灭顶之灾。

④ 兵民是胜利之本。所谓兵民是胜利之本，是说军队和民众的团结、进步是战争胜利的

---

① 毛泽东.毛泽东选集：第2卷［M］.北京：人民出版社，1991：511.

根本条件。毛泽东兵民是胜利之本的思想，是同人民群众是战争伟力深厚根源这一思想一脉相承的。作为一个国家、一个政治集团进行战争，群众这个概念，包括人民和军队这两个方面。但是，有了人民和军队这样的条件，还不能说就已经具备了战争胜利的现实的决定力量；人民和军队能否成为现实的决定力量，还要看军队和人民的团结状况如何，进步状况如何，组织动员状况如何。

军队只有团结进步，才会有强大的战斗力。毛泽东向来十分重视我军内部的团结。他指出：军队一向有两条方针：第一对敌人要狠，要压倒它，要消灭它；第二对自己人、对人民、对同志、对官长、对部下要和，要团结。一切妨碍团结的现象，都在必须克服之列。我军的所有成员，都是在全心全意为人民服务这个宗旨下面，为人民的利益而结合、而战斗的。各部队之间、官兵之间、上下之间都是团结一致的；军事工作、政治工作、后勤工作之间，也是相互支持和协调一致的。因此，在作战中，各个部队及其指战员有很高的战斗积极性，能够根据上级总的意图进行主动配合与支援；能够为了消灭共同的敌人，在复杂环境中，根据上级总的意图，做到"枪声就是命令""不打没有命令的仗"。对于人民的团结进步问题，战争的领导者不是采取消极等待的态度，而是采取主动积极的态度，做大量的宣传教育和组织动员工作。要用进步的政治思想，宣传教育群众，使之深刻认识我们进行战争的正义性质，明确战争胜负同他们自身利益的重大关系；要增强防患意识，增强民众的自尊心、自信心和自豪感；要以爱国主义为出发点，增强中华民族的凝聚力和向心力，发挥革命英雄主义；等等。总之，只有克服了一盘散沙、愚昧落后的状态，人民在战争中的伟力才能充分发挥出来。只有同人民团结的军队，才是真正无敌的军队。军民一致，是我军政治工作的三大原则之一，也是我军的光荣传统。毛泽东在《杂言诗·八连颂》中指出："军民团结如一人，试看天下谁能敌。"我军从小到大并从胜利走向新的胜利的历程，就充分证明了这一点。因此，只要我们坚持军民团结的原则，就能无往而不胜。

⑤ 人是战争胜负的决定因素。毛泽东在《论持久战》中批判"亡国论"和"妥协论"时说："武器是战争的重要因素，但不是决定因素，决定的因素是人不是物。"虽然是在一定的历史条件下针对一定的问题所言，但由于科学揭示了战争中人和武器的内在联系，因而具有普遍的理论价值和实践意义。

首先，相对于武器是战争的重要因素而言，人是战争的决定因素。人有意识，能思维，能够认识世界和改造世界；是一种能动的存在物。毛泽东在《论持久战》中指出："这种能动性，我们名之曰'自觉的能动性'，是人之所以区别于物的特点。"毛泽东提出的自觉能动性，把人的思想和行动、认识和实践、人力和人心辩证统一在一起，是正确认识人在战争中作用的理论基础。在毛泽东看来，战争中人的本质，是由交战双方的经济关系、政治关系、社会制度和军队的阶级本质所规定的物质和精神的统一体。人作为战争的决定因素表现在人力的强弱多寡，人心的向背，人员的科学文化素质、政治素质和心理素质高低等方面，这是战争中的一条普遍规律。

其次，武器是战争的重要因素。人只有借助武器，才能从事战争来实现自己的政治目的，武器也才能表现出它作为暴力工具的本质。武器装备不仅是军队战斗力的基础，也是战斗力的客观尺度和重要标志。武器不仅决定着军队的编制体制和战略战术，影响着战争的进程，而且其发展还会对使用它的人不断提出新的要求。因此，尽管在革命战争年代条件有限，但毛泽东依然尽可能地增强我军的武器技术水平，缩小同敌人的差距。新中国成立后，更是把发展现代化武器装备作为实现国防现代化的当务之急。

最后，战争的胜负取决于人与武器的结合。军力和经济力是要人去掌握的。这就表明战争既是现实战斗力的人与武器的结合，又是潜在的战斗力（即军力、经济力和人力、人心）

的结合。人在战争中的每一个行动，既是物质的运动，也包括精神活动，是物质运动与精神活动的辩证统一。

3. 人民战争思想的主要内容

在长期的革命战争实践中，毛泽东和中国共产党继承了马克思主义关于人民战争的学说，并结合中国社会历史和革命战争实际，经过艰苦卓绝的武装斗争，使人民战争思想形成了一个多层次、多方面的科学体系。这个科学体系主要具有以下几个方面的内容。

① 必须坚持中国共产党的领导。党对革命战争的正确领导，是人民战争取得胜利的根本保证。没有党的领导或党的领导路线不正确，人民战争就不能取得胜利。

② 必须建立一支人民的军队。人民军队是进行人民战争的骨干力量。进行人民战争如果没有一支强大的人民军队作骨干，就不可能粉碎敌人的猖狂进攻；人民群众的斗争就不能得到有力支持，人民战争就难以蓬勃开展起来和长期坚持下去，就不可能有人民的解放和国家的独立。

③ 必须建立巩固的革命根据地。革命根据地是实行人民战争的战略基地。在农村建立革命根据地的思想，是毛泽东人民战争思想的一个重要内容。它的基本精神，就是在中国共产党的领导下，在敌人统治薄弱的农村或战略后方，依靠人民军队，发展党的组织，建立人民政权，实行土地革命，把广大群众动员、组织和武装起来，把落后的农村改造成政治上、经济上、军事上、文化上的伟大的革命阵地，并以此为依托，广泛地开展人民战争，粉碎强大敌人的进攻，借以在长期斗争中，逐步地以农村包围城市，夺取城市，最终夺取革命战争的胜利。在中国半殖民地半封建社会，经济政治发展不平衡，这就决定了在农村建立革命根据地的必要性和可能性，也充分证明了中国革命走农村包围城市道路的正确性。这条道路既是中国革命的正确的政治路线，也是正确的军事路线。

④ 必须动员、组织和武装人民群众。充分动员、组织和武装人民群众是实行人民战争的基本条件。必须实行主力兵团与地方兵团相结合，正规军与游击队、民兵相结合，武装群众与非武装群众相结合，以军事斗争为主，与政治、经济、思想、文化、外交等各条战线、各种形式的其他各种斗争形式相配合。"三结合、一配合"是进行人民战争有效的组织形式和斗争形式。这种组织形式不仅能够充分地发挥武装力量的作用，而且能够充分地发挥非武装的广大人民群众的作用，把各种力量结合起来，形成有机的整体合力，形成战胜敌人的强大威力。

⑤ 必须运用灵活机动的战略战术。灵活机动的战略战术是人民战争的显著特点之一，只有运用这样的战略战术，才能扬长避短，才能充分发挥人民战争的强大威力，以劣势装备战胜拥有优势装备的敌人，夺取战争的最后胜利。

（四）人民战争战略战术思想

毛泽东战略战术思想，也称毛泽东人民战争的战略战术思想。它是以毛泽东为代表的中国共产党人领导中国人民进行革命战争及一系列战役战斗的指导思想和理论原则。由于它正确反映了中国革命战争及其战役战斗的指导规律，所以它在灵活成功地指导中国革命战争及其战役战斗的实践中显示了巨大的生命力，成为我军胜利的指南。

人民战争战略战术思想是人类军事思想史上的一朵奇葩，其内容极为丰富，其基本精神至今仍具有指导作用。概括地说，主要有以下七大基本内容。

① 保存自己，消灭敌人。

② 战略上藐视敌人，战术上重视敌人。

③ 不打无准备、无把握之仗。

④ 慎重初战，执行有利决战，避免不利决战。
⑤ 作战指导上力争主动，坚持灵活性与计划性相结合。
⑥ 集中优势兵力，各个歼灭敌人。
⑦ 灵活运用三种作战形式，适时进行军事战略转变。

（五）国防建设思想

毛泽东国防建设思想，始于抗日战争时期。中华人民共和国成立后逐步得到发展。抗日战争时期，毛泽东从全民族的利益出发，提出了增强技术条件、实现军队现代化、全国人民总动员、抵抗侵略、保卫祖国等许多关于军队和国防建设的精辟见解。由于客观原因，他的思想没有完全实现。新中国成立后，中国共产党成为执政党，党的工作重点，由过去以发动革命、进行革命战争为主，转变为以发展经济、进行包括国防建设在内的社会主义建设为主。党的军事斗争，由过去以夺取政权为主转变为以巩固政权、维护国家安全和领土主权不受侵犯、保障社会主义建设所需的和平环境为主。根据国际国内形势的发展变化，从我国国防的实际出发，适时提出了一系列国防建设理论、方针和原则，形成了有中国特色的现代化国防建设思想，是毛泽东军事思想的重要组成部分，是我国进行国防现代化建设、保卫国家安全与发展利益、维护世界和平的重要理论依据。

1. 国防建设的地位和作用

国防，是伴随着国家的产生而产生的，并随着国家的发展而发展，也随着国家的消亡而消亡。只要有国家存在，就不可一日无防。

从新中国国防建设之初，党中央、毛泽东就十分重视国防建设在国家生活中的重要地位和作用。

首先，明确国防建设是国家建设的重要组成部分，始终视国防建设为维护国家尊严和形象的重要手段，是国家和民族兴旺发达的标志，是综合国力的体现。新中国成立初，尽管我国许多方面处于落后状态，毛泽东还是主张在关系我国的独立和主权的重要领域和项目上，别人能办到的，我们也要办到，别人有的，我们也要有。1956年，他在《论十大关系》中指出："我们现在已经比过去强，以后还要比现在强，不但要有更多的飞机和大炮，而且还要有原子弹。在今天的世界上，我们要不受人家的欺负，就不能没有这个东西。"正是在毛泽东的这一思想指导下，我国国防建设在包括导弹、核武器在内的诸多方面取得了举世瞩目的成就，这对树立社会主义大国的形象，提高我国的国际地位，起到了良好作用。鉴于国防的重要作用，1964年，毛泽东在修改周恩来在第三届全国人民代表大会第一次会议上的政府工作报告时，亲笔写进了"把我国建设成为社会主义的现代化强国"的内容，正式提出了实现工业、农业、国防和科学技术的现代化强国的奋斗目标。

其次，规定国防建设的根本目标，是为了抵御侵略，捍卫国家利益。自从人类社会有了国家，便客观地存在国家利益。国家利益随着国家生存与发展需求的变化而变化。以毛泽东为代表的中国共产党人在认识和处理国防问题时，总是把国家利益放在首位，把捍卫国家利益作为国防建设的根本目标；要求我国国防力量能够有效抵御侵略，平息社会动乱，为国家经济建设创造和平安宁的内外环境。强有力的国防建设为国家经济建设提供了安全保证，成为国内长治久安的坚强柱石。

最后，强调我国的国防力量要为和平对外政策服务，因而，我国的国防建设，又是为了反对战争，维护世界和平。为了国家的安全和发展，我们需要和平，而不需要战争。没有和平的国际环境，国家的安全和发展便无从谈起。因此，我国保持适度的国防力量，完全是为了自卫；我国国防建设的根本目的，是为了反对战争，维护世界和平。新中国成立后，渴望和平的中国人民,迫切需要建设自己的国家。因此,毛泽东在处理我国的对外关系中,把"反对战争阴谋,争取世界和平"作为对外政策的基石。因此,我们有了一支足以自卫的国防力量,才能保证我国在反对霸权主义、维护世界和平的斗争中发挥作用。只有备战,才能止战;为了止战,必须备战。

2. 国防建设的基本内容

毛泽东关于国防现代化建设,主要强调建设一个以先进的国防理论和现代化科学技术武装的国家防卫系统,捍卫国家安全和发展利益。其基本内容有:武装力量建设、国防科技工业、武器装备、国防动员体制、国防理论、战场建设和战略储备等。

①加强武装力量建设。建设强大的人民武装力量,是毛泽东的一贯思想,是国防建设的重点和核心内容。新中国成立后,毛泽东根据形势的发展变化,适时发出了建设现代化国防军的伟大号召,明确提出了"建设正规化、现代化的国防部队"的历史任务。他在新中国成立后提出军队建设任务时,侧重于现代化、正规化方面,这反映了当时的针对性。革命化、现代化、正规化三者的有机统一构成了人民军队在新的历史条件下的鲜明特色。而建设强大的人民解放军、武装警察部队、民兵预备役三种武装力量相结合的体制,又为我国武装力量现代化建设打下了良好的基础。它不仅有利于实行精干的常备军与强大的后备力量相结合,实现寓兵于民,平时少养兵,战时多出兵;而且又有利于节省军费发展经济,有利于从整体上提高军队的现代化水平。

②发展国防科技和国防工业,改善武器装备。武器装备是国防现代化的标志,在国防现代化建设中,发展国防科技和国防工业,改善武器装备,是一项互为因果、不可分割的重要任务。从我国第一个五年计划开始,毛泽东和党中央决定,把发展国防科技工业列为重点。经过艰苦的努力,大批骨干企业、科研机构建立起来,发展了以导弹核武器为重点的国防尖端技术,常规武器(如火炮、坦克、机枪和弹药及通信器材)可以成批生产,我军武器装备基本实现了制式化。这些举措,初步改变了我军武器装备的落后状态,为实现武器装备现代化,建立完整的国防科研和国防工业体系,奠定了相当坚实的基础。

③完善国防动员体制。毛泽东对战争动员历来十分重视。在毛泽东人民战争思想指导下,实行全党动员、全民动员,夺取了历次革命战争的胜利。新中国成立后,为捍卫祖国边境和领海、领空不受侵犯,实行局部动员,取得了多次戍边卫国战役的胜利。动员的范围涉及武装力量动员、国民经济动员、科学技术动员、群众防卫动员、政治动员等各个方面。

④发展军事科学,实现国防理论现代化。发展军事科学,实现国防理论现代化,既是国防现代化的重要内容,也是国防现代化的先导。毛泽东及其他老一辈无产阶级革命家,历来重视先进革命理论的巨大作用。在指导中国革命战争过程中,毛泽东既重视对实际情况的考察、分析与了解,又重视对科学理论的学习研究;既善于把实践经验上升为科学理论,又善于用科学理论指导实际斗争。正当我们进入建设现代化的国防这一历史新时期,毛泽东又及时提出了钻研现代化的国防、发展我国军事科学的任务。1958年6月,毛泽东在军委扩大会议上的一次讲话中,以十大军事原则为例,明确提出了要根据今后战争的实际情况发展军事科学的任务。在刘伯承、叶剑英等具体领导下,我军把国防理论的研究放在整个国防建设的重要位置上,专门成立了军事科研机关,建立了大批的军事院校,培养了众多的军政理论研究人员,使我国国防理论研究进入了一个新的发展时期。

⑤重视战场建设和战略储备。毛泽东在战争年代强调指出,根据地是进行革命战争的战略基地;没有这种战略基地,一切战略任务的执行和战争目的的实现就失去了依托。新中国成立后,又提出要加强大小三线战略后方建设等一系列指示,这对加强国防建设乃至推动国家经济建设都有重要的指导意义。

战场建设和战略物资储备是国防建设的重要内容，是抵御侵略的坚实依托，是保卫国家安全发展的重要基础。新中国成立以后，党和国家高度重视国防工程建设，使我国战场建设初步具备了能打、能藏、能机动、能指挥、能生活的基本功能；战略物资储备工作也在毛泽东"备战、备荒、为人民"的战略思想指导下，使国家、军队、地方的物资储备形成了有机整体，加强了国防实力，在应对局部战争和较大自然灾害中显示了重大作用。

3. 国防建设的基本方针和原则

我国的国家性质和基本国策，决定了我国的国防建设是以积极防御战略方针为着眼点的。毛泽东等老一辈无产阶级革命家正确认识时代特点和国际形势的发展，从我国的国情出发，提出了一整套行之有效的实施国防建设的步骤和方法，形成了具有中国特色的国防建设基本原则，成为我国国防现代化建设的基本依据。

① 贯彻积极防御的战略方针。在长期的革命战争中，在毛泽东积极防御战略思想指导下，我们夺取了伟大的胜利。新中国成立后，又是在毛泽东积极防御战略指导下，制定了保卫祖国安全与发展的积极防御战略方针。毛泽东积极防御战略思想内涵极其丰富，积极防御战略方针既可指导战时打仗，又可指导平时建设；既可指导举国迎敌的大战，又可指导应付突然事变和局部战争；既可指导战争的准备，又可指导战争的全过程。总之，积极防御战略方针是指导全局的军事战略方针，在国防建设中，必须坚持贯彻这个战略方针。随着国际形势及战略格局的变化，虽然我国的主要作战对象、主要防御方向、作战指导原则等有所调整，但仍然始终坚持发展毛泽东积极防御思想，坚持贯彻积极防御的战略方针。包括国防建设的规模、速度、方法，以及建设的重点，都以积极防御战略为依据，其中强调着重把握遏制战争、准备战争、打赢战争三个环节。通过开展和平外交、建立威慑力量等，遏制战争爆发；提高警惕，常备不懈，调动全民支持和参与国防建设的积极性；坚决立足打赢战争，由国内作战发展为有条件下的国门外御敌，以攻势防御保卫我国领土完整。

② 服从国家经济建设大局。在相对和平时期，在以综合国力竞争为主流的国际趋势中，把国防建设摆在什么位置，如何处理国防建设与经济建设的关系，是任何国家都必须回答和解决的重大问题。在实践中，毛泽东根据国内外情况，审时度势，在肯定国防建设在国家建设中的重要地位的同时，明确提出经济建设是国防建设的基础，把经济建设摆在优先发展的地位，在这个前提下，国防建设和国家建设协调发展。

1956年4月，毛泽东发表了著名的《论十大关系》。其中，经济建设和国防建设的关系是他论述的专题之一。他指出："只有经济建设发展得更快了，国防建设才能够有更大的进步。"在经济建设的基础上加强国防建设的思想，其实质就是在相对和平时期，使国家经济建设和国防建设都能得到更快更好的发展。按照这个思想，既不是削弱国防力量，也不是削弱经济建设，更不是盲目追求国防建设的大规模、高速度；而是用发展国家经济建设、增强国家综合国力的办法，使国防建设得到加强，这是"富国强兵"的办法。

③ 以现代化为中心。国防现代化，是世界各国的普遍现象，是历史和现实的必然要求，是全党全国人民的共同愿望。新中国成立后，毛泽东即把国防现代化列入了党和国家的重要议事日程，提出了以现代化为中心的一系列方针、原则，并取得了显著的成就，比如建立强大的空军、海军和陆军各种特种兵，研制成功了原子弹、氢弹及人造卫星。

④ 独立自主，自力更生。独立自主，自力更生，是中国共产党处理中国革命和建设事业的一贯指导方针。它和实事求是、群众路线共同构成了毛泽东思想活的灵魂的三个基本方面。国防领域，较之其他领域与国家的独立、主权和安全更加直接相关。因此，在国防建设中坚持独立自主、自力更生的方针，比其他任何领域都显得更加突出、更为重要。

按照自己的情况来办，走自己的路。照抄照搬任何外国的模式，都只能因为不合国情而事倍功半，甚至走上歧途。这就决定了我们只能从国情出发，扬长避短，走有中国特色的国防现代化道路。毛泽东指出：我们的方针要放在什么基点上？放在自己力量的基点上，叫作自力更生。中国革命和建设事业所取得的一切成就，主要是依靠自己的力量，艰苦创业，白手起家的，这是我国国防现代化建设唯一可选择的道路。

⑤ 统筹兼顾，突出重点。国防建设，是一个庞大复杂的系统工程，既不能"四面出击"、平分兵力；又不能只抓重点、忽视一般或顾此失彼；而应遵照毛泽东指出的"关照全局，掌握关节"的思想，在国防建设和国防力量的结构调整上，突出重点，统筹兼顾，协调发展。国防建设是一个组织结构实体，各系统内部要求协调匹配。因此必须坚持有计划、按比例、协调发展；突出重点，主次本末不得倒置；处理好保证重点与照顾一般的关系。总之，国防建设既要突出重点，又要兼顾一般；既要分清主次，又要反对单打一。只有统筹兼顾，突出重点，才能保证国防现代化建设全面均衡、协调发展。

⑥ 全民国防，全民共建。我们的国防是全民的国防，因而要由全国军民共同建设。毛泽东在1950年就指出：中国必须建立强大的国防军，必须建立强大的经济力量，这是两件大事。这两件事都有赖于同志们和全体人民解放军的指挥员、战斗员一道和全国工人、农民及其他人民一道团结一致，协同努力，方能达到目的。我国的国防现代化建设，既然是全国军民的事情，就应把国防建设纳入国家总体建设的轨道，把国防建设作为国家建设中的一项重要内容来考虑，使其能够同国家建设协调发展。坚持平战结合、寓战于平，军民结合、寓军于民这样一条具有中国特色的现代化国防道路。

综上所述，毛泽东军事思想关于国防现代化建设的理论，是在我国国防现代化建设和国家防卫实践中形成和不断发展的，经受了实践的检验。因此，它是我们今后建设中国特色的国防现代化和进行国家防卫的根本指导思想。也应看到，世界旧的格局已经被打破，新的格局尚未形成，世界局势仍然动荡不安。我国社会主义现代化建设深入发展，仍然需要坚强的国防力量提供安全保证。同时，世界高科技的发展一日千里，必将对我国国防建设提出大量新的课题。毛泽东国防建设思想，必将在迎接新的挑战中增添新的活力，继续得到充实和发展。

三、毛泽东军事思想的历史地位和现实意义

中国革命战争，是中外历史上最宏伟的人民革命战争，以毛泽东为代表的中国共产党人，在领导这场战争实践中所创立的毛泽东军事思想，发展了马克思列宁主义军事科学，指导中国革命战争取得了彻底胜利，新中国成立后指导国防、军队建设又取得了伟大成就。不仅在中国军事思想发展史上占有极为重要的地位，而且为马克思列宁主义军事理论宝库增添了新的财富，在世界军事思想史上也占有重要地位并产生了深远的影响。

（一）毛泽东军事思想创造性地丰富和发展了马克思主义军事理论宝库

毛泽东、朱德、周恩来和邓小平等老一辈无产阶级革命家，在领导中国人民进行长期革命战争和国防建设的实践中，创造性地把马克思列宁主义普遍原理同中国革命战争和国防、军队建设具体实践相结合，继承发展了古代、近代和现代的中外优秀军事理论，形成了内容极其丰富的毛泽东军事思想。毛泽东军事思想源于实践，指导实践，并接受了中国革命战争和国防、军队建设实践的检验；也是迄今最完整、最系统的马克思主义军事理论，不仅是我党我军的宝贵财富，而且在世界军事理论领域也占有极其重要的地位；其重大作用和影响已经远远地超出了具体的时空界限，成为世界军事理论宝库中的璀璨明珠。毛泽东军事著作，已经被几十个国家出版、学习研究和运用。不少国家，包括美国的一些军事院校，还专门规

定了学习毛泽东军事思想的内容，开设了相应的课程。第三世界中的一些国家还专门邀请我国派专家去讲授或派留学生到我国来学习毛泽东军事思想。作为毛泽东军事思想的诞生地，作为毛泽东军事思想直接指导下的人民军队，更应格外珍惜，理所当然地要把毛泽东军事思想作为必修课，更好地坚持、发展毛泽东军事思想。

(二) 毛泽东军事思想是我军克敌制胜的法宝

毛泽东军事思想，是在中国革命战争和国防建设的沃土中形成和发展起来的，是符合我国实际、最具有我军特色的军事科学。在毛泽东军事思想的指导下，我们以劣势装备战胜了拥有优势装备的敌人，取得了土地革命、抗日战争、解放战争等重大战役的胜利及新中国成立后的几次边境自卫反击战的胜利。譬如抗美援朝战争，美国动用了1/3的陆军、1/5的空军和1/2的海军，纠合了十几个国家拼凑起来的所谓联合国军，使用了除原子弹以外所有的高技术。在这场战争中，我志愿军在毛泽东军事思想指导下，从我军实际出发，实施正确的战略指导，运用灵活机动的战略战术，以劣势装备战胜了拥有优势装备的敌人，迫使美军到板门店谈判，使其不得不低头在停战协定上签字。事实雄辩地证明，毛泽东军事思想最适合我国国情和军情，具有自己的特色，不仅适用于技术落后的昨天，而且适用于技术进步的今天和明天。其精髓，就是一切从实际出发，实事求是地研究指导战争。不仅揭示了中国革命战争的特殊规律，也反映了战争的普遍规律，尤其是以弱胜强、以劣胜优更显示了巨大威力。我军抗美援朝战争的胜利，伊军海湾战争中的失败，正、反两方面的经验证明，毛泽东军事思想的基本原理原则，在现代条件下仍是克敌制胜的法宝。

(三) 毛泽东军事思想是中国革命胜利和国防现代化建设的理论指南

毛泽东军事思想的基本原理原则，不仅在以往战争年代是指导我们战胜国内外强大敌人的锐利武器，而且在新时期仍是国防、军队建设和夺取未来战争胜利的指南。毛泽东一贯重视军队和国防建设，从建军开始，就给我军明确规定了宗旨、原则、纪律、任务和要求；抗日战争初期，就提出了抗日救国十大纲领、国防精神总动员、全国人民总动员和武装起来参加抗战等国防建设思想。新中国成立后，根据我党在新的历史阶段的总任务，提出了国防建设一系列方针、原则；当前，我国、我军建设的具体环境条件虽然发生了一些变化，但仍然离不开毛泽东军事思想的指导。新时期坚持毛泽东军事思想，就必须继续加强我国的国防现代化及我军的现代化建设，在党的绝对领导下，从我国实际出发，既要重视发展武器装备，又要坚持发扬我军克敌制胜的优良传统，反对在战争问题上的机械论和"唯武器论"；同时培养国防、军事人才，提高人的素质，立足于以现有装备战胜优势装备之敌；把坚持毛泽东军事思想同现代武器装备和现代军事人才等有机结合起来。这就是我国现代国防和军队建设所具有的中国特色。

★ 第三节 邓小平新时期军队建设思想 ★

邓小平新时期军队建设思想，是邓小平在中国社会主义建设的新的历史时期，关于军队建设及有关军事问题的科学理论体系。它是马克思主义军事理论与当代中国实际和时代特征相结合的历史产物，是新的历史条件下对毛泽东军事思想的创造性运用和发展，也是邓小平理论的重要组成部分。邓小平新时期军队建设思想不仅揭示了我国新时期军队和国防建设及军事斗争准备的基本规律，而且提供了正确认识和解决当代军事问题的立场、观点和方法，是新时期军队和国防建设的根本依据和指导方针。

一、邓小平新时期军队建设思想的主要内容

邓小平新时期军队建设思想是新的历史条件下党和国家及其军队在军事领域实践经验的科学总结，系统回答了军队和国防建设的一系列重大问题，反映了新时期军队建设和军事斗争的基本规律，有着十分丰富的内容，构成了一个有着内在联系和逻辑结构的理论体系。邓小平新时期军队建设思想可分为三个有机联系的部分：当代战争与和平理论、新时期军事战略理论、新时期军队和国防建设理论。

（一）当代战争与和平理论

1. 和平与发展是当代的主题

邓小平科学分析世界战略形势这一变化的本质特征，科学提出和平与发展是当代世界两大主题的论断。我国是世界上最大的发展中国家，在建设有中国特色社会主义的进程中，唯一可能改变我国发展战略和社会发展的外部威胁就是世界大战。因此，要从战略的高度思考国家和军队的未来，邓小平最关注的是世界性战争。他明确提出："战争的危险仍然存在，但是可以争取相当长一段时间的和平。如果世界和平的力量发展起来，第三世界国家发展起来，可以避免世界大战。"[1]邓小平虽然指出世界大战可以避免，但他从不认为和平问题在当今世界已经解决，并指出小规模战争和局部战争还可能会加剧，战争的危险依然存在。

社会主义的根本任务是解放和发展生产力，发展是社会主义的本质要求，也是中国摆脱贫穷落后的客观要求。中国的发展不仅是世界和平力量的发展，制约战争力量的发展，而且随着经济实力的增强，中国对世界经济发展将作出更大的贡献。和平与发展是当今世界各国人民的共同愿望，也是我国人民在新的历史条件下的根本利益所在。我国是社会主义国家，又是最大的发展中国家，在和平的环境中促进我国经济持续稳定的发展，对我们的国家和民族无比重要。在错综复杂的国际斗争中，我们高举和平与发展的时代旗帜，努力实现中国的社会主义现代化，包括军队和国防现代化，把我国人民的根本利益与世界人民的根本利益联结起来，汇成一股新的时代潮流，共同推动当今世界朝着有利于人民、有利于世界进步的方向发展，为世界和平与发展作出应有的贡献。

2. 局部战争是当代战争的主要形式

局部战争理论是邓小平战争与和平思想的重要内容。在局部战争以新的面貌登上战争舞台并成为主要战争形式的时代里，认真探讨邓小平有关局部战争的起因特点、发展规律及结局等方面的论述，对于我们建立起具有中国特色的局部战争理论体系、确立对付局部战争的对策及牢牢把握未来局部战争的主动权，具有十分重大的现实意义。

局部战争是指在一定的地区内，使用一定的武装力量进行的战争。第二次世界大战结束后，各国都不同程度地需要恢复战争的创伤，两大阵营势均力敌，尚未完成大战的准备，加之核武器的毁灭和威慑作用，世界战争表现为世界大战阴影下的局部战争。20世纪70年代以来，和平与发展成为世界的主题，各国之间的较量主要表现为以经济和科学技术为核心的综合国力的较量，制约战争的因素进一步发展，局部战争开始走出世界大战的阴影，日益朝着可控化方向发展。同时，随着高新技术在局部战争的广泛应用，作战力量在高质量武器装备的支撑下，在精确的时间与地点精确地使用战斗力量，精确地控制打击力度，精确地评估打击效果，大大减少了战争的伤亡与附带损失，使战争的可控性进一步增强，有效地防止了战

---

[1] 邓小平. 邓小平文选：第3卷 [M]. 北京：人民出版社，1993：249.

争范围的扩大，使战争更好地为政治服务。第二次世界大战以来，世界战略格局的演变和科学技术的发展，为局部战争提供了主观和客观基础，从而使其逐步成为当代人类战争的主要形式。

3. 霸权主义是当代战争的主要根源

邓小平经过多年的观察思考，对当代战争根源问题做出了科学的回答。他指出，战争是同霸权主义联系在一起的。1985年3月，他在会见日本商工会议所访华团时明确指出："霸权主义是战争的根源。"[1]邓小平把战争根源同霸权主义相联系，并进一步将霸权主义区分为大霸权主义和小霸权主义，认为大霸权主义争夺会导致世界大战，小霸权主义争夺会引发局部战争；帝国主义国家搞霸权会引发战争，社会主义国家搞霸权也会引发战争。

邓小平指出，霸权主义和强权政治的存在，始终是解决世界和平与发展问题的主要障碍；霸权主义是当代战争的根源。邓小平对现代战争根源的揭示，丰富和发展了马克思主义的战争观。

4. 提出用和平的方式解决国际争端的新思路

邓小平根据时代条件和国际斗争形势的变化，提出在新形势下，为了维护世界和平，应当慎用暴力方式解决国家间的利益矛盾和冲突。他认为，消除世界上的热点最好用政治的方式，即和平的方式解决国际争端。这种"以和抑战"的新思路，丰富和发展了马克思主义"以战止战""以战灭战"的理论学说。

（二）新时期军事战略理论

在新的历史条件下，邓小平创造性地继承和发展了毛泽东积极防御战略思想，根据国际战略格局的变化和对战争与和平新形势的判断，预见现代战争发生、发展的特点，紧密结合我国军事斗争的实际，逐步形成了独具特色的适应新时期军事战略指导需求的军事战略理论，其主要内容包括：实行积极防御的军事战略方针，坚持现代条件下的人民战争，立足于以劣势装备战胜优势装备之敌。

1. 实行积极防御的军事战略方针

20世纪80年代以后，面对新的国际国内形势，对国际军事战略形势作出了科学判断，提出了积极防御战略方针仍然是贯穿我军作战和建设始末的根本方针。要重视充分的战事准备；战略上实行后发制人；坚持防御中有进攻；强调用劣势装备打败拥有优势装备的敌人。新时期贯彻积极防御战略方针的基本原则：要以国家利益为最高准则；以遏制战争、维护和平为首要目标；以毛泽东军事思想为指导；军事战略服从服务于国家发展战略；要立足于打赢高技术条件下的局部战争；实施灵活正确的战略指导。

2. 坚持现代条件下的人民战争

人民战争思想具有强大的生命力，其中的基本原理不会过时，只要战争存在，它就会有长期稳定的指导作用。面对现代战争，特别是高技术条件下局部战争的威胁，人民战争是否还能克敌制胜，邓小平告诉我们，现代条件下的人民战争仍然是我们克敌制胜的法宝，就是我们军队现代化了，还是要坚持人民战争，充分做好现代条件下人民战争的准备。一是要深入研究国际战略形势的变化及其对现代战争的影响；二是要深入研究高技术武器装备运用于战场所产生的影响，尤其要重视对战法问题的研究；三是要深入研究现代条件下人民战争对军队建设的新要求。加强综合国力，为实施现代条件下人民战争打下坚实的物质基础。加强国防现代化建设，为实施人民战争创造必要条件。邓小平在论述如何打赢现代条件下人民战

---

[1] 邓小平. 邓小平文选：第3卷 [M]. 北京：人民出版社，1993：104.

争的问题时，着重强调加强国防现代化建设。首先是强调大力发展国防科技工业。其次是重视抓好全民国防教育。邓小平十分关心国防教育，始终把国防教育作为加强国防建设、进行人民战争准备的基础工程来抓。同时，邓小平十分强调要大力宣传现代条件下的人民战争知识和现代条件下进行人民战争的重大意义、方式和方法，坚定了军民以人民战争夺取未来反侵略战争胜利的信心。

3. 立足于以劣势装备战胜优势装备之敌

以劣胜优既是我军的优良传统，又是我军必须面对的客观现实。目前，我军武器装备的现代化水平与世界先进水平相比还存在一些差距；但是，武器装备现代化取决于国家经济建设和科学技术的发展状况，有一个时间和过程。我们努力改善武器装备，为以劣胜优创造必要条件。高技术的广泛应用，使得武器装备在质量和性能上都有了大幅的提升，武器装备在战争中的作用也越来越重要，但任何武器还都要人来操纵、控制和运用。在人和武器的辩证关系中，人始终是决定性因素。我军以劣胜优的实质就是充分发挥人的优势，以人的优势弥补武器装备的不足。

高技术条件下的局部战争不但是高技术武器装备的对抗，还是军事人才和军人素质的较量。学习与掌握现代科技知识和现代战争知识，是我们在现代条件下的人民战争中充分发挥人的主观能动性的前提。只有掌握驾驭现代战争的知识，才能适应变化多端的高技术战争，掌握战场主动权，战胜拥有优势装备的强敌。

（三）新时期军队和国防建设理论

1. 军队和国防建设指导思想实行战略性转变

我国军队和国防建设指导思想的战略性转变是新时期我国对战争环境、战争样式及如何在和平时期进行军队建设的新认识，是一个关系到军队和国防建设全局的、长远的、战略性的转变，有着极为丰富的内容。

2. 军队建设要服从国家经济建设大局

和平时期必须把经济建设置于全党和全国工作的中心地位。社会主义国家的根本任务是进行经济建设，提高社会生产力。但新中国成立后的较长一段时间内，受"左"倾思想的影响和对国际形势过于严峻的判断，使军队建设和国防建设始终处于临战状态，严重干扰了经济建设的顺利进行。党的十一届三中全会决定把党和国家工作重心转移到经济建设上来，使我国社会主义现代化建设步入正轨。以经济建设为中心，把经济建设作为国家建设的大局，是邓小平科学判断国际形势得出的结论。这种分析和论断，不仅纠正了长期以来世界战争"不可避免"的认识，而且为全党把工作重心转移到经济建设、确立国防和军队建设要服从国家经济建设大局的指导思想提供了理论依据。所以，在没有世界性战争威胁的情况下，国家的大局和工作中心只能是经济建设。

3. 建设一支强大的现代化、正规化的革命军队

1981年9月19日，邓小平在华北某地检阅军事演习部队时的讲话中，发出了建设强大的现代化、正规化、革命化（以下简称"三化"）军队的号召，明确地提出了新时期军队建设的总目标，规定了建设的任务和途径。"三化"的三个方面相互联系、互相促进，是有机统一的整体。革命化体现我军的性质，是我军的政治优势，是我军具有强大生命力的源泉，也是我军区别于一切资本主义国家军队的本质特征。革命化是现代化、正规化建设的灵魂，为现代化、正规化建设规定正确的政治方向，提供强大的精神动力，使我军广大官兵具有坚定的政治信仰和强烈的事业心。现代化是世界军事发展的必然趋势，是各国军队加强质量建设的必然要求，也是解决我军建设主要矛盾、适应现代战争要求、提高现代技术，特别是高技术条件下作战能力的关键所在,同时是保证国家安全、保卫社会主义现代化建设的必要条件。正规化是我军建设的重要内容,只有坚持依法治军、从严治军的根本方针,建立健全各项制度,不断提高科学管理水平,才能使我军建设逐步走上制度化、法制化的发展道路,为革命化、现代化提供强有力的制度保证。

4. 注重质量建设,走有中国特色的精兵之路

注重质量建设,走精兵之路,是解决我军建设主要矛盾,加速现代化建设的需要。我军建设的主要矛盾是现代化水平较低与现代战争的要求不相适应。军队质量建设是军队现代化的集中表现,也是加速现代化建设的需要。几十年来,我军的现代化建设取得了巨大成就,但与世界军事强国相比仍有很大差距,这个差距主要表现在军队的质量不高、武器装备落后、军队规模庞大、体制编制不合理、人员科学文化素质偏低、组织和指挥现代战争的能力较弱等方面,这些都是制约军队质量建设的主要因素。如果不及时解决军队质量建设问题,不但军队现代化难以顺利推进,而且直接影响我军"三化"的总体建设。军队的质量不高,还直接制约战斗力的生成和发挥,特别是在未来高技术局部战争中,战争的形式已发生了巨大变化,如果不掌握现代高新技术,没有强有力的物质技术支撑,没有科学合理编制体制的保证,军队就难以形成战斗力,更不能有效地发挥战斗力,也无法与敌人抗衡。所以,根据我国仍处在社会主义初级阶段的实际情况,解决这个问题的有效途径就是实行精兵政策。

军队的数量和质量之间存在相互补充的关系。一般来讲,提高军队战斗力的途径有两种:一是提高质量;二是增加数量。在一定数量规模的前提下,提高质量可以提高战斗力;在一定质量水平的前提下,增加数量也可以提高军队战斗力。当军队的质量水平处于相对劣势时,增加人员数量可以在一定程度上弥补质量的差距,但是在现代战争中,军队的质量决定着战斗力的强弱和战争的胜负,而且,武器装备质量上的"隔代差"很难用武器装备的数量来弥补。也就是说,如果技术水平相去甚远,单纯用增加数量的办法,难以弥补质量上的差距。注重质量建设,是当今世界各国军队建设的一个主要趋势。所以,目前世界各主要国家的军队都在减少数量,提高质量,加速促进军队建设由数量规模型向质量效能型、人力密集型向技术密集型转变。

5. 把教育训练提高到战略地位

相对和平时期,要提高军队的军事、政治和科学文化素质,提高部队的战斗力,主要靠严格的教育训练。在新的历史条件下,邓小平继承和发展毛泽东关于军队教育训练的思想,把教育训练提高到战略地位,作为新时期军队建设的中心环节,对于加强军队的质量建设,有着十分重要的作用。

6. 依靠全国人民建设和巩固国防

当前,我国所处的长期相对和平的国际国内环境,有利于经济建设的顺利进行和社会的平稳发展,但也容易淡化国防观念,甚至产生和平麻痹思想。因此,深入持久地开展全民国防教育,增强国民的国防观念是加强国防建设的重要举措之一。

新时期的国防教育,实质就是爱国主义和革命英雄主义教育,是民族精神和民族气节教育,是在全体人民中唤起国家主人翁的责任感、使命感的教育。坚持全民办国防的方针,还需要建设强大的国防后备力量。常备军和后备军是构成现代国防的两大基本要素。常备军是骨干,后备力量是基础。没有常备军的国防或者没有后备力量的国防,都不是完整的国防,都不算强大的国防。新时期,邓小平关于国防建设的重要思想之一,就是实行国防建设指导思想的战略性转变,在武装力量建设上,实行精干的常备军与强大的后备力量相结合。对于后备力量建设,又提出在实行民兵制度与预备役制度相结合的基础上,组建预备役部队。他明确提出把民兵建设提高到战略地位，组建预备役部队是个好办法。事实证明，建立强大的国防后备力量是一个非常正确的决策，它符合当今世界国防发展战略的大趋势，符合我国的国情和军情，反映了和平时期国防建设的客观规律。

二、邓小平新时期军队建设思想的地位和作用

邓小平新时期军队建设思想源于实践，高于实践，对于指导新时期我国的国防和军队建设及未来作战的实践，都具有十分重要的现实意义和历史意义。

（一）邓小平新时期军队建设思想是新时期继承和发展毛泽东军事思想的典范

在新的历史条件下，邓小平新时期军队建设思想为毛泽东军事思想作出了历史性的贡献。邓小平作为我党第二代领导集体的核心和我军统帅，不仅是毛泽东军事思想的创建者之一，也是毛泽东军事思想在新的历史条件下的主要坚持者和发展者。

首先，强调要坚持和发展毛泽东军事思想，必须采取正确的态度，反对错误的态度。邓小平自觉抵制和批判了对待毛泽东军事思想的错误态度，对否认发展的"顶峰论"、不允许发展的"凡是论"和反对发展的"过时论"进行了严肃的纠正和批评。他把毛泽东军事思想看作一个科学体系，强调在新的历史条件下运用毛泽东军事思想，必须在坚持中发展，在发展中坚持。离开了坚持不是真正的发展，而离开发展也就谈不上真正的坚持。任何把二者对立起来的思想和做法都是错误的。

其次，强调要坚持和发展毛泽东军事思想，必须完整准确地理解毛泽东军事思想科学体系。邓小平多次指出，毛泽东军事思想的科学体系包含具有普遍意义的基本原理部分及针对当时具体实践问题而作出的个别结论部分。完整准确地理解毛泽东军事思想，必须通过对不同时期历史环境的分析来研究毛泽东军事思想的形成及其发展，深刻理解其普遍原理及个别结论的精神实质，绝对不能把一些个别结论当作普遍真理，不能不问时间、地点、条件照搬照套，才能避免割裂和损害毛泽东军事思想，才能有助于运用毛泽东军事思想的基本原理来指导新时期的军事实践。

最后，强调要坚持和发展毛泽东军事思想，必须运用毛泽东军事思想的立场、观点和方法。邓小平在实践中，不断认识新情况和解决新问题，主要是依据和运用毛泽东军事思想的立场、观点和方法，特别是毛泽东军事思想的认识论、方法论，来认识和把握新时期军队建设全局及其发展。为此，邓小平新时期军队建设思想，是新时期继承和发展毛泽东军事思想的典范，或者说，是新时期发展了的毛泽东军事思想。

（二）邓小平新时期军队建设思想是新时期我军军事理论的集中体现

在新的历史条件下，我军建设和军事斗争出现了许多新情况、新问题，照搬过去的经验是难以解决的，必须有我们自己的军事理论和指导方针。新时期我军的军事实践是邓小平新时期军队建设思想产生的客观基础，而以邓小平为核心的第二代党中央、中央军委对毛泽东军事思想的深刻理解，对中国国情、军情的熟悉和研究，对新时期军事问题的深邃认识，特别是邓小平个人的知识、经历和智慧，则是邓小平新时期军队建设思想产生的主观因素。邓小平指出，真正的马克思列宁主义者必须根据现在的情况，认识、继承和发展马列主义，否则不是真正的马列主义者。

新时期我军军事理论的发展，源于新时期我军军事实践的需要与发展，是时代的需要，是在新的历史条件下尊重军队建设规律，发展新的军事理论的创造。邓小平继承和发展了毛泽东军事思想，比较系统地回答了在当代中国如何建设一支现代化革命军队的重大问题，提出了新时期我军建设中一系列的重大方针和原则，形成了新时期我军军事理论的主体。

(三) 邓小平新时期军队建设思想是新时期我军建设的强大思想武器

伟大的实践需要科学理论的指导，科学的理论只有在指导实践中才能发挥巨大的作用。应该说，在新的历史条件下，坚持运用科学的军事理论去指导新时期的军事实践，不仅关系到军队建设和国防建设的前途和命运，而且关系到整个国家的盛衰和兴亡。虽然我军与过去相比有了令人瞩目的变化，但能否逐步实现现代化、正规化革命军队的目标，需要我们不断地实践和探索。邓小平新时期军队建设思想为我们完成这个伟大的实践和探索提供了世界观和方法论的指导，它将有效地保证我军沿着健康发展的轨道前进，使我军战斗力的提高与社会主义国家现代化的进程同步发展。

在新的历史条件下，认真学习、研究和运用邓小平新时期军队建设思想，是摆在我们面前的一项重要而紧迫的任务。必须用邓小平新时期军队建设思想的理论来武装全军，使之成为新时期我军建设的强大思想武器。

★ 第四节 江泽民国防和军队建设思想 ★

江泽民国防和军队建设思想，是江泽民关于中国国防和军队建设等问题的系统理性认识，是对毛泽东军事思想和邓小平新时期军队建设思想的继承和发展，是指导新时期中国国防和军队建设的根本依据。党的十三届四中全会以来，以江泽民同志为主要代表的中国共产党人，在推进中国特色社会主义事业的历史进程中，高举邓小平理论伟大旗帜，坚持党的思想路线，解放思想、实事求是、与时俱进，正确把握当代世界和中国的发展变化，创立了"三个代表"重要思想，开辟了马克思主义发展的新境界。江泽民同志在领导我国国防和军队建设的实践中，始终坚持运用"三个代表"重要思想所贯穿的科学世界观和方法论，思考新的历史条件下建设什么样的军队、怎样建设军队，未来打什么样的仗、怎样打仗的问题；围绕解决打得赢、不变质两个历史性课题，创新和发展党的军事指导理论，形成了江泽民国防和军队建设思想。江泽民国防和军队建设思想，是"三个代表"重要思想的重要组成部分，是新形势下推进国防和军队建设的强大思想武器和科学指南。

一、江泽民国防和军队建设思想的主要内容

(一) 正确把握国际和国内形势，谋划国防和军队建设

"和平与发展仍然是时代的主题，但天下并不太平"。[①]随着冷战结束和两极格局的终结，世界各种力量重新分化组合，国际社会各种矛盾日趋凸显，整个世界处于深刻的变动之中。江泽民指出，世界并不太平，导致武装冲突和引发战争的不合理的政治、经济旧秩序还没有根本改变，作为现代战争根源的"霸权主义和强权政治依然存在，领土、民族、宗教矛盾错综复杂，世界一些地区发生局部战争和武装冲突不可避免"。[②]在国际战略格局发生重大转折的同时，国际共产主义运动遇到了重大挫折，苏联解体、东欧剧变，社会主义理论和实践在世界范围内遇到严峻挑战。江泽民经过冷静观察和深刻分析，对国际战略格局的发展变化作

---

① 江泽民. 在中央民族工作会议暨国务院第三次全国民族团结进步表彰大会上的讲话 [N]. 人民日报，1999-09-30 (1).
② 江泽民. 江泽民文选：第2卷 [M]. 北京：人民出版社，2006：273.

出科学判断:"总体和平、局部战乱,总体缓和、局部紧张,总体稳定、局部动荡,是当前和今后一个时期国际局势的基本态势。"①

江泽民说:"我们坚决维护祖国统一和领土主权完整,对战争的危险必须保持充分的警惕,决不能有任何麻痹思想。"②江泽民正是根据国家安全形势,特别是台海形势出现的一系列新变化,多次阐明了军事斗争准备的重大意义,强调要在加强军队机械化建设的同时,加快信息化建设,努力实现军队现代化建设的跨越式发展。

维护国家安全,保障国家发展利益,必须提高国家战略能力,这是江泽民同志提出的一个重要的国家安全战略思想。国家战略能力,是指国家在非战争状态下,营造和形成有利的安全战略态势的能力,也是指国家在战争状态下,进行战争、赢得战争的能力。从维护国家安全的角度来讲,国家的综合国力也就是国家战略能力,主要包括经济实力、国防实力和民族凝聚力。提高国家战略能力,必须在集中力量加快发展经济的基础上,进一步增强国防实力。

(二)把思想政治建设摆在全军各项建设的首位,把党对军队的绝对领导作为我军永远不变的军魂

江泽民同志在党的十六大报告中指出:"始终把思想政治建设摆在军队各项建设的首位,永葆人民军队的性质、本色和作风。党对军队的绝对领导是我军永远不变的军魂,要毫不动摇地坚持党领导人民军队的根本原则和制度。"

中国共产党在中国人民解放军中的政治工作是我军的生命线。人民解放军建军90多年来的实践充分证明,这条"生命线"如何,即政治工作的地位、作用如何,做得如何,直接关系着人民军队的兴亡盛衰。江泽民担任中共中央总书记和中央军委主席期间,高度重视这条"生命线",并提出了"思想政治建设"这一科学概念,他指出:"搞好军队的思想政治建设,是搞好军事训练、后勤保障以至整个军队现代化建设的重要基础。思想政治建设是革命化建设的核心,是引导全军干部战士拒腐蚀、永不沾,永葆人民军队革命本色的可靠保证。所以,我们必须高度重视军队的思想政治建设,必须把它摆在全军各项建设的首位"。③

思想政治建设是革命化建设的核心,是政治工作最本质的部分,它直接保证党对军队的绝对领导,保证党的路线方针政策在军队的贯彻落实。因此,思想政治建设也是我军现代化和正规化的灵魂。正是在这个意义上,江泽民一再强调,思想政治工作这一法宝什么时候也不能丢,无论是平时部队建设还是应对未来可能发生的现代技术,特别是高技术条件下的局部战争,都离不开强有力的思想政治工作。我们要在继承优良传统的基础上,大力加强我军的思想政治建设。

(三)用新时期军事战略方针统揽军队建设全局,解决好两个历史性课题

1. 新时期军事战略方针是对我军传统积极防御思想的继承和发展

江泽民强调,军事战略归根结底是治国之道,是指导军事斗争实施和军事力量建设的根本方针。积极防御战略方针是我们党和国家一贯坚持的正确的军事战略方针。

积极防御战略方针具有十分丰富的内容,其最根本的思想在于:巩固国防,抵抗侵略,保卫祖国,保卫人民的和平劳动,为国家改革开放和社会主义现代化建设提供坚强有力的安全保证。根据当代战争形态的演进,江泽民指出,高技术战争本质上就是信息化战争,强调

---

① 江泽民.江泽民文选:第3卷[M].北京:人民出版社,2006:373.
② 江泽民.江泽民文选:第2卷[M].北京:人民出版社,2006:273.
③ 江泽民.必须把思想政治建设摆在全军各项建设的首位[M]//中共中央文献研究室.十四大以来重要文献选编(中).北京:人民出版社,1997:1122.

要把军事斗争准备基点由准备应对工业时代的战争转到准备应对信息时代的战争上来,在军事战略指导上,把提高信息化作战能力摆到更加突出的位置。这就适时赋予了新时期军事战略方针新的内容,即要根据信息化战争的特点来研究军事斗争准备的基点问题和战略指导的根本原则,增强了国防和军队建设的现实针对性。

2. 新时期军事战略方针是党和国家运筹和指导军事斗争准备的总方略

军事战略的主要内容,就是解决打什么样的仗、怎样打仗的问题,确立军事斗争准备的基点。因此,以新时期军事战略方针指导和统揽军队建设全局,必须紧紧抓住我军的现代化水平与打赢高技术战争的要求不相适应这个主要矛盾。着力解决增强我军高技术条件下防卫作战能力的关键性问题,把增强现代技术,特别是高技术条件下的防卫作战能力作为军队建设和一切工作的中心任务。

江泽民指出,筹划国防和军队现代化建设,总的原则是"整体谋求适度发展,局部争取大幅跃升"。①贯彻这个总的原则,以新时期军事战略方针指导和统揽全局,就是要抓住军事斗争准备这个最现实、最紧迫的任务。以军事斗争准备为龙头,牵引和带动国防和军队现代化建设的整体推进。抓住了它,就抓住了重点,抓住了军队现代化建设的龙头。

3. 贯彻新时期军事战略方针的根本目的是解决打得赢、不变质两个历史性课题

江泽民立足新的历史条件,把解决好打得赢、不变质两个历史性课题郑重提到全军面前。他指出:"对于新时期的军队建设,有两个最重要的问题是我始终关注的:一个是在复杂的国际环境中,我军能不能跟上世界军事发展的趋势,打赢未来可能发生的高技术战争;一个是在对外开放和发展社会主义市场经济的条件下,我军能不能保持人民军队的性质、本色、作风,始终成为党绝对领导下的革命军队。"②他多次强调,打赢未来高技术战争,保持人民军队性质、本色、作风,这是党中央、中央军委对新形势下军队建设最为关注的两个重大课题。两个历史性课题的提出,是对新时期我军建设主要矛盾和任务的深刻洞察和准确把握,抓住了军队建设根本性和全局性的问题,确立了新时期军队建设的大思路。

江泽民强调,解决好打得赢、不变质这两个历史性课题,是我军对党、对国家、对民族的庄严使命和历史责任,既具有现实的紧迫性,又是长期的历史任务。以新时期军事战略方针指导和统揽全局,要求不断探索新形势下治军的特点和规律,军事斗争准备的特点和规律,国防建设的特点和规律,从根本上解决好打得赢、不变质两个历史性课题。

(四)积极推进中国特色的军事变革

中国特色的军事变革,就是适应世界新军事变革发展趋势,从我国的国情和军情出发,走以信息化带动机械化、以机械化促进信息化的跨越式发展道路;通过深化改革,实现军队建设的整体转型,建设一支能够打赢未来信息化战争的强大的现代化、正规化革命军队。推进中国特色的军事变革,是一场深刻的革命,是实现军队建设总目标,是解决好打得赢、不变质两个历史性课题的必由之路。

(五)按照"五句话"总要求,全面加强军队建设

在新的历史条件下,如何实现邓小平同志提出的建设一支强大的现代化、正规化、革命化军队这个总目标,是一个全局性、战略性的问题。江泽民同志根据军队革命化、现代化、正规化建设的新的实践,在1990年12月召开的全军军事工作会议上提出,全军部队要做到"政治合格、军事过硬、作风优良、纪律严明、保障有力"。"五句话"的总要求涵盖了新形

---

① 江泽民.江泽民文选:第2卷[M].北京:人民出版社,2006:474.
② 江泽民.江泽民文选:第2卷[M].北京:人民出版社,2006:90.

势下军队建设的基本内容,是对当前和今后军队建设提出的一个全面建设纲领。它科学地概括了构成我军战斗力的基本内容,揭示了军队建设各个方面紧密联系、相辅相成的辩证统一关系,从认识论和方法论的高度确立了军队全面建设的指导思想,对于部队建设的协调发展、整体推进、全面进步具有重要的指导意义。"五句话"的总要求,集中体现了党的第三代领导集体在新形势下的建军思想和治军方略,为新形势下加强国防与军队现代化建设指明了方向。新的历史条件下,全军,特别是各级领导机关、领导干部,要按照"五句话"的总要求规划和指导部队建设、部署和开展工作,以全面提高部队建设水平。

江泽民同志提出的"政治合格、军事过硬、作风优良、纪律严明、保障有力",概括了军队建设的主要方面,规定了军队建设的方向。"五句话"的总要求既规定了军队建设的方向,又明确了军队质量建设的标准,是搞好我军革命化、现代化、正规化建设的基本依据,是军队建设总目标的具体化和规范化。

(六)确立科技强军思想,走中国特色的精兵之路

江泽民同志指出,在新的历史时期,为了适应新的形势和任务的需要,必须大力加强军队建设,强调加强质量建设,走中国特色的精兵之路,增强防卫作战能力。其中,加强质量建设的关键,是实施科技强军战略。这一重要指示,既符合我国的客观实际,也是适应世界形势和现代局部战争发展的正确选择。坚持这个方针,既有利于促进以经济建设为中心的国家建设,也有利于促进国防和军队现代化建设。

(七)培养和造就大批高素质的新型军事人才

江泽民反复强调:"迎接世界新军事发展的挑战,关键在人才。"[1]在未来的信息化战场上,敌我双方的较量将更加突出地表现为高素质人才的较量。因此,必须把培养和造就大批高素质新型军事人才作为军队现代化建设的根本大计来抓。军队现代化建设越发展,对高素质新型军事人才需求量就越大。培养高素质新型军事人才,正是抓住了我军现代化建设的关键环节,是解决当前我军建设主要矛盾的根本途径。21世纪我军突出质量建设、科技强军,更需要大批高素质的军事人才。这是贯彻新时期军事战略方针的必然选择。江泽民同志明确指出,人才建设是我军质量建设的中心环节。实现科技强军的伟大战略,当务之急是培养多方面的人才。没有高素质的军事人才,难以形成强大的战斗力,军队现代化建设和军事斗争准备就是一句空话。

江泽民强调,必须大力加强人才队伍建设,为我军现代化建设和军事斗争准备提供强大的人才和智力支持。争取经过一二十年的努力,培养和造就一支具有战略眼光,能够把握世界军事发展趋势,懂得信息化战争指挥和信息化军队建设的指挥军官队伍;一支能够站在科学前沿,组织谋划武器装备创新发展和关键技术攻关的科学家队伍;一支精通高新武器装备性能,能够迅速排除各种故障、解决复杂难题的技术专家队伍;一支具备专业技术基础、能够熟练掌握手中武器装备的士官队伍。

(八)坚持依法、从严治军,探索新形势下军队建设的特点和规律

江泽民同志在担任中央军委主席期间,对依法从严治军极为重视,在许多讲话中都有大量关于这方面的论述。这些论述,全面深刻地阐述了依法从严治军的极端重要性,系统地指明了在新的历史条件下,应当从哪些方面和怎样依法从严治军。认真学习、全面贯彻落实江泽民的这些重要论述,对于我们探索新时期治军特点和规律,提高部队管理教育水平,促进我军全面建设,具有十分重要的指导作用。

---

[1] 江泽民.江泽民文选:第1卷[M].北京:人民出版社,2006:612.

面临新时期我军建设的新情况、新问题,军队作为高度集中统一的武装集团,一定要坚持严格训练,严格管理,培养优良的作风、严明的纪律;一定要在全国人民面前保持和发扬遵纪守法、军容严整、作风过硬的良好形象,不仅要成为威武之师,而且要成为文明之师。

(九)贯彻全民建设国防的方针,不断推进国防现代化

江泽民指出:"国防现代化是我国社会主义现代化事业的重要组成部分,一个巩固的国防是经济发展与国家安全的基本保障。"①以江泽民为核心的党的第三代领导集体,始终坚持把邓小平国防思想作为新时期国防建设的根本依据和指导思想,作为开创国防建设新局面的科学指南,坚决贯彻落实邓小平提出的新时期国防建设的一系列基本理论观点和方针原则,并结合新的形势和任务,根据国防建设发展实践的要求,做出了关于加强国防建设的一系列重要论述和重大决策,进一步丰富和发展了邓小平的国防思想。

在党的十六大报告中,他强调:"建立巩固的国防是我国现代化建设的战略任务,是维护国家安全统一和全面建设小康社会的重要保障。"为适应现代社会经济和科技发展的要求,必须"完善国防动员体制,加强民兵和预备役部队建设,发展高技术条件下人民战争的战略战术"。他还十分明确地指出:"坚持国防建设与经济建设协调发展的方针,在经济发展的基础上推进国防和军队现代化。各级党组织和政府、广大人民群众要关心、支持国防和军队建设。军队要积极支持和参加国家建设。加强国防教育,增强全民国防观念。"社会主义的国防,本质上就是人民的国防,无论是过去、现在和将来,依靠人民建设国防,都是我们必须遵循的一个根本原则。

二、江泽民国防和军队建设思想的地位和作用

江泽民国防和军队建设思想为新形势下我军进行军事斗争准备和现代化建设确定了目标,选择了道路,指明了方向,也为我军打赢未来高技术战争、捍卫国家主权和安全、维护世界和平,提供了强大的理论武器。江泽民国防和军队建设思想具有重要的历史地位。

(一)江泽民国防和军队建设思想是"三个代表"重要思想科学体系的重要组成部分

"三个代表"重要思想是涵盖经济、政治、文化、军事、外交、党的建设等各个方面的完整的科学体系,是加强和改进党的建设、推进我国社会主义自我完善和发展的强大理论武器,是党必须长期坚持的指导思想。江泽民同志在领导我国国防和军队建设的实践中,始终坚持按照"三个代表"重要思想所体现的时代性和先进性的要求,坚持运用"三个代表"重要思想所贯穿的科学世界观和方法论,围绕解决打得赢、不变质两个历史性课题,创新和发展党的军事指导理论,形成了江泽民国防和军队建设思想。江泽民国防和军队建设思想,反映和体现着"三个代表"重要思想对我国新时期军事工作的要求。作为"三个代表"重要思想的"军事篇",江泽民国防和军队建设思想是我们党和军队集体智慧的结晶,是"三个代表"重要思想科学体系的重要组成部分。

(二)江泽民国防和军队建设思想是对毛泽东军事思想、邓小平新时期军队建设思想的继承和发展

与马克思主义中国化的历史性飞跃相联系,中国共产党人在军事领域先后取得三大理论成果:毛泽东军事思想、邓小平新时期军队建设思想、江泽民国防和军队建设思想。江泽民国防和军队建设思想继承和发展了毛泽东军事思想和邓小平新时期军队建设思想,是对马克

---

① 江泽民. 江泽民文选:第2卷[M]. 北京:人民出版社,2006:274.

思主义军事理论的新发展。这是江泽民国防和军队建设思想最根本的历史地位。在根本问题和根本原则上，三代领导核心军事理论的基本精神是一致的。江泽民把马克思主义的基本立场、观点和方法运用到新时期国防和军队建设的实践之中，把我们党的军事指导理论发展到一个新的阶段，是创造性运用毛泽东军事思想、邓小平新时期军队建设思想的典范。江泽民国防和军队建设思想，来源于实践，又指导着实践，引领和推动实践不断前进，生动体现了中国共产党人立足新的实践、勇于推进理论创新的科学精神，具有鲜明的时代性。

（三）江泽民国防和军队建设思想是21世纪国防和军队建设的科学指南

江泽民国防和军队建设思想，是当代中国军事领域实践经验的科学总结，是新的历史条件下国防和军队建设基本规律的集中体现，深刻揭示了新的历史条件下国防和军队建设的基本规律，在军事领域提出了与国家现代化建设进程相适应的发展目标和步骤，指明了21世纪我军建设的方向，是我们党和军队集体智慧的结晶，是我军在新的征途上抓住机遇、应对挑战、经受考验、加快现代化建设的理论指南，是推进我国国防和军队建设的行动指南，具有重要的指导意义。坚持以江泽民国防和军队建设思想为指导，我军就能始终发扬与时俱进的精神，科学判断我军在世界军事变革进程中的历史方位，正视和解决军队建设中的矛盾和问题，努力推进理论创新、制度创新和科技创新，加强以现代化为中心的全面建设，实现革命化、现代化、正规化的全面发展。

★ 第五节　胡锦涛关于国防和军队建设的重要论述 ★

21世纪的中国社会发展进入了一个重要战略机遇期，也是中国国防和军队建设的一个重要战略机遇期。胡锦涛同志以政治家和战略家的远见卓识与战略智慧，站在时代发展的前沿，着眼国家利益和军队建设与发展的战略全局，根据军队所处的国际国内环境发生的重大变化，将时代的主题和国际战略格局的深刻变化联系起来，将国家建设和军队发展的战略全局联系起来，将国家安全和当代军事斗争的准备联系起来，针对新世纪新阶段战略环境和军事斗争准备的需求，提出了一系列的重要论述。

胡锦涛同志关于国防和军队建设的重要论述，深刻揭示了新形势下国防和军队建设的特点和规律，是科学发展观在军事领域的运用，是马克思主义军事理论在当代中国的新发展，是新世纪新阶段国防和军队建设的科学指南。

一、胡锦涛关于国防和军队建设重要论述的主要内容

（一）坚持在国防和军队建设中贯彻落实科学发展观

胡锦涛同志在中央人口资源环境工作座谈会上曾指出："科学发展观揭示的是发展的普遍规律，对全国都有重要的指导意义，各地区各部门都要认真贯彻落实。"科学发展观是推进社会主义经济建设、政治建设、文化建设全面发展的指导方针，也是加强国防和军队建设的重要指导方针。坚持在国防和军队建设中贯彻落实科学发展观，要求正确认识和把握国防建设与经济建设的关系，坚持以人为本，充分发挥广大官兵的主体作用，促进官兵素质的全面发展；按照革命化、现代化、正规化相统一的原则加强军队全面建设；统筹中国特色军事变革与军事斗争准备，统筹机械化建设与信息化建设，统筹诸军兵种作战力量建设，统筹当前建设与长远发展，统筹主要战略方向建设与其他战略方向建设，要"着力推动军事理论创

新、军事技术创新、军事组织体制创新和军事管理创新",努力实现国防和军队建设又好又快发展。

(二)履行新世纪新阶段我军历史使命

进入21世纪,中国的发展跨入了一个重要的战略机遇期。胡锦涛同志站在时代发展的前沿,着眼于国家利益和军队建设与发展的战略全局,着眼于实现党的三大历史任务,根据军队所处的国际国内环境发生的重大变化,确立了新世纪新阶段我军历史使命,指出:"我军在新世纪新阶段要肩负起光荣而艰巨的历史使命,为党巩固执政地位提供重要的力量保证,为维护国家发展的重要战略机遇期提供坚强的安全保障,为维护国家利益提供有力的战略支撑,为维护世界和平与促进共同发展发挥重要作用。"①深刻认识和准确把握新世纪新阶段我军肩负的历史使命,全面理解它的基本内容和精神实质,切实按照履行使命所提出的新要求加强军队建设,对于积极推进中国特色的军事变革、建设信息化军队、打赢信息化战争具有重大的战略意义。

(三)坚持党对军队的绝对领导是军队建设和发展的首要问题

胡锦涛同志主持军委工作以来,根据新世纪新阶段我军建设面临的新情况和新问题,始终把坚持党对军队的绝对领导作为军队建设和发展的首要问题,予以高度关注,多次进行强调。2004年9月20日,他在中央军委扩大会议上明确指出:"坚持党对军队的绝对领导,是我军建设和发展的首要问题。我们对这个问题要始终关注、抓住不放,任何时候任何情况下都绝不能有丝毫含糊和动摇。"2005年3月13日,他在十届全国人大三次会议解放军代表团全体会议上再次强调:"始终不渝地坚持党对军队的绝对领导的根本原则和制度,确保党从思想上、政治上、组织上牢牢掌握部队,确保全军听从党中央和中央军委的指挥。"胡锦涛同志的重要论述,是对我军建军根本原则的继承、丰富和发展,是贯穿胡锦涛关于国防和军队建设重要论述的灵魂和主线。学习和研究胡锦涛关于国防和军队建设重要论述,就是要抓住坚持党对军队绝对领导这一我军建设和发展的首要问题,进一步铸造党对军队绝对领导的军魂意识,确保全军官兵坚决听从党中央、中央军委和胡锦涛同志的指挥,坚持把思想政治建设摆在首位,坚持不懈地用党的创新理论武装全军,坚决完成新世纪新阶段党和人民赋予我军的神圣历史使命。

(四)正确认识和把握信息化条件下我军建设的主要矛盾

胡锦涛同志明确指出:"目前,我军建设的主要矛盾是现代化水平与打赢信息化条件下局部战争的要求还不相适应,军事能力与履行新世纪新阶段我军历史使命的要求还不相适应。"②胡锦涛同志的重要论述,从未来战争的发展趋势及履行新世纪新阶段我军历史使命的需求两个角度,深刻揭示了当前及今后制约我军建设与发展的主要矛盾,抓住了我军建设的重要环节,为我军建设指明了目标与发展方向。

我军建设的主要矛盾,需要我们用科学的发展思路、科学的发展模式、科学的发展方法来认真加以解决。胡锦涛同志的重要论述,为把握和解决军队建设的主要矛盾提供了重要的理论和科学的思维方法。要求我们全面、深入、系统地研究军队建设的阶段性特点,把军队建设的基础和现状搞清楚,把影响和制约军队建设的重点难点问题搞清楚,把军队建设的发展方向和主要任务搞清楚,不断深化对军队建设的规律性认识,正确解决军队建设发展中深

---

① 胡锦涛.我军在新世纪新阶段的历史使命[M]//胡锦涛.胡锦涛文选:第2卷.北京:人民出版社,2016:256.
② 南京政治学院党的创新理论研究中心.认真学习贯彻党的军事指导理论创新成果[EB/OL].(2014-01-17)[2020-03-20]. http://theory.people.com.cn/n/2014/0117/c40531-24150087.html.

层次的矛盾和问题，把军队建设切实转入科学发展的轨道。

（五）切实加强思想政治建设，增强思想政治工作的针对性、实效性、主动性

胡锦涛同志针对新形势下我军思想政治建设面临西方敌对势力对我国推行西化、分化政治战略的严峻挑战，以及我国改革发展关键时期出现的新矛盾、新问题的复杂考验，对进一步加强思想政治建设，保持人民军队的性质、本色、作风不断巩固和提高战斗力、履行好新世纪新阶段的历史使命，更加有力、更加扎实、更加富有成效地推进思想政治建设做出了一系列新的论断。

根据新的形势任务和官兵的思想实际，要毫不动摇地把思想政治建设摆在全军各项建设的首位；要坚持用科学理论武装官兵，牢固确立马克思主义指导地位；要强化信念教育，铸牢官兵团结奋斗的共同思想基础；要深入开展党的先进性教育，大力加强军队中党的先进性建设。

（六）坚持不懈地推进中国特色军事变革

胡锦涛同志指出："积极推进中国特色军事变革，是我军现代化建设的一项战略任务，能不能胜利完成这项战略任务，关系国防和军队建设的全局，关系国家的安全统一，关系全面建设小康社会奋斗目标的实现。"[①]他要求全军，坚决贯彻党中央和中央军委关于推进中国特色军事变革的一系列战略部署，密切注视世界新军事变革的发展趋势，主动适应世界军事发展的潮流，从国情军情出发，走出一条中国特色军事变革的路子，努力夺取国际军事主动权。他多次强调，要解放思想，更新观念，以开拓创新精神推动军队改革和发展，努力发展高新技术武器装备、调整体制编制改革、培养高素质新型军事人才、创新军事理论，坚持不懈地把中国特色军事变革推向前进。

坚持不懈地把中国特色军事变革推向前进，要按照建设信息化军队、打赢信息化战争的要求，在武器装备、组织结构、作战方式、管理方式、保障方式、军事训练、人才培养和政策制度等方面，不断深化改革，创新军事理论，深入研究解决军队建设和军事斗争准备面临的重大现实问题，努力实现国防和军队现代化建设的跨越式发展。

（七）军事斗争准备是最重要、最现实、最紧迫的战略任务

胡锦涛同志于2004年9月20日在北京召开的中央军委扩大会议上强调："当前最重要、最现实、最紧迫的战略任务，就是抓紧做好军事斗争准备。"这一重要论述不仅阐明了军事斗争准备的重要意义，而且对军事斗争准备提出了更高的要求，是做好新世纪新阶段军事斗争准备的根本依据。

胡锦涛同志对做好军事斗争准备的工作提出了许多重要思想，他关于把军事斗争准备的基点放在打赢信息化条件下的局部战争上，抓好应急作战准备，做好最困难最复杂情况下进行周密筹划和准备，加强军事训练等的重要论述，是我们做好军事斗争准备的科学指南。

要把军事斗争准备作为当前我军最重要、最现实、最紧迫的战略任务。必须以临战的姿态、实战的标准、只争朝夕的精神抓好各项准备工作，着力提高我军一体化联合作战能力，增强我军应对危机、遏制战争、打赢战争的能力，确保一旦有事，能够断然出手，战则必胜。在做好物质准备的同时，大力加强战斗精神的准备。

（八）高度重视做好抓基层、打基础的工作

胡锦涛同志着眼新世纪新阶段的军队使命要求，以科学发展观为指导，对基层建设作出

---

① 建设信息化军队 七大创新推进中国军事变革［N/OL］.（2007-06-12）[2020-03-20]. http://www.china.com.cn/military/txt/2007-06/12/content-8374810.htm.

了一系列重要指示。胡锦涛同志强调，基层是部队全部工作和战斗力的基础。基础不牢，地动山摇。各级党委要高度重视做好抓基层、打基础的工作，始终把工作重心放在基层，把主要精力用在抓基层、打基础上，按照《军队基层建设纲要》，全面落实"五句话"的总要求，着眼履行新世纪新阶段我军的历史使命，提高基层战斗力建设水平，抓住基层建设的关键环节，按照先进性要求把党支部搞坚强，适应新的形势任务要求，努力建设一支高素质的基层干部队伍，发挥领导机关的指导和带动作用，提高领导机关抓基层的效能，推进基层建设的全面发展和整体提高，使基层建设全面过硬和不断地与时俱进。

胡锦涛同志的重要指示，是对毛泽东、邓小平、江泽民关于基层建设重要思想的继承和发展，深刻阐明了基层建设的地位、作用、目标任务、指导原则和基本要求，丰富了基层建设的内涵，科学揭示了基层建设的特点规律，为新形势下加强基层建设进一步指明了方向，具有很强的现实针对性和重要的指导意义。

（九）加快转变战斗力生成模式

胡锦涛同志指出：我们必须进一步实施科技强军战略，推进军队建设由数量规模型向质量效能型、由人力密集型向科技密集型的转变，把军队战斗力生成模式切实转到依靠科技进步，特别是以信息技术为主要标志的高新技术上来。这是胡锦涛同志站在世界军事发展的战略高度，洞察世界新军事变革的动向，对我军建设与发展提出的新要求，是科学发展观依靠科技进步和创新转变经济增长方式、促进经济社会发展思想在军事领域的应用。这一重要战略思想，对军队战斗力建设具有重要指导意义。在国防和军队建设领域贯彻这一思想，不断提高官兵的科技素质，就能加速提高军队战斗力、提高军队建设质量的历史进程。

（十）把从严治军作为全局性、基础性、长期性工作紧抓不放

胡锦涛同志主持中央军委工作后，针对新形势下我军的正规化建设面临的信息化和市场经济不断发展带来的深刻影响，从战略全局的高度明确提出要坚持贯彻依法治军、从严治军的方针，努力提高部队正规化建设水平。他说："要把从严治军作为全局性、基础性、长期性工作紧抓不放，在军事、政治、后勤、装备工作的各个领域加大从严治军力度。"①这些重要论述，既是对我党三代领导核心依法治军、从严治军、正规化建设思想的继承与发展，又是对新世纪新阶段我军治军规律与特点的科学总结。深入学习胡锦涛同志关于加强依法治军、从严治军的指示，对加强我军的正规化建设，促进军队战斗力的提高，具有重要的理论和现实指导意义。

要适应军队正规化发展要求，把从严治军作为全局性、基础性、长期性任务紧抓不放。坚决贯彻到军事、政治、后勤、装备建设的各个领域，贯彻到部队工作的方方面面，贯彻到战斗力建设的全过程。坚持把从严治军与依法治军有机地统一起来，以作风纪律建设为核心，以领导机关和领导干部为重点，严格按照条令条例管理部队，保持部队正规的战备秩序、训练秩序、工作秩序和生活秩序。

（十一）努力提高军队现代化建设的质量和效益

胡锦涛同志指出："科学高效的管理，对于降低军队建设成本、提高军事系统运行效率、加强部队战斗力，具有非常重要的作用。"②针对我军建设效益不高的问题，胡锦涛同志又特别强调："必须大力加强科学管理，切实转变传统的管理模式，不断提高国防和军队现代化

---

① 军队革命化、现代化、正规化建设是统一的整体，必须全面加强、协调推进 [N/OL]. (2008-02-05) [2020-03-20]. http:// news. sohu. com/20080205/n255086275. shtml.
② 编写组. 树立和落实科学发展观理论学习读本 [M]. 北京：解放军出版社，2006：51.

建设的质量和效益,走出一条投入较少、效益较高的国防和军队现代化建设路子。"①胡锦涛同志的这些重要论述,立足于信息化条件下军队建设的特点规律和我国的国情军情,对加强科学管理、提高国防和军队现代化建设的质量和效益提出了新要求,为我们在新世纪新阶段加速推进中国特色的军事变革,建设信息化军队提供了明确的思路,具有重要的现实指导意义。

(十二)加强军事训练是重要的治军方式和管理方式

胡锦涛同志于2005年4月8日在济南军区视察时发表的重要讲话中指出:"加强军事训练不仅是军事斗争准备的重要实践,也是重要的治军方式和管理方式。"这是胡锦涛同志在新世纪新阶段着眼于履行我军新的历史使命的需要,站在战略和全局的高度,深刻把握我军建设的特点和规律,提出的关于军事训练的一系列论述中的重要内容,为推进军事斗争准备和军队全面建设提供了有力指导。贯彻落实好胡锦涛同志关于把军事训练作为重要的治军方式和管理方式的重要论述,就是要充分认识加强军事训练的极端重要性,深入扎实开展军事训练,带动和促进部队全面建设。把加强军事训练作为部队重要的治军方式、管理方式。要在全军大抓军事训练,营造浓厚的练兵氛围,进一步把军事训练摆到战略地位;要适应建设信息化军队、打赢信息化战争战略目标的要求,积极推进机械化条件下军事训练向信息化条件下军事训练转变;要坚持从难、从严、从实战需要出发进行训练,摔打部队,深化科技练兵,积极探索信息化条件下部队一体化作战训练的特点和规律,提高部队信息化条件下的整体作战能力。

(十三)大力弘扬求真务实的科学精神

2005年3月13日,胡锦涛同志在十届全国人大三次会议解放军代表团全体会议上发表的讲话中指出:"求真务实是辩证唯物主义和历史唯物主义一以贯之的科学精神,是我们党的思想路线的核心内容,也是我们党和军队的优良传统。在全军大力弘扬求真务实精神、大兴求真务实之风是贯彻毛泽东军事思想、邓小平新时期军队建设思想、江泽民国防和军队建设思想的重要体现,是履行好新世纪新阶段我军历史使命、加速推进中国特色军事变革、抓紧做好军事斗争准备的迫切要求,也是按照'五句话'总要求加强部队全面建设的现实需要。我们一定要充分认识求真务实的极端重要性,把求真务实精神贯彻到军队革命化、现代化、正规化建设的全过程,体现到军队建设和改革的各项工作中去。"胡锦涛同志的这一重要论述,不仅深刻阐述了求真务实的历史地位和重要作用,而且对军队贯彻求真务实的必要性、重要性和紧迫性提出了要求,为我们在军队建设中大力弘扬求真务实的科学精神和作风,推动军队建设又快又好发展,提供了思路,明确了方向。

大力弘扬求真务实的科学精神,要求坚持求真务实,必须坚持理论和实践的统一,坚持认识世界和改造世界的统一,提倡重实际、干实事、求实效,坚决克服形式主义、官僚主义,坚持正确的政绩观,把是否有利于部队建设的发展进步、是否有利于部队战斗力的提高、是否有利于解决官兵实际问题作为衡量领导政绩、考察干部的基本尺度,坚持科学决策、民主决策、依法决策,提高各级领导干部求真务实的能力。

二、胡锦涛关于国防和军队建设重要论述的地位和作用

胡锦涛关于国防和军队建设的重要论述,与毛泽东军事思想、邓小平新时期军队建设思想、江泽民国防和军队建设思想既一脉相承,又与时俱进,创造性地开拓了马克思主义军事

---

① 坚持在国防和军队建设中贯彻落实科学发展观 [N/OL]. (2005-04-18)[2020-03-20]. http://news.sohu.com/20050418/n225224819.shtml.

理论发展的新境界。它凝聚了新时期我国国防和军队建设实践经验的精华，是建设现代化国防和现代化、正规化革命军队，以及全面加强新时期军事斗争准备的科学指南。对于保障国家经济社会发展，实现全面建设小康社会目标，推进中国特色军事变革，实现机械化向信息化转型，建设信息化军队，打赢信息化战争，都具有重大的战略意义。

（一）是正确认识和把握新世纪新阶段国防和军队建设规律的强大思想武器

20世纪70年代以来，随着以信息技术为核心的高技术的迅猛发展和广泛应用，军事领域出现了一系列革命性的变化。正如胡锦涛同志指出的："信息能力在战斗力生成中起着主导作用，信息化武器装备成为战斗力的关键物质因素，基于信息系统的体系作战能力成为战斗力的基本形态，人的科技素质在战斗力中具有特别重要的意义。"[1]与此同时，国防和军队建设也呈现出一系列新的特点和规律，在信息时代的国防和军队建设中，知识和创造成为国防和军队建设的原动力，作为知识的生产者和创造的实施者，高素质军事人才就成为最重要、最宝贵的资源；随着以信息技术为核心的高新技术的迅猛发展和广泛应用，武器装备的信息化和信息系统的一体化趋势进一步增强，国防和军队建设更加注重要素集成、系统集成、体系集成，更加强调全面、系统、配套地发展，力避国防和军队建设的缺项和短板；由于国防和军队建设的技术含量高、资金投入大，其对国家经济、科技的依赖性进一步增强，在国防和军队建设中，不仅要注重国防和军队建设的各要素、各系统、各体系之间的内部协调，而且要重视与国家经济建设、科技发展等外部环境相协调；新型军事体系的建立和完善是一个长期的、渐进的过程，在国防和军队建设中要更加强调科学、理性、可持续的发展，正确处理好现实需要与长远建设的关系，避免"急功近利"、只顾眼前、不计长远。只有运用胡锦涛同志关于国防和军队建设重要论述所提供的立场和观点，来分析和认识新世纪新阶段国防和军队建设的这些新特点、新规律，才能深入理解国防现代化和军队信息化建设的基本内涵，准确把握全面、协调、可持续发展在军队建设中的全面运用。

（二）是全面推进我国国防和军队现代化建设的行动纲领

要加快国防和军队现代化建设步伐，缩短与发达国家的差距，满足国家安全与军事斗争的紧迫需求，就必须与时俱进、开拓创新，运用胡锦涛同志科学治军思想所提供的基本观点、方法，确立正确的理论指导和行动纲领，科学筹划和全面实施我军装备信息化建设。一是坚持以人为本，加大高素质军事人才培养的力度，为新型军事人才发挥聪明才智创造良好的氛围和环境。二是坚持以战斗力为标准，以保障"打赢"为目标，统筹兼顾国防和军队建设全局与局部、重点与一般、平时与战时的发展需要，全面提高国防和军队现代化建设水平。三是坚持国防和军队建设的协调发展，加强国防和军队建设的各要素之间、系统与系统之间、体系与体系之间的协调发展，加强各军兵种之间的协调发展，加强作战力量与保障力量之间的协调发展，加强军队建设的综合集成。四是坚持国防和军队建设的可持续发展，根据军队长远建设和军事斗争准备的需要，立足现实、着眼发展、长远规划、有机衔接，分阶段、分步骤地实施国防与军队建设，走投入较少、效益较高的跨越式发展道路。

（三）是我军为履行新世纪新阶段的历史使命、整体筹划我国国防和军队建设长远发展的重要指针

"三个提供、一个发挥"的历史使命，是胡锦涛同志科学分析国际战略形势、我国安全环境及我军建设状况，对新世纪新阶段我军地位作用的新拓展、职能任务的新概括，体现了

---

[1] 徐玉忠.基于信息系统作战部队装备保障建设的思考[J].海军工程大学学校（综合版），2012，9(1)：9-11.

党对军队的新要求。新的历史使命进一步指明了我军建设的发展方向,也为我国国防和军队建设赋予了新内涵,确定了新标准,提出了新要求。从长远来看,国防和军队建设的战略需求,将逐步从传统的保卫领土、领海、领空,扩大到远海、太空、电磁空间;从注重军事范畴的斗争,延伸到维护我国经济、外交、能源、海外投资利益等领域;从机械化战争以接触为主的作战样式,向信息化战争非接触、非线式、非对称作战样式拓展;从打赢战争扩展到遏制危机、控制战局、打赢战争。国防和军队建设只有以胡锦涛同志关于国防和军队重要论述为指针,根据新的形势和任务,正确处理好需求与可能、近期与长远、重点与一般、自力更生与引进提高的关系,科学确定陆、海、空、二炮(现火箭军)之间的比例,统筹好国防和军队建设的各阶段工作,才能适应国家战略利益的拓展、作战行动和样式的多样及军事斗争准备的需要,确保我国国防和军队建设全面协调、持续快速健康发展。

(四)是适应国家总体发展战略、促进国防建设与经济建设协调发展的基本保证

新中国成立后,特别是改革开放以来,党中央科学分析国际国内形势变化,在不同时期制定并适时采取了一系列政策措施,既确保了我国经济持续快速增长,又确保了我国国防和军队建设水平的不断提高。但从未来我国经济、科技发展情况来看,从军民技术相互融合的大趋势来看,从以往历史经验和教训来看,我们在促进国防建设和经济建设协调发展方面还存在诸多问题,如怎样搞好军民统筹,合理确定国防投入,建立军民结合、寓军于民的新体系,保持军工核心能力,建立平战结合、快速转换动员机制等问题,需要认真研究,深化完善。其中,比较突出的是军民结合、寓军于民的问题。现在,一些大型民用项目(如高速公路、机场、码头、通信网络等)建设,对军民通用,特别是军事需求考虑不够;缺乏这方面的法规和要求,行业垄断仍然比较严重,利用民营经济、民用科技力量为国防和军队建设服务还远远不够;军民相互促进、协调发展的体制机制还不健全,缺乏统一的组织协调机构。只有按照胡锦涛同志关于科学治军思想的要求,把国防和军队建设的各项工作放在国家发展的总体战略中加以考虑,服从服务于国家经济建设大局,同时在综合国力不断增强的基础上,努力加强国防和军队建设,才能确保国防建设与经济建设相互促进、协调发展。

★ 第六节 习近平关于全面推进新时代强军思想的重要论述 ★

党的十八大以来,习近平着眼坚持和发展中国特色社会主义、实现中华民族伟大复兴的中国梦,对加强国防和军队建设作出一系列重要论述,提出一系列重大战略思想、重大理论观点、重大决策部署,深刻阐述了国防和军队建设带根本性、方向性、全局性的重大问题。习近平关于国防和军队建设重要论述立意高远、内涵丰富、博大精深,涉及国际国内安全形势、思想政治建设、军事斗争准备、作风纪律建设、基层建设、军队改革等多个重要领域。强军目标是习近平关于国防和军队建设重要论述的核心之点,是我们党在新形势下建军治军的总方略。

一、习近平关于全面推进新时代强军思想的重要论述的主要内容

(一)关于我国国家安全面临的新形势新挑战

当前国际形势保持总体和平、缓和、稳定的基本态势,我国发展仍处于可以大有作为的重要战略机遇期,同时重要战略机遇期的内涵和条件也发生了新的变化。要进一步增强忧患

意识、危机意识、使命意识，充分认清国家安全形势的复杂性和严峻性，高度警惕国家被侵略、被颠覆、被分裂的危险，高度警惕改革发展稳定大局被破坏的危险，高度警惕中国特色社会主义发展进程被打断的危险，推动国防和军队建设在新的起点上有一个大的发展。

（二）关于国防和军队建设的重要地位和作用

实现中华民族伟大复兴，是中华民族近代以来最伟大的梦想，寄托着中国人民振兴中华、强国富民的共同意愿。没有一个牢固的国防，没有一支强大的军队，中国梦就难以真正实现。国防和军队建设，必须放在实现中华民族伟大复兴这个大目标下来认识和推进，服从服务于整个国家和民族最高利益，着眼维护国家主权、安全、发展利益来筹划推进，为实现中国梦提供坚强力量保证。

（三）关于党在新形势下的强军目标

建设一支听党指挥、能打胜仗、作风优良的人民军队，是党在新形势下的强军目标。听党指挥是灵魂，决定军队建设的政治方向；能打胜仗是核心，反映军队的根本职能和军队建设的根本指向；作风优良是保证，关系军队的性质、宗旨、本色。这三者相互联系、密不可分。要铸牢听党指挥这个强军之魂，抓住能打仗、打胜仗这个强军之要，夯实依法治军、从严治军这个强军之基，把实现强军目标贯穿到部队建设全过程和各领域，引导官兵牢记强军目标、坚定强军信念、献身强军实践。

（四）关于从思想上、政治上、组织上建设和掌握部队

军队思想政治建设的根本，是毫不动摇地坚持党对军队的绝对领导。要坚持不懈地抓好中国特色社会主义理论体系武装工作，持续培育当代革命军人核心价值观，大力加强先进军事文化建设。要毫不动摇地坚持党对军队绝对领导的根本原则和制度。最紧要的是始终在思想上、政治上、行动上同党中央保持高度一致，坚决听从党中央、中央军委指挥，确保部队绝对忠诚、绝对纯洁、绝对可靠。

（五）关于按照打仗标准搞建设抓准备

能打仗、打胜仗是军队存在的根本价值。必须坚持一切建设和工作向能打胜仗聚集，牢固树立战斗力这个唯一的、根本的标准，与时俱进，加强军事战略指导，坚持不懈拓展和深化军事斗争准备，着力提高军事训练实战化水平，加强战斗精神培育，大力发展高新技术武器装备，大幅提高国防科技自主创新能力，加快全面建设现代后勤步伐，提高我军信息化条件下威慑和实战能力。

（六）关于把作风建设作为基础性、长期性工作抓紧抓实

加强作风建设，直接关系军队形象和战斗力建设。要把改进作风工作引向深入，贯彻到军队建设和管理的每个环节，真正在求实、务实、落实上下功夫。坚持以纪律建设为核心，下大力整肃军纪，坚决反对形式主义、官僚主义、享乐主义和奢靡之风，着力在纠治官兵反映强烈的突出问题上见到成效，在解决深层次矛盾和问题上见到成效，在构建规范化、制度化的长效机制上见到成效。改进作风必须自上而下、以上率下，努力实现作风根本好转。

（七）关于建设高素质干部队伍：治军之道，要在得人

加强高素质干部队伍建设，大规模培养高素质新型军事人才，是实现强军目标的战略性要求。要坚持德才兼备、以德为先，坚持五湖四海、任人唯贤，树立注重基层的导向、注重实干的导向、注重官兵公认的导向，增强选人用人的科学性、准确性、公信度。大力实施人才战略工程，把联合作战指挥人才、新型作战力量人才培养作为重中之重。逐步建立起适应

现代军队建设和作战要求，系统完备、科学规范、运行有效、成熟定型的干部制度体系。

（八）关于按照全面进步的要求抓基层打基础

实现强军目标的基础在基层、活力在基层。要抓住基层这个大头，推动贯彻落实强军目标向基层拓展、向末端延伸。牢固树立大抓基层的鲜明导向，始终把工作重心放在基层，加大经常性、基础性工作落实力度，推动基层建设全面进步、全面过硬。坚持士兵至上、基层第一，真正关心关爱官兵，积极帮助基层解决实际困难和问题，把部队建设和战斗力的基础打得更加牢固。

（九）关于深化国防和军队改革

抓住时机加快改革步伐，关系到军队发展和未来。要紧紧围绕实现党在新形势下的强军目标，着力解决制约国防和军队建设发展的突出矛盾和问题，创新发展军事理论，加强军事战略指导，完善新时期军事战略方针，构建中国特色现代军事力量体系。加快重要领域和关键环节改革步伐，深化军队体制编制调整改革，推进军队政策制度调整改革，推动军民融合深度发展。

（十）关于全面加强军队党的建设

军队党的建设，是军队全部工作的关键。必须始终坚持党对军队的绝对领导，始终坚持以能打仗、打胜仗为根本着眼点，始终坚持党要管党、从严治党方针，始终坚持以改革创新精神加强军队党的建设，不断提高军队党的建设科学化水平。要深入研究新形势下军队党的建设的特点和规律，夯实军队党的组织基础，把各级党组织建设成为实现党对军队绝对领导、团结巩固部队和完成各项任务的坚强领导核心和战斗堡垒。

二、习近平关于全面推进新时代强军思想的地位和作用

习近平关于全面推进新时代强军思想重要论述是其系列重要讲话精神的重要组成部分，是对毛泽东军事思想、邓小平新时期军队建设思想、江泽民国防和军队建设思想、胡锦涛国防和军队建设思想的继承和发展，是新形势下加快推进国防和军队现代化的科学指南。主要回答了在世界形势发生深刻复杂变化、我国全面建成小康社会进入决定性阶段的新的历史条件下，为什么要强军、强军目标是什么、怎样走中国特色强军之路等重大课题，赋予党的军事指导理论以新的时代内涵。这些重要论述，充分体现了以习近平同志为核心的党中央放眼世界的战略视野、居安思危的战略清醒、强军兴军的战略筹划，抓住了建设强大军队的关键和要害，具有深邃的战略意蕴、重大的理论价值和强烈的现实指向，为在新的历史起点加快推进国防和军队现代化指明了正确方向，提供了根本遵循。

毛泽东军事思想、邓小平新时期军队建设思想、江泽民国防和军队建设思想、胡锦涛关于国防和军队建设的重要论述、习近平关于全面推进新时代强军思想的重要论述，都是马克思主义军事理论中国化的创新成果。这些重要军事思想，为统一全军意志和行动提供了坚强有力的思想指导，对军队建设和蓬勃发展起到了根本的引领作用，是我军前进的灯塔、胜利的旗帜，是强军兴军的科学指南。

三、深入学习习近平关于全面推进新时代强军思想[①]

习近平主席在领导强军兴军的伟大实践中，着眼于实现中华民族伟大复兴的中国梦，围绕新时代建设一支什么样的强大人民军队、怎样建设强大人民军队，深入进行理论探索和实

[①] 中央军委政治工作部.全面推进新时代强军事业的科学指南[N].解放军报，2018-02-12（1）.

践创造，创立了习近平强军思想。党的十九大明确要求，确立这一思想在国防和军队建设中的指导地位。习近平强军思想的创立和指导地位的确立，标志着党的军事指导理论的与时俱进。全军要全面准确学习领会、毫不动摇贯彻落实习近平强军思想，更好用以武装头脑、指导实践、推动工作，坚定不移走中国特色强军之路，奋力推进新时代强军事业。

（一）深刻认识习近平强军思想的重大里程碑意义

习近平强军思想，植根强国复兴新时代，指引强军兴军新征程，在马克思主义军事理论中国化进程中，在党的军事指导理论创新发展中，在我们党治国理政实践中，具有重大政治意义、理论意义、实践意义。

立起了新时代维护核心、听党指挥的看齐基准。维护核心、听党指挥，最内在、最根本的是自觉向党中央看齐，向习近平主席看齐，向党的基本理论、基本路线、基本方略看齐。习近平强军思想，作为习近平新时代中国特色社会主义思想的"军事篇"，集中体现了党的意志主张，反映了党和人民对我军的时代要求，指明了军队建设坚定正确的政治方向；从新时代坚持和发展中国特色社会主义基本方略的高度，突出强调坚持党对人民军队的绝对领导，要求我军坚决维护党中央权威和集中统一领导，坚决维护和贯彻军委主席负责制，揭示了人民军队从胜利走向胜利的根本力量所在；始终坚持从政治上建设和把握军队，以党的政治建设为统领，全面加强军队党的建设，确立了新时代政治建军的大方略，为我们提升政治站位、增强政治能力提供了根本遵循。新时代，军队以党的旗帜为旗帜、以党的方向为方向、以党的意志为意志，必须坚持用习近平强军思想统一思想、统一步调，坚定维护习近平主席在党中央和全党的核心地位，更加自觉地对党忠诚、听党指挥。

实现了马克思主义军事理论中国化、时代化新飞跃。坚持用鲜活的马克思主义军事理论指导实践，是我们党建军治军的一条根本经验。面对世情、国情、军情的深刻变化，面对强国强军的时代要求，习近平强军思想作出一系列新的重大判断、新的理论概括、新的战略安排，指出世界正发生前所未有之大变局、我国正处于由大向强发展的关键阶段、我军正经历着一场革命性变革，强调国防和军队建设进入了新时代；阐明新时代军队使命任务和强军的奋斗目标、建设布局、战略指导、必由之路、强大动力、治军方式、发展路径等重大问题，把我们党对军事力量建设和运用规律的认识提高到新水平。习近平强军思想把全面推进国防和军队现代化纳入强国复兴大战略、大布局，擘画了未来几十年我军建设发展的蓝图，为我们走好新的长征路确立了行动纲领。这些理论上的重大突破、重大创新、重大发展，为丰富和发展马克思主义军事理论作出原创性贡献，开拓了当代中国马克思主义军事理论和军事实践发展新境界。

提供了大踏步走中国特色强军之路的根本遵循。我军一度存在许多突出矛盾和问题，这种状态任其发展下去，军队不但打不了仗，甚至有变质变色的危险。习近平主席以巨大政治勇气和强烈责任担当，带领全军重振政治纲纪，坚定不移推进政治整训，有效解决了弱化党对军队绝对领导的突出问题；重塑组织形态，大刀阔斧全面深化改革，有效解决了制约我军建设的体制结构突出问题；重整斗争格局，坚定捍卫国家核心利益，有效解决了军事力量运用方面的突出问题；重构建设布局，创新发展理念和方式，有效解决了我军建设聚焦实战不够、质量效益不高的突出问题；重树作风形象，强力推进正风肃纪反腐，有效解决了不正之风和腐败现象滋生蔓延的突出问题。党的十八大以来，强军事业取得历史性成就、发生历史性变革，根本在于习近平主席的坚强领导，在于习近平强军思想的科学指引。全面贯彻习近平强军思想，我军才能跟上全面建设社会主义现代化强国进程，在世界新军事革命浪潮中勇立潮头、赢得战略主动权，朝着世界一流军队扎实迈进。

丰厚了培养"四有"新时代革命军人的精神滋养。拥抱新时代，践行新思想，实现新作为，必须有一代新人来担当。习近平强军思想蕴含着巨大真理力量和人格力量，与官兵有着天然的亲和力，是武装人、培养人、提高人的最好教科书。这一思想，坚守中国共产党人的初心和使命，充满道路自信、理论自信、制度自信、文化自信，为新时代革命军人立起了坚不可摧的精神支柱；坚持人民军队性质、宗旨、本色，发扬我党我军光荣传统和优良作风，为官兵传承红色基因、担当强军重任提供了思想政治营养；强调敢于斗争、敢于胜利，指出我军历来是打精气神的，一不怕苦、二不怕死的战斗精神永远都不能丢，为砥砺军人血性胆魄明确了努力方向；贯通中国梦、强军梦、我的梦，蕴含着观察世界、思考人生的科学方法，为书写军旅、出彩人生提供了价值引领。用习近平强军思想铸魂育人，官兵心中就有了魂、脚下就有了根，培养"四有"新时代革命军人、锻造"四铁"过硬部队就有了根本保证。

（二）全面领会习近平强军思想的精神实质和丰富内涵

习近平强军思想内涵丰富、思想深邃，涵盖新时代国防和军队建设的方方面面，构成一个系统完整、逻辑严密、相互贯通的科学军事理论体系。

明确强国必须强军，巩固国防和强大人民军队是新时代坚持和发展中国特色社会主义、实现中华民族伟大复兴的战略支撑。中华民族伟大复兴绝不是轻轻松松、敲锣打鼓就能实现的。我们越是发展壮大，面临的压力和阻力就越大。这是我国由大向强发展进程中无法回避的挑战，是实现中华民族伟大复兴绕不过的门槛。强国必须强军，军强才能国安。国防和军队建设是国家安全的坚强后盾，军事手段是实现伟大梦想的保底手段，军事斗争是进行伟大斗争的重要方面，打赢能力是维护国家安全的战略能力。我军必须服从服务于党的历史使命，把握新时代国家安全战略需求，为实现中华民族伟大复兴提供战略支撑。

明确党在新时代的强军目标是建设一支听党指挥、能打胜仗、作风优良的人民军队，必须同国家现代化进程相一致，力争到2035年基本实现国防和军队现代化，到21世纪中叶把人民军队全面建成世界一流军队。建设强大的人民军队是我们党的不懈追求。在各个历史时期，我们党都根据形势任务的变化，及时提出明确的目标要求，引领我军建设不断向前发展。习近平主席在提出中国梦不久后就提出强军梦，作出全面建设社会主义现代化强国战略部署的同时，提出实现党在新时代的强军目标，把人民军队全面建成世界一流军队。这是适应世界新军事革命发展趋势和国家安全需求，对我军建设目标作出的新概括、新定位，内在要求建设强大的现代化陆军、海军、空军、火箭军、战略支援部队、联勤保障部队和武装警察部队，建设绝对忠诚、善谋打仗、指挥高效、敢打必胜的联合作战指挥机构，不断提高我军现代化水平和实战能力。

明确党对军队绝对领导是人民军队建军之本、强军之魂，必须全面贯彻党领导军队的一系列根本原则和制度，确保部队绝对忠诚、绝对纯洁、绝对可靠。坚持党对军队的绝对领导是中国特色社会主义的本质特征，是党和国家的重要政治优势。抓军队建设首先要从政治上看，对党绝对忠诚要害在"绝对"二字。必须强化"四个意识"，严肃政治纪律和政治规矩，深入抓好军魂教育，坚决维护权威、维护核心，坚决维护和贯彻军委主席负责制，全面彻底肃清流毒影响，坚决抵制"军队非党化、非政治化""军队国家化"等错误政治观点的影响，提高坚持党对军队绝对领导的政治自觉和实际能力，确保党指挥枪的原则落地生根。军队高级干部必须对党忠诚、听党指挥，做对党最赤胆忠心、最听党的话、最富有献身精神的革命战士。

明确军队是要准备打仗的，必须聚焦能打仗、打胜仗，创新发展军事战略指导，构建中国特色现代作战体系，全面提高新时代备战打仗能力，有效塑造态势、管控危机、遏制战争、打赢战争。人民军队永远是战斗队，人民军队的生命力在于战斗力。必须贯彻新形势下军事战略方针，把备战与止战、威慑与实战、战争行动与和平时期军事力量运用作为一个整体加以运筹，牢固树立战斗力这个唯一的、根本的标准，提高军事训练实战化水平，扎实做好各方向、各领域军事斗争准备，聚力打造精锐作战力量，着力建设一切为了打仗的后勤，加快构建适应信息化战争和履行使命要求的武器装备体系，加快建设以联合作战指挥人才为重点的高素质新型军事人才队伍，发扬一不怕苦、二不怕死的战斗精神，锻造招之即来、来之能战、战之必胜的精兵劲旅。

明确作风优良是我军鲜明特色和政治优势，必须加强作风建设、纪律建设，坚定不移正风肃纪、反腐惩恶，大力弘扬我党我军光荣传统和优良作风，永葆人民军队性质、宗旨、本色。作风优良才能塑造英雄部队，作风松散可以搞垮常胜之师。我军要恪守全心全意为人民服务的宗旨，牢记为人民扛枪、为人民打仗的神圣职责，始终做人民信赖、人民拥护、人民热爱的子弟兵。把理想信念的火种、红色传统的基因一代代传下去，加强党史军史和光荣传统教育，永葆老红军的政治本色。军中绝不能有腐败分子藏身之地，要锲而不舍、驰而不息地把作风建设和反腐败斗争引向深入，努力铲除腐败现象滋生蔓延的土壤，积极培育风清气正的政治生态。严肃各项纪律，坚持严字当头、一严到底，下大气力治松、治散、治虚、治软，用铁的纪律凝聚铁的意志、锤炼铁的作风、锻造铁的队伍。各级领导干部要以行动作无声的命令，以身教作执行的榜样，带动形成崇尚实干、敢于担当、主动作为的良好氛围。

明确推进强军事业必须坚持政治建军、改革强军、科技兴军、依法治军，更加注重聚焦实战、更加注重创新驱动、更加注重体系建设、更加注重集约高效、更加注重军民融合，全面提高革命化、现代化、正规化水平。政治建军是我军的立军之本，任何时候、任何情况下都不能有丝毫松懈；改革是决定军队未来的关键一招，必须大刀阔斧实施改革强军战略；科学技术是核心战斗力，必须下更大气力推进科技兴军、赢得军事竞争主动；军队越是现代化越要法治化，必须厉行法治、从严治军。贯彻"五个更加注重"战略指导，必须强化作战需求牵引，提高军队建设实战水平；下大气力抓理论创新、抓科技创新、抓科学管理、抓人才集聚、抓实践创新，靠改革创新实现新跨越；坚持成体系筹划和推进军事力量建设，全面提高我军体系作战能力；坚持以效能为核心、以精确为导向，提高国防和军队发展精准度；深入实施军民融合发展战略，加快把军队建设融入经济社会发展体系，实现国防和军队建设更高质量、更高效益、更可持续发展。

明确改革是强军的必由之路，必须推进军队组织形态现代化，构建中国特色现代军事力量体系，完善中国特色社会主义军事制度。深化国防和军队改革，是为了设计和塑造军队未来。领导管理和作战指挥体制改革，以重塑军委机关和战区为重点，强化中央军委集中统一领导和战略指挥、战略管理功能，建立军委管总、战区主战、军种主建的新格局，形成决策权、执行权、监督权既相互制约又相互协调的运行体系，构建平战一体、常态运行、专司主营、精干高效的战略战役指挥体系。规模结构和作战力量体系改革，按照调整优化结构、发展新型力量、理顺重大比例关系、压减数量规模的要求，推动我军由数量规模型向质量效能型、由人力密集型向科技密集型转变，部队编成朝着充实、合成、多能、灵活方向发展。军队政策制度调整改革，着力立起打仗的鲜明导向，营造公平公正的制度环境，使军事人力资源配置达到最佳状态，让军人成为全社会尊崇的职业，把军队战斗力和活力充分激发出来。

明确创新是引领发展的第一动力，必须坚持向科技创新要战斗力，统筹推进军事理论、技术、组织、管理、文化等各方面创新，建设创新型人民军队。创新能力是一支军队的核心竞争力，也是生成和提高战斗力的加速器。必须把创新驱动发展的引擎全速发动起来，善于运用新理念、新思路、新方法推进我军各项建设。要加快形成具有时代性、引领性、独特性的军事理论体系，依靠科技进步和创新把我军建设模式和战斗力生成模式转到创新驱动发展的轨道上来，下大气力推进军事管理革命，努力培养造就宏大的高素质创新型军事人才队伍，大力弘扬创新文化，激励官兵争当创新的推动者和实践者，使谋划创新、推动创新、落实创新成为全军的自觉行动。

明确现代化军队必须构建中国特色军事法治体系，推动治军方式根本性转变，提高国防和军队建设法治化水平。一支现代化军队必然是法治军队。强化法治信仰和法治思维，坚持依法治官、依法治权，领导干部带头遵法学法守法用法，引导官兵把法治内化为政治信念和道德修养，外化为行为准则和自觉行动。构建系统完备、严密高效的军事法规制度体系、军事法治实施体系、军事法治监督体系、军事法治保障体系，坚决维护法规制度权威性，强化法规制度执行力。推动实现从单纯依靠行政命令的做法向依法行政的根本性转变，从单纯靠习惯和经验开展工作的方式向依靠法规和制度开展工作的根本性转变，从突击式、运动式抓工作的方式向按条令条例办事的根本性转变，形成党委依法决策、机关依法指导、部队依法行动、官兵依法履职的良好局面。

明确军民融合发展是兴国之举、强军之策，必须坚持发展和安全兼顾、富国和强军统一，形成全要素、多领域、高效益军民融合深度发展格局，构建一体化的国家战略体系和能力。把军民融合发展上升为国家战略，是我们党长期探索经济建设和国防建设协调发展规律的重大成果，是从国家发展和安全全局出发作出的重大决策，是应对复杂安全威胁、赢得国家战略优势的重大举措。着眼经济实力和国防实力同步增长，强化统一领导、顶层设计、改革创新和重大项目落实，同步推进体制和机制改革、体系和要素融合、制度和标准建设，完善军民融合组织管理体系、工作运行体系、政策制度体系，逐步实现国家各领域战略布局一体融合、战略资源一体整合、战略力量一体运用，努力开创经济建设和国防建设协调发展、平衡发展、兼容发展新局面。

（三）努力掌握习近平强军思想蕴含的科学立场观点方法

习近平强军思想蕴含着辩证唯物主义和历史唯物主义的立场、观点、方法，凝结着共产党人的理想信念、价值追求、思想风范，体现了我们党新时代建军治军的先进理念、指导原则、高超艺术，为强军制胜提供了科学的思想方法和工作方法。

① 勠力强军兴军的使命担当。习近平强军思想，贯穿的一个高频词就是"担当"，嘱托最多的就是"使命"，生动展现了以党和人民为念，以国家主权、安全、领土完整为念，以国防和军队建设为念的深厚革命情怀。党的十九大闭幕不久，习近平主席就带领新一届军委班子成员视察军委联指中心、发出备战打仗号令，新年伊始出席中央军委开训动员大会、发布训令。这一系列重大实践活动，彰显的是对初心的坚守，传递的是对使命的担当。这种担当精神，体现为矢志实现中国梦强军梦的抱负追求，体现为以身许党许国的崇高品格，体现为跑好历史接力赛中我们这一棒的政治自觉。这是激励我们不负党和人民重托、担当新时代军队使命任务的精神力量。

② 军事服从政治的战略智慧。"凡战法必本于政胜。"马克思主义认为，军事是实现政治目的的工具和手段。习近平强军思想，把握政治、经济、外交与军事之间日益增强的相关性、整体性，始终从实现民族复兴大目标认识和筹划战争问题，从党和国家事业发展全局出发统筹推进国防和军队建设，着眼国家政治外交大局和国家安全战略全局筹划指导军事行动。这是对马克思主义战争观、军事观的丰富发展，贯穿着军事服从政治、战略服从政略的大逻辑，为打好政治军事仗、军事政治仗提供了根本指导。

③ 勇于破解矛盾的问题导向。抓住关节点、奔着问题去，是矛盾论的时代运用。习近平主席在领导强军实践中，坚持直面问题、勇于变革、攻坚克难，从纠治"四风"、开展"四个整顿"到全面彻底肃清流毒影响，从解决军事斗争准备短板弱项到向"和平积习"开刀，从突破思想观念障碍、利益固化藩篱到坚决突破各方面体制机制弊端，从解决治党治军"宽

松软""权力任性"到推动治军方式根本性转变等,有效解决了制约我军建设和发展的深层次矛盾问题。这些都体现了拨乱反正、正本清源的问题意识和问题思维,为我们找准工作突破口、开拓事业新局面提供了科学方法。

④ 防范风险挑战的忧患意识。"备豫不虞,为国常道。"面对波谲云诡的国际形势、复杂敏感的周边环境、艰巨繁重的斗争任务,习近平主席郑重告诫全党全军,必须居安思危、知危图安,时刻准备进行具有许多新的历史特点的伟大斗争,保持"三个高度警惕",重点防控可能迟滞或中断中华民族伟大复兴进程的全局性风险。每次重要会议、每临重大事件,习近平主席总是高度重视分析面临的风险挑战,深入研判国家安全威胁,既高度警惕"黑天鹅"事件,又防范"灰犀牛"事件;既预置防范风险的先手,又提出应对和化解风险挑战的高招;既注重打好防范和抵御风险的有准备之战,又注重打好化险为夷、转危为机的战略主动战。这对于我们强化如履薄冰的谨慎、居安思危的忧患,应对重大挑战、抵御重大风险、克服重大阻力、解决重大矛盾,杜绝出现战略性、颠覆性错误,提供了方法论指导。

⑤ 主动谋势造势的进取品格。良好战略环境是要争取的,不可能坐等天下太平。习近平主席坚持和发展我们党积极防御战略思想,充分发挥军事力量的战略功能,营造于我有利的战略态势。军事战略指导实现与时俱进,增强了进取性和主动性,赋予积极防御战略思想以新的内涵。积极开展钓鱼岛维权斗争,划设东海防空识别区,组织海空力量出岛链常态巡航,实施海外护航撤侨行动,加强边境管控、反恐维稳等,这些都坚持以防御为根本、在"积极"二字上做文章,体现了超前谋划、主动作为的战略进取观,体现了坚守底线又敢于亮剑的斗争艺术。

⑥ 求实务实落实的领导作风。我们党和军队是靠实事求是起家的,也要靠实事求是赢得未来。党的十八大以来,国防和军队建设的巨变,是习近平主席带领全军干出来的。习近平主席反复强调并身体力行实干兴邦、实干兴军,号召撸起袖子加油干;厉行"三严三实",真抓实干、埋头苦干,多干打基础、利长远的工作;调查研究"身入"更要"心至",把功夫下到查实情、出实招、办实事、求实效上;强化落实意识,增强落实本领,对部署的任务要雷厉风行,不能拖拖拉拉;坚持一张蓝图干到底,以踏石留印、抓铁有痕和钉钉子精神做实做细做好各项工作;等等。这是马克思主义实践标准、党的实事求是思想路线在军事指导上的运用,是把新时代强军蓝图变成现实的作风保证。

⑦ 锐意开拓奋进的创新精神。习近平主席把改革创新作为军队建设发展的根本动力,强调身子转过来了,脑子也要转过来,主动来一场思想革命、头脑风暴,从一切不合时宜的思维定式、固有模式、路径依赖中解放出来;号召把改革进行到底,推动人民军队从领导体制到工作机制、从战斗力到精气神、从思想作风到工作作风等发生脱胎换骨式的变化;决策实施科技创新战略,构建军民融合科技创新体制,设立国防科技创新特区,国防科技和武器装备建设加快由跟跑并跑向并跑领跑转变。我国自主设计的航空母舰出坞下水,歼-20、运-20等先进武器装备列装部队,天河二号超级计算机、北斗三号卫星工程等一批关键技术实现重大突破。这些传承了中华民族"苟日新,日日新,又日新"的精神禀赋,体现了以改革创新为核心的时代精神,是激励我们矢志强军、迈向一流的动力源泉。

(四)坚持把习近平强军思想贯彻到国防和军队建设各领域全过程

在强国复兴的新征程,要把党的十九大描绘的强军蓝图化为现实,把我军全面建成世界一流军队,必须深入学习贯彻习近平强军思想,使这一最新军事指导理论在官兵头脑中深深扎根,在部队各项建设中全面落地。

① 坚持不懈用习近平强军思想武装全军。每一次党的指导思想的与时俱进,都伴随一场

持续深入的理论武装。新时代的大学习首先是新思想的大武装。要按照习近平主席"走在前列""关键要实"的要求,把学习贯彻习近平新时代中国特色社会主义思想作为重大政治任务,突出学好习近平强军思想,在体系学习、举旗铸魂、知行合一、转化运用上下功夫见成效,切实学懂弄通做实。贯彻党中央开展"不忘初心、牢记使命"主题教育的部署,在全军开展"传承红色基因、担当强军重任"主题教育,引导官兵更加坚定自觉地维护核心,坚决听习近平主席指挥、对习近平主席负责、让习近平主席放心。坚持把改造学习、整顿学风贯穿学习教育全过程,纠治空泛表态、表面文章、学用脱节、严下不严上等问题,立起真学实做的好学风,学出坚定信仰,学出绝对忠诚,学出使命担当。

② 始终聚焦备战打仗这个主责主业。习近平主席指出,我军讲新气象、新作为,归根到底要看练兵备战这一条。学理论要联系实际、务求实效,最大的实际、最大的实效就是要落到备战打仗上。要强化练兵备战鲜明导向,摆正工作重心,坚持战斗力标准,增强忧患意识、底线思维、敌情观念,做到一切工作向能打仗、打胜仗聚焦。坚定不移把军事训练摆在战略位置、作为中心工作,大抓实战化军事训练,端正训风演风,开展群众性练兵比武活动,牢牢掌握能打仗、打胜仗的过硬本领。对"和平积习"来一个大起底、大扫除,下决心把那些背离打仗要求的繁文缛节、惯性做法清除掉,推动全军回归战斗队本真。

③ 着力在解决问题、推动工作上下功夫。思想利箭不是用来欣赏和赞美的,而是为了射入靶心,学懂弄通是为了干好工作。要从回答"统帅之问"入手,以习近平主席点的问题为突破口,用好习近平强军思想这一锐利武器,在解决一个个实际问题中推动工作落实。保持政治整训劲头和力度,深入贯彻古田全军政治工作会议精神,全面彻底肃清流毒影响,持续纯正部队政治生态。保持改革的定力、恒心、韧劲,紧盯运行机制、政策制度滞后等影响改革效能的矛盾问题,已有的改革成果要巩固拓展,已经推出的改革方案要狠抓落实,没有完成的改革任务要加紧推进。保持创新活力,解决国防科技创新基础研究不够厚实、核心关键技术受制于人、创新成果转化运用不够等突出问题,提高科技创新对我军建设和战斗力发展的贡献率。保持严明纪律,解决思想不严、管理不严、纪律不严、工作不严等问题,把从严贯穿部队建设各领域全过程。

④ 领导干部坚持以上率下、真学实做。领导干部信念过硬、政治过硬、责任过硬、能力过硬、作风过硬,是最有力的动员。要带头加强学习,加强实践锻炼,提高做好各项工作的本领。带头真抓实干,弘扬勤政务实作风,深入开展调查研究,同形式主义、官僚主义坚决斗争,把工作抓紧抓实、抓出成效。带头从严要求,做到心有所畏、言有所戒、行有所止,要求部队做的,自己首先做好;要求部队不做的,自己坚决不做。带头廉洁自律,把洁身自好作为第一关,从小事小节做起,坚决反对特权思想、特权现象,习惯在受监督和被约束的环境中工作生活,时时处处作好表率,发挥"头雁效应",带领部队把新时代强军事业推向前进,坚决完成党和人民赋予的新时代使命任务。

★★★★★ 思考题

① 我国古代军事思想的主要内容有哪几个方面?
② 毛泽东军事思想的科学价值主要有哪些?
③ 邓小平论新时期军队与国防建设的主要精神有哪些?
④ 胡锦涛关于国防和军队建设重要论述的地位和作用是什么?
⑤ 习近平关于全面推进新时代强军思想的重要论述的地位和作用是什么?

第四章

国际战略环境

　　国际战略环境是一个时期内世界各主要国家（集团）在矛盾、斗争或合作、共处中的全局状况和总体趋势。它是国际政治、经济、军事形势的综合体现，主要包括双边或多边关系中有关各方力量消长、利益得失等方面的总状况和总趋势。国际战略环境关系到国家的生存与发展、安危与兴衰，影响一个国家（集团）军事斗争的对象、性质、目标、敌友关系，以及据以确定的军事力量建设与运用的基本方向，因而是各个国家（集团）制定战略必须首先考察和关注的外部环境和条件。

★ 第一节　战略环境概述 ★

一、战略

（一）战略的含义

战略，这里指的是军事战略，是对军事斗争全局的筹划和指导。其基本含义是，战略指导者基于对军事斗争赖以进行的主客观条件及其发展变化的规律性认识，全面计划、部署、指导军事力量的建设和运用，以保证有效地达成既定的政治目的。

战略这个概念产生于军事斗争的实践，长期以来也一直运用于军事领域。但近年来被其他领域使用得越来越广泛。为了便于对不同领域的战略作出明确区分，使用时须在"战略"二字之前冠以领域的名称，如政治战略、外交战略、经济战略等。如果只在军事领域内进行研究和使用，也可直接使用战略称谓。

军事战略应当解决的主要问题是：判明国家（集团）安全面临威胁的性质和程度，确定战略上的主要对手和作战对象，提出军事斗争所要达到的总体目的和主要任务，规定战略上的重点方向、地区，确定准备与实施军事斗争的指导方针和基本原则，明确斗争的主要手段、形式和协同、保障的主要方法等，并依此制定总体的行动计划和实施步骤。不同历史时期的战略，有着不同的内容和特点，其决定的因素主要有以下三个方面：一是战略思想；二是战略环境；三是军事力量。战略指导者基于对一定历史时期内各种情况的综合分析，提出一系列斗争的基本对策和保障国家（集团）安全的基本方法，就是这个时期军事战略的基本内容。

军事战略的指导对象是军事斗争全局。军事斗争，是为了一定的政治目的，在军事领域或以军事手段进行的各种形式的对抗活动。它既是人类社会的一种特殊历史现象，又是社会斗争的一种特殊活动方式，有着自身的特殊运动规律。军事斗争本身是一个复杂的系统，军事战略则从全局上对其进行谋划和运筹，既指导它从发生、发展到结束的全部过程，又关照其各个方面和各个部分间的关系，以充分发挥它的整体效能。军事斗争的表现形式，既有战争方式，也有非战争方式。军事战略从全局上对不同方式的军事斗争进行统一筹划和指导，根据不同时期军事斗争的目的、任务和主客观条件，提出斗争的方针和方法，规定不同斗争方式的运用时机和原则，明确它们之间的主次地位和关系，充分发挥不同方式的优势，以获得最好的整体效益。

军事战略是为国家利益服务的。国家利益有多种表现，但总体说来包括生存和发展两个基本方面，军事战略应为其提供基本的条件和可靠的保证。也就是说，军事战略既要为国家的主权、民族的解放而斗争，为国家和民族提供最基本的自下而上条件，又要为政权的巩固、社会的稳定而斗争，为国家和民族的发展和繁荣昌盛提供强有力的安全保证。因此，军事战略把国家的安全利益作为其基本的历史使命，具有对外反侵略、对内反颠覆的双重职能。根据国家战略利益的要求，它既指导战争时期的作战活动，也指导和平时期的军事斗争；既指导准备和打赢战争，也指导遏制和防止战争；既要保卫国家的和平与安全，维护国家的统一和稳定，又要捍卫国家主权和领土完整，并要以有效的军事行动，支持国家的外交斗争，维护国家的国际地位、威望和权益。

（二）战略的特点

军事战略因有特定的研究对象、内容和表现形式具有自身的特点，主要表现为以下几点。

1. 全局性

全局性是战略的首要特点。这个全局指的是国家（集团）整个军事斗争的全局，带有照顾各方面、各部分和各阶级的性质，战略是国家（集团）关于军事问题的最高决策，处于军事领域的最高层次。在现实生活中，全局是可以区分层次的，凡是独立的具有照顾各个方面、各个部分、各个阶级性质的事物，都可以称为全局，如世界可以是一个全局，一个国家可以是一个全局，一个独立战区可以是一个全局。战略统筹军事斗争的各个方面和各个部分，指导军事斗争的全部过程，并通过对全局具有决定影响的关键问题的策划和解决来实现。

2. 对抗性

军事斗争，尤其是战争，是一种有组织、有计划的暴力行为，是敌对双方以军队或其他武装组织为骨干而展开的激烈较量。战略本身所具有的政治性质，是其对抗性产生和依存的基础。战略的对抗性在实践中主要表现为针对国家安全所面临的威胁，全面筹划和运用国家的军事力量去夺取军事斗争的胜利。战略的对抗性具有整体性和连续性的特点，表现在对整个国家（集团）军事斗争全局的整体运筹上，具有更广阔的空间和时间范围。它既包括对军事力量建设的全局筹划，也包括对军事力量使用的全面策划；既包括战时对战争的全局的整体运筹，也包含和平时期对各级军事斗争方式的整体运筹。

3. 谋略性

谋略是指挥员基于客观情况而提出的计谋和策略。它是人的自觉能动性的高度体现，是指导军事斗争取得胜利的一个重要因素，也是战略的一个突出的特点。战略是主客观结合的产物。从本质上讲，它是政治的选择，有严格的规定性，但从实践的意义上讲，它又是手段的选择，有高度的灵活性。自古以来，任何战略都体现着一定的谋略思想，中国历史上战略的谋略性更有自己的特色。《孙子兵法》就是一部充满谋略思想的经典之作。它明确提出，"兵者，诡道也"，主张"上兵伐谋"，把以智谋取胜定为用兵之上策。广为流传的《三十六计》也是一本专门论述军事计谋的兵书。

4. 相对稳定性

军事斗争情况的发展变化，决定着军事斗争指导规律的发展变化。战略必须随着军事斗争的发展而发展，依照情况的变化而改变，一成不变的战略是不存在的。然而，由于战略处于军事领域的最高层次，指导范围广，影响重大而深远，是一切军事活动的依据和准则，因此，战略又具有相对的稳定性。这主要体现在：一是战略的指导对象是相对稳定的，战略是对军事斗争全局的筹划和指导，这个全局不是一个方向、某一个地区或某一种斗争方式；二是战略的理论指导原则是相对稳定的，战略作为国家（集团）根本性的军事政策，其基本的理论指导原则受国家（集团）所遵循的理论和总政策的支配和制约，因而在一定时期内也是基本稳定的；三是战略的基本内容是相对稳定的，战略是为了实现国家（集团）在一定时期内所确定的政治目的，而从全局上对军事斗争进行的筹划和指导，它具有很强的前瞻性和导向性，因而是基本稳定的。

（三）战略的分类

不同的阶级、民族、国家和政治集团，在不同的时间、空间和力量条件下，为了不同的目的，采用不同的手段，就会有不同的战略。从这几个基本方面来考察战略，就可以对它的类型作出大致的划分。就当今世界的各种战略来说，可以将其划分成以下几种主要类型。

按照军事行动的基本样式分，有进攻战略和防御战略，或称攻势战略和守势战略；按照军事行动的目的分，有扩张（侵略）战略和自卫战略等；按照军事行动的性质分，有歼灭战略、消耗战略、瘫痪（破坏）战略，以及竞争战略、遏制战略等；按照军事行动的方式分，有实战战略、威慑战略，以及实战与威慑相结合的战略等；按照军事行动的持续时间分，有速决战略和持久战略等；按照军事行动的规模和强度分，有全面战争战略和局部战争战略（有限战争战略），以及高强度、中强度和低强度冲突的战略等。

另外，还可依据其他标准和方法，对战略的类型进行划分。比如，按照使用的武器性质或技术特征分，有常规战争战略、核战争战略、核生化威胁条件下的常规战争战略和高技术战争战略、信息战争战略等；按照时间背景和空间领域分，有和平时期战略、战争时期战略和陆战战略、空中战略、海上战略、太空战略等；按照层次、范围分，有联盟（国家集团）战略、国家战略和战区战略、军种战略，以及建设（发展）战略、作战战略等。

划分战略类型，虽然有各种不同的标准和方法，但要注意把握它们之间的相互区别和联系。要根据研究的需要正确选定分类的标准和方法，不能把按照不同标准和方法进行的分类混淆起来。否则，就可能在对战略的认识上产生偏差，影响对战略作全面深入的研究。

（四）战略的构成要素

战略的构成要素，就是构成战略的基本成分。它是战略本质属性的集中反映，也是战略内容和形式的具体展现。根据制定和运用战略的实践经验，就战略自身的本质特性和社会功能来说，战略目的和任务、战略方针、战略手段这几个要素是制定任何战略时都不可或缺的，应当视为构成战略的基本成分。

1. 战略目的和任务

战略目的和任务，是国家（集团）为了实现总的政治目的而赋予军事斗争的基本历史使命，是在一定时期内军事斗争的基本指向。它从根本上规范军事斗争的基本内容和活动范围，规定军事斗争的进程和限度，决定军事力量建设和运用的方向与目标。

战略目的是战略指导者在军事斗争全局上所要达到的最终结果，是国家（集团）一定历史时期内总的路线、方针、政策在军事上的反映，它既是制定战略的出发点，也是战略实施的归宿点。战略任务则是战略目的的具体化，既有很强的规定性，又有一定的操作性。它体现着总的战略企图，是达成战略目的必须解决的重大问题。

战略目的和任务具有以下突出特点。第一，是军事斗争的历史使命和功能的集中反映，是军事斗争在国家事务中所处地位和发挥作用的具体表现；第二，是国家利益要求的生动体现；第三，是战略形势的综合反映；第四，必须以军事力量水平和能力为物质基础。

战略目的和任务作为战略的重要组成部分，必须恰当而明确。所谓恰当，即指标要定得适度，既不能定得过高，也不能定得过低；既要能满足需要，又要有现实可能。所谓明确，就是对需要完成的事项要规定得具体，可操作性强。既有质的规定，又有量的限定；既不过于抽象，又不过于琐碎；既便于把握，又利于执行。

2. 战略方针

战略方针，是指导军事斗争全局的总纲领、总原则。它主要规定完成战略任务、实现战略目的的基本途径，明确斗争的重点、主要战略方向和相应的战略部署，是一定时期内或一次战争中指导军事力量建设和军事斗争实施的行动准则，是战略的主体和核心。战略方针是国家（集团）总方针、总政策的重要组成部分，是总方针、总政策在军事上的反映。它是联结战略理论与战略实践的纽带和桥梁，对于平时进行战争准备，开展维护国家主权、利益的军事斗争,以及战时进行战争,都有直接的指导作用。同时,战略方针对国家的政治、外交斗争和国民经济的规划、布局等,也有重大的影响。

战略方针的功能是指明完成军事斗争任务的基本途径。在战争条件下,它要规定基本作战类型(进攻还是防御)、主要打击方向(目标)、主要作战地域、主要作战形式、主要作战原则,以及使用的主要力量、战争的进程和持续的时间等。在和平条件下,则应规定主要斗争对象,预计可能爆发战争的时间、地域、规模、样式、进程和阶段区分,确定对待战争的原则立场,规定开展军事斗争的基本政策、主要斗争方式和加强军事力量建设、进行战争准备的基本原则,以及国家转入战时体制的措施和战争爆发后的力量运用、作战方法等。

3. 战略手段

战略手段,是为了达成战略目标而运用军事力量的方式和方法,主要解决用什么进行军事斗争和怎样进行军事斗争的问题。它是战略指导者根据既定的战略目的、任务和战略方针的要求,使用军事力量、开展军事斗争的具体行动。战略目的、任务和战略方针是战略行动的方向、目标与纲领、准则,只有通过战略手段,才能将其付诸实施,使其得以贯彻落实。从这个意义上说,战略手段是战略中最富实践性的部分。

战略手段是关于军事斗争的战争方式与非战争方式的选择和运用。战争方式就是运用军事力量通过在战场上的直接较量而决定胜负的斗争方式,包括各种规模和样式的战争;非战争方式是不直接使用军事力量进行战场较量而实施的军事对抗和斗争方式,包括军事力量的部署、调动、演习、威慑,高新技术装备性能的展示,边海空防斗争,以及军事外交、军事经济、军事科技、军事文化和军备控制等领域的斗争。在当今世界上,虽然战争仍然是军事斗争的基本方式,但非战争方式的地位和效能也在不断提高。

战略手段的选择与运用是战略指导灵活性的直接体现。军事斗争是政治斗争的一种特殊形式,战略指导的灵活性对于夺取胜利具有决定性的影响。不同条件下的军事斗争,其战略目的不同;不同性质的问题解决的办法也不一样;不同的目的要用不同的手段,相同的目的也可以用不同的手段。战略指导者必须依据战略目的、战略任务、战略方针的要求和军事力量状况,因时、因地、因敌制宜,并根据战略态势及其可能的发展变化,作出灵活而明确的决断,才能有效地开展军事斗争,实现战略的最终目的。

二、战略环境

战略环境,是指国家(集团)在一定时期内所面临的影响安全和军事斗争全局的客观情况和条件。主要包括国际国内的政治、经济、科技、军事、地理等方面的基本状况,以及由此而形成的战略态势,特别是战争与和平的总态势,随着国内外形势的发展而不断变化。

战略环境与战略,是客观实际与主观的关系。前者是独立于战略指导者意识之外的客观存在,后者则是军事斗争客观规律在人们头脑中的反映。因此,战略环境是制定战略的客观基础,任何战略都是一定的战略环境的产物,从来就没有脱离一定的战略环境而凭空产生的战略。

(一)战略环境是制定军事战略的客观基础

这里所说的战略环境,是指战略指导者所面临的敌方、友方、我方及自然的情况,涉及政治、经济、科技、军事、地理等方方面面。这些情况,都是实际存在并影响战略的客观因素。战略指导者只有了解它、熟悉它,并且正确认识各种因素的相互联系、相互作用及其对敌我行动的影响,才有可能找出其中的特点和规律,并根据这些规律制定出正确的战略。制定战略过程,也是战略指导者认识和分析战略环境的过程。对战略环境的认识和分析越客观、越准确,所制定的战略也就越符合实际,越有成功的把握。而能否正确认识和分析战略环境,则取决于战略指导者采取的立场、观点、方法和思维能力。

(二)战略环境影响军事战略的实施

任何军事战略都是在一定的战略环境中进行的,因此,必须充分考虑战略环境的客观情况和各种影响因素。一定时期内一个国家所面临的战略环境中既有有利因素,也有不利因素,两方面的因素会对战略的实施产生截然不同的影响。因此,贯彻落实军事战略,要清醒地认识到各种有利及不利因素,克服不利因素,充分利用有利因素的积极影响,推动战略的顺利实施。从当前中国所处的战略环境来看,和平与发展成为时代主题,世界形势趋于缓和,中国处于总体和平的战略环境中,国家经济建设快速发展,综合国力日益增强,国际地位不断提高,新军事革命蓬勃兴起,等等,这些都是我们的有利因素。但与此同时,我们也面临着诸多的不利条件,如国际共产主义运动处于低潮,霸权主义和强权政治抬头,局部动荡加剧,国家统一面临的挑战日益严峻,中国武器装备水平与发达国家的差距较大,等等。因此,中国应紧紧抓住和平与发展的历史机遇,充分以日益增强的综合国力为支撑,紧跟新军事革命步伐,加快国防和军队建设,大力推动新时期军事战略方针的落实。同时,通过政治、外交和军事各个领域的斗争,克服和制约战略环境的各种不利影响,以确保新时期军事战略方针得以顺利贯彻。

(三)军事战略推动战略环境发生变化

战略对战略环境的发展变化也具有重大的能动作用。这是因为战略环境在一定条件下是可以改变的。人们可以通过主观能动性的发挥,创造必要的条件,推动和影响战略环境变化。实践证明,在一定的物质条件下,正确的战略可以改变险恶、不利的战略环境,化险为夷,转危为安。而错误的、不符合客观实际的战略,则会使环境恶化或使困境加剧,导致斗争严重受挫,甚至招致全局性失败。任何国家(集团)都力图通过制定和推行自己的战略,促使战略环境朝着有利于己方的方向发展。然而,从属于不同政治目的的战略,对战略环境所起的作用是截然不同的。以推行霸权主义和侵略扩张为目的的战略,对国际战略环境起着破坏和恶化的作用,会给国际社会带来灾难。而以反抗侵略和维护和平为目的的战略,则起着改善战略环境的作用,为维护世界和平和促进人类进步事业创造有利条件。因此,一切爱好和平的国家,对于霸权主义国家以侵略扩张为目的的战略及其可能对国际战略环境造成的严重影响,应保持高度警惕,进行针锋相对的斗争,为争取和维护和平稳定的国际战略环境作出积极贡献。

三、国际战略环境

国际战略环境是一个时期内世界各主要国家(集团)在矛盾、斗争或合作、共处中的全局状况和总体趋势。它是国际政治、经济、军事形势的综合体现,主要包括有关各方力量消长、利益得失、矛盾升降、斗争起伏,特别是在双边或多边关系中敌与友、战与和、对抗与妥协、分化与组合、多助与寡助,在战争中进与退、攻与守、胜与负、强与弱、优势与劣势等方面的总状况和总趋势。国际战略环境关系到国家的生存与发展、安危与兴衰,影响一个国家(集团)军事斗争的对象、性质、目标、敌友关系,以及据以确定的军事力量建设与运用的基本方向,因而是各个国家(集团)制定战略必须首先考察和关注的外部环境和条件。

国际战略环境的范围虽然极其广泛,但对于某一国家(集团)的战略指导者来说,最值得注意的是时代特征、世界战略格局、主要国家的战略动向、世界和周边地区战争与安全形势。这些是国际利益矛盾和力量消长在一定条件下的集中反映,是战略家"眼中的世界"。

从这些方面入手研究国际战略环境，对于洞察国际斗争特别是战争与和平的基本趋势，进而判明对本国战略利益的影响，具有十分重要的意义。

(一) 时代特征

所谓时代，是指世界整体在发展进程中所处的大阶段。不同阶段之间相互区分的标志，就是时代特征。不同的时代特征反映了世界发展总进程中不同的矛盾领域和斗争侧面。以生产力和科学技术为标志的时代特征，反映了人类与自然界之间矛盾斗争的阶段性变化。这种变化随着现代科学技术的迅猛发展，其新旧交替的周期越来越短，对战略的影响也越来越大，常常引起军事科学技术、武器装备、军队的结构与体制编制、作战方法、军事理论等方面的变革。

以生产关系和社会形态为标志的时代特征，反映了人类社会矛盾和发展的阶段性变化。这种变化通常表现为一个长期的由渐变到突变的历史过程，新旧交替的周期较长，主要从观念形态和政治、社会制度的变革上影响战略的发展和变化。以国际社会斗争主题为标志的时代特征，反映了一定时期内世界经济、政治矛盾的主要方面和斗争的基本趋势，对战略具有更为现实的影响，特别是对军事斗争的对象、目标、主要斗争形式、基本政策和策略等有直接的影响。

时代特征是世界性的、阶段性的。不论以何种标志和方法进行区分，它所反映的都是世界的总貌，是整个世界在一定历史阶段的总的标志，而不是个别国家的个别现象，也不是国际社会一时一事的情节或短时期的形势变化。正确认识时代特征，有助于战略指导者从宏观上把握当代世界的主要矛盾和总的发展趋势，从而对国际战略环境作出正确的判断，避免指导的重大失误。

(二) 世界战略格局

世界战略格局是世界各国政治、经济、军事力量在其消长和分化、组合过程中所形成的，对世界战略全局具有重大影响而又相对稳定的力量结构。第一次世界大战后，英、法、美、日、意等战胜国，为了重新瓜分世界和进一步削弱战败国，通过签订对德、对奥等系列和约，建立了"凡尔赛体系"。第二次世界大战后，美、苏两个超级大国为争夺世界霸权，分别成立了北约、华约两大军事集团，形成了两极对抗体制。这些都是20世纪出现过的对世界有重大影响的战略格局。世界战略格局反映了一定时期内国际间的力量对比、利益矛盾和需求，以及基本的战略关系。对世界战略格局进行分析与研究，有助于从总体上了解世界各主要国家在世界全局中的地位及战略利益方面的矛盾和需求，有助于对世界形势及其可能的发展趋向做出基本的估计。

各国政治、经济、军事力量的消长，是世界战略格局形成、发展和变化的物质基础。各国在战略利益上的矛盾和需求，是战略格局形成、发展和变化的政治基础。当今世界的战略格局，正处于新旧格局交替转换的大变动时期，各种力量重新分化组合，国际战略关系经历着重大而深刻的调整，世界加速向多极化发展。这种发展有利于打破超级大国对世界事务的垄断和操纵，有利于世界各国人民维护和平、谋求发展的斗争。但是，世界各国及各集团间的利益矛盾依然存在，各大力量围绕未来世界主导权的斗争也将更加激烈，并对世界和地区的安全与稳定产生重大而深远的影响。

(三) 世界各主要国家的战略动向

世界是由众多国家组成的群体。各国之间由于战略利益和政策的异同，既可能是对手，也可能是朋友。各国的战略动向，既互为条件、相互依存，又互相影响和制约。其中，一些实力较强的世界性和地区性大国，特别是超级大国所推行的战略，对地区乃至世界的安全与稳定具有重大的影响，对其他国家的战略也有不同程度的影响。因此，一定时期内各主要国家的战略及其发展趋向，是国际战略环境的重要部分，了解主要国家的战略动向，有助于从世界各国特别是大国关系上具体地研究国际战略环境，进而对世界形势作出正确判断。

世界主要国家的对外战略，集中反映了各国经济、政治利益的外部需求和统治集团的主观意志。各国经济利益的对外需求，主要表现为对国外资源、市场、资金、技术的需求，也取决于其经济实力。由于各国的对外战略都是以本国的利益需求为目标，以他国为对手或伙伴，因而必然会影响他国的利益和战略选择，必然会在国际社会形成各种错综复杂而又变化不定的竞争与合作、对抗与联盟的关系。

世界主要国家的军事战略在本质上从属并取决于各国经济、政治利益的性质和需求，在物质上依托于各国的经济与科技实力。侵略扩张性的经济、政治利益，必然导致进攻性的军事战略；谋求和平与发展的经济、政治利益，必然形成自卫性、防御性的军事战略。

（四）当代世界战争与和平的趋势

战争是解决阶级和阶级、民族和民族、国家和国家、政治集团和政治集团之间利益矛盾和冲突的最激烈的手段，两次世界大战的历史教训告诉人们，帝国主义、霸权主义是现代战争的根源。只要战争根源还存在，战争与和平始终是国际安全面临的重大问题，对于一个国家的主权和安全来说，来自外部的战争威胁是最严重的威胁，因此，当代世界战争与和平的趋势在国际战略环境中最引人注目，也是世界各国研究和制定军事战略时关注的中心。

当今世界一个值得注意的现象是，新的世界大战虽一直没有爆发，但局部战争和武装冲突却此起彼伏、频频发生，第二次世界大战结束至今，全世界已发生局部战争和武装冲突数百场，这些战争既有强国干涉弱国的战争，也有不发达国家之间的战争；既有民族解放战争，也有国内战争，其中超级大国和其他西方大国为争夺势力范围和维护既得利益而直接、间接干涉第三世界国家事务的战争极为突出。进入20世纪90年代以后，以"多国部队"、维和部队的名义，介入地区矛盾，干涉别国内政的局部战争和武装冲突明显增多。随着现代军事技术特别是高技术的发展和应用，局部战争的突发性进一步增大，作战样式和手段日趋多样化、高技术化，从发展趋势来看，在今后一个相当长的时期内，局部战争特别是高技术条件下的局部战争将是国际利益矛盾不可调和的集中表现和主要战争形态。

（五）周边安全形势

周边安全形势是指周边国家（集团）直接、间接影响本国安全的条件和因素。周边安全形势中最值得注意的是周边国家与本国的利益矛盾、对本国的政策企图、与本国密切相关的军事力量及其部署等直接影响本国安全的情况和因素。

四、国际战略环境的主要特征

进入21世纪后，国际战略环境正发生着冷战结束以来最为深刻的变化。一方面，和平与发展仍然是当今世界的时代主题，要安全、求合作、促发展已成为世界各国人民的共同愿望和不懈追求。另一方面，世界总体和平与局部战争、总体缓和与局部紧张、总体稳定与局部动荡相伴而生，传统安全问题与非传统安全问题相互交织，各种不确定因素有增无减，国际安全形势更加错综复杂，世界和平与发展面临着新的考验和新的挑战。

（一）伊拉克战争严重损害了现行国际秩序，世界局势更趋动荡不安

美国不顾世界多数国家和人民的反对，绕开联合国实施了伊拉克战争，不但未能给伊拉

克和中东地区带来和平与稳定,而且导致了世界各战略力量的合纵连横、反复较量,国际局势更趋动荡。

1. 美国独霸世界的野心进一步膨胀

伊拉克战争再次显示了美国的军事优势和综合国力及其他国家与美国的实力差距。战争结局助长了美国政府中鹰派的单边主义倾向,使其更加迷信武力,不尊重联合国,听不进盟友的意见,更不理会他国利益和国际舆论。伊拉克战争让人们更清晰地看到,美国以自己的标准判断威胁,在没有得到联合国安理会授权行使武力的情况下,对其他主权国家实施"先发制人"的打击。事实充分说明,美国凭借超强的军事实力和经济实力,奉行单边主义政策,凌驾于联合国之上,在国际舞台上表现出完全由一家说了算的霸道面孔。

2. 世界战略力量之间关系调整成为必然

伊拉克战争引发了美欧、美俄等国之间的许多矛盾。围绕着战争合法性及战后重建的争论,大国关系发生了多层次的深刻变化,这些变化直接或间接地反映了当前国际舞台上称霸与反霸、单极与多极的矛盾斗争。

美欧矛盾与分歧不断加深。伊拉克危机爆发以来,法国领衔,携手德国、比利时等国在北约围绕伊拉克问题与美对抗,令美国始料不及。法、德作为美国半个多世纪以来的盟国,却结成了"反战同盟",使得大西洋两岸之间原有的裂痕加大,使欧美关系出现了冷战结束后最严重的危机。法、德等国反对伊战,绝不是为了保卫萨达姆,而是出于自身利益的考虑,不想为美国单边主义开绿灯,不想让美国在国际事务中越来越倾向于单边主义,是想维护联合国的权威,维护国际秩序的合法规则,维护世界多元化发展趋势。法、德等国认为,对伊战争有无联合国决议,涉及这场战争是否合法,涉及未来世界格局究竟是走向多极化还是单极化,涉及21世纪国际新秩序的建立。从战略角度考虑,法、德等国不想让美国主导和控制作为西欧石油经济命脉的中东地区,极力维护在中东地区拥有的自身经济利益,当前,美欧围绕在战后重建的领导权、战争费用和重建费用的分摊及重建利益的分享等方面展开争斗。

德、法对伊战的态度只不过是欧美矛盾深化的一个缩影。近年来,欧美双方围绕欧洲与国际安全、世界战略格局走向、国际关系准则与国际法、世界环境与发展、打击国际恐怖主义,以及经贸利益等问题的争执与分歧日益严重和突出。可以说,当前欧美矛盾是全方位、多方面的,是持续上升和不断深化的。双方矛盾的焦点是单边与多边、单极与多极之争,是控制与反控制的较量。当前欧美关系同冷战时期和冷战结束初期相比,在一定程度上发生了实质性的变化,欧洲正在由美国的伙伴向独立一级的角色过渡,由"美主欧从"关系向欧美平等伙伴关系过渡,欧洲对外政策的独立性趋于增强,欧洲不会再像过去那样对美国亦步亦趋,将加快欧洲的政治联盟建设,尤其是加快欧洲统一防务建设。美国已不能像过去那样对欧洲发号施令,对欧洲的影响力趋于下降。但是在今后相当长时期内,欧美矛盾仍属于西方联盟内部的矛盾,双方在一些根本问题上将合作和协调,共同利益仍占主流。欧洲仍然是美国最重要的伙伴,相互之间的矛盾与分歧始终处于加剧、修复、再加剧、再修复的循环过程中。但不管怎么讲,伊拉克战争已使美欧关系出现了难以弥合的新裂痕。

美俄关系面临新的考验。在对伊核查、开战和战后重建等一系列问题上,美国和俄罗斯之间发生了较为严重的分歧。俄罗斯出于自身利益的考虑,站在法、德等国一边,反对绕开联合国对伊动武,反对美英主导伊拉克重建,反对美英长期占领伊拉克,从而导致"9·11"事件以来一度较为密切的美俄关系逐渐冷却下来。俄罗斯虽然实力大不如前,也不再追求与美国平起平坐的超级大国地位,但其大国意识和发挥国际影响力的意志一直没有放弃,在与美国的合作中极力维护自身的国家利益,之所以反对美国对伊开战,就是因为俄在伊有巨大的经济利益,今后仍将在一些涉及俄利益的重大国际问题上与美国争斗。当然,俄罗斯也清醒地认识到与美国合作的重要性,不希望俄美战略伙伴关系出现倒退,更不想把关系闹僵,将采取实用主义的政策,务实地解决俄美关系中出现的问题,在维护国际战略稳定、防止大规模毁伤性武器扩散、国际反恐怖、能源、航天等领域加强与美国的合作,并希望得到美国的大量经济援助。同样,美国也不希望俄美关系发生严重倒退。

3. 联合国框架内的国际安全机制受到严重挫伤

伊拉克战争给国际关系带来了深深的裂痕,使国际安全机制遭到了严重挫伤,冷战后建立起来的国际合作体制受到了挑战。

国家主权是国际社会不可动摇的基石,也是构成国际安全体系的基础。伊拉克战争对主权原则进行了严重的冲击。美国舆论和鹰派人士大肆炒作各种名目的威胁论,特别是"9·11"事件后,威胁论更是甚嚣尘上。在"先发制人"的国家安全战略的指导下,美国违背国际社会已经确立的主权原则,仅凭自己对安全威胁的判断,使用武力强行改变一个主权国家的政权。美国对伊开战的理由就一条,伊拉克"拥有大规模杀伤性武器",对美国安全构成了威胁,但直到战争结束,英美仍未从伊拉克找到任何这方面的证据。

伊拉克战争严重损害了联合国权威。联合国是以主权国家为基础的国际机构,是当今世界解决国际争端有效的多边合作机制,为国际社会所共识。美国借联合国之名行强权的把戏已上演多次,在伊战上,面对国际社会的坚决抵制,美国抛开联合国,对一个主权国家大动干戈,使国际社会的和平努力付诸东流,使国际社会维护联合国权威的努力遭受重创。其直接的严重后果是削弱了联合国的地位,损害了联合国的威信,使联合国未来发展面临一个"新的十字路口",联合国改革势在必行。

4. 热点地区的局势更加扑朔迷离

战争过后的伊拉克已经成为世界最大的产油国之一,同样也是局势最动荡的国家之一。恐怖组织"伊拉克与黎凡特伊斯兰国"(ISIS)在伊拉克迅速攻城略地,直逼首都巴格达,伊朗派两支革命卫队进入伊拉克。

事实上,自美国2011年底从伊拉克撤军后,伊政府反恐能力明显下降,国内爆炸袭击、武装冲突不断,逊尼派民众对以什叶派为主导的政府和安全部队不满日益严重。加之叙利亚危机的外溢效应,为"伊拉克和黎凡特伊斯兰国"等宗教极端武装力量在伊拉克和叙利亚两国的壮大提供了"有利条件"。

伊拉克危局的出现绝非偶然,美撤军令传统反恐战场纷纷告急。有分析称,今天的混乱正是美用武力推行全球霸权的直接结果。面对在各地留下的烂摊子,美军一走了之,中东、北非等地暗流涌动,随时都可能爆发大规模战争,当地的平民都陷入痛苦之中。

美国要想在中东地区和阿拉伯国家推行西方民主绝非易事。一个国家的政治制度深受其历史文化传统、社会发展程度等基本国情制约,只能随社会进步和经济发展而逐步成熟,从科威特到沙特,从约旦到阿曼,无一不是君主制国家。无论从王室的既得利益来说,还是从社会历史文化背景来看,要让这些国家接受"美式民主改造"都无异于缘木求鱼。

5. 世界军备竞赛正在加剧

伊拉克战争给国际社会留下了很多后遗症,其中军事上的后遗症是刺激、激发更大规模新一轮军备竞赛,特别是在地区强国和世界强国之间的军备竞赛将愈演愈烈。

尝到战争甜头的美国将继续加大军费,在此基础上,美国积极推动军事转型,大力开发高科技武器,加快发展小当量核武器,部署国家导弹防御体系,谋求发展太空武器,企图将全球置于自己的鹰视之下,不允许任何国家对美军事优势和霸权地位构成挑战。

伊拉克战争让欧盟一些国家和俄罗斯进一步看到了与美国的巨大军事差距。欧盟已加快建设快速反应部队,发展全球导航定位系统和信息化控制系统,提高战略输送能力;俄罗斯将继续更新现有的战略武器系统,加快研制和换装新一代武器装备,积极推动新一轮军事改革。

伊拉克战争对当前国际安全环境产生的影响是深远的,但是时代和平与发展的主题不会改变,战争的力量在发展,制约战争的力量也在不断增强。世界多极化的发展趋势不可逆转,世界总体和平的趋势不可逆转,要和平、求稳定、谋发展,已成为世界各国人民的普遍愿望和不可阻挡的历史潮流。

(二)恐怖主义成为各国的共同威胁,国际恐怖主义难以根除

2001年9月11日,恐怖分子劫持民航飞机,以自杀性撞击给纽约的世贸大楼和华盛顿的国防部五角大楼带来了灾难。此次袭击造成3000多人死亡,直接经济损失达数百亿美元,间接经济损失达2000多亿美元。世界被震惊了,人们意识到在世贸大楼的浓烟和废墟中,恐怖主义的幽灵已经公开地向全人类宣战。

冷战结束之后,原先在两极格局重压下难以抬头的一些威胁开始浮出水面,国际恐怖主义、极端宗教势力、民族分裂势力、跨国犯罪、民族宗教纠纷、文化冲突、领土资源矛盾等多元化的威胁和挑战,使国际安全形势难以乐观。其中,恐怖分子最具威胁性。在"9·11"之前,国际恐怖活动就日趋频繁。恐怖组织或集团通过策划,实施暗杀、爆炸或绑架人质等行动,在国际社会制造不安和恐慌。北爱尔兰的"爱尔兰共和军",俄罗斯的车臣非法武装,中国新疆的"东突"民族分裂势力,菲律宾的阿布扎耶夫匪帮等,他们的恐怖活动给世界的和平与安全造成了巨大的威胁,打击恐怖主义、极端主义和分裂主义已经成为国际社会的共识。"9·11"事件只不过把这场战争焦点化了,"9·11"之后,形成了一个空前广泛的国际反恐联盟,反恐怖战争首先在阿富汗展开,打击了本·拉登的"基地"组织及支持和纵容恐怖活动的阿富汗塔利班政权。但美国近期发动的"反恐"战争实际效果令人大失所望,国际恐怖活动有增无减。国际恐怖活动范围从中东、中亚、南亚扩展到北非和东南亚,形成一个恐怖地带,而且破坏性强和影响大的事件明显增多,并越来越本地化。摩洛哥卡萨布兰卡的爆炸案、印度尼西亚万豪酒店爆炸案、俄罗斯兹纳缅斯科耶和古杰尔梅斯区两起爆炸案,以及沙特首都利雅得的系列爆炸案、西班牙马德里大爆炸等典型事件都表明了这一点,充分说明了美国的反恐政策和战略是不高明的,需要进行必要的调整。

★ 第二节 国际战略格局 ★

一、国际战略格局的含义、特征及类型

(一)国际战略格局的含义

国际战略格局,是世界各国政治、经济、军事力量在其消长和分化、组合过程中所形成的,对世界战略全局具有重大影响而又相对稳定的力量结构。国际战略格局反映了一定时期内国际间的力量对比、利益矛盾和需求,以及基本的战略关系。从广义上讲,国际战略格局是一个综合性的大系统,它可以囊括世界经济格局、世界政治格局和世界军事格局,反映国际行为主体在世界各个领域的相互作用与联系的结构与态势;从狭义上说,国际战略格局又可以主要侧重于特指建立在经济、军事实力对比关系上的国际政治格局,这也是国际战略格

局的主要研究对象。

世界上的主要战略力量及它们之间的力量对比，就构成了国际战略格局的结构，我们往往以组成格局的世界主要战略力量的数量——"极"的数量——来表示这种结构，于是便有单极格局、两极格局和多极格局等说法。对于"极"的概念，并非世界上任何一个国家都可称得上是国际战略格局的一"极"，作为一"极"的国家或国家集团，必须是在国际社会中具有突出地位、能够参与主宰国际事务、影响全球性的力量。

国际战略格局是我们认识世界、研究国际关系的一个独特的视角，它主要探索的是国际关系的发展变化规律，并以历史横切面的形式向人们展示某一历史时期国际社会的力量对比和战略平衡，可以帮助我们更深入、更具体地分析和认识国际关系结构，了解国际关系的变化，有助于对世界形势及其可能的发展趋向做出基本的估计，因此是国际关系理论和现实研究的重点课题。

（二）国际战略格局的基本特征

国际战略格局作为国际体系的一种表现形式，无论属于哪种类型，都具有某些共同的特征。

① 国际战略格局总是同一定的历史发展阶段相联系的，是与时代的发展密切相关的。时代与格局是两个不同的国际系统范畴。时代是指社会形态发展的一定阶段，国际战略格局是指世界主要战略力量之间相互作用的结构状态。时代表述的是一个相当长和社会形态演进过程，国际战略格局则是以其构成要素间力量对比关系的组合为基础的，在经济政治发展不平衡规律的作用下，力量对比可以在几十年、十几年甚至几年内就发生重大变化，从而导致格局样式的改变。但与此同时，时代与格局之间又存在着密切的相互关系。国际战略格局总是一定时代条件下的战略力量对比关系。在同一时代条件下，格局的外在形态可能不同，但其内在结构的本质是一样的；在不同的时代条件下，格局的外在形态可能不一样，但其内在结构的本质却是一致的。例如，在自由资本主义时代，无论是两极格局还是多极格局，反映的都是资本主义大国之间的相互制约和相互作用的关系。而冷战时期的两大阵营对峙与第一次世界大战的两极格局，就其内在结构的本质来说也具有某种相似性。因此，要正确分析各个时期国际战略格局的特点，必须把握时代发展的基本脉络及时代发展的不同阶段的基本特征。

② 国际战略格局的政治格局是同经济格局相互联系、相互作用的。世界经济格局是指世界范围内各经济力量中心之间相互关系的结构状态或经济力量对比关系。经济格局与政治格局之间，既自成系统，又相互联系。两者之间的关系主要表现在：第一，世界经济格局的形成，是国际政治格局产生的基础和前提。国际社会的形成和发展，首先是世界经济的形成和发展，国际政治系统是建立在世界经济体系的基础之上的；第二，国际政治力量的形成，与其所拥有的经济实力及其在经济格局的地位紧密相关，一个国家或国家集团在国际政治中的行为能力如何，取决于多种因素，但经济实力地位是其中最基本的、并长期起作用的决定性因素；第三，世界经济格局的发展演变直接影响着国际政治格局变化，两者的演进呈同向性发展的趋势。从历史上看，国际政治格局的变化，往往以世界经济格局的发展为先导。

当然，国际政治力量对比关系对世界经济关系的影响也是不容忽视的。一方面，国际政治格局一经形成，对各种政治力量之间经济关系就具有相当的制约性；另一方面，国际政治格局与世界经济格局是相互影响、相互促进的。例如：国际政治多元化是在世界经济多元化的基础上形成的；同时，它又反过来进一步推进了各种经济力量的发展和经济多元化的深入。

③国际战略格局总是同一定形式的国际秩序相互联系、相互作用的，国际战略格局与国际秩序是两个既有区别又有密切联系的历史范畴。国际战略格局是指一定时段内国际主要战略力量的实力对比和力量组合而形成的基本结构；国际秩序指的则是国际社会主要战略力量之间围绕某种目标和依据一定规则相互作用运行的机制，它是大国和国家集团的利益、实力和对外政策相互作用的统一，描述的是国家间关系的一种结构状态，而不是政治力量之间相互关系的结构状态。国际秩序有国际政治秩序和国际经济秩序之分，并且在不同程度上决定了国际战略格局的特点。特定的国际秩序总是同特定的国际格局相对应，国际秩序总是受着国际格局的影响和制约。新的国际格局一旦出现，终究要导致一种与之相适应的国际新秩序的确立。

④国际战略格局在其演进、变化的过程中，总是相互交错，呈过渡性特征的。国际战略格局是处在不断发展变化之中的，就其内在的矛盾运动而言，主要是格局内部各种政治力量的彼此消长和地位变化。从一定意义上讲，国际战略格局就是一种力量均衡（或均势）状态。当国际政治舞台上的主要力量之间的对比达到一定程度的均衡，形成一定的相互制约关系，就构成了一定的格局形态，但各种政治力量自身也是处在不断发展变化中的，一旦原有的均势状态被打破，就会形成新的均势，构成新的格局形态。由于新旧格局的交替并不是一朝一夕就能完成的，总有一个发展演变的过程，有一个过渡阶段，在这种过渡时期或过渡形态中，旧的力量对比尚未完全打破，新的格局形态还未确立，从而必然存在着新旧两种格局形态的相互交错和存在。因此，一种新的格局形态的确立，是无法用准确的时间予以界定的。

（三）国际战略格局的类型

学术界经常使用的"国际战略格局"概念，在不同领域往往有不同的中心含义。在军事学中使用这一概念，一般侧重于世界军事格局；在国际政治领域使用这一概念，又侧重于世界政治格局。国际战略作为国家在对外关系领域的总体战略，所使用的"国际战略格局"，是世界经济格局、政治格局和军事格局的综合，即与"世界格局"等同。

国际战略格局作为一种力量对比结构，对它的分类主要应当依据构成格局的战略力量之间相互作用的组合形式与规模特征。一般应把国际战略格局分为四种基本类型。

1. 单极格局

单极格局，即某一个大国在国际战略格局中占主导地位，形成一国独霸的局面。这种情形在历史上出现过，如资本主义初期的西班牙、荷兰和英国，都有过独霸世界的历史。英国的世界霸权地位甚至维持了两百年之久。这种格局，是资本主义刚刚形成时期的特定产物。当资本主义刚刚在局部地区出现，当现代意义上的国际社会正在逐步形成时，在资本主义发展最早的国家，往往能够确立独霸地位，这种霸权在很大程度上仅局限于欧洲，真正的世界霸权并未建立起来。

2. 两极格局

两极格局，即两个大国或两个大集团之间的相互制约，对整个国际事务起着决定性的影响。这种类型的格局在历史上多次出现，如18世纪末19世纪初的法国与反法同盟、第一次世界大战期间的同盟国和协约国、第二次世界大战期间的法西斯轴心国和反法西斯同盟国、战后初期的社会主义和资本主义两大阵营、20世纪60年代以后的美苏两极对抗等。从历史上的两极格局来看，所谓两极，主要是两大对立的国家集团，而不完全是两个国家之间或某个国家单独与另一个国家集团之间的对立。面对欧洲的反法同盟，法国一方也有自己的同盟国或附庸国。所谓美苏两极，也不单单是美苏两个超级大国之间的相互对立，在美国一方有其西方盟国和北约集团,在前苏联一方有其东欧盟国和华约。此外,在两极之外总有不从属于两大集团的其他国家存在。第一次世界大战前的两大集团之外有强大的美国和日本,第二次世界大战期间也存在一些没有卷入战争的国家,战后初期则存在着广大的"中间地带"。不过,这些集团以外的国家由于各种原因所致,并未构成国际政治力量,从而使两极之间的相互作用成为一定时期国际格局的主要特征。

3. 多极格局

多极格局,即多种政治力量相互制约,各种政治力量在国际事务中各自独立、基本平等,相互之间不存在联盟或领导与被领导的关系。在多极格局中,作为格局构成要素的国际政治力量,可以是单个的国家,也可以是国家间的联盟,国家联盟可以是集团型的,也可以是一般联合或协调型的。这种格局类型与西方学者所说的"均势"模式、"分散的集团"模式、多极模式基本相同。历史上,19世纪上半期欧洲均势,第一次世界大战后的凡尔赛-华盛顿体制等,均属于这种类型的格局。20世纪70年代以后,国际格局出现了向多极化方向发展的趋势,中、美、苏、日、西欧和第三世界这六大力量竞相发展。特别是冷战结束后,两极格局瓦解,世界格局多极化呈加速发展的趋势。但与此同时,当前的多极化趋势也遇到了相当大的阻力,单极与多极的较量十分激烈。因此新的多极格局的形成将是一个曲折的、长期的过程。

4. 多元交叉格局

这是一种由两极向多极,或由多极向两极的过渡性格局。在这种格局状态下,一方面存在着主导格局的两大战略力量或多种战略力量之间的对立;另一方面,也存在着独立于上述力量之外的其他战略力量。这些战略力量既在一定程度上受到现有格局中的支配力量影响,又能够在国际事务中发挥自身的特殊作用,从而构成国际战略格局中潜在的一极。冷战结束后,在向多极格局的过渡时期,多元交叉格局表现得更为明显。欧美虽是盟友关系,但欧洲正在成为新的一极;美日同盟也有新的发展,但日本的政治独立性有很大增强,很可能在多极格局中占有一席之地;中、俄既与其他战略力量保持着联系,又坚持自身的独立地位。这种多元交叉格局无疑成了未来多极格局的基础。

二、当前国际战略格局的特点

20世纪90年代,以两德统一、华约解散、苏联解体为标志,延续了45年之久的两极世界战略格局宣告结束。两极格局结束至今,处在新、旧世界战略格局的过渡转型时期。此次世界战略格局的转换,不同于以往。以往几次战略格局的转型都是通过大规模战争方式实现的,因而格局转型快,过渡时间短,甚至没有过渡时期。这次战略格局的转型,基本是以和平方式进行,在此期间,各种力量慢慢地产生变化,由量变到质变,最后才能定型,因此,需要的时间较长。

在新、旧世界战略格局转型的过渡时期,虽然新的世界战略格局没有完全形成,但是,其特点和发展趋势是明显的,对目前世界战略格局特点和趋势主要有以下几种观点和看法。

(一)"一超多强"战略格局论

冷战结束后,美国成为世界上唯一的超级军事大国,它凭借其强大的军事、经济实力,推行霸权主义、强权政治,企图建立单极世界,充当世界的霸主,是当今世界格局中最重要的一极。

前苏联解体后,俄罗斯继承了其80%的军事遗产,虽然国内矛盾较多、困难重重,但俄罗斯仍凭借强大的军事实力,加之近年经济状况的好转,在世界舞台上、在军事领域里仍发挥着重要作用。因此，俄罗斯仍是当今世界上仅次于美国的军事大国，是目前世界战略格局中重要的一极。

欧洲作为一个整体，随着欧元的统一、欧洲一体化进程的进展，加之欧洲是世界政治、经济的中心，具有强大的政治、经济、军事实力，所以，作为一体的欧洲，在世界政治、军事、经济事务中有极其重要的作用，是世界战略格局中强有力的一极。

中国经过40多年的改革开放，综合国力大大提高，军队建设逐步走向现代化，经济保持长期高速发展。当今的中国，在世界政治、经济、军事舞台上都发挥着重要的作用。因此，中国理所当然的是世界战略格局中的一支重要力量。

日本凭借其经济、科技大国的地位，大力拓展在世界舞台上的活动空间，一方面扩大在国际社会活动范围，力争在国际社会发挥更大的作用；另一方面，大力发展军备，逐步走向军事大国，对世界战略格局发挥重要影响，日本也是当前世界战略格局中的一极。

(二) "三圈""三环"战略格局论

"三圈"战略格局是指在欧洲以德、法为中心的政治、军事、经济圈，在美洲以美国为中心的美洲政治、军事、经济圈，在亚洲以东盟、日本、中国为代表的政治、军事、经济圈。

"三环"战略格局是指内环是美国，中环是欧洲各国、加拿大、澳大利亚、俄罗斯及独联体各国和亚洲少数国家，其他发展中国家为外环。

(三) "四边"或"五边"世界战略格局论

"四边"格局论是指地处欧洲中部、统一后的德国，与美国、俄罗斯、中国形成一个"四边"世界战略格局。由于日本越来越强大的经济、军事实力，在世界发挥的作用越来越大，加上日本，世界战略格局将呈现"五边"战略格局。

未来的世界战略格局究竟怎样定型，现在下定论还为时过早，但总的趋势可以肯定，美国建立单极世界的路是走不通的，未来的世界战略格局必将呈现出多极化、多元化态势，这是绝大多数国家和人民所希望的，是历史的潮流，不可阻挡。

★ 第三节　中国周边安全环境 ★

一、我国周边的含义和特点

(一) 我国周边的含义

狭义的理解：与我国陆地领土接壤的邻国所构成的亚太地区。广义的理解：是整个亚洲太平洋地区。包括六大板块，分别是中亚、南亚、东北亚、东南亚、西亚与南太平洋的部分地区，这六块区域统称为中国的大周边，在中国外交的总体布局中处于首要地位。中国周边国家有21个，其中海上邻国有9个：韩国、日本、菲律宾、马来西亚、文莱、印度尼西亚、新加坡、越南、朝鲜（其中越南、朝鲜既是陆上邻国又是海上邻国）；陆地邻国有14个：朝鲜、俄罗斯、蒙古、哈萨克斯坦、吉尔吉斯斯坦、塔吉克斯坦、阿富汗、巴基斯坦、印度、尼泊尔、不丹、缅甸、老挝和越南。

周边已经不仅仅是传统意义上邻国或者邻海的范畴，也远远超越以传统民族国家为单位的地理范畴。周边是在给定国家政治经济实力的前提之下，相对于一个国家的战略纵深地带而言,与国家战略利益高度相关、国家力量可以控制和规划的边境地区,与外部国家或力量直接相邻或关联的环陆海空间及此空间中多种政治、经济、文化、军事、地理环境等要素的相互联系与组合。作为一个中国化的概念,周边的含义已经超越了地理边界,成为一个由地理意义、政治意义、经济意义和文化意义交织而成的综合性的研究范畴。

(二) 我国周边安全环境的主要特点

1. 陆地和海洋邻国多,安全环境受周边国家影响大

我国有陆地邻国14个,海上邻国9个,而且我国周边人口密集的国家多、军队规模大、涉及国际和地区热点的国家多。在我国这些邻国中,有的国家之前存在积怨,甚至对立,一旦发生冲突,必将影响我国的边境安全;有的国家内部不稳定,一旦发生内乱,将对我国边境安全造成压力;有的国家对我国发动过侵略战争,或与我国发生过边界冲突;还有一些国家,与我国之间存在着历史遗留下来的边界领土争端和海洋划界争议。邻国这些不同因素的变化,将对我国安全环境产生不同的影响。

2. 地处大国利益交汇区,安全环境受大国影响因素复杂

我国处于亚太地区,而这一地区恰恰又是中、日、美、俄、印战略利益的交汇区,安全环境受到外部影响的因素十分复杂。冷战结束后,美国以推销其价值观、谋取经济利益和维护安全为三大支柱,集中反映了其在该地区的政治、经济和安全利益。俄罗斯的战略重心在欧洲,但其大部分国土位于亚洲,在太平洋有着漫长的海岸线和大片海洋国土,这决定了俄罗斯在该地区具有重要战略利益。日本是位于大陆边缘的岛国,面积不大,纵深短浅,资源贫乏,战略资源和产品市场主要依赖国外,该地区是其主要贸易对象所在地。同时,日本目前正追求从经济大国走向政治大国和军事大国,希望在亚太地区和国际事务中发挥更大的作用,以确保日本在该地区的安全利益。印度位于亚欧大陆外缘弧形地带的中心部位,靠近石油宝库中东,是东南亚和西亚陆上交通要冲;印度半岛扼守着被西方称为"海上生命线"的印度洋战略通道。该地区各大国利益交织,矛盾重重,现实和潜在的威胁与冲突不断,处理不当必然影响我国安全环境。

3. 边界漫长、海域辽阔,边界争议和海洋权益纠纷多

中国位于亚洲东部,太平洋西岸,属于内陆濒海国家。陆地面积约为960万千米^2,内海和边海的水域面积为470多万千米^2。陆地边界长2.28万千米,海防边界长1.8万千米,海域分布有大小岛屿7600多个,其中台湾岛最大,面积为35798千米^2。由于受历史因素的影响,我国边界存在争议的地方较多。在陆地上,我国曾与印度、前苏联、越南存有边界领土之争,并先后于1962年、1969年和1979年爆发边界武装冲突。目前,主要存在的边界争议是和印度的边界划分。海洋国土存在的争议则更大,300多万千米^{2}的海洋国土中就有150多万千米^{2}存在争议。其中,中国与朝鲜、韩国之间存在关于黄海、东海大陆架划分问题;中国与日本之间存在关于东海大陆架划分、钓鱼岛的归属问题;中国南海处于"岛屿被侵占、海域被分割、资源被掠夺"的严重局面。1974年与越南爆发西沙群岛之战;1988年与越南爆发南海之战。边界争议和海洋权益纠纷问题处理得好,国家安全环境就能得到保障;处理得不好,国家安全环境受边界争议纠纷的影响比较大。

二、我国周边安全环境的演变

近代以来,帝国主义列强从陆上和海上、从东南西北各个方向屡屡入侵中国。清朝政府前后与帝国主义列强签订了500多个不平等条约,割地赔款,丧权辱国。仅1842年、1860年、1896年和1901年,列强四次侵华战争,清政府就割让国土160余万千米^2,赔款7.1亿多两白银。我国的邻国众多，在这些国家中，有的在历史上侵略过我国，有的与我国存在着领土和海洋权益争议，有的内部不稳定因素多，有的国内狭隘民族主义泛起、宗教派别斗争加剧，它们对我国安全都有着不同的影响。

新中国成立后的大部分时间里，霸权主义的直接威胁与邻国的领土争端，以及周边热点问题，一直困扰着我国的安全和发展。因此，努力与邻国建立和发展长期稳定的睦邻友好关系，防止相邻大国、强国对我国安全的威胁，阻止邻国被利用来拼凑对我国的包围，创造良好的周边环境，一直是我国对外政策的目标之一。

从新中国成立到20世纪60年代，对我国独立和安全的威胁主要来自美国。美国不甘心在中国的失败，长期推行政治上孤立、经济上封锁、军事上威胁的反华、仇华政策。50年代，美国通过一系列军事条约拼凑军事集团，从东北、正东、东南三个方向对新中国实行战略包围。60年代以后，苏联逐步走上与美国争夺世界霸权的道路，视中国为实现其霸权野心的重大障碍，不仅在中苏、中蒙边界驻扎重兵，支持印度制造边界事端，鼓动越南侵柬反华，而且直接出兵侵略阿富汗，从北、南、西南三个方向对我国构成战略威胁。

为打破美、苏两个超级大国对我国实施的战略包围，我国先后采取了一系列重大战略性举措。从抗美援朝、中印边境自卫反击战、援越抗美斗争到中越边境作战等，有力地打击了霸权主义行径。20世纪70年代初，根据美、苏两个超级大国争夺态势的变化，我国及时调整了对外战略，打开了中美关系正常的大门，与日本恢复邦交，同东南亚国家建立和发展了友好合作关系，使我国的周边环境得到了一定程度的改善。80年代中期以后，苏联调整内外政策，我们抓住时机积极开展有针对性的工作，迫使其采取实际步骤改善对华关系，使我国周边安全环境得到进一步改善。进入90年代以来，随着苏联解体、东西方冷战的结束，我国与周边国家谋求稳定、增加合作、促进发展的趋势有了进一步的增长，我国睦邻友好的周边外交政策取得了显著成效。我国周边安全的总体态势处于新中国成立以来的较好时期。

三、当代中国周边战略方针

目前，我国的周边安全战略构想可概括为"卫主权、求和平、保稳定、谋合作、促发展"。卫主权，即捍卫和维护国家领土主权的完整和统一，捍卫和维护海洋权益。求和平，即反对霸权主义、强权政治，维护周边、亚太地区和世界和平。保稳定，即确保稳定的政治环境和社会秩序，致力于稳定周边环境。谋合作，即在和平共处五项原则和公认的国际关系准则基础上，谋求与周边国家在经济、科技、军事、环保、防止跨国犯罪等领域建立和发展友好关系。促发展，即以加强发展经济为中心，发展科技和教育事业，发展社会主义文化，发展国防力量，发展民族团结，发展生态环保工程，增强综合国力。在与周边各国交往中，注重外交理念的和平性、军事战略的防御性、安全政策的合作性，承认各国的自主性，尊重地区的多样性，使我们坚持与邻为善、以邻为伴的方针和睦邻、安邻、富邻的政策更为全面和成熟。以和平、安全、合作、繁荣为周边政策目标，积极推动睦邻友好和区域合作，从而积极推动建立公正合理的国际政治经济新秩序。

（一）坚持睦邻友好

睦邻友好是我国周边外交的精髓。加强睦邻友好，就是要不断加强增信释疑与互利合作，巩固同中小国家的关系，全面推进同周边大国的关系。中国"与邻为善，以邻为伴"的周边外交政策，不但有助于为中国改革开放和社会主义现代化建设营造良好的外部环境，而且对推动建设持久和平、共同繁荣的和谐周边具有重要意义。近年来，中国坚持"与邻为善、以邻为伴,与周边互为战略依托,推进合作共赢"的周边外交政策,与周边国家政治互信、经济交融和安全合作日益深化,各国对中国的期待和倚重增加,对华友好成为周边多数国家的主要政策取向,中国周边安全环境明显改善。

(二) 加强区域合作是中国周边外交的重点投入领域

加强区域合作,作为务实合作的周边外交,就是要以上海合作组织和东亚区域作为平台,开展富有成效的多边合作,积极探索符合本地区特点及各方利益的政治、经济与安全合作模式,进一步密切与中亚国家的睦邻友好合作关系,全面深化与东盟各国的关系。

(三) 建立国际政治经济新秩序

多年来,我国一直主张建立公正合理的国际政治经济新秩序。我国提出新秩序,不是要抛弃或否定现行秩序,而是要对其中不合理、不公正之处进行调整和改革,使之能够反映大多数国家和人民的共同利益,推动实现国际关系的民主化。我国倡导新秩序,不是要排他,而是希望实现开放、包容和共赢。我国重视发展与美、俄、欧等大国和地区的关系,重视与它们就亚洲问题加强对话与协调,愿意看到它们为本地区的和平、稳定与发展发挥建设性作用。

长期以来,我国在周边坚持大小国家平等相待,坚持和平解决争端,如和平协商,合情合理地解决边界纠纷,"搁置争议,共同开发",解决国际间的领土和权益争端,坚持不干涉别国内政。当今世界已经成为一个紧密联系又错综复杂的整体,孤立于世界之外的国家和地区是不存在的。因此,一个国家确立睦邻政策、优化周边环境,进而驾驭国际形势,已经不是这个国家或其统治者具有何种胸怀、何种风范的问题了,而是环境的逼迫使然、人民的要求使然。

走和平发展的道路,是中国长期坚持的战略选择,也是长期坚持的外交方针,这是由中国的国情、文化传统和国家制度决定的。积极促进周边国家的发展振兴与和平稳定,是中国的特定方针。"睦邻""安邻""富邻"是中国实现自身发展战略的重要组成部分。

思考题

① 什么是战略环境?研究的主要内容是什么?
② 当前国际战略环境的主要特征有哪些?
③ 从目前我国面临的周边安全环境,谈谈高校学生加强国防教育的重要性。

第五章
军事高技术

　　21世纪，人类社会进入了一个崭新的时代，以信息技术、新材料技术、新能源技术、生物技术、海洋技术和航天技术为支柱的一系列高技术取得重大突破和飞速发展，极大地改变了世界的面貌和人类的生活。与此同时，随着高技术在军事领域的不断运用，一场波及全球的新一轮军事革命正在兴起。

　　所谓新军事革命，主要表现为应用高新科技更新武器装备、改革军队编制结构和创新军事理论，从而导致战争形态和军事行动方式发生根本性变化，它将对世界军事形势的发展乃至战略格局的演变产生巨大而深远的影响。

★ 第一节 军事高技术概述 ★

高技术（high technology，简称 Hi-tech）的概念源于美国，是一个历史的、动态的、发展的概念。目前，国际上对高技术比较权威的定义是：高技术是建立在现代自然科学理论和最新工艺技术的基础上，处于当代科学技术前沿，能够为当代社会带来巨大经济、军事、社会和环境效益的知识密集、技术密集技术。

一、军事高技术的概念与分类

军事高技术是高技术的重要组成部分，是应用于军事领域的现代高新科学技术，即已经应用或即将应用于军事领域中，并对现代军事和现代战争产生重大影响的高新科学技术群。高技术武器装备是以一种或多种军用高技术为基础研制而成的武器装备，是军用高技术的物化成果，包括开发新型武器系统、研制新一代武器装备和对现有武器装备进行技术改造等。

严格地说，并不能把高技术截然地分为军用和民用，90%以上的科学技术成就是军民兼用的，但是许多高技术都是首先应用在军事上，而且在高技术发展中，军用高技术往往起带头作用。这是因为军事始终是社会生活中对科学技术的最新成就利用得最快最多的一个领域。另外，军事上的新需求又促进了高技术的发展。按照军事高技术的领域划分，可以分为以下几个相互联系和支撑的技术群：军事信息技术，主要包括微电子、光电子、计算机、自动化、卫星通信和光纤通信技术等；军用新材料技术，主要包括信息材料、能源材料、新型结构材料等；军用新能源技术，主要包括核能、太阳能等；军用生物技术，主要包括基因工程、细胞工程等；军用海洋开发技术，主要包括海水淡化和海底工程建设等；军事航天技术，主要包括航天器的制造、发射和测控、回收等。

按照军事高技术的应用划分，可以分为：侦察监视技术、伪装与隐形技术、军用激光技术、电子战技术、军事航天技术、精确制导技术、军队指挥控制系统、核生化武器和新概念武器等。

二、军事高技术的特征与发展趋势

（一）军事高技术的特征

军事高技术除了高技术的一般特征外，还具有以下特征。

1. 政治性

一般技术作为人类利用、控制和改造自然的物质手段和方法，从一开始就由变革自然的生产过程所决定，并随着各种需要的不断发展而发展。军事高技术是在战争需要的基础上产生和发展起来的，而战争是政治通过另一种形式的继续，这就决定了军事高技术具有鲜明的政治目的性，受国家政治、国防和军事战略思想的指导。

2. 对抗性

军事活动的对抗性决定了军事高技术的对抗性。战争的目的是保存自己，消灭敌人。因此，为战争服务的军事活动具有尖锐的对抗性。任何一方都竭力在尖锐的对抗中争取于己有利的形势，利用最先进的技术研制武器装备，以求用技术上和武器装备上的优势击败对方，达到战而胜之甚至不战而胜的目的。因此，交战双方为取得武器装备的优势，必然要竞相采用高技术，改进武器装备的性能，研制新武器装备。

3. 突然性

军事高技术的发展，特别是理论或技术上的重大突破，往往因其技术上和战术上的创新，在军事上造成突然性，使敌方在战争中受到重大损失以后还不明白其原因何在，从而在战争中处于非常被动的地位。历史上，坦克、化学武器、原子弹、导弹等武器的研制成功和使用，都曾带来这种突然性，在战争中发挥巨大作用。现在世界军事强国高度重视从基础研究入手发展军事高技术，特别重视发展新概念武器，主要目的就是力图获得能对别国造成军事上的突然性的效果，以此来获得和保持军事上的明显优势。

4. 综合性

科学技术的发展使军事高技术一体化趋势日渐明显，主要表现在软（电磁压制）、硬（火力压制）武器一体化。信息技术对现代战场各个领域的广泛渗透，决定了未来武器装备发展的必然趋势是软、硬武器一体化。与此同时，软武器和硬武器自身也在逐步实现一体化。软武器一体化，是以计算机为中心，把通信对抗、雷达对抗和光电子对抗的某些分系统综合为一体，以发挥电子战的综合效能；硬武器一体化，是指杀伤手段逐步走向综合。

5. 双重性

军事高技术发展呈现军用和民用技术一体化趋势。主要表现是：国防科技由军用转为民用的时间间隔越来越短，有的技术甚至一开始研究就着眼于军民结合。为此，各国都在更新观念，调整政策和措施，使国防科技的发展出现以军用高技术为主向军用和民用技术兼容过渡的趋势。

6. 保密性

由于军事高技术有上述突出的特征，它们在国家安全和军事上特别重要，因此，各国都力图获得军事高技术，并及时了解其他国家军事高技术的发展情况，以掌握对他国的技术优势，防止在技术上落后于人。这就使各国都从国家的战略意义出发，力图保持对军事高技术的严格控制，而绝不会像民用高技术那样为了获取利润而轻易转让。

（二）军事高技术的发展趋势

1. 在发展目标上以保持武器系统质量优势作为制定和调整军事高技术计划的核心

发达国家都十分重视通过高技术的研究、开发和应用达到在武器系统的质量上保持优势的目标。美国前助理国防部长认为："美国必须保持武器质量上的优势并乘机会利用技术进步。"英国也提出加强军队质量建设，重点提高军事装备的技术水平和现代化进程。日本建军计划曾提出，适当控制主要武器装备的采购数量，着重进行装备更新，提高武器质量，增强军队的综合作战能力。当前为了夺取信息化作战优势，实现陆、海、空、天一体化作战，发达国家都着力发展 C^4ISR 系统并保持着领先的优势。

C^4ISR 是军事术语，意为自动化指挥系统，是指在军事指挥体系中采用以电子计算机为核心的技术与指挥人员相结合、对部队和武器实施指挥与控制的人机系统。它是现代军事指挥系统中，各子系统的英语单词的第一个字母的缩写，即 command（指挥）、control（控制）、communication（通信）、computer（计算机）、inteligence（情报）、surveillance（监视）、reconnaissance（侦察）。20世纪50年代指挥自动化被称为 C^2（指挥与控制）系统。20世纪60年代，随着通信技术的发展，在系统中加上"通信"，形成 C^3（指挥、控制与通信）系统。1977年，美国首次把"情报"作为指挥自动化不可缺少的因素，并与 C^3 系统相结合，形成 C^3I（指挥、控制、通信与情报）系统。后来，由于计算机在系统中的地位和作用日益增强，指挥自动化又加上"计算机"，变成 C^4I（指挥、控制、通信、计算机和情报）系统。近年来不断发生的局部战争使人们进一步认识到掌握战场态势的重要性，提出"战场感知"的概念，因此 C^4I 系统又进一步演变为包括"监视"与"侦察"的 C^4ISR（指挥、控制、通信、计算机与情报、监视、侦察）系统。

2. 在发展内容上重视综合性、系统性，以适应当代科技发展的规律和特点

科学与技术一体化是当代科技发展的一个重要特点。一般而言，科学主要是以认识客观世界为目的，以纯知识形态存在；而技术主要以利用和改造客观世界为目的，以物质形态或可以直接物化的知识形态存在。现代科技发展使科学与技术相互趋近直到融为一体。军事高技术的许多研究领域，如超导技术、激光技术、生物技术等，已出现科学与技术以同一课题为研究开发对象的浑然一体的现象。各技术领域的交叉综合化是当代科技发展的另一重要特点。军事高技术也正沿这种趋势发展，综合性越来越强，例如隐身技术开始只针对雷达波进行研究，现在除电磁波外，还涉及声、光、红外、磁、水压等区域，形成了庞大的技术群并与其他领域紧密交织、互相促进。当代科技发展的又一重要特点是大科学的兴起。大科学，是指在当代科技交叉渗透、综合发展的条件下，为实现重大的军事、经济目标，由国家组织的规模庞大的多学科的综合研究项目。在大科学条件下，军事高技术发展的系统性大大加强，例如美国的《战略防御倡议》（SDI，俗称"星球大战计划"）、西欧国家的"欧洲长期防务合作研究计划"（代号"欧几里得计划"）等，都是由国家甚至多个国家联合组织的综合性军事高技术发展计划。

3. 在发展水平上向各种"极限"逼近，争取新的突破，以占领当代科技的制高点

军事高技术许多研究领域，都在向包括超高压、超高温、超低温、超高速、超细微、超大规模等在内的自然界的各种"极限"逼近。为了研制各种高性能的复合材料，复合组元的线度正在向纳米（10^{-9}米）级过渡。半导体集成电路的集成度不断提高，存储器芯片的加工线宽约0.1微米。微型超声探测器可以在细小的管道（如人的血管）中运动，通过"航行"可拍摄出管道的三维立体照片。微型潜艇（又称"机器鱼"）的尺寸极小，可以置入人的掌心，用于在深海进行海底资源探测。这种极限化的结果，将会带来一系列在非极限条件下所没有的新效应，产生技术上的新突破。例如超导技术，一旦实现"常温下电阻趋近于零"的目标，将会带来革命性的变化，有人认为其对科技、经济的影响将超过晶体管。又如高温结构陶瓷制成的陶瓷发动机可以显著提高工作温度，避免了冷却系统的损耗，油耗和发动机重量都能大大减少，在军用和民用上都有重要意义。

4. 在发展策略上突出重点，确定优先发展领域，以提高投资的实效

如前面提到的"欧几里得计划"，就确定了11个优先发展领域：高级雷达技术、微电子技术、复合结构技术、模块式航空电子设备、电磁炮、人工智能、信号特征分析、光电器件、卫星监视技术、海洋技术、模拟技术。又如美国国防部曾将关键技术计划中的21项研究领域，按照影响大小和重要程度分为A、B、C三级，分别给予不同的投资强度，各级在预算中所占的平均比例分别为A级52.3%、B级38.4%、C级9.3%。

5. 在发展模式上注重军民结合，促进军事领域高技术成果的扩散与转移

军事高技术成果的扩散与转移将对经济发展和综合国力的增强起重要作用，美国于20世纪80年代末就在战略防御计划局内专门设立了技术应用处，负责向国防部各部门和工业界转移SDI计划的技术成果。美国白宫科技政策办公室曾在国防部和商务部的关键技术计划基础上，制定了"国家关键技术计划"，选择了30项对军用和民用都至关重要的技术作为发展重点。西欧、日本也都采取相应政策，从整体上提高技术竞争能力。

三、军事高技术对现代战争的影响

（一）对武器装备的影响

高技术对武器装备的影响最迅速、最明显，它将直接促进武器装备的改进和发展。一是提高了武器的杀伤效能。高技术的应用，使各类武器朝重量轻、体积小、射程远、速度快、威力大、精确高、机动能力强的方向发展，从而极大地提高了武器的杀伤效能。二是提高了武器系统的综合作战能力和自动化水平。侦察、传输、指挥、控制系统把各类武器联为一体，把各军兵种联为一体，已被广泛应用于战略、战役和战术等各个领域，促使战场指挥一体化，从而提高了武器系统的综合作战能力，并实现了信息的获取、传输、处理和显示的自动化，武器管理、控制指挥的自动化。三是提高了武器装备的生存能力。一方面是抗毁加固，主要是对武器装备壳体和关键部位应用高强度的优质新材料，使武器装备坚固耐用；另一方面是灵活机动，它是提高雷达、飞机、舰艇、火炮、坦克及指挥、控制系统和电子对抗装备生存能力的重要手段。另外是防探测，主要是采用各种隐身技术，减少了被发现概率。四是提高了武器装备的全天时、全天候的作战能力。红外、夜视技术的应用，提高了武器全天时的作战能力；雷达成像、热成像、毫米波和红外技术的应用，大大提高了武器全天候的作战能力。五是为提高武器的可靠与可维修性提供了有效手段。如采用模块化设计技术、故障诊断技术、计算机辅助设计技术、非电子设备的内部自测技术等，可大大减少武器装备的故障率和返修率，并便于检查和维修。六是促使新型武器系统诞生。高技术应用于武器的发展，直接促使新型武器系统诞生，如航天武器系统、人工智能武器系统、隐身武器、基因武器等。

（二）对作战方式的影响

高技术在军事上的应用将有力地改变战争的面貌，引起作战方式的变革。除已经出现的以高技术为主要手段的"马岛式""利比亚式""海湾式""科索沃式""阿富汗式"等局部战争和军事冲突外，还可能出现诸如外层空间的军事冲突和更多的小型局部战争。但也不能完全排除全面战争、特种战争、星球大战和规模较大的高技术战争等新战争样式。至于核武器，人们正从高技术中寻找积极的防御手段。现代局部战争实践表明，电子战、网络战、导弹战、空战、坦克战已成为高技术战争的主要作战形式。此外，还可能性出现化学战、生物战、激光战、机器人战等形式，在空中、陆地、海洋、太空、电磁领域展开，所以未来作战方式将更加多样复杂。

（三）对作战指挥的影响

战争手段的高技术化，使部队的侦察能力、预警能力、机动能力、快速反应能力、突击能力大为提高，使战争具有突然性、立体性、协同性，战争规模大、强度高、节奏快。作战方向和战场瞬息万变，捕捉战机极为困难，战斗空前紧张激烈，这对指挥的时效性、隐蔽性、协同性提出了更高的要求。同时，因信息技术的广泛使用，也给指挥带来极大变化。一是为指挥人员带来了全新的指挥手段。它变手工作业的指挥方式为自动化方式，把指挥人员从烦琐劳累的手工操作中解放出来，从而使指挥方式发生变革。二是把信息、通信、指挥控制联成一体，把空中、海上、地面各种作战力量联成一体，使指挥协同有了可靠保证。三是使作战指挥机构更加精干高效，便于生存。并且，指挥效率和质量大大提高。四是电子战将成为保障军队指挥畅通的基本手段。电子战优势将成为指挥机关安全和指挥稳定的关键。五是对指挥人员的综合素质提出了更高的要求。随着高技术兵器和高技术兵种的出现，指挥人员若没有更高的知识水平就很难指挥管理这样的部队和使用高技术装备。指挥员必须既是军事家，又是工程技术专家，才能熟练指挥程序和具有运用现代化指挥设备的技能。指挥人员只有具备较高层次的军事知识和科学文化知识，才能驾驭现代高技术战争。

（四）对作战理论的影响

高技术在军事领域的广泛应用，使传统的作战理论遭到挑战，也有力地推动了军事理论的变革和发展。具体表现在以下方面。一是改变了胜负观，使传统的胜负观重新定位。传统的胜负衡量的标准是攻城略地多少、人员伤亡多少、掠取物资多少等。而现在的衡量标准则看是否有效削弱了对方的军事、经济、政治实力，是否有效地遏制了对方，使对方彻底屈服，以达到不战或少战而屈人之兵的目的。二是改变了力量观。传统力量观一味追求数量优势，而新的力量观则重在追求高精度、好控制、有效的杀伤破坏和杀伤破坏程度恰到好处。在作战中有区别地、精确地运用力量，一方面可以减少伤亡，缩小舆论影响，便于决策者灵活交替使用外交和武力两种手段，达到政治和战略目的；另一方面，又可以减少毁伤目标所需要的弹药数量，相应减轻后勤和国防工业的负担。在力量的构成上，今后将更重视软杀伤力量的发展，重视各种机理的非致命杀伤破坏力量。在力量的配置使用上更重视力量的机动配置和快速反应式的力量运用。威慑力量与实战力量并重甚至合一，以起到双重效能作用。三是改变了信息观。随着信息技术的广泛应用，整个战争机器的运转将越来越依赖于信息，"能量流"和"物质流"只有得到"信息流"的保障，才能转化为实际作战效能。在激烈的信息对抗环境中，信息采集、传输和使用直接影响着作战的进程和结局。可以说，信息技术已经成为现代战场的主宰。因此，制信权成为双方争夺的制高点。信息技术作为制海权、制空权、制天权的技术支撑，作为武器装备体系对抗的核心，已成为决定战争胜负的关键，谁拥有信息优势，谁就可以掌握作战主动权，谁就能以较小代价夺取战争的胜利。四是改变了时空观。高技术的发展促成现代作战空间的不断膨胀。以往无法达到和逾越的空间已被征服，遥途变近程。美国的陆军强调发展"远距离投送能力"；海军战略则提出"由海到岸"；而空军的战略规定"全球到达"。新的更为广阔的作战空间已经形成并迅速扩大。高技术的进步使人类驾驭作战空间的能力在增强，从而迫使曾长期困扰作战的空间因素大为贬值。与此同时，随着作战进程的明显缩短和节奏加快，从而造成时间因素的增值，现代作战分分秒秒的价值已经远远高出以往作战日日月月的价值。

（五）对作战思想的影响

在军事高技术的影响下，传统的作战思想也受到很大的冲击，产生了以下变化。一是"只战不占""不战或少战而屈人之兵"思想，更强调惩罚、教训和限制对方，迫使对方屈服，干扰和削弱对方，维和而战等正逐步成为主要的作战目的。二是作战必须与政治、经济、外交、环境、舆论等密切配合，协调一致思想。作战控制力更加严密和精确，作战必须寻求更多的支持，选择最有利的时机和地域，不超越严格制定的界限。三是打击重点，首选对方的要害部位和结构重心，力求尽快尽早瘫痪对方的战争机器。四是更加积极创造条件和捕捉战机以利于实施先机制敌。这是争取主动的有效途径，可以较小的付出换取较大的成果。另外，集中火力的原则不再是指兵力兵器的集中配置，而是将疏散配置的兵力兵器的火力集中打击到主要目标上；机动的原则不仅是作战硬件应该贯彻的，也是作战软件必须贯彻的，其中信息机动具有异乎寻常的作用。

★ 第二节　高技术在军事上的应用 ★

军事高技术是直接应用于武器装备并使之具备某种特定功能的应用技术，主要包括侦察监视技术、伪装与隐身技术、电子对抗技术、指挥控制技术、精确制导武器技术、核生化武器技术、新概念武器技术等。

一、侦察监视技术

"知己知彼，百战不殆。"情报侦察是决定战争胜负的重要因素。伴随科学技术的发展，通过近期发生的局部战争尤其是21世纪初的伊拉克战争，人们逐渐对现代侦察监视技术有了一些全面的认识。

（一）侦察监视技术概述

侦察监视技术，是指在全时空内用于发现、区分、识别、定位、监视和跟踪目标所采用的技术。现代侦察监视技术可分为无线电侦察技术、照相侦察技术、雷达侦察技术、传感器侦察技术等。

1. 无线电侦察技术

无线电侦察技术是使用无线电收信器材，截收和破译敌方无线电通信信号，查明敌方无线电通信设备的配置、使用情况及其战术技术性能，以判明敌人编成、部署、指挥关系和行动企图的一种技术。分为无线电通信信号接收、测向和无线电非通信信号接收、测向两大类。

2. 照相侦察技术

照相侦察技术是指依靠照相机摄取目标图像、获取情报资料的一种技术。照相侦察包括：可见光照相侦察、红外线照相侦察、紫外线照相侦察、多光谱照相侦察、微波照相侦察、激光照相侦察等。

3. 雷达侦察技术

雷达侦察是指利用物体对无线电波的反射来发现目标和测定目标状态的一种侦察手段。雷达的工作方式通常分为两大类，一类发射的电波是连续的，称为连续波雷达；另一类发射的电波是间歇的，称为脉冲雷达。广泛应用的是脉冲雷达。雷达侦察的优点是：探测距离远、速度快、即时性强；不受气候、天时限制；能自动搜索跟踪目标；使用附属设备可以识别敌我等。

4. 传感器侦察技术

传感器侦察分为地面传感器侦察和水下传感器侦察两大类。地面侦察传感器是一种能够对地面目标所引起的战场环境的物理场变化进行探测的小型侦察装备。它能够适应各种环境、全天候、全时辰、被动式地侦察敌人地面目标活动，或者在己方要地担任警戒任务。又分为震动传感器、声响传感器等。水下传感器主要是声呐传感器。声呐传感器是接受水中声波的装置，主要用于对水中目标的搜索、测定、识别和跟踪，也可以用于水声对抗、水下通信、导航和对水下武器的制导或控制。

（二）侦察监视技术在战场中的作用

现代侦察技术的发展及其在战场上的应用，使现代战场监视与侦察手段有了显著的改善。侦察手段多样化，各种手段结合运用，大大提高了监视能力、精确侦察能力、夜间或复杂条件下的全天候侦察能力、实时侦察能力。

对现代作战产生的主要影响是：①扩大了作战空间；②改善了信息获取手段；③增强了作战指挥的时效性，提高了指挥质量；④促进了反侦察技术的发展。

（三）侦察监视手段

按照应用的空间地域及其运载工具的多种多样，侦察手段可分为航天侦察、航空侦察、地面（水面、水下）侦察在内的"三位一体"高立体侦察体系。

1. 航天侦察

航天侦察主要通过各类侦察卫星、预警卫星、导航卫星、地面站设备获取信息，重点侦察敌方的战略武器部署和战争准备情况；侦察战前人员集结状况；对导弹、核武器部署进行探测和预警等。目前的照相侦察卫星可分为光学照相侦察卫星和雷达照相侦察卫星两类，它们各有千秋，因而用途不一。其中以美国的照相侦察卫星品种最为齐全，技术最为先进。这些不同功能的照相侦察卫星视角覆盖全球，可对各种战略和战术目标实施全天候、全天时、高分辨率的实时侦察，是收集重要情报的主要来源。与一般的民用卫星相比，照相侦察卫星最主要的特点是地面分辨率高，最高分辨率可达0.1米。如美国的"长曲棍球"雷达照相侦察卫星，它不仅适于跟踪舰船和装甲车辆的活动，监视机动或弹道导弹的动向，还能发现伪装的武器和识别假目标，甚至能穿透干燥的地表，发现藏在地下数米深处的设施。

航天侦察能够在战争中不受各种限制，及时有效地获取各方面的军事信息情报。在科索沃战争中，北约调集了50多颗卫星直接为军事行动服务。其中动用了美国中央情报局2颗"长曲棍球"雷达照相侦察卫星、3颗KNG11型数据传送卫星及10余颗军、民用气象卫星和美国全球卫星导航系统为打击南联盟的军事行动提供信息。目前在太空有800多颗卫星，其中有400多颗卫星属于美国，其余属于其他国家。

我国自1970年4月24日发射成功第一颗人造卫星"东方红1号"以来，就把研制发展应用卫星作为空间技术发展的主要方针。并于1975年获得首次飞行试验和返回成功，成为继苏联和美国之后，第三个成功发射返回式卫星的国家。从此我国拥有了自己的战略侦察手段，可以为我国的战略导弹确定目标，并能监视别国的军事部署和调动情况，还能检查中国自己军事目标的伪装情况，军事上的价值无法替代。

2. 航空侦察

航空侦察主要由各类有人驾驶和无人驾驶侦察机获取信息情报，主要执行战役、战术侦察任务。有些远程战略侦察飞机也可以用于战略情报侦察。机载侦察装备主要有红外照相、雷达、微波成像、电视摄像等机载侦察设备。如美国的SRG71战略侦察机，主要机载设备有KAG95B侦察照相机、红外与电子探测设备、合成孔径雷达。它的最大飞行速度为3.2倍音速，侦察高度2.4万米，活动半径近2000千米，具有飞行速度快、升限高的性能特点。

3. 地面（水面、水下）侦察

地面（水面、水下）侦察系统可分为固定侦察系统和机动侦察系统，包括光电侦察器材、地面传感器、侦察警戒雷达和无线电电子侦察设备等。常用的技术侦察装备有照相机、望远镜、观察镜、传感器等。

二、伪装与隐身技术

现代侦察探测技术的迅速发展，必然刺激与之相对抗的反侦察技术的不断进步。伪装与隐身技术已经成为对付现代侦察和精确制导武器最有效的技术措施之一，也是现代进攻武器装备突防的重要手段。

（一）伪装技术

1. 伪装技术概述

现代侦察与监视技术的飞速发展，大大地刺激了与之对抗的伪装技术的进步。所谓伪装，就是利用电磁学、光学、热学、声学等技术手段，改变目标原有的特征信息，隐真示假，降低敌人的侦察效果，使敌方对己方军队的配置、企图、行动等产生错觉，造成其指挥失误，以保存自己，最大限度地打击敌人。

2. 伪装技术的主要措施

伪装技术的措施有很多，主要有以下几种：一是遮蔽技术，就是利用制式的伪装器材，设置对目标进行遮蔽的屏障，防止对方侦察；二是融合技术，就是利用涂料、染料等材料，改变目标、遮障物、背景的颜色或图案，以迷惑敌人；三是示假技术，就是利用假飞机、假坦克、假工事、假桥梁等迷惑敌人，吸引敌人的注意力和火力；四是规避技术，就是在战争中可以根据侦察的盲点，来对目标进行规避。

3. 伪装技术的发展趋势

随着武器精确制导打击能力的进一步提高，目标发现即摧毁，已不再是什么神话。"消灭敌人，保存自己"这一战争要诀将演变成"发现敌人，伪装自己"。因此，具有变色龙般伪装功能的生物伪装衣，无疑将成为部队在未来战争中提高战斗力与生存力的理想装备。英国科学家研制出一种新型热敏伪装材料，该材料能在28℃时变成红色，33℃时变为蓝色，低温时变为黑色，在-100～-20℃条件下使用时，具有色彩的全光谱变化。将来这种伪装材料一旦装备，可能使敌方探得的电磁信号完全失真，从而大大提高作战系统的保障能力。

（二）隐身技术

1. 隐身技术概述

隐身技术，又称隐形技术、低可探测技术或目标特征控制技术，是通过降低武器装备等目标的信号特征，使其难以被发现、识别、跟踪和攻击的综合性技术。隐身技术是传统伪装技术走向高技术化的发展和延伸。作为一门交叉性学科，综合了流体力学、材料学、电子学、光学和声学等众多技术。隐身技术通常分为雷达隐身技术、红外隐身技术、电子隐身技术、可见光隐身技术和声波隐身技术等。

2. 隐身技术的应用

隐身武器装备，是应用隐身技术研制的不易被敌方雷达、红外、电子、可见光和声波探测系统发现的武器。它改变了传统的那种靠增加钢甲厚度而牺牲机动性能来提高生存能力的方法，实现了隐身、机动和防护的完美结合。近年来，各种隐身技术取得了突破性进展，如美国空军的F-117A隐形战斗轰炸机是世界上首先问世的一种隐形战斗机。它的表面涂有多种吸波材料，座舱和红外探测器及激光照射器的窗户都采用了内表面金属强化处理，能够吸收雷达波，机身上的所有舱门和口盖都采用锯齿形的边缘来阻止雷达波的反射，使对方的地面防空探测雷达几乎变成"瞎子"。2007年11月，美国又展示了未来主力隐身战机F-35"闪电2"联合攻击战斗机，这种新一代飞机有"世界战斗机"之称，研制费用将近2000亿美元，它将成为美军以对地攻击为主的多用途战斗机，具有全天时、全天候地攻击陆、海、空任何目标的能力。在未来战场上，F-35联合攻击战斗机将与F-22"猛禽"战斗机联手，形成类似F-15与F-16的高低搭配。当F-22清除了敌方战机及地空导弹的威胁后，F-35将携载导弹对分散的地面目标实施全天候精确打击。而F-17A隐形战斗轰炸机在2008年全部退出现役。此外，隐身武器还有法国的"拉菲特"级隐身护卫舰等。而隐身坦克、隐身火炮等也在研制之中。武器装备隐身化已成为一种趋势，战争的突发性也进一步增大，对侦察探测和防御提出了更高的要求。

军事上的需要不仅对各种武器提出了隐身要求，而且对各种技术装备乃至其他军事目标也提出了隐身要求。所以，隐身技术不仅已应用于研制各种隐身武器，而且正在应用于通信系统、指挥系统、导弹发射基地等各种技术装备和军事目标中。随着隐身技术的发展和应用，在未来战场上将出现越来越多的各种隐身武器。这将大大提高武器装备的生存能力、突防能力和作战效能，打破已形成的攻防平衡，推动防御系统中的各种探测系统发生重大变革，刺激反隐身技术的发展。

三、电子对抗技术

电子对抗是敌我双方争夺电磁频谱使用和控制权的斗争。主要包括电子侦察与反侦察、电子干扰与反干扰、电子设备的摧毁与反摧毁等。1837年美国科学家莫尔斯发明了有线电报。19世纪末,科学家们在研究无线电通信时,发现随着发射机数量的增多,出现了相互干扰的现象,当时科学家们并没有意识到这种现象对未来战争的影响,但却为电子战的产生奠定了科学基础。

电子战从20世纪初刚一诞生便备受世界各国的青睐。从电子战最初应用于日俄战争,历经两次世界大战初试锋芒,到首次大规模运用电子战的诺曼底登陆战役,经过越南战争、中东战争和英阿马岛战争,直至电子战大曝光的海湾战争、科索沃战争和伊拉克战争等,电子战以其魔法般的神奇效应,让世界各国军事家们倾心。如今,电子战历经无数大大小小的战争,已风风雨雨地走过一个多世纪。很显然,未来战争是一种打破时空、打破疆域,以信息战为核心的信息化战争,而网络战和电子战已经成为信息战的主要形式。

(一)电子对抗的基本形式

电子对抗的基本形式可以概括为电子侦察与反侦察、电子干扰与反干扰、对电子设备的摧毁与反摧毁三个方面。

1. 电子侦察与反侦察

电子侦察,就是使用各种电子侦察装置探明敌方电子系统并测定其各种参数。它是电子战的基础和重要组成部分。战时只有侦察到对方电子设备的类别、技术性能、数量、配置地点和变动情况,才能有的放矢地进行电子干扰并予以摧毁。电子侦察主要包括无线电通信侦察、雷达侦察和光电侦察。无线电通信侦察就是通过侦察接收机在广阔的电波中接收各种未知信号,并进行分析和识别,查明对方无线电通信设备及其位置,掌握对方无线电通信的战术技术性能。雷达侦察,也称被动侦察,是指通过雷达侦察接收机探测所需的信号,完成对敌方各种雷达的侦察任务。雷达侦察是靠侦察设备接收对方雷达发射的电磁波,它的工作始终处于被动状态,一旦敌方静默,它就会一筹莫展。光电侦察是指利用光电技术手段获取并查明对方光电武器和侦察器材的工作状态、性能、配置情况、方向、技术特点等参数,以便及时提供情报和发出警告,为实施有效的规避和干扰进行准备。电子侦察设备主要包括地面侦察站、电子侦察船、电子侦察卫星、电子侦察飞机等。

电子反侦察,就是防止己方电子设备的电磁辐射信号被对方侦获,或即使被敌侦获,在一定时间内也破译不了,使敌方无法有效地实施干扰和摧毁。

2. 电子干扰与反干扰

电子干扰是实施电子进攻的主要手段。它是利用电子干扰设备发射干扰电波,或利用干扰器材反射、吸收对方的电磁波,使对方的电子设备不能正常工作的电子对抗技术。它主要包括无线电通信干扰、雷达干扰、光电干扰和计算机对抗干扰。无线电通信干扰是针对敌方无线电通信而采取的干扰措施;雷达干扰是利用雷达干扰设备和器材,发射、反射、散射或吸收敌方雷达波,扰乱或欺骗敌雷达系统,使其功能降低或完全失效;光电干扰就是利用光电技术和光电器材,压制、欺骗、扰乱敌方光电设备,使其不能正常工作或失效;计算机对抗干扰是利用专门计算机干扰设备,对敌方计算机设备、系统实施破坏、扰乱、欺骗的综合行动。电子干扰能够造成对方通信中断、指挥失灵、雷达迷盲、兵器失控等被动挨打局面,往往可以起到火力摧毁所无法收到的良好战果。比如,对敌纵深内的电子设备、隐蔽的导弹发射场、洞库内的军事设施等,用火力摧毁往往不能奏效,而实施电子干扰却能收到良好的战果。

反电子干扰,也称抗干扰,就是为降低或消除敌方电子干扰对己方电子设备使用效能的影响而采取的措施,是电子防御措施的重要组成部分。它的目的是减弱或消除敌方干扰对己方电子设备所造成的不利影响,保障己方的电子设备始终处于良好的工作状态。

3. 对电子设备的摧毁与反摧毁

摧毁敌方电子战系统的人员和硬件设备,是在电子侦察基础上阻止敌方电子设备工作最彻底的作战方法。国外称为"硬杀伤""直接杀伤"战术。电子战兵器的反摧毁,就是针对敌方的摧毁措施而采取的防护措施。在现代战争中,摧毁敌方电子设备和保护己方电子设备不被摧毁,已成为一种十分重要的作战样式。

摧毁敌方电子兵器的方法通常有反辐射摧毁、病毒摧毁等。在现代战争中,电子战兵器的反摧毁不仅是"力"的较量,而且是"智"的角逐。通常采用的方法有网络抗毁、机动抗毁、掩蔽抗毁等。

(二)电子对抗技术的发展趋势

今天,新兴的科学技术不仅给人类生活带来了新的曙光和希望,而且也在军事斗争领域激起了新的波澜。电子战,这一集中体现现代高技术战争特点的作战形式,在经过了百年的发展之后,也正以崭新的面貌呈现在世人面前。"网电一体化"成为未来高技术战争发展的必然趋势。在科学技术日益发达、不断融合的信息化时代,以往传统的通信、雷达自成体系的对抗形式已经成为历史。高技术条件下的电子战,不仅涉及通信、雷达、光电、隐身、导航、制导等系统,而且遍及空间、空中、地面、水面和水下,覆盖了米波、微波、毫米波、红外和紫外的所有电磁频谱,涉及各军兵种和各个作战领域。电子战已经由以往单一设备、单项领域的对抗,发展为系统对系统、体系对体系的综合较量。特别是随着电子计算机网络战的出现和成功运用,传统的电子战概念已无法涵盖所有高技术"软"杀伤手段,从而导致了信息战概念的提出和信息战理论的发展,形成了以网络战与电子战为核心和支柱的信息战,进而实现了电子战到信息战的过渡和升华。

四、指挥控制技术

(一)指挥控制技术概述

指挥控制技术,是在军队指挥系统应用的,便于指挥员和指挥机关对所属部队的作战和其他行动的指挥实现快速和优化处理的一系列信息技术的统称。它以电子计算机技术为核心,是集侦察、监视、情报、指挥、控制、通信等于一体的综合技术体系。

战争离不开指挥,一部战争史从某种意义上说就是一部指挥手段不断改进的历史。农业时代,军队作战指挥靠的是令旗、号角、锣鼓、烟火等。工业时代的战争,特别在两次世界大战中,广泛使用了无线、有线电报,电话等工具及侦察机、雷达、无线电侦听器、光学观测器等设备。随着科学技术的飞速发展,人类开始跨入信息社会,军队由机械化迈向智能化、信息化,军队指挥控制系统便应运而生,也就是通常所说的 C^4ISR 系统。

军队指挥控制系统是部队的神经中枢、武器装备的黏结剂、战斗力的倍增器。它能大量、精确、迅速地搜集、处理、传输情报,并能把来自不同信息源的原始数据或经过处理的数据存于系统的计算机存储器中。经过计算机逻辑判断,协助指挥人员拟定和选择各种作战方案,模拟战斗过程,评价战斗效果。军队指挥控制系统由探测预警系统、指挥中心、通信系统、自动数据处理系统组成。

(二)指挥控制技术的应用

指挥控制技术在军事领域最直接和最重要的应用结果,就是物化为军队指挥控制系统。

它是国家指挥机构和各级指挥人员对武装力量行使权力、进行管理、实施指挥的物质基础和手段。军队指挥控制系统是军队的"中枢神经"。和平时期,它能保证整个国防机制的正常运转,提高国家和军队应付各种突发事件的能力。在战时,情报的收集、处理、传输,指挥人员的决策、规划、指挥及战果判断、后勤保障等,都有赖于军队指挥控制系统。缺乏有效的军队指挥控制系统的军队会成为乌合之众,不战而败。对有核国家来说,军队指挥控制系统和核武器一样,是国家核威慑力量的组成部分,因为只有当国家能有效地指挥控制核武器时,核威慑才真正具有威慑力。

进入21世纪,随着新的作战理论和作战方式的出现,军队指挥控制系统成为实施信息作战、信息威慑和信息制裁的重要手段,被各国军方认为打赢未来信息化战争的关键。但是,军队指挥控制系统是一种人机系统。在指挥过程中只有作为指挥主体的人才能定下最终决心。在这一点上,军队指挥控制系统不同于一般的自动化生产控制系统,甚至也不同于自动化武器控制系统。它不是按预案自动决策的,而是由人做出最终决策。指挥人员在军队指挥控制系统中始终处于不可代替的主导地位,因此,指挥人员的素质及他们与系统中技术设备配合的好坏,将在很大程度上影响军队指挥控制系统的作用。

(三)指挥控制技术的发展趋势

现代高技术战争是体系对体系的对抗,在这种对抗中,指挥控制技术具有极其重要的作用,被广泛应用于作战指挥、武器控制、作战保障和后勤保障等方面。数字化战场的建设,主要是军队指挥控制系统的建设。伊拉克战争期间,美国本土与海湾战区之间有全球军事指挥通信系统和国防通信网保持不间断的联系,各种信息通过卫星传送到美国本土的指挥控制中心,经过计算机处理又传送到战地指挥部,整个信息处理过程仅需要几分钟,而美国总统从白宫发出命令到达海湾前线仅需要1~3秒。军队指挥控制系统以其突出的情报获取能力、信息传输能力、分析判断能力、决策处置能力和组织协调能力,在军队现代化建设和高技术战争中的地位和作用日益突出。可以预见,随着科学技术的发展,军队指挥控制系统将越来越完善。在未来10年左右,军队指挥控制系统的主要发展趋势如下。

① 数字化浪潮将继续推动军队指挥控制系统建设。随着美军数字化部队的建立,其他西方国家也纷纷建立数字化部队。数字化将成为军队指挥控制系统建设的首要课题。这些国家主要的军队指挥控制系统将全部实现数字化,系统的性能将有极大的提高。

② 目前正在研制中的武器平台和单兵的军队指挥控制系统将大量装备部队。这使单个平台和单兵能在彼此间以实时或近实时方式交流和共享信息,形成一个横向连通的网络。在迎战敌人时,他们将以这个庞大的网络为后盾,方便地调用其他战斗资源,相互支援,协同作战。

③ 战场监视与侦察设备将快速发展。冷战时期监视侦察设备主要用于战略目的。现在随着威胁的不确定性和地区冲突热点增多,外军对战场监视及侦察设备日益重视。

④ 军队指挥控制系统的安全将面临新的威胁,包括黑客入侵、欺骗干扰、病毒战和网络战等。例如,黑客对军用计算机网络的入侵就严重地威胁着军队指挥控制系统的安全。如何保护军队指挥控制系统中的计算机网络将成为各国军方关注的焦点。

五、精确制导武器技术

20世纪70年代初期,美国首次在越南战场使用了运用精确制导技术研制的激光和电视制导炸弹,由于它们具有极高的命中精度,当时人们称为"灵巧炸弹"。随后,在1974年美国政府的正式文件中第一次出现"精确制导武器"这一名词。在今天,精确制导武器的拥有程度和技术运用能力已经成为衡量一个国家军事现代化程度的重要标志之一。因此,精确制导武器在当代战争中具有举足轻重的作用,被誉为"当代高技术兵器之星"。

（一）精确制导武器的定义

精确制导武器是一种新型的武器系统，是在一般制导武器的基础上发展而来的。一般认为，直接命中概率大于50%的导弹、制导炸弹和制导炮弹统称为精确制导武器。精确制导武器具有精确的制导系统，从而获得极高的命中精度，它具有反应敏捷的控制系统和具有识别目标并摧毁目标的能力及抗干扰能力。这种武器包括各种精确制导导弹、制导炸弹和制导炮弹、巡航导弹和远程遥控无人驾驶飞行器等，其主体是战术导弹。

（二）精确制导武器的制导方式

精确制导过程分为导引和控制两个部分，导引过程是通过测量和计算，发现导弹或制导弹药的实际飞行弹道与理想飞行弹道的偏差及所需的修正量，并向控制系统输出修正偏差的控制指令；控制过程是根据导引系统的指令，操纵弹翼或改变发动机推力方向，进而调整导弹或制导弹药的飞行姿态，修正偏差，使之按照理想弹道飞行。所以，导引和控制就是发现偏差和修正偏差的过程。导引和控制是由制导系统实施的。

精确制导方式可分为寻的制导、遥控制导、惯性制导、匹配制导、卫星制导和复合制导。精确制导武器的核心是制导系统，制导系统的先进与否直接影响到精确制导武器的作战效能、应用范围和武器系统的成本。

1. 寻的制导

寻的制导就是通过弹头上的寻的设备，接收目标发射或反射的能量，比如红外辐射、无线电波、声波等，然后通过这些信息确定目标的位置和速度，自动跟踪目标，直到最后命中。采用这种制导方式的武器种类非常多，比如毫米波制导、激光制导、红外成像制导等。寻的制导的优点是命中精度高，多用于末端制导，适合打击运动目标；缺点是作用距离短。

2. 遥控制导

遥控制导就是在导弹飞行过程中，另外设有指令站，通过不断测量目标和导弹的相对位置，不断地对导弹发出指令，来修正飞行路线。比如说有线制导的反坦克导弹就采用这种制导方式。导弹发射后，尾部拖着一条长长的导线，操纵员通过观测导弹与目标的相对位置，发出控制指令，指令通过导线传到导弹上，纠正飞行路线。通过这样不间断的遥控，使导弹最后命中目标。遥控制导的优点是命中精度高，适于攻击运动目标，在地对空导弹、空对地导弹、反坦克导弹上运用得比较多。像电视制导炸弹也属于遥控制导。

3. 惯性制导

就是采用惯性测量设备测量导弹运动参数的制导技术。在飞行过程中，导弹通过陀螺仪、加速度表等装置测量数据，并根据事先定好的初始条件和制导程序来发出指令，控制导弹飞行。比如中远程弹道导弹、巡航导弹，就采用这种技术，一般用来攻击固定目标，其弹道在发射前就装好了。

4. 匹配制导

包括地形匹配制导和景象匹配制导。就是导弹在发射前，事先把路线上的地形数据或景物图像数字化，存储在导弹上。飞行过程中，通过特定的装置不断测量实际地形或景物数据，与事先存储的数据进行对比，算出偏差后进行纠正。这种制导方式基本上也是用来攻击固定目标。

这两种制导方式都有一定的局限性。比如地形匹配制导，在平原地区和大面积水域上空就很难发挥作用，因为没有明显的地形特征。此外，由于在导弹发射前，需要把大量的地形景物数据输入导弹上的存储器，所以发射准备时间一般比较长。更为重要的是，这种制导技术需要发达的卫星遥感和测量技术，需要事先测量好目标地区的各种地形数据。

5. 卫星制导

这种方式也称 GPS 制导，就是借助于全球定位系统的导航卫星来进行制导和攻击。美国建立的 GPS 系统是由分布在 3 个轨道面上的 18 颗卫星和各种地面系统组成的，可以自动显示出目标的三维位置、三维速度，卫星定位精度不超过 7 米，测速的精度达到 0.1 米/秒。采用这种制导方式最典型的武器就是美军的"杰达姆"联合直接攻击弹药，因为是借助于卫星定位制导，所以其最大的优势是不受天气影响，甚至可以在云层上投放，不用看清地面目标也可攻击，大大提高了作战效率。

6. 复合制导

复合制导，就是综合利用以上几种制导方式的制导。这样可以综合利用以上几种制导方式的优点，弥补缺点，提高导弹的抗干扰能力和精度。比如美国先进的巡航导弹，在飞行的前半段，采用惯性导航加地形匹配制导，在飞行末段采用主动雷达寻的制导，就是一种典型的复合制导。

（三）精确制导武器的种类

精确制导武器，可分为导弹和精确制导弹药两大类。导弹与精确制导弹药的主要区别，在于前者依靠自身的动力系统和导引控制系统飞向目标；后者自身无动力装置，需借助火炮、飞机投掷，也没有全程制导装置，仅有在飞行末段起作用的寻的装置或传感器。

1. 导弹

导弹，是指依靠自身的动力装置推进，由制导系统导引、控制飞行路线并导向目标的武器。

导弹是精确制导武器中研究最早、类别最多、生产和装备量最大的一类。导弹可以从多角度分类。

按照导弹发射点和目标位置，可分为地地导弹、地空导弹、岸舰导弹、潜地导弹、空地导弹、空空导弹和空舰导弹等。

按照作战任务，可分为战略导弹和战术导弹。战略导弹，是用于完成战略任务的导弹，通常携带核弹头，由国家最高统帅部直接掌握，用于摧毁敌人纵深重要战略目标；战术导弹，是用于完成战术任务的导弹，主要用于打击敌方战役、战术纵深的战役、战术目标，也可用于直接支援地面部队作战。

按照导弹射程，可分为近程导弹（射程在 1000 千米以内）、中程导弹（射程在 1000～3000 千米以内）、远程导弹（射程在 3000～8000 千米）和洲际导弹（射程在 8000 千米以上）。

按照导弹的弹道特征，可分为飞航式导弹（如"战斧"巡航导弹）和弹道式导弹。

按照攻击的目标，可分为反坦克导弹、反舰导弹、反雷达（反辐射）导弹、反卫星导弹和反导弹导弹。

2. 精确制导弹药

精确制导弹药也称为灵巧弹药，根据不同的作用原理可分为末制导弹药和末敏弹药两类。

（1）末制导弹药

末制导弹药有寻的器和控制系统，在其弹道末段能根据目标和弹药本身的位置自行修正或改变弹道，直至命中目标。主要有制导炮弹、制导炸弹、制导雷等。

制导炮弹是用于地面火炮发射，弹丸带有制导装置的炮弹的总称。它能够在火炮的最大射程内以很高的单发命中概率攻击目标，主要有激光制导炮弹、毫米波制导炮弹和红外寻的制导炮弹。

制导炸弹也叫灵巧炸弹，是指由制导装置和空气动力装置操纵的航空炸弹，主要有激光制导炸弹和电视制导炸弹。

制导雷是一种将自毁破片技术、遥感技术和微处理技术有机结合起来的新型雷，通常在普通雷、水雷上加装制导系统后即可成为制导雷。

（2）末敏弹药

末敏弹药不能自动跟踪目标，也不能改变飞行弹道，只能在被撒布的范围内利用其自身的探测器探测和攻击目标。

末敏弹药通常由一些子弹药组成。子弹药被抛撒后，立即用其自身携带的探测器开始在小范围内探测目标，发现目标后，即可沿探测器瞄准的方向发射弹丸，对目标进行攻击，既有较大的毁伤面积，又有较高的命中精度。

（四）精确制导武器的作战特点

1. 命中精度高

这是精确制导武器最基本的特征。目前，世界上现役的主要精确制导武器命中概率已超过80%，红外成像导弹的最高命中精度已小于1米，这比普通弹药要高得多。在第二次世界大战中消灭一个目标平均需要9000发弹药，到越战时已减少到了300发，而现在只需1枚"智能"精确制导炮弹或导弹即可。

此外，精确制导武器命中概率和精度的提高，特别是首发命中概率的提高，在军事上具有重要意义，因为如能首发命中，敌人就丧失了二次反击的能力。所以现代战争中一条重要原则就是"先敌发现，先敌开火"。

2. 作战效能高

精确制导武器由于精度高，其爆炸能量精确地释放到目标上，所以其作战效能大大提高。有关资料统计，过去平均使用250发155毫米非制导的炮弹，才能击毁一辆坦克，现在使用精确制导技术的炮弹仅需1~2发即可，其效能为过去的125~250倍。1981年6月，以色列空军出动14架飞机携带精确制导炸弹仅用几秒钟的时间就将伊拉克价值4亿美元的核反应堆摧毁。在阿富汗战争中，北方联盟的部队在围攻塔利班据守的一个高地时，久攻不下，呼唤美军支援。美国的BG52轰炸机迅速赶到战场，投下几枚激光制导炸弹，顷刻间塔利班部队被消灭殆尽，战斗几分钟内便宣告结束。

3. 附带毁伤小

虽然精确制导武器的作战效能提高了，威力增大了，但是它的附带毁伤却减小了。传统的轰炸方式，由于弹药的精度不高，常常造成与目标无关的人员和建筑物的毁伤。比如第二次世界大战中的战略轰炸，往往造成大量平民伤亡。而现代高技术局部战争中，如果造成平民大量伤亡，政治上就会十分被动。精确制导武器的出现改变了这一状况，命中精度的提高，可以大大减少附带毁伤，使得战争的可控性增强，更容易达成战争目的。

4. 武器射程远

传统的弹药由于没有发动机等动力装置，射程都比较近。可是导弹出现后，自身有发动机，使武器的射程提高，突防能力增强。以飞机之间的空战为例：以前飞机空战都是使用航炮，有效射击距离最多只有几千米，而美国最先进的空对空导弹，最远可以打到200千米，完全是超视距攻击。美国的战斧式巡航导弹航程达2500千米，完全可以在敌防空火力圈以外发射，令对方难以发现和防范。

5. 作战效费比高

虽然精确制导武器很昂贵，但它有很高的作战效费比。一枚防空导弹可能价值上百万美元，比普通炮弹贵得多，可是只用一枚就可以打下价值几千万美元的飞机。一枚价值几万美元的"陶"式反坦克导弹，可以摧毁价值200多万美元的"M1"坦克。如在1982年爆发的英阿马岛之战中，阿根廷"超级军旗"战机从30千米外发射价值20万美元一枚的"飞鱼"空舰导弹，一举击沉了英国最先进的价值2亿美元的"谢菲尔德"号驱逐舰，整个世界为之瞠目结舌，价格交换比达到了1∶1000。同时，人们也在努力降低精确制导武器的造价。比如美军近年来大量使用的联合直接攻击弹药，就是在普通航空炸弹的基础上，加装了精确制导装置，每枚炸弹造价只有2万美元左右，精度也很高，用它来轰炸一些高价值目标，效费比是相当高的。

（五）精确制导武器对现代战争的影响

1. 精确制导武器提高了作战效能

（1）以小的投入，换取巨大的战果

在海湾战争中，多国部队向伊拉克发射的精确制导弹药只占发射弹药总量的9%，却摧毁了大约80%的重要目标。由此可以预见，在未来的作战中，一枚常规型的精确制导武器摧毁一架飞机、一辆重型坦克、一艘军舰或一座高价值的军事目标将完全成为现实。

（2）人员伤亡的数量将急剧减少

精确制导武器的使用不依赖"人海战术"，而是建立在远程打击的基础上，一般不会出现短兵相接的局面，而出现的将是机器对机器的局面。因此，持较先进技术一方的战勤人员的伤亡必将大大减少。海湾战争中，美军只阵亡146人，阵亡人数之少是过去任何一场战争所无法比拟的。

2. 精确制导武器使作战方法发生深刻变化

（1）旷日持久的局部战争将被速战速决取代

精确制导武器最本质的作战特点是快速、敏捷、高效，也就是说精确制导武器具有速战速胜的能力。假如一方以1000辆坦克迎敌，而另一方只要用相应数量的反坦克导弹，在数小时内就可以把整个坦克群全部摧毁。因此，一场远程大规模作战行动的胜负在很短的时间内就能成为定局。

（2）传统重型兵器的领先地位受到有力挑战

飞机、坦克、大炮和军舰等重型常规兵器历来有"天之骄子""战场之王""战争之神""海上铁龙"之称。时至今日，在精确制导武器面前，"四大金刚"显得有些软弱。

（3）使突袭性的跨国界作战变得轻而易举

精确制导武器具有准确的远程作战能力，牵连损伤有限，作战持续时间短，军事行动的国际影响度相对降低。

3. 精确制导武器在改变军事力量对比中将起重要的作用

精确制导武器与电子战配合使用可改变军事力量的传统对比。精确制导武器的出现，使电子战由软杀伤发展为软杀伤与硬摧毁相结合的崭新阶段。海湾战争中，精确制导武器就承担了"电子战杀手"的角色。事实表明，拥有先进的精确制导武器和电子战实力的一方，可以战胜传统武器在数量上占优势、但精确制导武器落后、又无电子战实力的一方。

精确制导武器促成了常规的威慑力量。核武器同放射性武器、化学武器、生物武器一样都是大规模杀伤性武器。由于这种武器大范围的杀伤与破坏作用，使用后能使敌人蒙受巨大损失，并造成强烈的心理和精神影响，所以是一种很好的用来恐吓、威胁敌方的武器。但世界上一切爱好和平的人民和国家的共同努力，已打破了超级大国的核垄断，使得超级大国不得不寻求新的威慑力量。由于精确制导武器在作战中的突出表现和种种优点，特别是对点目标的攻击力不亚于小型原子弹，而且牵连损伤较小，所以超级大国把眼光逐渐聚焦到了精确制导武器上，把它视为当代新的具有威胁性的武器。通过近几年的局部战争，可以看到这种融有高技术的精确制导武器的常规威慑力量的可利用性已大大高于核威慑力量。

六、核生化武器技术

进入21世纪，大规模杀伤性武器如核武器、生物武器、化学武器杀伤破坏作用巨大，联合国大会已通过了《禁止生物武器公约》《禁止化学武器公约》《不扩散核武器条约》。这些条约虽然对使用生物武器、化学武器和发展核武器有一定的约束作用，但并没有限制生物武器、化学武器的研究，也不禁止使用和继续发展核武器。因此，大规模杀伤性武器的威胁依然存在。

（一）核生化武器概述

1. 核武器概述

核武器是利用原子核裂变或聚变反应，瞬间释放出巨大能量，造成大规模杀伤和破坏作用的武器。原子弹、氢弹和中子弹统称核武器。核武器是战略威慑和遏制常规战争的主要手段，现代战争大多是核武器威慑下的常规武器局部战争。

核武器的威力取决于爆炸时所释放出的能量，以 TNT 当量表示。所谓 TNT 当量是指核爆炸时所释放的能量相当于多少吨 TNT 炸药爆炸所释放的能量。核武器按爆炸威力可分为百吨级、千吨级、万吨级、十万吨级、百万吨级和千万吨级。所谓万吨级核武器，是指其当量在万吨数量级之内，即一万吨以上至十万吨以下。

核武器按照战斗使用又可分为战略核武器和战术核武器。战略核武器包括陆基、核潜艇发射的弹道导弹、远程飞行运载导弹、巡航导弹等；战术核武器包括地面、海上和飞机上发射的中短程核弹头导弹、巡航导弹、核航弹，以及核大炮、核地雷、核水雷和核鱼雷等。

核爆炸方式可以分为空中爆炸、地面爆炸、地下爆炸，以及水面爆炸和水下爆炸几种。大气层中的核爆炸，通常以火球是否接触地面作为划分空爆和地爆的标准。核爆炸时，产生特异的外观景象。除地下爆炸外，其共同的特点是依次出现闪光、火球、蘑菇状烟云，并发出巨大响声。

光辐射。核武器爆炸时产生的热辐射效应是核武器的重要毁伤因素。物体吸收能量后温度迅速上升，以至燃烧或熔化。光辐射对人员的伤害主要是烧伤，人体的裸露部位可受到光辐射而引起直接烧伤，也可因衣物着火而造成间接烧伤。强光可使人的眼底烧伤或暂时失明。人员吸入核爆炸产生的高温气流、热烟尘或热蒸气等会引起呼吸道烧伤。

冲击波。指核爆炸形成的高温高压气团以极高的速度向外膨胀，猛烈压缩和推动周围介质所产生的高压脉冲波对人员和物体造成的毁伤作用及效果。冲击波对目标的杀伤破坏效应有直接和间接两类，直接效应主要是挤压和撞击所致，挤压可引起人员内脏损伤和外伤，撞击可使人体抛出、碰撞而造成伤亡，冲击波可造成工事建筑和各种物体的破坏。间接效应是被受冲击波破坏的物体打击而间接造成的。

早期核辐射。指核爆炸开始十几秒内释放出的中子流和丙种射线对生物体、电子器件和其他物体的杀伤破坏作用及效果。早期核辐射主要由弹体内核反应产生，或从裂变产物中释放，或由中子与空气作用产生。早期核辐射可直接或间接使物质电离，造成辐射损伤，其主要杀伤破坏对象是人员和电子器件。

核电磁脉冲。指核爆炸时在空间产生的瞬时电磁场对电磁系统所产生的破坏作用。核电磁脉冲通过电缆、天线或接线柱等途径耦合能量而使无线电电子设备、供电系统，以及控制、指挥和通信系统等受干扰或损伤，造成器件烧毁、电击穿、功能失效等。

放射性沾染。指核爆炸形成的放射性微粒对人员、生物和生态环境造成的污染及杀伤破坏作用。放射性沾染按照其沾染范围和程度分为爆区沾染和云迹区沾染。距爆心投影点几千米以内的沾染区称为爆区沾染区。爆区沾染区以外的下风沾染称为云迹区沾染。随风飘动的烟云中较大的放射性颗粒不断降落地面，是形成云迹区沾染的主要途径。地面爆炸时，云迹区地面沾染和空气污染严重，并朝下风方向延伸。空中核爆炸时，由于放射性颗粒小，云迹区地面放射性沾染轻微。烟云中更微小的颗粒会在空气中飘离很长距离，形成全球范围的放射性沾染。放射性沾染直接或间接地对人员和生物产生放射性伤害。

2. 化学武器概述

化学武器是指以化学毒剂的毒害作用杀伤有生力量的武器。包括装有毒剂的化学炮弹、化学航空炸弹、化学火箭弹、化学枪榴弹、化学地雷、化学航空布洒器和毒剂气溶胶发生器及二元化学弹药等。化学武器在使用时，借助于爆炸、加热或空气阻力等作用，将毒剂分散成蒸气、液滴、气溶胶等状态，使空气、地面、水、物体染毒，经呼吸道、皮肤、眼、口等器官，引起人、畜中毒，以杀伤、疲惫敌方有生力量，迟滞、困扰敌方军事行动。

随着现代科学技术的发展，化学武器也越来越现代化。其中二元化学武器的研制成功，是近年来军用毒剂使用原理和技术上的一个重大突破。它的基本原理是：将两种或两种以上的无毒或微毒的化学物质分别填装在用保护膜隔开的弹体内，发射后，隔膜受撞击破裂，两种物质混合发生化学反应，在爆炸前瞬间生成一种剧毒药剂。二元化学武器的出现解决了大规模生产、运输、贮存和销毁（化学武器）等一系列技术问题、安全问题和经济问题。与非二元化学武器相比，它具有成本低、效率高、安全、可大规模生产等特点。因此，二元化学武器大有逐渐取代现有化学武器的趋势。目前，各军事强国装备的毒剂主要有以下几类。

① 神经性毒剂。它是破坏神经系统正常功能的毒剂，如沙林、梭曼、埃克斯等，是一些国家军队重要的装备毒剂。人员中毒后会迅速出现流口水、流汗、流泪、瞳孔缩小、肌肉收缩，最后呼吸停止而死亡。

② 糜烂性毒剂。它是严重破坏人的细胞组织，引起皮肤起疱糜烂，同时损害人的眼睛、呼吸道的毒剂。如芥子气、路易氏气。日军在侵华战争中对中国军民就使用过芥子气，人员沾染毒剂后，经2～6小时潜伏期，染毒处红肿、痒痛，开始起珍珠状小水疱，然后会连成大水疱，溃烂数月不愈。

③ 窒息性毒剂。它是伤害肺部使人员缺氧窒息的毒剂，如光气、双光气等，可装填在炮弹和航空炸弹中使用，造成空气染毒。在高浓度光气中，中毒者在几分钟内由于反射性呼吸、心跳停止而死亡。

④ 全身中毒性毒剂。它是破坏组织细胞氧化功能，使全身缺氧的毒剂，如氢氰酸、氯化氰。氢氰酸是氰化氢的水溶液，有苦杏仁味，可与水及有机物混溶。主要通过呼吸道吸入中毒，其症状表现为恶心呕吐、头痛抽风、瞳孔散大、呼吸困难等，重者可迅速死亡。第二次世界大战期间，德国法西斯曾用氢氰酸一类毒剂残害了集中营里250万名战俘和平民。

⑤ 刺激性毒剂。它是一类刺激眼睛和上呼吸道的毒剂。按照毒性作用分为催泪性毒剂和喷嚏性毒剂两类。催泪性毒剂主要有氯苯乙酮、西埃斯。喷嚏性毒剂主要有亚当氏气。刺激性毒剂作用迅速强烈。中毒后，出现眼痛流泪、咳嗽喷嚏等症状。但通常无致死的危险。

⑥ 失能性毒剂。它是暂时使人的思维和运动机能发生障碍从而丧失战斗力的化学毒剂。其中主要毒剂是毕兹。战争使用状态为烟状。主要通过呼吸道吸入中毒。中毒症状有：瞳孔散大、头痛幻觉、思维减慢、反应呆痴等。

3. 生物武器概述

生物武器（旧称细菌武器）由生物战剂及其施放装置组成。而生物战剂是指战争中用来杀伤人员、牲畜和毁坏农作物的致病微生物及细菌毒素。生物战剂按照性质分类可分为：细菌，包括炭疽杆菌、鼠疫杆菌、霍乱弧菌、布鲁氏杆菌、军团杆菌等；病毒，包括黄热病毒、天花病毒、登革病毒、拉沙热病毒、裂谷热病毒等；立克次体，如斑疹伤寒立克次体和Q热立克次体等；衣原体，如鸟疫（鹦鹉热）衣原体等；毒素，如肉毒杆菌毒素、葡萄球菌肠毒素等；真菌，如球孢子菌、组织胞浆菌等。

今天的生物战剂已发展到6类28种，下面介绍其中具有代表性的几种生物战剂。

① 炭疽杆菌。它是人类历史上第一个被证实引起疾病的细菌，也是具有悠久历史的一种生物武器。化学生物战专家评估，在恐怖分子可能利用的所有潜在生物战剂中，炭疽杆菌是最容易获得的。炭疽杆菌可以用常规的商用实验设备大批培养，其芽孢形成后可制成白色或浅褐色粉末。

② 鼠疫杆菌。它是可致烈性传染病鼠疫。之所以会被用作生物武器，一是传播速度快，二是死亡率高；既可以借染菌的鼠类和蚤类进行生物战，还可以通过大量气溶胶的释放对人群进行攻击。鼠疫杆菌对人有高度感染性，人吸入2000~3000个鼠疫杆菌即可感染发病。

③ 天花病毒。它是被人类消灭的疾病之一，现在重新引起人们的注意，是因为在美国陷入炭疽恐慌之际，一些科学家警告说，致命性更强的天花有可能在全球范围内爆发。目前，世界上仅存两个天花病毒的毒种，一个在俄罗斯新西伯利亚地区的国家病毒和生物技术中心，另一个在美国亚特兰大的疾病预防控制中心。由于担心恐怖分子可能利用天花病毒发动袭击，联合国已延期执行原定在2002年销毁天花疫苗储备的决定。

④ 肉毒杆菌毒素。它是已知毒性最强的细菌性毒素之一，属于神经性毒素。人经口服的致死剂量约为2微克。肉毒杆菌毒素如以喷雾形式施放，人只要吸入0.3毫克就能致死。肉毒杆菌毒素的毒性虽高，但在实际使用中，由于它在空气中很快失活，故其杀伤力仅与神经性毒剂相当。

（二）高技术条件下核生化武器的发展趋势

1. 核生化武器更新换代步伐将加快

高技术的发展，对核生化武器领域产生了重要影响，使传统意义上的研究进程大大缩短。在核武器发展上，计算机技术、电子技术的应用，使得原子武器当量可调整、效应可控制、引信可选择、核部件可插入，正向微型化和可控化发展，大大降低了"核门槛"。特别是超小型弹和特定功能弹的出现，使核武器与常规武器的威力更加接近，界限更加模糊，因此就给少数掌握了该项技术的国家在高技术条件下用于军事打击创造了条件。化学武器方面，现代分子技术、计算机技术的发展，为寻找更有效的、不受国际公约限制的新毒剂和改进现有毒剂提供了更广阔的途径。目前一些国家正加紧发展第三代战剂——生化毒剂，这是一种超剧毒性毒剂，其毒性比沙林高出好几个数量级，在战场浓度下吸一口即可致死。生物武器方面，随着高新生物工程技术的发展，原有生物战剂的性能将进一步提高。分子生物学和遗传工程技术的迅速发展，特别是脱氧核糖核酸重组技术的广泛应用，改变了决定微生物毒性或侵袭力基因的结构，提高了其致病能力，也就是说生物武器将进入基因武器的新阶段。

2. 核生化武器的"家庭成员"将增多

高技术武器系统的不断发展，使越来越多的高技术兵器产生了与核生化武器相同、相似或相近的作用效应，这实际上拓宽了高技术条件下核生化武器的外延，使传统意义上的核生化武器"大家庭"不断膨胀。比如，利用蛋白质工程技术，修饰和剪接毒素分子，制造出符合战术要求的"遗传工程毒剂"；利用重组DNA的技术，把致死、致病或不育的基因与某一民族的基因拼接，制造出使该民族消亡或受控的"基因武器"等。

3. 核生化武器战场使用手段将多样化

精确制导技术、隐形技术和微电子技术等高技术的应用，使核生化武器在现代战争中使用的技术和手段日新月异。如精确制导武器，能使核突击的命中概率达到80%以上；隐形技术在军事领域的高速发展，使有核武器在运载工具的选择上更加"游刃有余"，如可携核弹头的隐形巡航导弹，射程远，发射方式多样，更加便于核袭击；作为远程核突击主要角色的战略轰炸机，由于相应的隐形技术已经成熟，美军已将其中的BG2隐形战略轰炸机列为21世纪核打击的重要力量；微电子技术的发展渗透，也使核武器运载工具的体积和重量大大减轻，系统性能大幅度提高，可靠性与抗干扰性增强。不仅如此，各种高技术手段运用于新一代核武器上，也必将使其特殊的效应得以淋漓尽致地发挥。

高技术的发展还将改进化学毒剂的投掷技术，使毒剂施放朝着密集、远程、精确、无人方向发展。据报道，前苏联试验过一种用于喷洒毒剂的能重返大气层的飞行物，这种飞行物具有洲际导弹的射程，可以把装载的各种毒剂带到远距离目标的上空，然后靠大气层引起的弹头翻滚作用，使毒剂得到广泛的分散。

总之，核生化武器在高技术催化下，在未来战争中将占据重要的地位和作用。少数国家谋求单边主义的霸权做法，只会助长和刺激无核或少核国家发展大规模杀伤性武器，以求自卫和自保，由此引发的失控将给人类和平带来严重威胁，不得不引起世人的高度警惕。

七、新概念武器技术

（一）新概念武器概述

新概念武器是指杀伤机制和工作原理与传统武器不同的新型武器，它是相对于传统武器而言的，是指尚处于研制或探索之中，还没有被大规模用于实战的高技术武器。它投入使用后往往能大幅度提高作战效能与效费比。

未来战争中，动能武器和强激光武器将成为防空防天和导弹攻防作战的利器；高功率微波武器作为未来信息战的重要杀伤武器，将成为攻击敌方信息设备的主要手段之一；计算机网络攻防武器将成为夺取信息优势的重要作战手段；微型无人作战平台将担当起战场侦察、火力压制、毁伤评估等重要作战使命；此外，各种非致命武器也将为未来军事行动提供更多的选择。可以预见，新概念武器的陆续实用化，必将对21世纪的军事理论、作战方式和部队编成产生一系列革命性的影响。

（二）新概念武器的种类

1. 新概念能量武器

（1）定向能武器

定向能武器指武器的能量是沿一定方向传播的，在武器能量传播方向上，在一定距离内，该武器有杀伤破坏作用，在其他方向则没有杀伤破坏作用。如激光武器、微波武器和粒子束武器就属于这一类武器。

① 激光武器。根据激光功率的大小和武器用途的不同，激光武器可分为激光干扰与致盲武器、战术激光武器、战区激光武器和战略激光武器，其中后三者为高能激光武器。激光武器以无后坐、无污染、直接命中等诸多优点成为发达国家研制中的未来重点武器，实现了"有枪无弹、零时飞行、即瞄即中"。在大型激光武器方面，美国占有无可争议的统治地位；而在小型激光武器方面，俄罗斯则处于领先地位。美国在20世纪90年代起就开始研制高级车载激光武器系统、机载激光武器系统和地基反卫星激光武器。

② 微波武器。它是利用高功率微波摧毁敌方电子装备的武器，也可以杀伤人员。通常由

初级能源、能量转换装置、脉冲调制装置、高功率微波源和发射天线等部分组成，主要分为单脉冲式微波弹和多脉冲重复发射装置两种类型。通过毁坏敌方的电子元件、干扰敌方的电子设备来瓦解敌方武器的作战能力，破坏敌方的通信、指挥与控制系统，并能造成人员的伤亡。目前，美国发展高功率微波武器的主要目的是用于飞机自卫、反舰导弹防御、反弹药、压制敌防空武器及指挥控制战和信息战。

③粒子束武器。它是用粒子加速器把粒子源产生的粒子加速到接近光速，并用磁场聚焦成密集的束流，直接去掉电荷后射向远距离目标，在极短时间内把极大的能量传给目标，以此摧毁目标或软破坏目标的定向能武器。目前，国外在粒子束武器方面的研究还处于实验室阶段。

（2）动能武器

动能武器是利用一种5倍音速以上发射速度的弹头的动能直接摧毁目标的武器系统。目前世界上采用新概念技术的动能武器主要有利用火箭推力的动能拦截器和靠电磁能推力的电磁发射武器。

①动能拦截器。它是利用与目标直接碰撞的巨大动能来杀伤目标的飞行器。动能拦截器技术是20世纪80年代初，在各类导弹技术的基础上迅速发展起来的一项技术。其关键技术是高精度制导和快速响应控制技术，追求"零脱靶量"，是精确打击武器的核心技术。

②电磁发射武器。它是一种全新原理的发射技术，主要包括电热化学炮、电磁轨道炮、电磁线圈炮等技术，其中电热化学炮和电磁轨道炮技术在近年来取得了重大进展。从目前来看，电磁发射技术尚未成熟，许多技术难题有待解决。其中包括电源技术、材料技术、超高速弹丸技术等。

2. 新概念信息平台

（1）军用机器人

军用机器人是具有某种仿人功能的自动机器的总称，可以用于执行任何战斗、侦察情况、实施工程保障等。随着现代武器系统正在朝着自动化、智能化、发射后不用管、杀伤力更大的方向发展，战争更加激烈、残酷、多变，破坏性更强，消耗更大，人员生命在战争中受到的威胁也更大。因而，用机器人代替真人，在战争中从事最危险的工作，已成为目前各国军用机器人发展的重点方向。

（2）纳米武器

纳米技术为军事研制纳米武器奠定了物质基础。首先，纳米武器实现了武器系统超微型化，使目前车载、机载的电子战系统缩小至可单兵携带，隐蔽性更好、安全性更高。其次，纳米武器实现了武器系统高智能化，使武器装备控制系统信息获取速度加快，侦察监视精度提高。最后，纳米武器实现了武器系统集成化生产，使武器装备成本降低、可靠性提高，同时使武器装备研制、生产周期缩短。未来战场，巨型武器系统和微型武器系统将同时存在，协同作战，大有大的作用，小有小的妙处，作战手段更加机动灵活，战争形态更加复杂多变。

（3）网络战武器

目前，计算机病毒对信息系统的破坏作用，已引起各国军方的高度重视。军事发达国家正在大力发展信息战进攻与防御装备和手段，主要有：计算机病毒武器、高能电磁脉冲武器、纳米机器人、网络嗅探和信息攻击技术及信息战黑客组织等。研究的内容主要包括：病毒的运行机理和破坏机理、病毒渗入系统和网络的方法、无线电发送病毒的方法等。为了成功地实施信息攻击，外军还在研究网络分析器、软件驱动嗅探器和硬件磁感应嗅探器等网络嗅探武器，以及信息篡改、窃取和欺骗等信息攻击技术。在黑客组织方面，美国国防部已成立信息战"红色小组"，这些组织在和平时期的演习中扮作假想敌，攻击自己的信息系统，以发现系统的结构隐患和操作弱点并及时修正。同时也入侵别国的信息系统和网络，甚至破坏对方的系统。

3. 新概念生化武器

（1）基因武器

基因武器就是运用遗传工程技术，按照人们的需要，在一些致病细菌或病毒中，接入能对抗普通疫苗或药物的基因，产生具有显著抗药性的致病菌；或者在一些本来不会致病的微生物体内接入致病基因，而制造出新的生物制剂。未来出现的基因武器主要有两大类型：一种是专门破坏人体免疫系统的微生物战剂。它主要是通过在一些本来不致病的微生物体内"插入"致病基因或在一些致病细菌、病毒中接入能对抗普通疫苗或药物的基因，来培养出新的抗药性很强的病菌或致病微生物。另一种是专门攻击特定种群的人种密码武器。因为每类人种都有自己特定的基因密码，一旦不同种群的DNA被排列出来，就可以生产出来针对不同种群的人种密码武器，造成敌方人种灭绝。

（2）非致命武器

非致命武器是指为达到人员或装备失能，并使附带破坏最小化而专门设计的武器。目前国外正在研究的非致命武器主要有化学失能剂、刺激剂、黏性泡沫等。化学失能剂，分为精神失能剂、躯体失能剂，它能够造成人员的精神障碍、躯体功能失调，从而使其丧失作战能力。在现代武器装备和战争方式的发展中，从可控武器向可控战争过渡的趋势非常明显，越来越多的军事部队参与反恐与维和任务、镇压暴乱、防止武装冲突升级、解救人质等，自然需要广泛使用各种非致命性武器。这一切都促进了各种非致命武器的迅速发展。

4. 新概念环境武器

（1）地震武器

地震武器是指采取某种手段，人为地在一定区域引发地震从而达到军事目的的一种作战手段。20世纪60年代末期，苏联在进行地下核爆炸效应试验时惊奇地发现，核弹在地下爆炸产生的威力竟在若干天后引起数百千米乃至数千千米外的某个地区发生强烈地震。随后，专家们通过对大量试验数据的分析，证实了地震的确与核爆炸有关。这一发现震惊了苏联的军事家和高层领导。他们意识到，以人为的方式引发地震，造成山崩海啸，无疑是一种杀伤敌人有生力量、瘫痪其经济的战略武器。

（2）气象武器

气象武器是运用现代科学技术，靠人工影响局部天气以求达到某种军事目的的一种武器。简单地讲，气象武器的作用大致可分为两类：一是为己方作战创造有利条件，如造雾、消雾等；二是给敌方军事行动制造困难，如人工降雨、控制台风和闪电、制造酸雨等。

①严寒技术。在敌方距离地面17千米左右的高空爆炸装有甲烷或二氧化碳的炸弹，释放出来的甲烷和二氧化碳密布天空，遮住太阳光，使敌方阵地的广大地区一片黑暗，温度下降，造成敌方人员伤害或设备无法使用。

②洪水技术。用飞机向敌方上空的云层中投放硝酸银颗粒，这些颗粒很小，与注射针头相仿，它们能使云层中的水蒸气形成大雨，从而造成洪水。

③热风暴技术。在沙漠地区使用激光将空气加热，形成龙卷风和沙漠风暴，以影响敌方的人员行动和设备使用。人工影响局部天气的技术正在不断发展。尽管气象武器在技术上和军事应用上还存在大量问题，但美国和其他一些西方发达国家在研究气象武器的技术方面已经取得了初步的成果。随着气象武器的发展，它将在未来战争中大显身手。

5. 心理战武器

所谓心理战武器，是一种以军事实力为基础，运用传播学和心理学等原理，以各种信息媒介为载体，综合运用多种手段，攻击敌军的心理防线，达到"不战而屈人之兵"或"小战而屈人之兵"目的的一种特殊作战样式。心理战武器往往不是那些看得见、摸得着的暴力武器，而是信息，是一种意在影响攻击对象思想和行为的攻击性武器。这种信息，有时是彻底公开地显露给对方，显示给国际社会；有时又若隐若现，使对方可见不可得，可望而不可即，从而产生疑虑、不安，甚至恐惧的心理。

(1) 天空骚扰全息图像

一是仿真变形。即利用现代科学技术逼真地仿制出各种武器、阵地，甚至人员，使敌真假难辨，产生心理困惑和错觉。二是伪装变形。即通过技术手段，对作战目标进行伪装，或伪装假目标进行欺骗，使敌方无法区分真伪，甚至将假目标当作真目标，并按照常规的思维方式进行分析和判断，从而陷入心理活动的误区。

(2) 声音欺骗系统

次声波武器就是针对人体器官所固有的频率来发射次声波以引起共振，对人的意识和心理施加消极的影响。轻者可使人注意力无法集中，丧失各种能力；重者会引起头痛、恶心、神经错乱，甚至昏厥、休克，以致血管破裂和身体爆裂。此外，目前世界一些国家正在研制发声攻心武器，还有声音仿真器、噪声发生器、电子啸叫器等。

(三) 新概念武器的特点

1. 创新性

与传统武器相比，新概念武器在设计思想、工作原理和杀伤机制等多方面都有显著的突破与创新，它是创新思维与高新技术相结合的产物。

2. 奇效性

有独特的作战效能，能有效抑制、破坏、摧毁敌方传统武器装备，能别开新路地杀伤或暂时使人员失能，达到出奇制胜的效果，可在战争中发挥巨大而独特的作战效果，并满足各种新的、特殊的作战任务需求。

3. 时代性

新概念武器也是一个动态的、相对的武器概念。随着时代的发展和科技进步，尤其是高新科技的迅猛发展，某一时代性的新概念武器层出不穷，并日趋成熟，得到广泛应用；继而随着时间的推移，逐渐转化为传统武器。新概念武器不是固定的、一成不变的武器。

4. 探索性

新概念武器的高科技含量远高于传统武器，探索性强，大部分涉及前沿学科，技术难度高，资金投入多，对武器装备发展乃至国民经济的发展都具有带动作用，研制工作又具有高风险性，其发展在技术、经济、需求诸多方面具有较多的不确定性。

(四) 新概念武器对现代战争的影响

1. 战争概念的内涵将发生演变

很多新概念武器具有非致命性，两军对峙、浴血厮杀的战争景观将逐渐淡化。不流血的战争很可能在将来出现。所以，一些军事理论家对战争理念的理解也开始发生变化。

2. 战争持续时间将缩短

新概念武器攻击突然性大、命中精度高、使用范围广，加上数字化、信息化战场的建立和日臻完善，使作战行动既能迅速实时进行，又能打击精确有效。所谓实时，就是能对战场双方迅速变化的态势立即知晓、立即反应、迅速对策。从而使过去在战场上需数小时、数天乃至更长时间才能办到的事，只需几分钟甚至几秒钟就能完成，使定下决心与作战进程几乎同步，做到断然出手、速战速决，大大缩短战争持续时间。

3. 战争毁伤程度减小

战争毁伤分有效毁伤和附带毁伤，前者是指对达到战争目标直接相关的必要毁伤，后者是对达到战争目标无直接关系或根本无关的不必要毁伤。使用传统武器，如实施地毯式轰炸或大威力炸弹轰炸，往往会造成大量附带毁伤，祸及平民百姓和民用设施。即便是有效毁伤，也往往造成大量人员伤亡。新概念武器，尤其是"定点"精确打击的非致命武器，不仅能最大限度地减少附带毁伤，也使有效毁伤更加精确。

★ 第三节 高技术与新军事革命 ★

从20世纪下半期开始至今，伴随着新一轮科技革命浪潮，整个世界正在进行一场新的军事革命。这场新军事革命首先在西方发达国家尤其是美国产生，然后扩展到其他发展中国家，现在仍在发展中。它的影响之广、程度之深，是历次军事革命所不可比拟的，它也必然对我军发展带来深刻的影响。

一、新军事革命概述

（一）新军事革命的概念

新军事革命，就是以信息技术为核心的军事高技术的运用和发展，促使武器装备系统、军事理论及军队体制编制等方面发生重大变革，标志着军事形态从工业时代的机械化军事形态转变为信息时代的信息化军事形态，是人类社会发展过程中的一次新的军事变革。它使先进的军事技术与武器系统、创新的军事学说或军事理论和部队编成及时、正确地结合在一起，从而引起战争样式的深刻变化和作战效能的极大提高。先进的军事技术与武器系统、创新的军事理论和部队编成是军事变革的三要素，要发生军事变革，三者缺一不可。通常认为，创新的军事技术是军事变革的物质技术基础和内在动力；创新的军事理论是军事变革的核心；创新的军队编成是军事变革的组织保证，是将创新的军事技术和军事理论结合起来并付诸行动的兵力、兵器结构系统。

推荐阅读
来源：国际在线

当今世界军事变革大致可以分为三个阶段，即观念转变阶段、战略更新阶段、体系调整阶段。冷战结束至20世纪90年代中期为观念转变阶段，即从传统的冷战思维转向冷战后思维，其中包括对新安全环境的认知、对新安全威胁的判断、对新安全需求的思考等。20世纪90年代中期至20世纪末为战略更新阶段，各主要国家纷纷针对新的安全态势，根据高新技术在军事领域所产生的效用，竞相对各自的军事战略、军事理论、建军方略、军备方针进行了跨世纪的全面更新。至21世纪初，此次重大战略更新暂告结束，但某些小的调整仍在继续。

进入21世纪，世界军事变革开始进入第三阶段，即体系调整阶段。与第二阶段相比，世界军事变革的重心开始出现三个转化：一是从军事战略的更新转向军制体系的调整；二是从高新技术的研发应用转向军备体系的调整；三是从军事理论的研究转向实战体系的调整。这三个转化、三大体系的调整，是世界新军事变革的必然发展趋势，展示出世界新军事变革正在不断走向深化、细化、精化，预示着世界新军事变革将掀起又一个新高潮。

（二）新军事革命的基本内容

新军事革命的本质与核心是信息化。其目的是建设信息化军队，打赢信息化战争。其基本内容可概括为"四新"。

1. 创新军事技术，实现武器装备的信息化

武器装备的断代性发展，是军事领域出现革命性变化的重要标志。现阶段，主要是应用信息技术成果对现有武器装备进行改造，同时研制和发展新型信息化武器系统，从而实现武器装备的信息化、智能化和高效化。目前，发达国家军队已经实现了高度机械化和部分信息化。同时，在战争中大量使用经过信息化改造的精确制导武器。2003年5月，伊拉克战争结束不久，从美国副总统切尼宣布的战场投放的精确制导弹药占总投弹量的比例看，海湾战争是8%，伊拉克战争则占到68%。信息装备已成为现代战争的主战装备。

2. 创新体制编制，重组军队组织结构

一场军事变革的完成，是以军队组织结构调整的最终实现为标志的。调整改革军队的体制编制，是实现人与武器有机结合，最终完成军事变革的关键。世界各国为适应世界新军事变革的发展，高度重视优化军队的内部结构，使军队的体制编制朝着精干、高效、合成的方向发展。总的趋势是，压缩常备军规模，裁减一般部队，增编高技术军兵种部队，使军队朝小型化、多能化、一体化方向发展。现阶段，主要是建设便于灵活组合的中小型模块式部队，建立适合信息快速流通的扁平式作战指挥体制。伊拉克战争中，美军在指挥上，改变了以各军兵种分别指挥的方式，由联合作战中心实行一体化指挥；在保障上，改变了以往逐级实施的方式，由后方基地统供，直接投送到前沿部队和分队，这就是所谓聚焦后勤。

3. 创新军事理论，推动军队建设转型

随着高新技术武器装备的发展，传统的战争理论、作战原则及战略、战役、战术之间的关系等都随之发生变化，出现了一些建立在新的物质基础之上的军事理论。比如，信息化战争理论、信息战理论、联合作战理论、精确化作战理论、非对称作战理论、空间作战理论、非接触作战理论和网络中心战理论等。在伊拉克战争中，美军所使用的"快速决定性作战"理论，就是一种全新的作战理论。它强调作战行动必须充分利用信息化装备优势，采取"远程精确打击加小规模地面快速突击"的新战法，尽快由有限规模的战役行动达成战略目的。通过实战检验，这一理论得到了充实和验证，说明适应信息化战争要求的创新军事理论是完全必需的，并要根据新的军事理论完成军队由机械化向信息化转型。

4. 创新作战方式，适应新的战争形态

20世纪90年代以来，非接触、非线式作战日益成为重要作战方式。网络中心战、太空攻防战等也将在不久的将来登上实战舞台。美军在伊拉克战争中所采用的基本作战方式就是非接触、非线式作战。这种作战方式不再是逐次突破推进，而是一开始就超越防御地带和自然地理屏障，直接对敌战役和战略纵深目标实施中远程精确打击，通过瘫痪对方的整个作战体系、摧毁对方的战争潜力和国家意志来达成战略目的。2003年3月20日凌晨伊拉克战争一打响，美军第3机步师就从科威特出动，第二天便深入伊拉克腹地160千米，5天内急进400多千米，直插巴格达外围。不少人认为，这样用兵是孤军冒险。其实，这正是为了以最快的速度推翻萨达姆政权。这种"闪电"行动，使伊拉克军队来不及纵火油田、炸毁桥梁、设置交通障碍，更来不及组织坚强有力的巴格达防御战。因此，创新作战方式是适应战争形态发展的需要，必须灵活多变。

二、新军事变革对世界的影响

这场新军事变革，促进了世界军事力量的大发展、大动荡和大调整，将对重建世界军事力量格局、重建国际军事安全秩序、重塑未来战争形态和重建未来型军队等产生决定性的影响。

（一）新军事变革有可能进一步加剧世界战略力量对比的失衡态势，诱发新一轮军备竞赛

新军事变革使各国已经存在的差距不仅不容易缩小，反而有可能扩大，甚至导致发达国家和发展中国家军事系统特别是武器装备的新的更大的"时代差"，从而对世界和平、发展和安全构成新的威胁。在历次军事变革中，尽管霸权主义国家能够实现局部的扩张，但没有哪一个帝国能随心所欲地对世界进行控制。新军事变革截然不同，作为这场新军事变革"领头羊"的美国，拥有当今世界上最雄厚的经济实力、最先进的科学技术和最强大的军事实力，加重了其称霸世界的筹码，使它有可能具备全球投送、全球抵达、全球作战的能力，实施全球性扩张、干涉和控制。美陆军《目标部队》白皮书的阐述，至2020年前，美军可在4天内向全球地区部署1个旅战斗队，5天内部署1个师，30天部署5个师。空军可在短时间内到达全球各地，战备轰炸机经空中加油可连续飞行1.8万千米以上。俄罗斯正在调整军事思想，准备打造新型部队。印度积极推行新军事战略，为争当世界大国而努力。德国正在转向对外参与，着力锻造高效军队。法国是昔日老牌劲旅，也踌躇满志以备图强。这种结果，必将导致世界军事力量严重失衡，使弱国与强国之间已经存在的差距越拉越大，并由此引发新一轮军备竞赛。

（二）新军事变革极大地冲击了传统战争理念，推动了世界各国积极主动进行战略调整

新军事变革改变了现代战争的面貌，促使各国重新审视安全环境和战争策略，依据客观环境和主观需求进行战略调整。自20世纪90年代以来，美国出于维护其霸权需要，已多次进行军事战略调整。1992年布什政府首先提出"地区防务"战略；1995年，克林顿政府制定了"灵活选择和参与"战略，1997年，又提出了"塑造、反应、准备"战略；2008年奥巴马政府上台后，对布什政府时期包括"先发制人"在内的军事战略进行调整，大致表现在"先发制人"转向"柔性战争"，通过"拨乱反正"重整军事力量等。俄罗斯从苏联解体后到现在也已调整了三次军事战略。英、法、德等欧盟集团，出于集团利益的需要，在反映各成员国战略主张的同时，积极谋求"联盟战略"。日本以建立"合理、高效、精干"军队为目标，对其军事战略进行全面调整。可以预见，随着新军事变革的深入发展，各国还会进行新的战略调整并促进国际战略格局进行新的整合。

（三）新军事变革不仅使军事手段的地位和作用明显上升，而且会刺激新干涉主义进一步抬头

新军事变革为运用军事手段达成政治目的，提供了低风险、高效能、多样化的可能性选择，从而进一步刺激了新干涉主义，这将给世界和平与地区安全带来新的威胁。例如，一枚导弹携带228枚反坦克子弹，攻击敌坦克群的能力与1000吨量的核弹相当。现在，高新技术使战争的可控性显著增强，也使军事手段的运用空间进一步拓展。据统计，冷战时期发生的局部战争和武装冲突年均为4次，冷战后年均却达10次之多。以美国为首的西方发达国家认为，拥有绝对军事优势是处理国际危机的前提。

（四）新军事变革使得发展中国家战略选择的难度进一步增大

新军事变革对发展中国家的国防建设有一定的促进作用。例如，可以吸收和运用世界军事科技的成果，推动本国国防科技事业的发展；可以借鉴发达国家军事变革的经验，使本国的军事改革少走弯路。但是，世界军事发展的强劲势头是一把双刃剑，发展中国家在战略选择上面临两难困境：如果把主要力量用在军事发展上，就会影响国家经济建设，从根本上削弱国家的综合竞争能力；如果不顺应世界潮流、积极推进本国的军事变革、大力提高国防实

力,与发达国家军队存在的差距越来越大,国家安全就没有保障;面对世界新军事变革的挑战,发展中国家何去何从,怎样决断,是一个非常复杂的战略难题。

三、推进中国特色的军事变革

不同的国家有不同的发展途径,世界军事强国在军事变革中走过的发展途径是:机械化军队初级阶段—机械化军队中级阶段—机械化军队高级阶段(开始信息化的探索和转型)—信息化军队高级阶段。我国由于历史原因,在近代工业时代的军事革命中,比西方列强晚了近一个世纪,军队真正进入以枪炮为主的火器时代,是在20世纪20年代以后。在机械化工业时代的军事革命中,我国又比西方列强晚了半个多世纪,军队真正进入以飞机、坦克、军舰为主的机械化时代,是在20世纪70年代以后。目前,我军机械化程度只发展到中级阶段,离西方军事强国的机械化水平还有很长一段距离。在这种情况下,如果按部就班地完成机械化建设任务后再进行信息化建设,就会坐失良机,无法赶上西方发达国家军队的建设步伐;如果放弃机械化建设,把建设重点全面转向信息化,就可能失去发展的基础,欲速则不达。我国人口多、底子薄、军费少、军队现代化水平低,我们不可能也没必要走西方的新军事变革的发展道路。我们必须把新军事变革理论与我国实际结合起来,走出一条以信息化带动机械化,实现跨越式发展的中国特色新军事变革之路。

(一)保持强烈的忧患意识,把推进军事变革变成国家行为

美国的新军事变革之所以搞得好,除了经济实力之外,还在于他们对自己的军事能力总是有一种危机感、差距感。在推进新军事变革中,他们始终保持一种内在的推动力。最明显的就是1991—2003年打赢的四场高技术战争,每一场战争获胜后他们都不是陶醉于既有的胜利,而是注重给自己挑毛病、找差距。所以,我们在推进新军事变革中,也必须有一种危机感和紧迫感,绝不让"大刀长矛"与"洋枪洋炮"的时代差再次出现。所谓"弱国无外交",军事能力是国家战略能力的核心,世界各国要想保持尊严和独立,就不能不把新军事变革纳入国家发展的大局,把军事家的事提高为政治家的事,举全国之力,求得国防与经济的同步发展。所以,我们要解放思想,转变观念,要把推进中国特色的军事变革作为一项国家行为,形成合力。在党中央、中央军委的统一领导下,有重点、有计划、分步骤地进行。

(二)科技强军,优先发展以信息技术为核心的骨干装备

坚持以科研为先导,引进与自力更生相结合,重点发展信息化装备,同时改造现有武器装备。一是确立武器装备发展新思路,以信息化战争为牵引,优先发展信息化武器装备。重点是侦察、监视和指挥控制技术;精确制导技术;侦察通信预警及电子侦察干扰、预警指挥装备等。二是加强关键技术的预先研究和仿真技术开发,推进技术成果向武器装备的转化。三是把着力点放在"撒手锏"武器装备上。贯彻缩短战线、突出重点和有所为、有所不为的方针,突出发展未来作战急需的"撒手锏"武器装备,重点发展电子信息装备,加强装备体系和配套保障建设。通过"撒手锏"装备的重点突破,带动武器装备水平的整体跃升。

(三)充分利用我国长期发展积累的综合国力优势,为中国特色军事变革奠定坚实的物质技术基础

我国的国防科技经过多年的发展,已经初步奠定了坚实的物质技术基础。一是奠定了外层空间技术基础。"神舟"系列飞船的成功,标示着今天的中国已经成为继美、俄之后第三个世界航天大国,在外层空间的开发和利用方面占有重要的一席之地,为我军适应信息化战争形态提供了重要的基础条件。二是奠定了我国核导弹、常规导弹双重能力的基础。我国导

弹技术起步较早，并始终保持世界先进水平，几十年来取得了重大成就，展示了我军在未来信息化战争中，较强的战略核反击能力。三是奠定了信息技术及相关技术基础。目前，我国的信息技术已达到相当高的水平，大大缩短了与世界先进国家的距离。特别是近几年，我国在高性能计算机等关键技术领域取得了一系列重大突破。此外，我国在高能物理、新材料技术、能源技术、生物技术等与未来战争相关的领域，与西方发达国家的差距正在逐步缩小。四是奠定了完善的国防工业体系基础。经过几十年的建设，中国现在已经形成规模相当、结构科学、布局合理、具有较强自主创新能力的国防工业体系。这些都是我军机械化建设和信息化建设必不可少的支撑力量和坚实可靠的物质基础。

（四）优化结构，调整体制，建立适应信息化战争的合成军队

体制编制的调整改革涉及面广，情况复杂，难度很大，牵一发而动全身。根据我军实际情况来看，一是要减少数量，提高质量，走精兵之路。近期的几场具有高技术性质的局部战争表明，战场制胜的关键已不再取决于数量的优势。"人多力量大"的传统观念已无法适应高技术战争的客观需要，以数量弥补质量差距是很难实现的。因此，对军队总体规模进行压缩，已成为世界军事发展的共同趋势。按照"精干、合成、高效"的原则优化调整军队结构。军队结构决定着整体作战功能，要保持军队的组织系统与新的武器装备和作战方式发展变化相适应。我们既要善于借鉴外军有益的经验，又要充分考虑我军的传统和特点；既不能片面强调保持自身特点，拒绝学习和借鉴先进的东西，又不能脱离我军实际，照搬照套外军的模式。

（五）推行教育训练信息化改革，培养适应信息化战争需要的复合型军事人才

新军事变革的竞争，归根结底是人才的竞争。人才培养是建军、治军和强军之本。我们必须研究探讨信息时代人才成长、管理与组合规律，制定21世纪指挥与参谋军官的选拔和使用标准，建立初、中、高级军官全程培训体制，按照信息化的要求，推行教育训练信息化改革，把超前培养信息化军事人才放到战略地位，"依托院校，改革教育，科技兴训，培养适应信息化战争需要的高素质复合型人才"。

思考题

① 军事高技术的特征有哪些？其对现代战争的影响表现在哪几个方面？
② 精确制导武器的种类有哪些？
③ 新概念武器的种类及特点有哪些？
④ 新军事革命的基本内容是什么？新军事变革对世界的影响是什么？

第六章

信息化战争

早在2500年前,中国著名军事家孙子就提出了"知彼知己,百战不殆"的战争名言,强调了信息在作战中的作用,但那时由于信息的手段还比较原始,主要依靠人,"先知者,使用间谍:不可取于鬼神,不可象于事,不可验于度,必取于人,知敌之情者也。"随着科学技术,特别是信息技术的进一步发展,在战争中,信息的手段发生了质的变化,于是就有人提出了信息化战争的概念,并认为,进行信息化战争,夺取制信权将会取代制空权,成为未来作战的第一重要步骤,信息化战争最终将取代机械化战争,成为未来战争的基本形态。信息化战争是一个新生的概念,并且仍在不断地发展着,国内外对信息化战争的认识也不完全相同,但大致基于这样一种观点:信息化战争是指发生在信息时代,以信息为基础、以信息化武器装备为战争工具的战争。

★ 第一节　信息化战争概述 ★

一、信息化战争的概念

"信息化战争"概念是从战争形态发展的角度提出来的。关于信息时代战争形态的新概念,是对机械化战争、核战争形态之后人类社会正在形成的一种新的战争形态的恰当而全面的界定。

关于战争形态发展阶段的划分,有多种不同的观点,意见分歧较大,但有一点是统一的,即都认为信息技术的进步正在推动着战争形态步入一个新的历史阶段,预计在21世纪将全面形成新战争形态。那么,到底什么是信息化战争呢?

所谓信息化战争是指战争中至少有一方主要使用信息化智能武器装备,在多维战场空间实施一体化联合行动的高技术常规战争。它是人类战争继机械化战争、核战争形态之后的一种新的战争形态,是信息时代社会生产方式和生活方式在战争领域的具体体现。

信息化战争与信息时代战争是两个不同范畴的概念。信息化战争是指因为大量使用信息化武器装备所带来的、与以往战争形态有着本质区别的新的战争形态。它可以看作人类信息时代的生产与生活方式在战争形态中的反映。信息时代战争则是一个关于多种战争的集合概念。它泛指人类进入信息时代后的所有战争。由于人类跨入信息时代的步伐不一,世界各国不可能同时进入信息时代,反映在战争领域,则表现为有的国家能实施信息化战争,而有的国家则没有这种能力。因而,信息时代战争是一个多种战争形态共存的概念,其中既有全面的信息化战争,也有现代意义上的机械化战争,甚至还可能有带有冷兵器时代战争痕迹的简单武装冲突。

二、信息化战争的发展历程

战争形态的发展是一个渐变的过程。从旧的战争形态向新的战争形态过渡,需要有一个量的积累过程,即逐渐转变的过程。不同质的战争形态之间不存在明显界线,也没有一个明显的时间"门槛"。信息化战争形态的形成与发展也经历了一个逐渐转化而趋于成熟的过程。我们不能简单地说,哪一场战争就是一场彻底的信息化战争,以这场战争为分界线,之后的战争就都是信息化战争。

信息化战争的
发展历程

信息化战争不是一个遥远的、关于未来形态的概念,而是一个关于战争形态发展的现实概念。信息化战争形态的酝酿出现,早在20世纪80年代初就开始了。只不过那时特征尚不明显,人们一时还未注意到,后来即使感觉到了,但由于最能反映其特点的形态特征尚不成熟,因此,人们也没有明确地提出"信息化战争"这个全面而恰当的概念加以界定,并研究出一套相应的战争理论。20世纪90年代初的海湾战争可以看作信息化战争的雏形,这一点已被越来越多的人达成共识。但是,应该说,它也不是完整意义上的全面信息化战争。因为,它的前期是多维力量的超视距联合精确打击,应该是属于信息化战争的范畴。但它的后期是机械化部队的地面作战,却又是机械化战争的范畴。但不管怎么说,海湾战争的出现,预示着人类全面信息化战争时代即将到来。

★ 第二节　信息化战争的基本特点与发展趋势 ★

一、信息化战争的基本特点

（一）武器装备信息化

科学技术在军事领域中的物化和运用，是引起战争形态发生深刻变革的根本原因。信息时代的战争，是以信息化武器装备系统为物质基础所进行的战争。而信息化的武器装备系统，则是以计算机技术为核心、以信息技术为基础的一体化的武器装备系统，主要包括信息武器系统、单兵数字化装备和指挥控制系统。

1. 信息武器系统

信息武器系统包括软杀伤型信息武器和硬杀伤型信息武器。软杀伤型信息武器，是指以计算机病毒为代表的网络攻击型信息武器和以电子战武器为代表的攻击型信息武器，这类武器已在海湾战争中开始使用。硬杀伤型信息武器，主要是指精确制导武器和各种信息化作战平台。精确制导武器能够获取和利用目标的位置信息进行弹道修正并准确命中目标，信息化作战平台装有大量的电子信息传感设备，并与指挥控制系统联网。它们集侦察、干扰、欺骗和打击功能于一体，既可实施战场探测，为实施精确打击和各种战场行动提供目标信息，也可实施信息攻防作战。

2. 单兵数字化装备

单兵数字化装备是指士兵在数字化战场上使用的个人装备，也称信息士兵系统。它既是战场网络系统的一个终端，也是基本的作战单元，具有人机一体化的远程传感能力、攻击和生存能力，能够实时实地提供数字化的目标信息。在阿富汗战争中，美空军之所以能够准确无误地对地面目标实施攻击，就是得益于特种作战部队装备的信息士兵系统与整个战场数字化网络联系为一体，为其提供了及时准确的目标数据。单兵数字化装备的出现与运用，意味着陆军作战效能将出现革命性变化。

3. 指挥控制系统

指挥控制系统即 C^4ISR 系统，它将作战指挥控制的各个要素、各个作战单元黏合在一起，使军队形成发挥整体效能的"神经和大脑"。这一系统，能够为从指挥员到士兵的各级作战人员快速提供决策和作战所需要的信息。伊拉克战争中，伊军战败的原因是多方面的，但其指挥控制系统遭到美军攻击而陷入瘫痪，丧失了战场的控制权则是一个重要的直接原因。

（二）信息资源主导化

自从有了战争，信息就一直是赢得战争胜利的重要因素。在激烈的军事对抗中，赢得胜利最重要的环节之一，莫过于对敌我双方情况的掌握，"知彼知己，百战不殆"的名言也因此传颂千年。然而，以前的战争中，虽然也发展起了相当规模的情报侦察活动，但限于当时的技术条件，人们对战争信息的获取和运用总是有限度的，它迫使人们为赢得战争的胜利，必须更多地把目光投向人与武器这两个基本要素。

20世纪80年代以来世界范围发生的战争，使人们开始意识到战争制胜因素正在发生变化。例如在英阿马岛战争中，武器装备并不明显优于阿军且劳师远征的英军，之所以能够顺利地赢得战争的胜利,是得到了美国的战场信息支持,实现了一定程度上对阿军的战场单向透明是决定胜利的因素之一。这场战争促使各国军队开始高度关注信息及与之相关的技术条件在战争中的作用。以信息技术为核心的新技术的快速发展,使战争指导者企盼了多年的全面了解和掌握战争情况的愿望变成了现实,信息开始能够被大量获取、高速处理和广泛应用,极大地提高了人们驾驭战争的能力,不仅赋予了传统武器装备以新的生命,还催生了以远程精确打击武器为代表的新一代作战工具,信息及与之相关的技术已成为使人的决定性作用和武器的重要作用得以充分发挥的关键因素,人类战争也因此迈进了信息时代的门槛。相对于机械化战争,信息化战争实质上就是信息及与之相关的信息技术条件对胜负发生关键性作用的战争。信息成为战争制胜的关键因素,从根本上改变了战争的面貌。信息条件已成为力量对比必须首先考虑的因素,控制信息权已成为战场主动权的基础。

海湾战争、科索沃战争、阿富汗战争和伊拉克战争的实践,不仅使人们充分认识到物质、能量和信息在战争中的作用将发生革命性变化,而且使人们越来越清晰地看到了信息、信息系统和信息化装备的巨大作用,感受到了信息资源的价值。在战役战术层面上,信息要素已经成为战斗力中的决定性要素,夺取制信息权已经成为现代战争的首要任务和最高目标。实践证明,不管战时还是平时,丧失信息优势的一方将面临"一步落后,步步落后"的结构性代差。

(三)作战空间多维化

20世纪80年代以来,随着航天技术特别是以计算机技术为核心的信息技术在战争中的应用,战场空间发生了新的变化,不仅从陆、海、空三维物理空间扩展到了外层空间,而且一种新的作战空间——信息空间——正在悄然形成。首先,物理空间急剧扩大。第一次世界大战,战场范围仅有数百至数千平方公里;第二次世界大战,战场范围也不过数万或数十万平方公里。而海湾战争,战场空间急剧扩展到1400万平方公里。发生在21世纪初的阿富汗战争,其作战规模远远不及海湾战争和科索沃战争,虽然主战场基本上限于65万平方公里的阿富汗境内,但战争的相关空间却延伸到美国本土乃至全球。其中,有80个国家向美国飞机授予领空飞越权,76个国家授予美军飞机着陆权,23个国家同意接纳美军部队。其作战空间范围要远比海湾战争和科索沃战争大得多。随着军事信息技术的高速发展,未来信息化战争的作战空间还将进一步拓展。其次,信息空间多维广阔。信息空间是一个全新的概念,它包括电磁空间、网络空间和心理空间三个方面,渗透于陆、海、空、天各个战场。信息和信息流"无疆无界",使得信息作战的空间也有别于传统的战场界限。

(四)作战节奏快速化

时间是战争的基本要素。随着计算机、电子通信、卫星技术和信息化武器装备的发展,信息化战争的作战节奏和作战速度将比机械化战争大大提高,持续时间明显缩短,呈现出迅疾短促的特征。一是战场信息流动加快,作战周期缩短。信息时代,数字信息技术广泛应用于战场侦察、监测和信息传输,实现了信息的实时获取、实时传输、实时处理,使得信息流动速度空前加快,空间因素贬值,时间因素急剧增值。在网络化的战场上,尽管基本作战程序和信息的流程没有发生根本变化,但发现目标、进行决策、下达指令、部队行动等环节,几乎是实时同步进行的。二是战争的突然性增大,时效明显提高。从近期几场局部战争实践来看,进攻一方采取各种欺骗伪装措施,运用优势电子技术装备、隐形技术装备和信息化武器装备突然展开攻击,使对方丧失制信权,来不及做出或无法做出有效反应,大大提高了对时间的利用率;同时,各种信息武器的作战反应时间大大缩短,使得许多作战行动在几秒或几十秒内就能完成,时效性明显提高。三是广泛实施精确作战,毁伤效能剧增。第二次世界大战期间摧毁一个目标，大约需要900枚炸弹，而现在只需要1～2枚精确制导炸弹；1枚重磅精确制导炸弹的效能，相当于第二次世界大战时数百架飞机投掷数千枚炸弹的效能。

(五) 信息化系统对抗成为作战中新的对抗形式

信息技术在军事领域里的广泛运用，产生了划时代的C⁴ISR系统，它与数字化作战平台相结合，通过对获取战场信息、信息分析处理、辅助作战决策、下达行动指令、引导武器攻击、评估攻击效果等作战行动的各个基本环节的整体控制，将原专长于不同领域作战的军种部队连接成一个有机的整体，不仅极大地提高了各基本作战单元的作战效能，而且实现了军种间的优势互补，使整个作战系统呈现出一种由战场信息网络连接在一起的高度整体化的特点。20世纪90年代以来的各次战争证明，不仅传统的机械化作战体系很难与信息化作战体系相比较、相抗衡，而且就算拥有一些高技术，如果离开了信息及与之相关的技术条件的支持，在信息化作战体系面前也不堪一击。这表明，技术的进步，已经使信息时代的军事对抗成为真正意义上的系统对抗。系统对抗的特点，使军事行动出现了三个趋势。其一，系统运用的整体性。信息化作战系统的整体性特点，要求对系统的运用也是整体的。换句话说，无论战争的规模多大，持续时间多长，都必须启动整个作战系统。其二，对民用系统的依赖性。信息化作战系统必须在大量民用系统的配合下才能正常运转，要启动作战系统，必须同时启动许多民用系统。美军信息系统在很大程度上依赖民用信息基础设施，其军方高层人士把其军队信息化变革称为"从市场上买来的"。其三，系统对抗的对等性。信息化作战系统只能以信息化作战系统去与之对抗。物质的东西只能靠物质的东西来打倒，拥有与对手同时代的作战系统，是赢得信息化战争胜利的基础条件。

二、信息化战争的发展趋势

基于科学技术的发展，信息化战争的成熟期大约要到21世纪中叶才能到来，因此，要准确地预测信息化战争的发展趋势是很困难的，再加上技术发展的快速性，使这种前瞻性的研究更为困难。然而，战争的发展有其自身的逻辑轨迹，运用科学的研究方法，遵循战争发展的一般规律，仍然可以大致地勾画出未来信息化战争的发展趋势。

(一) 传统战争的界限将被超越

首先，战争目的的嬗变。战争是政治的继续，而政治又是以经济为基础并为经济服务的。暴力是手段，经济利益是目的。经济利益作为战争的最终目的，它的内容和表现形式又是与一定的社会经济形态相联系的。为了扩张和维护经济利益，在传统的战争中，交战双方的战争目的主要表现为对有形资源的争夺。农业时代的战争主要表现为对人力、土地资源的掠夺和占有；工业时代的战争主要表现为对土地、能源和矿产资源的掠夺与对市场的控制。然而，在信息化时代，战争的目的将发生重大变化，将从对有形资源的争夺与控制，转变为对无形资源（即知识和信息）的争夺与控制。这些资源包括凝结在技术设备中的知识资源、存储于各种媒介中的知识资源和存在于人类头脑中的知识和智力资源。

其次，战争行动的泛化。在未来信息化时代，随着各种经济活动和社会活动的高度计算机化、信息化和网络化，社会的经济生活和政治生活将更多地依赖于各种信息系统。信息和信息系统既是武器，也是交战双方攻击的主要目标。瘫痪敌国的经济、制造敌方社会的动乱，把战争意志强加给对方，不需要实施传统意义上的大规模交战，而是通过网络攻击、黑客入侵和利用新闻媒介实施的大规模信息心理战等"软"打击的方式来实现。这样，和平状态与战争状态的界限将趋于模糊。

最后，战争主体的多元性。传统的战争主要发生在国家和政治集团之间，战争的主体是军队。而在未来信息时代由于信息技术和信息系统高度发展,计算机网络连通了整个世界,使得整个世界的政治、经济、科技和文化的联系日益密切,国家的安全受到来自多方面的威胁。实施信息攻击的主体既可能是军队,也可能是社会团体,还可能是怀有极端目的的个人,包括恐怖组织、贩毒集团和宗教极端分子,从而使得发动和从事战争的主体呈现出多元化的特征。2001年,美国发生"9·11"事件后,布什总统宣布国家进入战争状态,但却无法在短时间内认定谁是交战对手;美国虽然拥有世界上最强大的军队,却既无法阻止"9·11"事件的发生,也无法在遭受攻击后立即对敌方做出有效的反击。

(二)战争的威力极大提升

一是信息化时代的军事技术将把常规作战效能推到极限。未来信息化战争的常规作战效能将是建立在军事理论革命、军事工程革命、军事探测革命、军事通信革命和军事智能革命已完成或基本完成的基础之上。军事工程革命将使传统武器装备跨越空间的距离和速度基本达到物理极限;军事探测革命将使侦察、探测的空域、时域和频域范围大大扩展,对作战行动的感知、定位、预警、制导和评估几乎达到实时和精确的极限,也将使战场空间的透明度接近极限;军事通信革命将使军事信息的无缝链接和实时传输成为现实,使各级指挥机构和部队、各种侦察系统和作战平台之间,在探测、侦察、跟踪、火控和指挥方面的信息交流畅通无阻,真正实现实时指挥和控制;军事智能革命将真正实现作战指挥活动与作战行动的自动化和智能化,使指挥活动和作战行动的效率接近极限。在未来信息化战争中,高度信息化的武器装备虽然不具备核武器大规模、大范围的物理杀伤和破坏作用,但它所拥有的精确摧毁能力、系统集成能力、战场控制能力和高效达成战略目的的能力是核武器所无法相比的。从这个意义上说,信息化战争不但具备了亚核战争的威力,而且将使它的实用价值和作战效能超过核战争。

二是信息战争能够达成与使用大规模杀伤性武器几乎同样的战争效果。信息战争也可以称为战略信息战。它是未来信息化战争的重要组成部分,是交战双方运用信息和信息系统在网络空间进行的攻防对抗行动。这种"不流血的战争"蕴含着巨大的破坏和毁伤能力。信息战争是人类历史进入信息化时代的产物。在充分发展的信息化社会里,国家的政治、经济、军事、科技和文化活动都将高度依赖于计算机化、网络化的信息交流和信息环境,计算机网络系统成为社会稳定发展和国家安全最为重要的基础设施。而信息战争就是有组织、有计划地集中使用信息力量,对敌国关系到国家安全和国计民生的关键系统实施的大规模攻击。美国的信息战争专家斯瓦图指出:信息战争首先而且主要是战争。它不是使用网络来获取信息的计算机恐怖主义、计算机犯罪、黑客活动或商业及国家经济间谍活动。信息战争是对信息资产和系统大规模使用毁伤性力量,信息战可能不像传统战争那样残酷,但它与使用大规模杀伤性武器的战争相比,给国家和社会带来的破坏和毁伤可能更为广泛、影响更为深远。

三是大量新概念武器的使用将使信息化战争的作战效能显著提高。在未来信息化时代,大量新概念武器会不断涌现和应用于战争。这些新概念武器具有与传统武器完全不同的杀伤和破坏机理,它不以大规模杀伤对方人员的生命为目标,而是通过使对方的作战人员和武器装备丧失作战功能,或通过改变敌国的生态和自然环境来达成战争目的。新概念武器中具有大面积破坏与毁伤效果的主要有次声波武器、电磁脉冲武器、激光武器和气象武器等。次声波武器具有洲际传送能力,可以穿透10多米厚的钢筋混凝土,电磁脉冲弹可以在瞬间使大范围的电子设备丧失功能。激光武器可以切割敌对国上空的一块臭氧层,引发大面积的温室效应。气象武器可造成大面积的洪涝灾害、地震和火山爆发等。新概念武器的发展前景广阔,其大规模运用将使未来的信息化战争具有不亚于核战争的效果。

（三）军队组织将高度小型化、高度一体化和高度智能化

军队组织是联结军事技术和作战理论的纽带，是发挥军队整体效能的杠杆。在未来信息化战争中，伴随着新军事变革的发展，军队组织的发展趋势将是高度的小型化、一体化和智能化。

一是军队的规模将加速小型化。在未来信息化战争中，由于军队作战能力的极大提高，小规模的高度一体化和智能化的军队即可完成过去由数量庞大的军队才能完成的战略使命。因此，未来军队的组织体制在数量规模上将具有两个基本的发展趋向：一是军队的总规模将大幅度缩小。进入21世纪，美国的军队规模已从20世纪90年代初的200万减少到138万，俄罗斯也将军队总员额从原来的280万减至70万。可以断言，随着军队的信息化程度和作战能力的不断提升，拥有庞大的常备军将成为历史。二是作战部队的建制规模将更加小型灵巧，可能出现按照作战职能编成的小型作战群或能够同时在陆、海、空等多维空间作战的一体化的小型联合体。

二是军队的编成将高度一体化。未来军队编成的一体化将主要表现为，按照系统集成的观点，建立"超联合"的一体化作战部队。军队组织的编成，将打破传统的陆、海、空、天等军种体制，按照侦察监视、指挥控制、精确打击和支援保障四大作战职能，建成探测预警子系统、指挥控制子系统、精确打击与作战子系统和支援保障子系统，这四个子系统的功能紧密衔接、有机联系，构成一个大的一体化作战系统。按照这个思路构建的军队，使作战力量形成"系统集成"，实施真正意义上"超联合"的一体化作战。

三是军队的指挥与作战手段将高度智能化。一是指挥控制手段的高度自动化和智能化。其标志是 C^4ISR 系统的高度成熟与发展。未来的 C^4ISR 系统将真正实现侦察监视、情报搜集、通信联络和指挥控制的无缝链接，构成作战指挥与控制的信息高速公路，确保指挥员实时地感知战场情况，协调、控制部队和武器平台的作战与打击行动。计算机是自动化指挥控制系统的核心，是实现智能化作战指挥的基础。未来计算机的功能，将由运算、存储、传递、执行命令转向思维和推理；由信息处理转向知识处理；由代替和延伸人的手功能转向代替和延伸人的脑功能，从而为作战指挥控制提供更加先进的智能化手段，使作战指挥与控制真正进入自动化、智能化的时代。同时，大量智能化的武器系统和平台将装备部队，并用于战场，战争机器人也将得到广泛运用。

第三节　信息化战争与国防建设

信息化战争作为一种全新的战争形态，对国防建设的思想观念、国防信息基础建设、人才培养等方面提出了许多新的要求，我们必须适应这一发展趋势，与时俱进，开拓进取，全面推进国防和军队的信息化建设，以求在未来信息化战争中立于不败之地。

一、树立信息时代国防建设新的思想观念

战争形态的发展变化，给我们带来的挑战首先是观念上的影响和冲击，强烈要求我们必须适应这种不可抗拒的变化，树立与打赢信息化战争相适应的思想观念。

新中国成立后的很长一段时期内，根据美苏争霸的战略格局和我国周边的安全形势，以毛泽东为代表的党中央和国家领导核心确定了"准备早打、大打、打核大战"的国防建设的

指导思想。进入新时期以后，邓小平同志在对国际政治、经济形势科学分析的基础上，果断地作出了国防和军队建设思想实行战略性转变的决策，指出国防和军队建设指导思想要从准备早打、大打、打核大战转到和平时期建设上来。江泽民同志主持军委工作后，根据冷战结束、东欧剧变等国际局势和海湾战争的情况，提出了要立足于打赢现代战争条件下特别是高技术战争条件下反侵略的局部战争。1999年的科索沃战争爆发以后，江泽民同志又明确指出未来人类的战争将主要是信息化战争。胡锦涛同志担任军委主席后指出：要将国防建设的指导思想转到立足于遏制或打赢信息化局部战争上来，并确定了我国于21世纪中叶实现军队信息化、并具备打赢信息化战争能力的国防建设发展的目标。那么怎样理解和掌握国防建设的指导思想呢？

首先，着眼于应付信息化战争，而不是机械化战争或其他形态的战争。信息化战争已经成为信息化时代的主要形态的战争；信息化战争与机械化战争有明显的区别；信息化战争对国防建设提出了崭新的要求；我国对进行信息化战争还没有做好充分的准备。据此，只有将国防建设的着眼点放到应付信息化战争上来，不失时机地做好信息化战争的准备，才能在敌人将侵略战争强加给我们的时候，奋起反击，抵御侵略，战胜敌人，保卫国家的安全和发展。这是关系到民族生存和发展的重大问题，因此，必须围绕信息化战争进行国防建设，全面推进信息化社会，把信息资源作为首要的战略资源，完善信息化战争体系，做好打赢信息化战争的准备。

其次，着眼于应付可能发生的局部战争，而不是迫在眉睫的世界大战。在和平与发展的时代，和平力量超过了战争的力量，世界大战在可预见的时期内不会发生，我国安全的主要威胁是局部战争。因此，应做好应付局部战争的准备。而且，也只有将国防建设的指导思想从准备早打、大打转到准备打可能发生的局部战争上来，才可能抓住历史机遇，集中精力搞好经济建设，并在经济发展的基础上协调发展国防力量。

最后，既着眼于打赢战争，又着眼于遏制战争。国防建设的目的是国家的安全，这既可以通过打赢反侵略战争来实现，也可以通过遏制战争的爆发来实现。当前我国正处于难得的重要战略机遇期，争得和平的发展环境至关重要。而且，只要战略得当，信息化战争的准备充分，遏制战争、争得和平也是完全可能的。因此，国防建设的指导思想既要着眼于打赢信息化战争，又要着眼于遏制战争的爆发。我们在考虑国防建设和经济建设时，从宏观规划到人力、物力和财力的动员，从经济基础建设到国防工程、交通信息、防汛和医疗卫生等建设都必须与打赢信息化战争通盘考虑、规划和建设。只有确立与打赢信息化战争相适应的思维方式，强化信息制胜意识，用源于实践高于实践的先进理论指导实践，用创新的观念谋求国防和军队的建设发展，才能使国防建设适应军队的信息化建设。

二、大力加强国家信息基础建设

在信息时代，国家的信息基础建设是国家战略能力的重要组成部分。国家战略能力，是指一个国家在需要进行战争或应对突发事件时，所能调动的各种力量的总称。

完善的国防信息基础设施是国防信息化的基础，如果没有快速、准确和高效的国防信息基础设施，就不可能真正实现国防和军队的信息化。加强国防信息基础建设，要促使传统的军事通信网络向一体化指挥控制平台过渡，逐步实现综合、智能和"无缝"的国防信息网络；支持各级指挥员在任何时间、任何地点获取作战指挥信息；为满足信息战争需求提供支撑和保障。

国家的信息基础建设是军队信息化建设基石，是打赢未来信息化战争的重要支撑。因此必须把加强国家的信息基础建设作为应对信息化战争的首要举措。当前，我国信息基础设施建设已获得了长足的发展。虽然在交通、金融和通信等主要行业，我国信息化水平已经接近发达国家信息化水平；在数字地球领域，我国信息化水平和发达国家信息化水平处在同一起跑线上；但与发达国家相比，在许多方面我国仍存在差距。因此，必须下大力气加强我国的信息基础建设，努力提升我国的国家战略能力。信息基础建设的重点应主要放在三个方面：一是努力发展以微电子技术、计算机技术和通信技术为主体的信息技术，这是一个国家信息基础建设的基础。二是加快国家大型网络系统建设。三是大力开发各种软件技术。目前我国软件技术的研制、开发能力远远落后于发达国家，与一些发展中国家相比也不占优势。此外，国家信息安全的防护，在相当程度上是由先进软件技术来保障的。因此，应加大研制和开发软件技术的资金、技术和人力投入，使我国在软件技术上跻身于世界先进行列。

三、努力培养国防信息化人才队伍

人才是强国兴军之本，决定未来信息化战争胜负的是高素质国防和军队信息化人才。随着信息技术的飞速发展和在社会各领域的广泛运用，信息科技人才紧缺已经成为一个世界性问题。必须加大力度，努力培养新型国防信息化人才，为我军打赢信息化战争提供强大的智力支撑。一是把国防信息化人才队伍的培养工作作为国防信息化建设的根本大计，树立超前意识，构建我军新型的国防信息化人才培养体系，抓紧培养复合型人才，尽快缩小与发达国家军队在人员素质上的"知识差"，以适应国防信息化建设和未来信息化战争的需要；二是下大力气采取多种有效措施加强国防信息技术人才的培养、引进与保留，建设一支雄厚的信息人才队伍，确保我国的信息基础建设能够持续不断地发展。一方面，依托地方进行信息化人才的双向培养；另一方面，军事院校教学中要加大高新技术知识的比例，提高部队信息化条件下的训练水平，创造良好的信息化环境和信息化文化氛围。

四、加速推进国防和军队信息化建设的进程

我军在加强军队机械化建设的同时，必须乘国家加快经济和社会信息化发展之势，跨越式加快国防和军队信息化建设。首先，要树立信息主导的思想。一是确立信息化在军队建设的主导地位，全面推进国防和军队的信息化建设；二是"系统集成观"。要用大系统的观念来筹划军队建设。在"作战力量"建设上，强调加强作战空间预警、C^4ISR和精确使用作战武器；在战场准备上，要求建立数字化战场；在部队建设上，要求建立数字化部队；在装备建设上，要求积极推行"横向技术一体化"；三是"虚拟实践观"。虚拟现实技术的发展，为人们"虚拟实践"提供了可能。人们可面向未来，创造一种"人工合成环境"，在实验室里"导演"战争，主动适应未来。其次，要实现我军信息化建设的跨越式发展。要抓住三个重点：一是要大力发展信息化武器装备，要在信息化弹药、信息化作战平台、专用信息战武器三个方面取得突破性进展，缩小与发达国家的时代差；二是要大力推进数字化部队建设，在建设思路上要突出我军的特色，走出一条投入少、周期短、效益好的发展路子；三是要大力加强数字化战场建设，数字化部队和数字化战场是信息化战争的两大支柱，有了数字化战场数字化部队才有可靠依托。我军数字化战场建设，应充分运用空间基础数据建设成果，将导航定位、天基立体测绘和时间基准、地球中心坐标系统相统一，建设成能够覆盖整体作战空间的多维信息获取系统，形成平战结合、诸军一体的战场信息系统，推进我军的国防和信息化建设。

思考题

① 什么是信息化战争？
② 信息化战争的产生与形成有哪些动因？
③ 信息化战争有哪些基本特征？
④ 信息化战争的发展趋势是什么？
⑤ 谈谈如何加强国家和军队的信息化建设。

第七章
共同条令教育与训练

条令，是指每个军人在平时的学习、工作、生活和训练中都必须遵守的有关条文和法规，是中央军委以简明条文的形式发布给军队的命令，是军队正规化建设的依据，是军队行为规范的准则。为规范部队平时的管理教育和队列训练，我军制定了《中国人民解放军内务条令》《中国人民解放军纪律条令》《中国人民解放军队列条令》（以下简称《内务条令》《纪律条令》《队列条令》）。条令是我国军事法规的重要组成部分，它体现了军队的性质和宗旨、国家的战略方针、军事思想及建军和作战的原则。本章的教学目的是了解中国人民解放军三大条令的主要内容，掌握队列动作的基本要领，养成良好的军人作风，增强组织纪律观念、培养集体主义精神。

第一节 《内务条令》教育

《内务条令》是中国人民解放军关于军人职责、军队内部关系和日常生活制度的军事行政法规,即《中国人民解放军内务条令》。它对中国人民解放军的性质、任务、新时期建军的总方针及军人职责、内部关系、礼节、军容风纪、作息、日常制度、值班、日常战备和紧急集合、装备日常管理、财务和伙食、农副业生产管理、卫生、营区及房地产管理、野营管理、安全工作、国旗、军旗、军徽的使用和国歌、军歌的奏唱等都作了明确规定。它是军队建立、维护良好的内外关系和正规的内务制度,履行职责,进行行政管理,培养优良作风的依据,是建军宗旨和建军原则的具体体现,是建设革命化、现代化、正规化军队的重要法规。其基本内容如下。

一、军人宣誓

军人宣誓是军人对自己肩负的神圣职责和光荣使命的承诺和保证。公民入伍后,必须进行军人宣誓。军人誓词为:"我是中国人民解放军军人,我宣誓:服从中国共产党的领导,全心全意为人民服务,服从命令,严守纪律,英勇战斗,不怕牺牲,忠于职守,努力工作,苦练杀敌本领,坚决完成任务,在任何情况下,绝不背叛祖国,绝不叛离军队。"

二、士兵职责

中国人民解放军士兵的职责如下。
① 服从命令,听从指挥,勇敢顽强,坚决完成任务。
② 刻苦训练,熟练掌握手中武器和技术装备。
③ 努力学习政治,不断提高思想觉悟。
④ 严守纪律,服从管理,尊重领导,团结同志,爱护集体荣誉。
⑤ 艰苦奋斗,厉行节约,爱护武器装备和公物。
⑥ 积极学习科学文化,提高文化素质。
⑦ 积极参加体育训练,锻炼身体,增强体质。
⑧ 遵守安全规定,保守军事秘密。

三、军官职责

中国人民解放军军官的基本职责如下。
① 深入学习马克思列宁主义、毛泽东思想、邓小平理论、"三个代表"重要思想、科学发展观、习近平新时代中国特色社会主义思想,贯彻党的路线、方针、政策,遵守国家的法律法规,执行军队的法规制度。
② 服从命令,听从指挥,身先士卒,冲锋在前。
③ 精通本职业务,掌握打仗本领,坚决完成各项任务。
④ 熟练掌握和认真管理所配备的装备,使其保持良好状态。
⑤ 忠诚勇敢,敢于担当,清正廉洁。
⑥ 爱护士兵,尊重下级,团结同志,自觉接受教育、管理和监督,处处做好表率。

⑦ 拥政爱民，维护军队良好形象。
⑧ 带头落实安全要求，严格保守国家和军队的秘密，防范事故、案件。

四、军队内部礼节

为体现军队内部的团结友爱和互相尊重，军人必须有礼节。军人敬礼分为举手礼、注目礼和举枪礼。着军服、戴军帽或者不戴军帽，通常行举手礼。携带武器装备不便行举手礼时，可以行注目礼。举枪礼仅限于执行阅兵和仪仗任务时使用。

军人之间通常称职务，或者姓加职务，或者职务加同志。首长和上级对部属和下级及同级间的称呼，可以称姓名或者姓名加同志；下级对上级，可以称首长或者首长加同志。在公共场所和不知道对方职务时，可以称军衔加同志或者同志。军人听到首长和上级呼唤自己时，应当立即答"到"。回答首长问话时，应当自行立正。领受首长口述命令、指示后，应当回答"是"。

（一）军人在下列时机和场合的礼节

① 每天第一次遇见首长或者上级时，应当敬礼，首长、上级应当还礼。
② 军人进见首长时，在进入首长室内前，应当喊"报告"或敲门，得到允许后方可以进入。
③ 同级因事接触时通常互相敬礼。
④ 在室内，首长或者上级来到时，应当自行起立。
⑤ 营门卫兵对出入营门的分队指挥员、首长和上级应当敬礼，分队指挥员、首长和上级应当还礼。

（二）军人不敬礼的时机和场合

① 在实验室、机房、厨房、病房、诊室等处进行工作时。
② 正在操作兵器和位于射击、驾驶位置时。
③ 进行文体活动和体力劳动时。
④ 乘坐公共交通工具时。
⑤ 在浴室、理发室、餐厅、商店时。
⑥ 着便服时。
⑦ 其他不便于敬礼的时机和场合。

五、仪容

军人头发应当整洁。男军人不得留长发、大鬓角和胡须，蓄发（戴假发）不得露于帽外，帽墙下发长不得超过1.5厘米；女军人发辫不得过肩，女士兵不得烫发。师以上首长可以在规定的发型内决定所属人员蓄一种或者几种发型。军人染发只准染与本人原发色一致的颜色。

六、着装

军人必须按照规定着军服，保持军容严整。
① 严格按照授予军衔的命令佩戴军衔标志。
② 严格按照规定佩戴帽徽、肩章、军种（专业技术）符号、领花等。
③ 军人着军服时，应当戴军帽。戴大檐帽、作训帽时，男军人帽檐前缘与眉同高，女军人帽稍向后倾；戴贝雷帽时，帽徽位于左眼上方，帽口下沿距眉1指，帽顶向右下倾斜。戴

绒（皮）帽时，护脑下缘距眉：男军人为1指，女军人为3指。水兵帽稍向右倾，帽墙下缘距右眉1指，距左眉2指。大檐帽饰带应当并拢，并保持水平。士兵大檐帽风带不用时应当拉紧并保持水平。大檐帽、水兵帽松紧带不使用时，不得露于帽外。

④ 军服应当保持整洁，配套穿着，不得混穿。不得在军服外罩便服。不得披衣、敞怀、挽袖、卷裤腿。扣好领钩、衣扣。着长袖衬衣（内衣）时，下摆扎于裤内。军服内穿毛衣、绒衣、棉衣等内衣时，下摆不得外露。着礼服、夏常服时，必须内穿配发的衬衣，系配发的领带。着冬装时，内衣领不得高于军衣领，女军人内衣领外露部分颜色应当与军服颜色相近。长、短袖制式衬衣与夏裤（水兵裤）、裙配套穿着时，通常戴贝雷帽，不系领带，不扣第一纽扣；礼仪场合戴大檐帽，系领带（海军男士兵戴水兵帽，不系领带）。

⑤ 操课和集体活动时通常着军鞋。着便鞋（含凉鞋）时，只准穿黑、棕色鞋（女军人还可以着浅色凉鞋），鞋跟高度男军人不超过3厘米，女军人不超过4厘米。除工作需要和洗漱外，不得着拖鞋、赤脚和赤脚穿鞋。

⑥ 作战、训练、施工、体力劳动时通常着作训服；其他时机和场合通常着常服；参加集会、检（校）阅和外事活动时的着装，按照主管（主办）单位规定执行。

⑦ 参加执勤、操课、检（校）阅或者携带武器、战斗装具时，通常扎外腰带，其他时机、场合需扎外腰带时，由团以上单位首长规定。

⑧ 季节换装的时间和着装要求，由师以上单位首长规定。城市驻军由警备工作领导机构统一规定。

七、举止

军人必须举止端正，谈吐文明，精神振作，姿态良好。不得袖手、背手和将手插入衣袋，不得边走边吸烟、吃东西、扇扇子，不得搭肩挽臂。

① 军人参加集会、晚会，必须按照规定的时间和顺序入场，按照指定的位置就座，遵守会场秩序，不得迟到早退。散会时，依次退场。

② 军人着军服进入室内通常脱帽。脱帽后，无衣帽钩时，立姿可以夹于左腋下（帽顶朝外，帽徽朝前），坐姿置于桌（台）前沿左侧或者膝上（帽顶向上，帽徽朝前），也可以置于桌斗内。宿舍内军帽可以统一放在床铺上。戴贝雷帽脱帽不便放置时，将帽左右向内折叠，置于左肩袢下（帽顶向上，帽徽朝前）。

③ 因特殊情况不适宜脱帽时，由在场最高首长临时规定。

八、连队一日生活

（一）起床

听到起床号（信号）后，全连人员立即起床（连值班员应当提前10分钟起床），按照规定着装，迅速做好出操准备。

各类值班（值日）人员按照规定认真履行职责；卫生员检查各班、排有无病号，对患病者根据情况进行处理。

因集体活动超过熄灯时间1小时以上时，部队（分队）首长可以确定推迟次日起床时间。

（二）早操

除了休息日、节假日之外，连队通常每日出早操，每次时间通常为30分钟，主要进行队列训练和体能训练；除担任公差、勤务的人员和经医务人员建议并经连首长批准休息的伤病员外，都应当参加早操。

听到出操号（信号）后，各班、排迅速集合，检查着装和携带的武器装备，跑步到达连集合场地，向连值班员报告。连值班员整理队伍，清查人数，向连首长报告，由连首长或者连值班员带出操。

结合早操每周进行1~2次着装、仪容和个人卫生的检查，每次不超过10分钟。

（三）整理内务和洗漱

早操后，整理内务、清扫室内外和洗漱，时间不超过30分钟。班值日员协助检查并整理本班的内务卫生。连值班员检查全连的内务卫生。

连首长每周组织一次全连内务卫生检查。

（四）开饭

按照规定时间准时开饭。开饭时间通常不超过30分钟。

听到开饭号（信号）后，以班、排或者连为单位带到食堂门前，由连值班员整队，按照连值班员宣布的次序依次进入食堂。就餐时保持肃静，餐毕自行离开。

（五）操课

操课前，根据课目内容做好准备。听到操课号（信号）后，连（排、班）迅速集合整队，清查人数，检查着装和装备、器材，带到课堂（训练场、作业场）。

操课中，按照计划要求周密组织，认真听讲，精心操作，遵守课堂（训练场、作业场）纪律，严防事故。

课间休息（操课通常每小时休息10分钟，野外作业和实弹射击时根据情况确定休息时间），由连值班员发出休息信号；休息完毕，发出继续操课信号。操课结束后，检查装备，清理现场，集合整队，进行讲评。操课往返途中应当队列整齐，歌声嘹亮。

（六）午睡（午休）

听到午睡号（信号）后，除执勤人员外均应当卧床休息，保持肃静，不得进行其他活动，连值班员检查全连人员午睡情况。午休时间不得私自外出，不得影响他人休息。

（七）课外活动

晚饭后的课外活动时间，每周除个人支配2~3次外（人员不得随意外出），其余由连队安排。

（八）点名

连队通常每日点名，休息日和节假日必须点名。点名由一名连首长实施，每次点名不得超过15分钟。

点名通常以连为单位于就寝前或者其他时间列队进行（也可以排为单位进行）。点名的内容通常包括清点人员、生活讲评、宣布次日工作或者传达命令、指示等。

（九）就寝

连值班员在熄灯号（信号）前10分钟，发出准备就寝信号，督促全体人员做好就寝准备。就寝人员应当放置好衣物装具，听到熄灯号（信号）立即熄灯就寝，保持肃静。

九、装备日常管理制度

一是严格执行装备管理的有关条例和规章制度，增强爱护装备的意识。

二是防止装备丢失、损坏、锈蚀和霉烂变质,做到对集中保管的轻武器每周擦拭一次,对随身携带的轻武器每日擦拭一次,对用于训练、执勤的武器,每次使用后擦拭和每周分解擦拭一次。

三是要学会和掌握维护、保养、保管、检查和正确使用装备的方法,保证装备经常处于良好状态。

十、安全规定

一是认真学习有关安全规定,牢固树立防事故观念。
二是遵守训练场的各项规定,严格按操作规程办事,不得在训练场开玩笑或打闹。
三是用枪前后要验枪,严禁玩弄武器和枪口对人。
四是实弹、实爆训练时,要及时收缴剩余的弹药。严禁随意拆除或玩弄爆炸物。
五是严禁私自下河游泳、捕鱼,防止淹亡事故。
六是遵守交通规则,严禁违章行车和非驾驶人员开车。
七是落实安全措施,严防火灾、触电、煤气中毒。
八是讲究卫生,注意饮食,防止生病和食物中毒。
九是发生事故要立即报告,及时查明原因并正确处理。

★ 第二节 《纪律条令》教育 ★

《纪律条令》是规定军队纪律的法规。纪律,是各种组织要求其成员共同遵守的行为规则。纪律是一定阶级意志的体现,是为一定阶级利益服务的。在社会主义制度下,纪律反映人民群众的共同意志,维护人民群众的共同利益,是执行党的路线、方针、政策,搞好社会主义建设的重要保证。我军纪律,贯彻了从严治军的思想,反映了军队在新时期的特点和广大官兵的愿望和要求,是建立在政治自觉基础上的严格的纪律,是军队战斗力的重要因素,是坚持人民军队的性质、宗旨,是团结自己、战胜敌人和完成一切任务的保证,是军队的法规。它对培养军人高度的组织性、纪律性,养成执行命令、服从指挥、令行禁止、协调一致的习惯,保证军队的高度集中统一和军队革命化、现代化、正规化建设的顺利进行,巩固和提高部队的战斗力都具有重大的意义。军队的工作,无论是管兵、带兵、还是练兵、用兵,都离不开纪律,严明的纪律可以统一全军意志,规范全军行动。

一、纪律的基本内容

纪律的基本内容如下。
① 执行中国共产党的路线、方针、政策。
② 遵守国家的《宪法》、法律、法规。
③ 执行军队的条令、条例和规章制度。
④ 执行上级的命令和指示。
⑤ 执行"三大纪律八项注意"。

二、纪律要求

中国人民解放军的纪律要求每个军人必须做到以下几点。

① 听从指挥，令行禁止。
② 严守岗位，履行职责。
③ 尊干爱兵，团结友爱。
④ 军容严整，举止端正。
⑤ 提高警惕，保守秘密。
⑥ 爱护武器装备和公物。
⑦ 廉洁奉公，不谋私利。
⑧ 拥政爱民，保护群众利益。
⑨ 遵守社会公德，讲究文明礼貌。
⑩ 缴获归公，不虐待俘虏。

三、请销假制度

士兵有事外出，必须按级请假，按时归队销假；未经领导批准不得外出。在值勤和操课等工作时间内，无特殊情况不得请假。请假一日以内由连首长批准，归队后必须销假。

四、奖励

奖励的目的在于维护纪律，鼓励先进，调动官兵的积极性、创造性，发扬爱国主义、共产主义和革命英雄主义精神，保证作战、训练和其他各项任务的完成。

奖励应当坚持原则：严格标准，按绩施奖；发扬民主，贯彻群众路线；以精神奖励为主，物质奖励为辅。对个人和单位的奖励项目：按奖励的项目从低向高排列依次为嘉奖、三等功、二等功、一等功、荣誉称号。对获得三等功、二等功、一等功奖励的个人，分别授予三等功、二等功、一等功奖章。对获得荣誉称号奖励的个人，由军区级单位批准的，授予二级英雄模范奖章；由中央军事委员会批准的，授予一级英雄模范奖章。对获得三等功、二等功、一等功奖励的单位颁发奖状；对获得荣誉称号奖励的单位授予奖旗。

五、处分

处分的目的在于严明纪律，教育违纪者和部队，加强集中统一，巩固和提高部队战斗力。

① 处分应当坚持下列原则：依据事实，惩戒恰当；惩前毖后，治病救人；纪律面前，人人平等。

② 对士兵的处分项目：警告；严重警告；记过；记大过；降职或者降衔（衔级工资档次）；撤职或者取消士官资格；除名；开除军籍。规定的处分项目，依次以警告为最低处分，开除军籍为最高处分。降职不适用于副班长；降衔不适用于列兵和各级士官；降衔级工资档次不适用于最低衔级工资档次的各级士官；降职或者降衔（衔级工资档次）通常只降一职或者一衔（一档）。

★ 第三节 《队列条令》教育 ★

《队列条令》是规范全军队列动作、队列队形、队列指挥的军事法规，是全军官兵必须共同遵循的行为规范，是全军队列训练的基本依据，是军人队列生活的准则，在军队的建设发展中有着十分重要的地位和作用。中国人民解放军的队列动作，是适应军队优良作风的培养和技术、战术训练的需要，在长期革命战争和军队建设过程中形成的，并且随着技术装备和作战方法的变化而发展。它是革命军队精神面貌的一种表现，是加强军队革命化、现代化、正规化建设的一种必要形式，对于培养良好的军人姿态、严整的军容、协调一致的动作、优良的战斗作风和严格的组织纪律性，提高部队的战斗力都具有重要的意义。

一、单个军人队列动作训练

（一）立正、跨立、稍息

1. 立正

立正是军人的基本姿势，是队列动作的基础。军人在宣誓、接受命令、进见首长和向首长报告、回答首长问话、升降国旗和军旗、奏国歌和军歌等严肃庄重的时机和场合，均应当自行立正，其姿势如图6-1所示。

口令：立正。

动作要领：两脚跟靠拢并齐，两脚尖向外分开约60°，两腿挺直。小腹微收，自然挺胸，上体正直，微向前倾。两肩要平，稍向后张。两臂自然下垂，手指并拢自然微屈，拇指尖贴于食指的第二节，中指贴于裤缝。头要正，颈要直，口要闭，下颌微收，两眼向前平视。

常犯毛病及纠正方法：

立正时两脚跟未靠拢并齐，两脚尖分开角度不准，方向不正。纠正方法：在地上画一条横线，两脚跟站在横线上，靠拢并齐，两脚尖向身体的中心线两侧各分开30°，也可以用角度尺纠正反复练习。

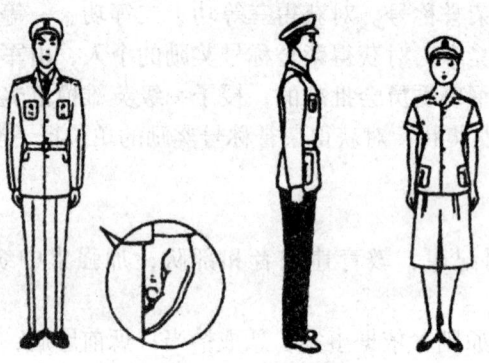

图6-1 立正姿势

两腿未夹紧、挺直。纠正方法：强调裆部夹紧，两腿并拢，膝盖向内、向后用力。

含胸、挺腹、腰不直。纠正方法：两肩自然放松，稍向后张。颈未挺直，歪头，仰下颌。纠正方法：头向上顶，颈部贴住后衣领，并注意微收下颌。

2. 跨立

跨立即跨步站立，主要用于军体操、执勤和舰艇上站立等场合，可以与立正互换。跨立姿势如图6-2所示。

口令：跨立。

动作要领：左脚向左跨出约1脚之长，两腿挺直，上体保持立正姿势，身体重心落于两脚之间。两手后背。左手握右手腕，拇指根部与外腰带下沿（内腰带上沿）同高。右手手指并拢自然弯曲，手心向后。携枪时不背手。

常犯毛病及纠正方法：

左脚向左跨出时，方向不正。纠正方法：左脚跨出时，要用脚腕的力量平行左跨，反复练习，必要时，可在地上画横线，脚尖与横线取齐，左脚跨出时，顺线左跨。

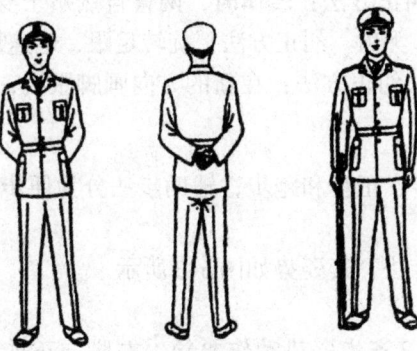

图6-2 跨立姿势

左手握右手腕的位置（高度）不准确。纠正方法：左手握右手腕时，左手中指和拇指将拇指根部贴于腰带规定位置；或由教练员调整后，受训者将左手握紧，用中指的末关节顶身体，感受背手的位置。

背手、放手的速度慢。纠正方法：背手、放手时，要使手紧贴身体，以中指尖为用力点。

3. 稍息

稍息是我军单个军人队列动作站法中的一种，用于长时间站立。

口令：稍息。

动作要领：左脚顺脚尖方向伸出约全脚的2/3，两腿自然伸直，上体保持立正姿势，身体重心大部分落于右脚。稍息过久，可以自行换脚。

常犯毛病及纠正方法：

出脚方向不正，距离不准。纠正方法：画线反复练习。出脚、收脚慢。纠正方法：出脚时，腿伸直，脚尖用力，脚跟上提不要过高；收脚时，脚跟用力。

收脚时，身体晃动过大。纠正方法：左胯稍提起，用脚腕和两腿的合力将脚迅速收回。

（二）停止间转法

停止间转法是停止间变换方向的方法，分为向右转、向左转、向后转，需要时，也可以半面向右转和半面向左转。

1. 向右（左）转

口令：向右（左）——转。

半面向右（左）——转。

动作要领：以右（左）脚跟为轴，右（左）脚跟和左（右）脚掌前部同时用力，使身体协调一致向右（左）转90°，体重落在右（左）脚，左（右）脚取捷径迅速靠拢右（左）脚，成立正姿势。转动和靠脚时，两脚挺直，上体保持立正姿势。

2. 向后转

口令：向后——转。

动作要领：按照向右转的要领向后转180°。

3. 常犯毛病及纠正方法

① 转体时身体不稳。纠正方法：两腿挺直，裆部夹紧，自然挺胸，同时以脚跟为轴，体重落于支撑脚上，上体保持正直。

② 两脚和上体转动不一致，转动方向不准。纠正方法：转动时，腰部挺直，身体和两脚

同时用力转向新方向。转至新方向后,支撑脚的前脚掌迅速着地。

③转体时,两臂外张。纠正方法:转体时,两臂自然贴于身体。

④靠脚时,两脚未挺直,无力。纠正方法:旋转足跟,迅速靠脚;由慢到快,反复体会。

⑤靠脚时,两腿跟不齐。纠正方法:在新的方向画脚跟线,然后反复练。

(三)行进、停止

行进的基本步法分为齐步、正步和跑步,辅助步法分为便步、踏步和移步。

1. 齐步

齐步是军人行进的常用步法,其姿势如图6-3所示。

口令:齐步——走。

图6-3 齐步姿势

图6-3齐步姿势动作要领:左脚向正前方迈出约75厘米,按照先脚跟后脚掌的顺序着地,同时身体重心前移;右脚照此法动作。上体正直,微向前倾。手指轻轻握拢,拇指贴于食指第二节。两臂前后自然摆动:向前摆臂时,肘部弯曲,小臂自然向里合,手心向内稍向下,拇指根部对正衣扣线,并与最下方衣扣同高(着夏季作训服时,与第四衣扣同高;着冬季作训服时,与第五衣扣同高;着水兵服时,与腰带同高),离身体约25厘米;向后摆臂时,手臂自然伸直,手腕前侧距裤缝线约30厘米。行进速度为116~122步/分钟。

常犯毛病及纠正方法:

上体不稳,左右晃动。纠正方法:要求在行进中收腹提气、挺胸立腰,颈部适当用力。

第一步迈不出去,不是脚跟先着地。纠正方法:左脚迈出后跟身体,同时右脚掌稍用力蹬地推动身体向前,脚跟先着地。

摆臂不自然、僵硬,两肩晃动。纠正方法:强调肩轴不要过于放松,肘部弯曲,小臂自然内合。向后摆臂时勾手。纠正方法:强调后摆手腕要伸直,不要使劲。

2. 正步

正步主要用于分列式和其他礼节性场合,其姿势如图6-4所示。

口令:正步——走。

图6-4 正步姿势

动作要领:左脚向正前方踢出约75厘米(腿要绷直,脚尖下压,脚掌与地面平行,离地面约25厘米),适当用力使全脚掌着地,同时身体重心前移;右脚照此法动作。上体正直,微向前倾。手指轻轻握拢,拇指伸直贴于食指第二节。向前摆臂时,肘部弯曲,小臂略成水平,手心向内稍向下,手腕下沿摆到高于最下方衣扣约10厘米处(着夏季作训服时,约与第三衣扣同高;着冬季作训服时,约与第四衣扣同高;着水兵服时,手腕上沿距领口角15厘米),离身体约10厘米。

向后摆臂时(左手心向右,右手心向左),手腕前侧距裤缝线约30厘米。行进速度为110~116步/分钟。

常犯毛病及纠正方法:

摆臂不到位,使劲、耸肩。纠正方法:向前摆臂时,手腕对正衣扣线,手腕下沿摆到高于最下方衣扣约10厘米。向后摆臂要正直向后,手腕要直。肩关节放松。手和手腕适当用力,小臂带大臂,肘部向前移。

踢腿时掏腿、弓腿和弹腿。纠正方法:注意踢腿的时机和力量的运用。按照脚尖带脚腕、脚腕带小腿、小腿带大腿踢出的同时向下压脚尖。

臂腿不协调。纠正方法：脚着地，臂不动，髋关节放松，踢腿换臂。当踢出脚达到最高位置时脚掌距地面约25厘米，向前摆的手腕到位，后摆手腕前侧正好距裤缝线30厘米，三者同时到位。

3. 跑步

跑步主要用于快速行进，其姿势如图6-5所示。

口令：跑步——走。

动作要领：听到预令，两手迅速握拳（四指蜷握，拇指贴在食指第一关节和中指第二节）提到腰际，约与腰带同高，拳心向内，肘部稍向里合。听到动令，上体微向前倾，两腿微弯。同时，左脚利用右脚掌的蹬力跃出约85厘米，前脚掌先着地，身体重心前移。右脚照此法动作。两臂前后自然摆动，向前摆臂时，大臂略直，肘部贴于腰际，小臂略平，稍向里合，两拳内侧各距衣扣线约5厘米；向后摆臂时，拳贴于腰际。行进速度为170~180步/分。

图6-5 跑步姿势

常犯毛病及纠正方法：

摆臂时上下打鼓或绕腹运动。纠正方法：两肘稍向里合，小臂略平，向前摆臂时，大、小臂略成直角。

4. 便步

便步用于行军、操练后恢复体力及其他场合。

口令：便步——走。

动作要领：用适当的步速、步幅行进，两臂自然摆动，上体保持良好姿态。

5. 踏步

踏步用于调整步伐的整齐度，其姿势如图6-6所示。

停止间口令：踏步——走。

行进间口令：踏步。

动作要领：两脚在原地上下起落（抬起时，脚尖自然下垂，离地面约15厘米；落下时，前脚掌先着地），上体保持正直，两臂按照齐步或者跑步摆臂的要领摆动。

常犯毛病及纠正方法：

脚抬起时，脚尖不能自然下垂。纠正方法：膝盖正直上抬，脚掌离开地面的同时收脚跟，压脚尖。

脚落地时前后移动，立定时向左、右或向前跨步。纠正方法：可以在地上画好辅助线，反复练习。

图6-6 踏步姿势

6. 移步（5步以内）

移步用于调整队列位置。

（1）右（左）跨步

口令：右（左）跨×步——走。

动作要领：上体保持正直，每跨1步并脚1次，其步幅约与肩同宽，跨到指定步数停止。

（2）向前或后退

口令：向前×步——走；后退×步——走。

动作要领：向前移步时，应按单数步要领进行（双数步变为单数步）：向前1步时，用正步，不摆臂；前向3步、5步时，按照齐步走的要领进行。向后退时，从左脚开始，每退1步靠腿1次，不摆臂，退到指定步数停止。

7. 停止

口令：立——定。

动作要领：齐步和正步时，听到口令，左脚再向前大半步着地，两腿挺直，右脚取捷径迅速靠拢左脚，成立正姿势。跑步时，听到口令，再跑2步，然后左脚向前大半步（两拳收于腰际，停止摆动）着地，右脚靠拢左脚，同时将手放下，成立正姿势。踏步时，听到口令，左脚踏1步，右脚靠拢左脚，原地成立正姿势（跑步的踏步，听到口令，继续踏2步，再按上述要领进行）。

（四）步法变换

步法变换均从左脚开始。

齐步、正步互换：听到口令，右脚继续走1步，即换正步或齐步行进。

齐步换跑步：听到预令，两手迅速握拳提到腰际，两臂前后自然摆动，听到动令，即换跑步行进。

齐步换踏步：听到口令，即换踏步。

跑步换齐步：听到口令，继续跑2步，然后换齐步行进。

跑步换踏步：听到口令，继续跑2步，然后换踏步。

踏步换齐步或者跑步：听到"前进"的口令，继续踏2步，再换齐步或者跑步行进。

（五）行进间转法

1. 齐步、跑步向右（左）转

口令：向右（左）转——走。

动作要领：左（右）脚向前半步（跑步时，继续跑2步，再向前半步），脚尖向右（左）约45°。身体向右（左）转90°时，左（右）脚不转动，同时出右（左）脚按原步法朝新方向行进。半面向右（左）转走：按照向右（左）转走的要领转45°。

2. 齐步、跑步向后转

口令：向后转——走。

动作要领：左脚向右脚前迈出约半步（跑步时，继续跑2步，再向前半步），脚尖向右约45°。以两脚的前脚掌为轴，向后转180°，出左脚按原步法朝新方向行进。转动时，保持行进时的节奏，两臂自然摆动，不得外张；两腿自然挺直，上体保持正直。

（六）坐下、蹲下、起立

1. 坐下

口令：坐下。

动作要领：左小腿在右小腿后交叉，迅速坐下（坐凳子时，听到口令，左脚向左分开约1脚之长），手指自然并拢放在两膝上，上体保持正直。

2. 蹲下

口令：蹲下。

动作要领：右脚后退半步，臀部坐在右脚跟上（膝盖不着地），两腿分开约60°，手指自然并拢放在两膝上，上体保持正直。蹲下过久，可自行换脚，如图6-7所示。

图6-7 蹲下姿势

3. 起立

口令：起立。

动作要领：全身协力迅速起立，成立正姿势。

4. 常犯毛病及纠正方法

① 坐下、蹲下后弯腰、低头。纠正方法：强调腰杆挺直，挺胸、挺颈。

② 蹲下时，身体不稳，手扶地，身体向右倾斜。纠正方法：强调脚向后撤时，身体重心随之转移于右腿，蹲下后重心大部分落于右脚，身体对正前方。

③ 坐下时节奏感不强，塌腰。纠正方法：强调左小腿在右小腿后交叉时稍稳，再迅速坐下，坐下后腰要挺直，上体保持立正姿势。

（七）脱帽、戴帽

1. 脱帽

口令：脱帽。

动作要领：双手捏握帽檐或帽前端两侧，将帽取下，取捷径置于左手小臂，帽徽向前，掌心向上，四指扶帽檐或者帽墙前端中央处，小臂成水平姿势，右手放下，如图6-8所示。

2. 戴帽

口令：戴帽。

动作要领：双手捏帽檐或者帽前端两侧，取捷径将帽迅速戴正。

携枪（筒、炮）时，用左手脱、戴帽。需夹帽时，将帽夹于左腋下，左手握帽墙，帽徽向前，帽顶向左。

图6-8 脱帽

（八）整理着装

整理着装通常在立正的基础上进行。

口令：整理着装。

动作要领：双手从帽子开始，自上而下，将着装整理好。必要时也可以相互整理。整理完毕，自行稍息。听到"停"的口令，恢复。

（九）敬礼

敬礼分为举手礼、注目礼和举枪礼。

（1）敬礼

口令：敬礼。

举手礼要领：上体正直，右手取捷径迅速抬起，五指并拢自然伸直，中指微接帽檐右角前约2厘米处（戴无檐帽时，微接太阳穴上方帽墙下沿），手心向下，微向外张约20°，手腕不得弯曲，右大臂略平，与两肩略成一线，同时注视受礼者，如图6-9所示。

图6-9 敬礼姿势

注目礼要领：面向受礼者成立正姿势，同时注视受礼者，并且应目送（右、左转头角度不超过45°）。

图6-10 单人敬礼图

（2）礼毕

口令：礼毕。

动作要领：行举手礼者，将手放下；行注目礼者，将头转正。

单个军人敬礼动作要领：单个军人在距受礼者5~7步处，行举手礼或注目礼。徒手敬礼时，停止间应面向受礼者立正，行举手礼，待受礼者还礼后礼毕；行进间（跑步时换齐步）应转头向受礼者行举手礼（手不随头移动），并继续行进，左臂仍自然摆动，待受礼者还礼后礼毕（如图6-10所示）。携武器（除背枪）、未戴军帽等不便行举手礼时，不论停止或行进，均行注目礼，待受礼者还礼后礼毕。行进间，礼毕后继续行进。

二、分队队列动作训练

（一）队列队形

队列基本队形为横队、纵队、并列纵队。需要时，可以调整为其他队形。队列人员之间的间隔（两肘之间）通常约10厘米，距离（前一名脚跟至后一名脚尖）约75厘米。需要时，可以调整队列人员之间的间隔和距离。

1. 班的队形

班的基本队形，分为横队和纵队。需要时，可以成二列横队或者二路纵队。

2. 排的队形

排的基本队形，分为横队和纵队。排横队由各班的班横队依次向后排列组成，排纵队由各班的班纵队依次向右并列组成。

排长的列队位置：横队时，在第一列基准兵右侧；纵队时，在队列中央。

3. 连的队形

连的基本队形，分为横队、纵队和并列纵队，连横队由各排的排横队依次向左并列组成，连纵队由各排纵队依次向后排列组成，连并列纵队由各排的排纵队依次向左并列组成。连部和炊事班，或者连部、炊事班和60迫击炮班分别以二列（路）或者三列（路）组成相应的队形，位于本连队尾。

（二）集合、离散

1. 集合

集合是使单个军人、分队、部队按照规范队形聚集起来的一种队列动作。集合时，指挥员应当发出预告或者信号，如"全连（或×排）注意"，然后站在预定队形的中央前，面向预定队形成立正姿势，下达"成××队——集合"的口令。所属人员听到预告或信号，原地面向指挥员成立正姿势；听到口令，跑步到指定位置面向指挥员集合（在指挥员后侧的人员，应当从指挥员右侧绕过），自行对正、看齐，成立正姿势。

（1）班集合

口令：成班横队（二列横队）——集合。

动作要领：基准兵迅速到班长左前方适当位置，成立正姿势；其他士兵以基准兵为准，依次向左排列，自行看齐。成班二列横队时，单数士兵在前，双数士兵在后。

口令：成班纵队（二路纵队）——集合。

动作要领:基准兵迅速到班长前方适当位置,成立正姿势;其他士兵以基准兵为准,依次向后排列,自行对正。成班二路纵队时,单数士兵在左,双数士兵在右。

(2) 排集合

口令:成排横队——集合。

动作要领:基准班在指挥员前方适当位置,成班横队迅速站好;其他班成班横队,以基准班为准,依次向后排列,自行对正、看齐。

口令:成排纵队——集合。

动作要领:基准班在指挥员前方适当位置,成班纵队迅速站好;其他班成班纵队,以基准班为准,依次向后排列,自行对正、看齐。

(3) 连集合

口令:成连横队——集合。

动作要领:队列内的连指挥员或者基准排,在指挥员前方适当位置,成横队迅速站好;各排和连部成横队,以连指挥员或者基准排为准,依次向左排列,自行对正、看齐。

口令:成连纵队——集合。

动作要领:队列内的连指挥员或者基准排,在指挥员前方适当位置,成纵队迅速站好;各排和连部成纵队,以连指挥员或者基准排为准,依次向后排列,自行对正、看齐。

2. 离散

离散是使队列的单个军人、分队、部队各自离开原队列位置的一种队列动作。

(1) 离开

口令:各营(连、排、班)带开(带回)。

动作要领:队列中的各营(连、排、班)指挥员带领本队迅速离开原队列位置。

(2) 解散

口令:解散。

动作要领:队列人员迅速离开原队列位置。

(三) 整齐、报数

1. 整齐

整齐是使队列人员按规定的间隔、距离保持行、列齐整的一种队列动作。整齐分为向右(左)看齐和向中看齐。

口令:向右(左)看——齐;向前——看。

动作要领:基准兵不动,其他士兵向右(左)转头(持枪时,听到预令,迅速将枪稍提起,看齐后自行放下),眼睛看右(左)邻士兵腮部,前四名能通视基准兵,自第五名起,以能通视到本人以右(左)第三人为度。后列人员,先向前对正,后向右(左)看齐。听到"向前——看"的口令,迅速将头转正,恢复立正姿势。

口令:以×××为准,向中看——齐;向前——看。

动作要领:当指挥员指定"以××为准(或者以第××名为准)"时,基准兵答"到",同时左手握拳高举,大臂前伸与肩略平,小臂垂直举起,拳心向右。听到"向中看——齐"的口令后,其他士兵按照向右(左)看齐的要领实施。听到"向前——看"的口令后,基准兵迅速将手放下,其他士兵迅速将头转正,恢复立正姿势。一路纵队看齐时,可以下达"向前对正"的口令。

2. 报数

口令:报数。

动作要领:横队从右至左(纵队由前向后)依次以短促洪亮的声音转头(纵队向左转

头）报数，最后一名不转头。数列横队时，后列最后一名报"满伍"，或"缺×名"。连集合时，由指挥员下达"各排报数"的口令，各排长在队列内向指挥员报告人数，如"第×排到齐"或者"第×排实到××名"。必要时，连也可以统一报数。

动作要领：连实施统一报数时，各排不留间隔，要补齐，成临时编组的横队队形。报数从一排长开始，后列最后一名报"满伍"或者"缺×名"。

（四）出列、入列

单个军人和分队出、入列通常用跑步（5步以内用齐步，1步用正步），或者按照指挥员指定的步法执行；然后进到指挥员右前侧适当位置或者指定位置，面向指挥员成立正姿势。

1. 单个军人出列、入列

（1）出列

口令：××（或者第×名），出列。

动作要领：出列军人听到呼点自己姓名或者序号后应当答"到"，听到"出列"的口令后，应当答"是"。位于第一列（左路）的军人，按照本条上述规定，取捷径出列。位于中列（路）的军人，向后（左）转，待后列（左路）同序号的军人向右后退1步（左后退1步）让出缺口后，按照本条的上述规定从队尾（纵队时从左侧）出列；位于"缺口"位置的军人，待出列军人出列后，即复原位。位于最后一列（右路）的军人出列，先退1步（右跨1步），然后按照本条有关规定从队尾出列。

（2）入列

口令：入列。

动作要领：听到"入列"口令后，应当答"是"，然后按照出列的相反程序入列。

2. 班（排）出列、入列

（1）出列

口令：第×班（排），出列。

动作要领：听到"第×班（排）"的口令后，由出列班（排）的指挥员答"到"，听到"出列"的口令后，由出列班（排）的指挥员答"是"，并用口令指挥本班（排），按照本条的有关规定，以纵队形式从队尾（位于第一列的班取捷径）出列。

（2）入列

口令：入列。

动作要领：听到"入列"的口令后，由入列班（排）指挥员答"是"，并用口令指挥本班（排），以纵队形式从队尾（位于第一列的班取捷径）入列。

（五）行进、停止

横队和并列纵队行进以右翼为基准，纵队行进以左翼为基准（一路纵队行进以先头为基准）。

1. 行进

指挥员应当下达"×步——走"的口令。听到口令，基准兵向正前方前进，其他士兵向基准翼标齐，保持规定的间隔、距离行进。纵队行进时，排、连通常成三路纵队，也可以成一、二路纵队。行进中，需要时，用调整步伐的口令、呼号"一二一""一二三四"或者唱队列歌曲，以保持步伐的整齐和振奋士气。

2. 停止

指挥员应当下达"立——定"的口令。听到口令，按照立定的要领实施，分队的动作要整齐一致。停止后，听到"稍息"的口令，先自行对正、看齐，再稍息。

(六) 队形变换

队形变换是由一种队形变为另一种队形的队列动作。

1. 横队和纵队的互换

① 横队变纵队。停止间口令：向右——转；行进间口令：向右转——走。

② 纵队变横队。停止间口令：向左——转；行进间口令：向左转——走。

动作要领：停止间，按照单个军人向右（左）转的要领实施；行进间，按照单个军人向右（左）转走的要领实施。分队动作要整齐一致。队形变换后，排以上指挥员应当进到规定的列队位置。

2. 停止间班横队和班二列横队、班纵队和班二路纵队互换

① 班横队变班二列横队。口令：成班二列横队——走。动作要领：变换前，先报数。听到口令，双数士兵左脚后退1步，右脚（不靠拢左脚）向右跨1步，左脚向右脚靠拢，站到单数士兵之后，自行对正、看齐。

② 班二列横队变班横队。口令：间隔1步，向左离开；成班横队——走。动作要领：听到"间隔1步，向左离开"的口令，取好间隔；听到"成班横队——走"的口令，双数士兵左脚左跨1步，右脚（不靠拢左脚）向前1步，左脚向右脚靠拢，站到单数士兵左侧，自行看齐。

③ 班纵队变班二路纵队。口令：成班二路纵队——走。动作要领：变换前，先报数。听到口令，双数士兵右脚右跨1步，左脚（不靠拢右脚）向前1步，右脚向左脚靠拢，站到单数士兵右侧，自行对正、看齐。

④ 班二路纵队变班纵队。口令：距离2步，向后离开；成班纵队——走。动作要领：听到"距离2步，向后离开"的口令，取好距离；听到"成班纵队——走"口令，双数士兵右脚后退1步，左脚（不靠拢右脚）站到单数士兵之后，自行对正。

(七) 方向变换

方向变换是改变队列面对的方向的一种队列动作。

1. 横队和并列纵队方向变换

停止间，通常是左（右）转弯或者左（右）后转弯，必要时可以向后转。

口令：左（右）转弯，齐（跑）步——走；左（右）后转弯，齐（跑）步——走；向后——转，齐（跑）步——走（当需要向后转走时，应当先下"向后——转"的口令，待方向变换后，再下"齐（跑）步——走"的口令）。

行进间口令：左（右）转弯——走；左（右）后转弯——走。

动作要领：一列横队方向变换时，轴翼士兵踏步，并逐渐向左（右）转动；外翼第一名士兵用大步行进并同相邻士兵动作协调，逐步变换方向（越接近轴翼者，其步幅越小），其他士兵用眼睛的余光向外翼取齐，并保持规定的间隔和排面整齐，转到90°或者180°时踏步并取齐，听口令前进或者停止。

数列横队和并列纵队方向变换时，第一列轴翼士兵停止用踏步、行进间用小步，外翼士兵用大步行进，保持排面整齐，边行进边变换方向，转到90°或者180°后，听口令前进或者停止；后续各列按照上述要领，保持间隔、距离，取捷径进到前一列转弯处，转朝新方向跟进。

2. 纵队方向变换

停止间，通常是左（右）后转弯，必要时可以向后转。

口令：左（右）转弯，齐（跑）步——走；左（右）后转弯，齐（跑）步——走；向后——转，齐（跑）步——走（按照横队和并列纵队向后转走的方法实施）。

行进间口令：左（右）转弯——走，或者左（右）后转弯——走。

动作要领：一路纵队方向变换时，基准兵在左（右）转弯时，按照单个军人行进间转法（停止间，左转弯走时，左脚先向前一步）的要领实施，在左（右）后转弯时，用小步边行进边变换方向，转到90°或者180°后，照直前进；其他士兵逐次进到基准兵的转弯处，转朝新方向跟进。

数路纵队方向变换时，按照数列横队和并列纵队方向变换的要领实施。

思考题

① 什么是条令？
② 军人礼貌有哪些？连队一日生活制度有哪些内容？
③《纪律条令》的内容是什么？
④ 队列动作训练的一般要求是什么？

第八章

轻武器射击

　　轻武器的传统概念是指手枪、步枪、冲锋枪、轻机枪等。根据现代战争的特点，轻武器的范畴已扩大到包括单兵或班组使用的其他武器，如手榴弹、火箭筒及单兵防空导弹、步兵反坦克导弹等。本章着重介绍手枪、半自动步枪、冲锋枪的原理及简易射击原理等。教学目的是了解轻武器的战斗性能和基本的射击理论，掌握射击的动作要领，完成轻武器第一练习实弹射击。

★ 第一节 轻武器常识 ★

一、轻武器的概念及其特点

轻武器通常指各种枪械及其他单兵或战斗班（组）携行战斗的武器，包括各种枪械和手榴弹、枪榴弹、榴弹发射器、火箭发射器、无坐力发射器。此外，还有轻型燃烧武器和单兵导弹等。轻武器是步兵装备使用的基本武器，也是其他军种、兵种广泛装备的武器。轻武器的主要作战距离都在1000米以内，并且多由人力携带使用。其特点是射速高、火力猛、重量轻、体积小、结构简单、使用方便。

二、轻武器在现代战争中的地位和作用

轻武器在未来战争中的地位和作用如何，国内外近几年进行着激烈的争论，众说纷纭，莫衷一是。像这样重大的、牵涉各国军事思想体系、作战理论和作战传统的问题，取得完全一致的意见是不可能的。

国外有一种观点，认为在未来战争中"轻武器在战场上的贡献不大"。这种观点的主要根据是在现代大规模装甲目标进攻中，主攻正面装甲目标密度达每公里50辆，对这些目标轻武器是无能为力的。但是他们也承认与没有现代装备的对手作战，轻武器的作用是不容小觑的。他们还说，轻武器在站岗放哨方面有重要作用，可以壮胆、减少恐惧心理。

但是，国外有许多军事专家和评论家仍然强调轻武器在未来战争中的重要作用。他们认为，在未来战争中，步兵仍然是战场上的主要力量。火炮、坦克、飞机虽然威力显赫，但对战斗环境适应性强的还是步兵。在某些情况下，可能坦克开不动、飞机上不了天，火炮、导弹发射不出去，而步兵能在昼夜条件下作战，还可在沼泽、丛林、沙漠、深山峡谷中执行战斗任务。在诸军兵种协同作战中，步兵仍是主要兵种，短兵相接、肃清残敌、占领阵地、巩固战果还得依靠步兵。因此，在现代战争中步兵仍将在战场上起决定作用。

三、手枪

我军大量装备部队的手枪是我国于1954年定型制造的，其口径为7.62毫米，故命名为1954年式7.62毫米手枪，简称五四式手枪。

（一）战斗性能

手枪是近距离歼敌的自卫武器，主要配给指挥员和特种兵，在荫蔽狭窄的地形上突然遭遇敌人时，使用方便。

五四式手枪是近距离内歼敌的自卫武器，在50米以内射击效果最好，弹头飞到500米仍有杀伤力，战斗射速每分钟约30发。

（二）主要诸元

口径：7.62毫米；　　　　　　弹头重：5.52克；

枪全重：0.85千克；　　　　　瞄准基线长：156毫米；

枪全长：195毫米；　　　　　普通弹初速：420米/秒；

弹重：10克弹头；　　　　　　　飞行距离：1630米。

（三）主要机件名称和用途

五四式手枪由枪管、套筒、复进机、套筒座、击发机和弹匣六大部分组成（图7-1）。另有附品。

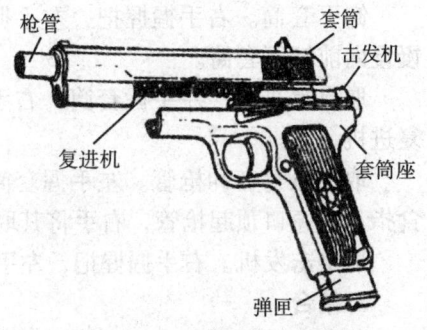

图7-1　五四式手枪大部机件

（1）枪管：用以赋予弹头的飞行方向

枪管内部是枪膛，枪膛分为弹膛和线膛。弹膛用以容纳子弹，线膛能使弹头在前进时做旋转运动，以保持飞行的稳定性。线膛有四条右旋的膛线（阴膛线），两条膛线间的凸起部分是阳膛线，两条相对的阳膛线间的距离是枪的口径。

枪管外部有闭锁凸笋，用以闭锁枪膛。还有铰链，在连接轴的作用下，能使枪管后部上下移动，形成闭锁和开锁。

（2）套筒：用以容纳枪管和复进机

套筒外有准星和缺口，用以瞄准。还有枪管套，用以规正枪管及抵住复进机的前端。套筒内有枪机，用以送弹、击发和退壳，并能使击锤向后呈待发状态，枪机上有击针、击针簧、弹底巢和抓弹钩。有闭锁凸笋槽，用以容纳枪管上的闭锁凸笋；有导槽，用以与套筒座相连接。还有复进机槽，用以容纳和规正复进机。

（3）复进机：用以使套筒回到前方位置

由复进簧、复进簧导杆和复进簧帽组成。复进簧导杆上还有导杆座。

（4）套筒座：用以连接套筒和枪管，容纳击发机和弹匣，使用时便于握持

套筒座上有连接轴，用以通过铰链将枪管、套筒与套筒座连接起来；连接轴上有套筒阻铁，能使套筒停在后方位置。有卡簧，用以固定连接轴。有导棱，用以连接套筒并规正套筒前后运动。套筒座上还有弹匣卡笋、扳机护圈和握把等。

（5）击发机：用以与套筒相互作用形成待发和连发

由机锤、击发阻铁、压杆、扳机和击发机座组成击锤，用以打击击针。击发阻铁用以使击锤成保险（击发阻铁进入保险卡槽）或待发（击发阻铁进入击发阻铁槽）状态。压杆用以使扳机与击发阻铁脱离，形成半自动和在套筒末端前进到位时防止击发。扳机用以击发。击发机座上有拨壳凸笋。

（6）弹匣：用以容纳和托送子弹（可装8发子弹）

由弹匣体、托弹板、托弹簧、固定板、弹匣盖组成。托弹板上有弯曲部，当弹匣内无子弹时，能抬起套筒阻铁，使套筒停在后方位置。

附品：用以分解结合，擦拭上油和携带，包括通条、保险带、背带和枪套。

（四）分解结合

1. 分解结合的目的和要求

分解结合是为了擦拭、上油、检查和排除故障。要求：①分解结合应按顺序和要领进行，不要强敲硬卸。②分解下来的机件应按顺序放在干净的物体上。③除所讲的分解内容外，未经许可，不准分解其他机件。

2. 分解

取出弹匣。右手握握把，拇指按压弹匣卡笋，左手取出弹匣。

卸下连接轴。右手握握把，使枪面向内，左手用弹匣盖平齐一端推连接轴卡簧向后，使

其脱离连接轴。然后，左手掌抵住枪口部，中指扣住扳机护圈，稍推套筒向后，食指顶连接轴头部，右手卸下连接轴。

卸下套筒。右手握握把，左手握住套筒，并以食、中指从下面抵住复进机（防止弹出），慢慢向前卸下套筒。

取出复进机。左手握套筒，右手拇、食、中指扣住导管座，压缩复进簧并向上向前取出复进机。

取出枪管套和枪管。左手握套筒，右手将枪管套转动半圈取下。然后，放倒铰链，左手食指从抛壳口顶起枪管，右手将其取出。

取出击发机。右手握握把，左手向上取出击发机。

3. 结合

装上击发机。右手握握把，左手将击发机装在套筒座上。

装上枪管和枪管套。左手握套筒并使枪面向下，右手握枪管前端并使铰链向上，将枪管插入套筒内。然后，将枪管套转动半圈到定位。

装复进机。左手握套筒并竖起铰链，右手拇、食、中指捏住复进机导杆座，将复进机插入套筒的复进机巢内，压缩复进簧，使导杆座完全卡住枪管凸出部为止，并用左手食、中指压住复进机。

装上套筒。右手握握把，将套筒座的导棱对正筒的导槽，左手将套筒向后推到位。

装连接轴。左手掌抵住枪口部，中指扣住扳机护圈，稍推套筒向后，当套筒和铰链上的连接轴孔对正时，右手将连接轴插入孔内。然后，用弹匣盖平齐一端向前推连接轴卡簧到定位。结合后，拉送套筒数次，检查机件结合是否正确。然后，装上弹匣，将击锤送至保险位置。

四、五六式半自动步枪

（一）战斗性能

五六式半自动步枪是步兵分队在近战中歼敌有生力量的主要武器。400米内对单个目标射击效果最好，集中火力可以射击500米内敌人的飞机、伞兵和杀伤800米内的集团目标。弹头飞行到1500米仍有杀伤力。

（二）主要诸元

口径：7.62毫米；　　枪全重：3.85千克；　　枪全长：1.33米；
普通弹初速：735米/秒；　弹头最大飞行距离：约2000米。

（三）主要机件名称和用途

五六式半自动步枪由枪刺（刺刀）、枪管、瞄准具、活塞及推杆、机匣、枪机、复进机、击发机、弹仓、枪托十大部件组成（图7-2）。另有一套附品。

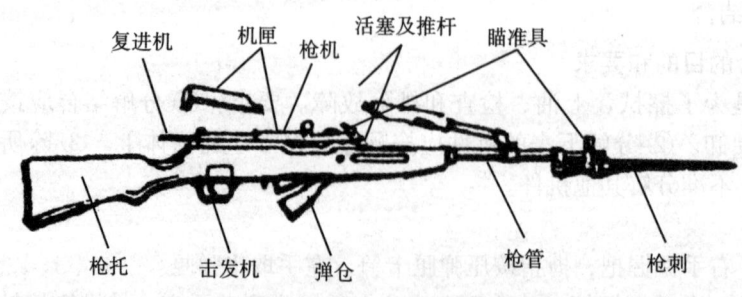

图7-2　五六式半自动步枪

(1) 枪刺（刺刀）：用以刺杀敌人

根据需要，枪刺可打开或折叠。

(2) 枪管：用以赋予弹头的飞行方向

枪管内是枪膛，枪膛分为弹膛和线膛。弹膛用以容纳子弹，线膛能使弹头在前进时旋转运动，以保持飞行的稳定性。线膛有四条右旋膛线（阴膛线），两条膛线间的凸起部分叫阳膛线，两条相对的阳膛线间的距离是枪的口径。

枪管外有导气箍，用以引导火药气体冲击活塞。还有枪刺座、通条头槽。

(3) 瞄准具：用以瞄准

由表尺和准星组成。表尺板上有缺口和游标，并刻有 1~10 条分划，每一分划相应 100 米；或是常用表尺分划，用以通视 "Ⅱ" "D" "3" 与表尺 3 相同。缺口，准星向目标瞄准。游标，用以装定需要的表尺分划。游标卡笋，用以固定游标在所需位置上。表尺座上有固定栓和固定栓扳手，用以固定活塞筒和推杆。

准星可拧高、拧低，准星移动座可左右移动。准星移动座和准星座上各有一条刻线，用以检查准星位置是否正确。准星座上还有准星护圈。

(4) 活塞及推杆：活塞装在活塞筒内，用以传导火药气体压力，推压推杆向后

活塞筒上有上护木。推杆和推杆簧装在表尺座内，推杆能将活塞的推力传送到机栓上。推杆簧能使推杆和活塞回到前方位置。

(5) 机匣：用以容纳枪机和复进机，固定击发机和弹仓

机匣外有机匣盖和连接销。机匣内有枪机阻铁、闭锁卡槽和拨壳凸笋。

(6) 枪机：用以送弹、闭锁、击发和退壳，并能使击锤向后呈待发状态

由机栓和机体组成。机栓上有挂钩、闭锁凸出部、机柄、复进机巢和弹夹槽。机体上有机针、抓弹钩和挂钩。

(7) 复进机：用以使枪机回到前方位置

由复进簧、管、导杆和支撑组成。

(8) 击发机：用以与枪机相互作用形成待发和击发

击发机上有击发控制杆，能在枪机闭锁枪膛前防止击锤松回；有保险机，可限制扳机向后，保险机扳到前方为保险。还有击锤、击锤簧、击发阻铁、弹仓盖卡笋和扳机等。

(9) 弹仓：用以容纳和托送子弹

可装 10 发子弹。由弹仓体、弹仓盖、托弹板和托弹杆等组成。

(10) 枪托：便于操作

由下护木、枪颈、木托、托底板和附品筒巢组成。

附品：用以分解结合、擦拭上油、携带及排除故障。包括擦拭杆、鬃刷、铣子、附品筒、通条、油壶、背带和子弹袋。

（四）半自动原理

扣扳机后，击锤打击击针，撞击子弹底火，点燃发射药，产生火药气体，推送弹头沿膛线向前运动，弹头经过导气孔，部分火药气体通过导气孔，涌入导气箍，冲击活塞，推动推杆，使枪机向后，压缩复进簧，完成开锁、抛壳，并使击锤呈待发状态，枪机退到后方时，复进簧伸张，使枪机向前运动，推送下一发子弹入膛，闭锁，此时，由于击锤已被击发阻铁卡住，不能向前打击击针。若再次发射，必须松开扳机，再扣扳机。

（五）分解结合

1. 分解结合的目的和要求

半自动步枪分解结合的目的和要求同手枪。

2. 分解

拔出通条和取出附品筒。左手握护木，右手向下向外拉开枪刺约成45°，拔出通条，折回枪刺。然后，用食指顶开附品筒巢盖，取出附品筒，并从附品筒内取出附品。

卸下机匣盖。左手握枪颈，拇指抵住机匣盖后端，右手扳连接销扳手向上呈垂直状态，再向右拉到定位，向后卸下机匣盖。

抽出复进机。右手向后抽出复进机。

取下枪机。左手握下护木，使枪面稍向右，右手拉枪机向后取出，然后将机栓和机体分开。卸下活塞筒。左手握下护木，右手扳固定栓扳手向上，使固定栓平面垂直，向上卸下活塞筒（将固定栓扳手扳回或保持不动，以防推杆弹出），然后从筒内取出活塞。

3. 结合

结合时，按分解的相反顺序进行。

装上活塞筒。将活塞插入活塞筒内，左手托握下护木，右手将活塞筒前端套在导气箍上，使活塞筒后部对正固定栓垂直面按下，再将固定栓扳手向下扳到定位。

装上枪机。左手握下护木，使枪面稍向右，右手将机栓和机体结合好，从机匣后部放进机匣内，向下按压托弹板，前推枪机到定位。

装上复进机。右手将复进机（弯曲部向前）插入机栓上的复进机巢内。

装上机匣盖。左手握枪颈，右手将机匣盖放在机匣上，左手拇指将其向前推到尽头，右手将连接销推入后向前扳到定位。

装上附品筒和通条。将附品装入附品筒并盖好，左手握下护木，右手将附品筒（筒盖向外）装入附品筒巢内。然后，拉开枪刺，插入通条并使其头部进入通条头槽内。扳回枪刺。

结合后，打开弹仓盖，拉送枪机数次，检查机件结合是否正确。

关上弹仓盖，打开保险，扣扳机，关保险。

五、五六式冲锋枪

（一）战斗性能

五六式冲锋枪是步兵分队在近战中消灭敌人有生力量的自动武器。对单个目标在300米内实施点射，在400米内实施单发射效果最好。集中火力可射击500米内的飞机、伞兵和杀伤800米距离上的集团目标。弹头飞行到1500米仍有杀伤力。

发射方式：主要实施短点射（2~5发），还可实施长点射（6~10发）或单发射。

战斗射速：点射90~100发/分，单发射40发/分。

侵彻力：使用五六式普通弹在100米距离上穿6毫米厚的钢板，15厘米厚的砖墙，30厘米的土层或40厘米的木板。

（二）主要诸元

口径：7.62毫米；　　初速：710米/秒；　　枪全重：3.81千克；

枪全长：1100毫米；　瞄准基线长：378毫米；　弹头最大飞行距离：约2000米。

（三）主要机件名称和用途

冲锋枪由枪刺（刺刀）、枪管、瞄准具、活塞、机匣、枪机、复进机、击发机、弹匣和枪托十大部件组成（图7-3）。另有一套附品。

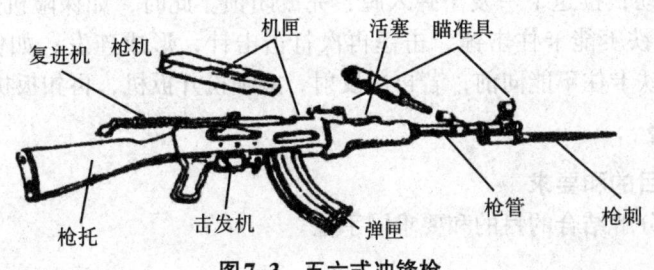

图7-3　五六式冲锋枪

（1）枪刺（刺刀）

用途与半自动步枪基本相同。

（2）枪管

用途与半自动步枪基本相同。

（3）瞄准具

用途与半自动步枪基本相同。

（4）活塞：用以传导火药气体压力

推压枪机向后，活塞外套有活塞筒。活塞筒上有上护木。

（5）机匣：用以容纳枪机和复进机，固定击发机和弹匣

机匣外有机匣盖，用以保护机匣内部免沾污垢，还有握把、扳机护圈和弹匣卡笋。

机匣内有闭锁卡槽，能保证枪机闭锁枪膛；有凹槽，用以容纳复进机导管座；还有拨壳凸笋，用以拨出弹壳（子弹）。

机匣下方有弹匣结合口，用以结合弹匣。

（6）枪机：用以送弹、闭锁、击发和退壳，并能使击锤向后呈待发状态

由机栓和机体组成。机栓上有圆孔和导笋槽，用以容纳机体，并引导机体旋转形成闭锁和开锁，还有解脱凸笋、机柄和复进机巢。机体上有击针，用以撞击子弹底火；有抓弹钩，用以从膛内抓出弹壳（子弹）；还有导笋、闭锁凸笋和弹底巢。

（7）复进机：用以使枪机回到前方位置

由导管、导杆、导管座、复进簧和支撑环组成。导管座上有机匣盖卡笋。

（8）击发机：用以与枪机相互作用形成待发和击发

击发机上有击发控制机，能在枪机闭锁枪膛前防止击发；有保险机，用以保险和控制单发射、连发射（下单、中连、上保险），还有击发阻铁、单发阻铁、击锤和扳机。

（9）弹匣：用以容纳和托送子弹

可装30发子弹。弹匣由弹匣体、托弹板、托弹板簧、固定板、弹匣盖组成。弹匣体上有凹槽和挂耳，用以将弹匣固定在枪上，有检查孔，当看到子弹时，则已装满子弹。

（10）枪托：便于操作

木枪托上有枪颈、托底板和附品筒巢。铁枪托由架杆、肩托和枪托卡笋组成，可打开或折叠。

附品：除扳子、弹匣袋外，其余同半自动步枪。

（四）自动原理

扣扳机后，击锤打击击针；撞击子弹底火，点燃发射药，产生火药气体，推送弹头沿膛线向前运动，弹头经过导气孔，部分火药气体通过导气孔，涌入导气箍，冲击活塞推动枪机

向后,压缩复进簧,完成开锁、抛壳,并使击锤呈待发状态;枪机退到最后方时,复进簧伸张,使枪机向前运动,推送下一发子弹入膛,完成闭锁。此时,如保险机定在连发位置,扳机未松开,击发阻铁不能卡住击锤,击锤再次打击击针,形成连发;如保险机定在单发位置,击锤被单发阻铁卡住不能向前,若再次发射,必须松开扳机,再扣扳机。

(五)分解结合

1. 分解结合的目的和要求

五六式冲锋枪分解结合的目的和要求同手枪。

2. 分解

卸下弹匣。右手握护木,枪面稍向左,右手握弹匣,拇指按压弹匣卡笋(也可右手掌心向上握弹匣,以手掌的肉厚部分推压弹匣卡笋),前推取下弹匣。铁枪托的应先打开枪托。

拔出通条和取出附品筒。左手握护木,右手向下向外拉开枪刺约成45°,向外向上拔出通条,折回枪刺。然后,用食指顶开附品筒巢盖,取出附品筒,并从附品筒内取出附品。

卸下机匣盖。左手握枪颈,以拇指按压机匣盖卡笋,右手将机匣盖上提取下。

抽出复进机。左手握枪颈,右手向前推导管座,使其脱离凹槽,向后抽出复进机。

取出枪机。左手握枪颈,右手打开保险,拉枪机向后到定位,向上向后取出。左手转压机体向后,使导笋脱离导笋槽,再向前取出机体。

卸下活塞筒。左手握下护木,右手扳固定栓扳手向上,使固定栓平面垂直,移握上护木后端,向上卸下活塞筒。

3. 结合

结合时,按分解的相反顺序进行。

装上活塞筒。左手握下护木,右手将活塞筒前端套在导气箍上,使活塞筒后部对正固定栓平面按下,将固定栓扳手向下扳到定位。

装上枪机。右手握机栓使导笋槽向上,左手将机体结合在机栓上,使导笋进入导笋槽并转到定位。左手握枪颈,右手握枪机将活塞插入活塞筒,再将枪机后部装入机匣,前推到定位。

装上复进机。左手握枪颈,右手将复进机插入复进机巢内,向前推压,使导管座进入凹槽内。

装上机匣盖。左手握枪颈,右手将机匣前端抵入半圆槽内,使后部的方孔对正机匣盖卡笋,向前下方推压机匣盖,使卡笋进入方孔内。

装上附品筒和通条。将附品装入附品筒内并盖好,左手握护木,右手将附品筒(筒盖向外)装入附品筒巢。然后,拉开枪刺,插入通条并使其头部进入通条头槽内。折回枪刺。

装上弹匣。左手握护木,枪面稍向左,右手握弹匣,将弹匣口前端插入结合口内,扳弹匣向后,听到响声为止。

结合后,拉送枪机数次,检查机件结合是否正确。扣扳机,关保险。

六、爱护武器和擦拭上油

(一)爱护武器的要求

爱护武器、子弹是干部、战士的重要职责,是一项经常性的战备措施,也是预防故障的有效方法。为此,必须做到勤检查、勤擦拭、不碰摔、不生锈、不损坏、不丢失,使武器、子弹经常保持完好状态。

（二）擦拭上油

1. 擦拭时机和要求

实弹射击后，应用浸透油或碱水（肥皂水）的布，将武器内的烟渣、污垢擦洗干净，并用干布擦干后再上油，在以后三四天内应每天擦拭一次；训练、演习后，应适时地用干布和油布进行擦拭；不经常使用时，每周至少擦拭一次。在严寒的室外将枪带到室内时，应待出水珠后再擦拭上油。枪被海水浸过或遭受毒剂和放射性物质沾染后，应先用淡水冲洗后再擦拭。擦拭上油后，应放在通风干燥处晾干，严禁火烤和暴晒。

2. 擦拭上油的方法

擦拭前，应分解武器，准备擦拭用具。使用通条时，应将通条穿过筒盖或枪口罩（冲锋枪先穿过筒体），拧紧擦拭杆。然后，将通条与筒体、铣子或穿钉连接在一起（冲锋枪将扳子插入筒体内）。

① 擦拭枪膛时，把布条缠在擦拭杆活动部分，并插入枪膛，将筒盖或枪口罩套在枪口上，沿枪膛全长均匀地来回擦拭（弹膛应从后面擦拭），直到擦净。而后，用布条或鬃刷涂油。

② 擦拭导气箍、活塞筒时，用通条或木杆缠布擦拭。擦净后涂油。

③ 擦拭其他机件时，应先擦净表面的烟渣和污垢，对孔、槽、沟等细小部分，可用竹（木）签缠上布进行擦拭，而后薄薄地涂上一层油。

七、排除故障的方法

射击中，若发生故障，通常拉枪机向后，重新装弹继续射击。如仍然有故障，应迅速查明原因，采用排除方法，及时排除可能发生的故障，具体见表 7-1。

表 7-1　半自动步枪、冲锋枪故障现象、发生原因及排除方法

故障现象	发生原因	排除方法
不送弹	① 弹匣（仓）过脏或损坏 ② 机件过脏，枪机后退不到定位	① 擦拭机件或弹匣（仓） ② 更换弹匣
不发火	① 子弹底火失效 ② 击锤簧弹力不足或击针损坏	① 更换子弹 ② 更换击针或击锤簧
不退壳	① 子弹、枪击、机匣、弹膛及火药气体通路过脏，枪机后退不定位 ② 抓弹钩过脏或损坏	① 捅出膛内弹壳 ② 擦拭过脏机件 ③ 更换抓弹钩
枪进机到未定前位	① 弹膛、机匣、枪机和复进机过脏或枪油凝结 ② 子弹或弹匣口变形	① 推枪机到定位 ② 擦拭过脏机件 ③ 更换子弹或弹匣
不抛壳	① 火药气体通路过脏 ② 机件过脏，枪机后退不到定位	① 卸下弹匣，取出弹壳 ② 擦拭过脏机件

★ 第二节　简易射击原理 ★

一、发射与后坐

（一）发射

火药气体压力将弹头（火箭弹、炮弹）从膛内推送出去的现象，叫发射。

1. 发射过程

击针撞击子弹底火，使起爆药发火，火焰通过导火孔引燃发射药，产生大量火药气体，在膛内形成很大的压力，迫使弹头脱离弹壳，沿膛线旋转加速前进，直到推出枪口。

发射的过程时间极短促，现象却很复杂，整个过程可分为四个阶段（图7-4）。

（1）第一阶段（准备阶段）

由发射药开始燃烧起至弹头开始运动时止。在此阶段，发射药在密闭的固定容积内（弹壳内）燃烧并产生气体，气体逐渐增加，从而使压力逐渐增大，当气体压力足以克服弹头运动阻力（弹壳口对弹头的摩擦力及阻止弹头嵌入膛线的抗力）时，弹头即从静止转为运动，脱离弹壳，嵌入膛线。弹头完全嵌入膛线所需要的气体压力，称为起动压力，各种枪的起动压力为250～500千克/厘米^2。

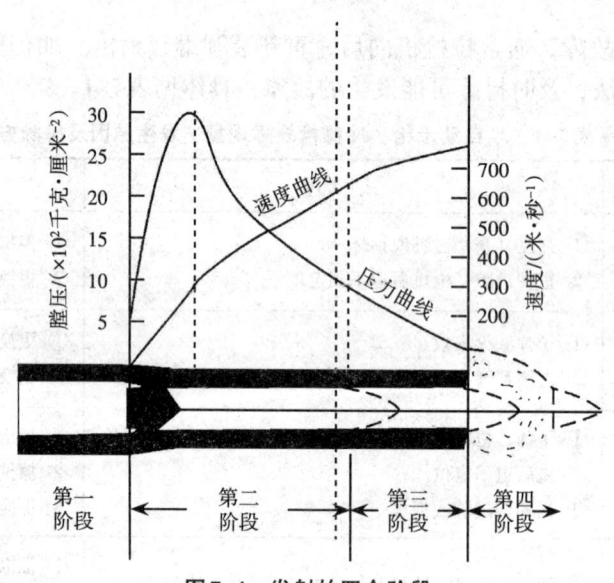

图7-4　发射的四个阶段

（2）第二阶段（基本阶段）

自弹头开始运动到发射药燃烧完为止。在此阶段内，发射药在迅速变化的容积内燃烧，膛内压力随气体的增加迅速加大，弹头运动速度随之加快。当弹头在膛内前进6～8厘米时，膛内的压力最大，此压力称为膛压。各种枪的最大膛压为1400～3400千克/厘米^2（五六式半自动步枪为2810千克/厘米^2）。由于弹头加速前进，弹头后面的空间迅速扩大，扩大的速度超过了气体增加的速度，因而，压力开始下降。但到发射药燃烧完毕时，火药气体仍保持一定的压力，而弹头的速度随着火药气体对弹头作用时间的增长还在不断增加，使弹头继续加速前进。

(3) 第三阶段（气体膨胀阶段）

发射药燃烧完到弹头底部脱离枪口前切面时止。在此阶段内，弹头是在高压灼热气体膨胀作用下运动的。虽然没有新的火药气体产生，但原有的气体仍储有大量的能量，继续做功使弹头加速运动，直到脱离枪口。弹头脱离枪口瞬间的气体压力，称为枪口压力。各种枪口的压力为 200~600 千克/厘米^2（五六式半自动步枪为 390 千克/厘米^2）。

(4) 第四阶段（火药气体作用的最后阶段）

弹头底部脱离枪口前切面时起到火药气体停止对弹头作用时止。弹头飞出枪口时，火药气体形成一股气流，从膛内喷出，其速度比弹头的速度大得多。因此，在距枪口一定距离上（各种枪为 5~50 厘米），火药气体仍继续对弹头底部施加压力，并加大弹头的运动速度，直到火药气体压力与空气阻力相等时为止。此时，弹头飞行的速度最大。

从发射的四个阶段可知，膛压的变化规律是：从小急剧增大，尔后逐渐下降。弹头速度的变化规律是：由静到动，由慢到快，始终是加速运动。

2. 枪管的堪抗力和寿命

(1) 枪管堪抗力

膛壁承受枪膛内一定火药气体压力而不变形的能力，称为枪管堪抗力。枪管的堪抗力取决于膛壁的厚度和枪管所用材料的质量。枪管都具有一定的备用堪抗力，使它能承受比最大膛压大二分之一到一倍的压力。如半自动步枪的最大膛压为 2810 千克/厘米^2，而枪管堪抗力为 5500 千克/厘米^2，其备用堪抗力为 2690 千克/厘米^2，超过最大膛压约 1 倍。

射击时，枪管内如塞有杂物（布条、沙子、泥土、弹头等），就会影响弹头的运动，使膛压超过枪管的堪抗力，枪管就会发生膨胀或炸裂现象。这是因为，弹头沿枪膛运动中遇到这些物体，就会突然降低运动速度，而膛内的火药气体还在迅速增加，使压力急骤上升，当压力超过堪抗力时，就会使枪管膨胀或炸裂。

(2) 枪管寿命

枪管能正常发射一定数量子弹的能力，称为枪管寿命。超过此数量，枪膛就会磨大而使射弹散布显著增大，初速减小，弹头飞行不稳定。步机枪枪管寿命为：五六式半自动步枪 6000 发，五六式冲锋枪 1.5 万发。

为防止枪管膨胀或炸裂，延长枪管的寿命，必须注意爱护枪膛，做到射击前认真检查枪膛内有无杂物，射击后及时将枪膛内的烟渣擦拭干净。

3. 初速及其实用意义

弹头脱离枪口前切面瞬间的速度，称为初速。决定初速大小的条件有弹头的重量、装药的重量、枪管的长度和发射药燃烧的速度。

① 弹头的重量。在其他条件相同的情况下，弹头轻，初速大；弹头重，初速小。如五三式重机枪轻弹（弹头重达 9.6 克）初速为 865 米/秒，重弹（弹头重达 11.8 克）初速为 800 米/秒。

② 装药的重量。在其他条件都相同的情况下，装药量多，所产生的火药气体多，压力大，弹头的初速也就大。如 82 迫击炮炮弹，用零号装药（药量为 8 克），其初速为 70 米/秒；用二号装药（药量为 34.5 克），其初速为 175 米/秒。

③ 枪管的长度。在其他条件都相同的情况下，用同样的子弹，在一定限度内加大枪管的长度，则初速增大。因为枪膛长能延长火药气体对弹头的作用时间，使火药气体做更多的有效功。如同用五六式普通弹，半自动步枪（枪管长 520 毫米）初速为 735 米/秒，五六式冲锋

枪（枪管长415毫米）初速为710米/秒。

④ 发射药燃烧的速度。在其他条件都相同的情况下，发射药燃烧的速度越快，火药气体对弹头的压力增加也就越快，从而使弹头在膛内运动的速度加快，初速也就越大。

（二）后坐及发射差角

1. 后坐

发射时，武器向后运动的现象，叫后坐。

（1）后坐的形成

发射药燃烧时，产生的气体同时作用于各个方面，作用于膛壁周围的压力为膛壁所抵消；向前作用于弹头后部的压力推送弹头前进；向后作用于弹壳底部的压力经过枪机传给整个武器，使武器向后运动，形成后坐。武器的后坐和弹头的运动是同时开始的。在弹头脱离枪口瞬间，大量的火药气体随弹头后部从膛内向外喷出，形成了反作用力，使武器后坐更加明显。

（2）后坐对命中的影响

后坐对单发（连发首发）射击的命中影响极小。因为弹头在膛内运动的时间极短（约1‰秒），并且枪比弹头重得多（冲锋枪、半自动步枪400倍以上），所以弹头在脱离枪口以前，枪的后坐距离只有1毫米多，而且是正直向后运动的，加之衣服和肌肉的缓冲，射手是感觉不出来的。射手感觉到的后坐，主要是弹头在脱离枪口的瞬间，火药气体猛烈向枪口外喷出形成的反作用力造成的。此时，弹头已脱离枪口。因此，后坐对单发（连发首发）射击的命中影响极小。

后坐对连发射击的命中有一定的影响。因为连发射击时，第一发子弹发射后，由于枪的明显后坐变动了原来的瞄准线，所以对第二发以后的射弹命中有一定的影响。但只要射手持枪要领正确，适应连发武器射击时的后坐规律，就能减小后坐对连发命中的影响，提高射击精度。

2. 发射差角

发射前和发射瞬间火身轴线的延长线之间所形成的角，称为发射差角。发射瞬间的火身轴线高于发射前的位置时，发射差角为负；相重合时，发射差角为零。

（1）发射差角的形成

形成发射差角的原因有很多，其中主要的有以下两个方面。

① 后坐力和后坐的反作用力。武器的后坐力是沿火身轴线的正直向后的。射击时，通常以射手的手、肩部、依托或驻锄作为武器的支点，后坐力作用于这些支点上，结果就产生了后坐的反作用力。由于后坐的反作用力和后坐力方向相反，而且不在同一直线上。因此，使枪形成发射差角。

② 枪身的颤动。发射时，火药气体的相互撞击成波浪式运动及其对膛壁的压力，使整个枪身都发生波浪颤动，因此，发射瞬间的火身轴线与发射前不相符合。当枪口部颤动的位置高于发射前的位置时，形成的发射差角为正；低于发射前的位置时，形成的发射差角为负。每支枪的发射差角对射击的影响，在矫正射效时已经用修正准星的方法消除了。因此，在发射差角没能变化的情况下，则对射击没有什么影响。

（2）发射差角变化的原因

造成发射差角变化的原因主要有：一是枪托抵肩（握手枪握把）不一致；二是枪的重心在依托上的位置过前或过后；三是武器的组合、擦拭、保管不当。

为了减小发射差角的变化，射手应做到认真爱护保管武器，经常擦拭和检查；枪托抵肩

（握手枪握把）的位置应正确一致；利用依托时，枪放在依托上的位置应尽量保持一致；并按正确要领实施射击，以提高命中精度。

二、弹道及其实用意义

（一）弹道

1. 弹道及其形成

弹头运动过程中，其重心所经过的路线，叫弹道。弹头在空气中飞行时，一面受到地心吸力的作用，逐渐下降；一面受到空气阻力的作用，越飞越慢。因此，形成了一条不均等的弧线。升弧较长较直，降弧较短较弯曲。

2. 弹道要素（图7-5）

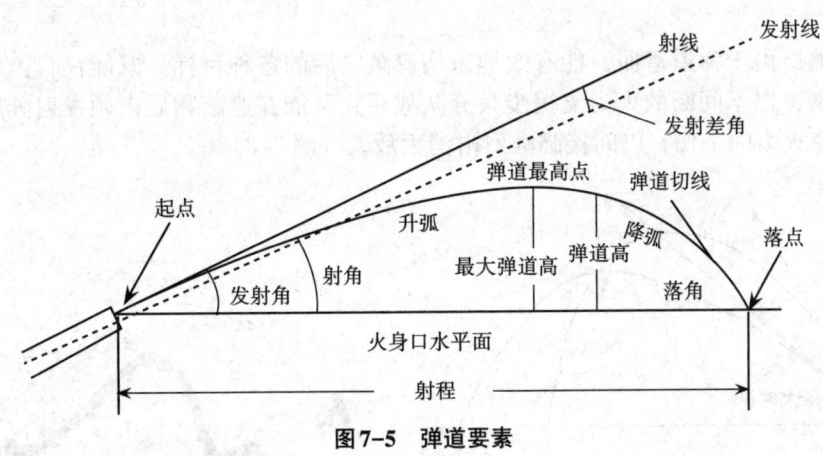

图7-5 弹道要素

起点——火身口中心点。
火身口水平面——通过起点的水平面。
射线——发射前火身轴线的延长线。
射角——射线与火身口水平面之间的夹角。
发射线——发射瞬间火身轴线的延长线。
发射角——发射线与火身口水平面之间的夹角。
落点——弹道降弧与火身口水平面的交点。
弹道最高点——火身口水平面上弹道最高的点。
升弧——由起点到弹道最高点的弹道。
降弧——由弹道最高点到落点的弹道。
弹道高——弹道上任何一点到火身口水平面的垂直距离。
最大弹道高——弹道最高点到火身口水平面的垂直距离。
弹道切线——弹道上任何一点的切线。

（二）低伸弹道和弯曲弹道

1. 低伸弹道

用小于最大射程角（能获得最大射程的角，称为最大射程角。各种枪支的最大射程角为30°~35°）的射角射击时，所获得的弹道称为低伸弹道。

低伸弹道，由于弹道低伸，危险界大，杀伤目标的可能性和杀伤目标的区域纵深就大，而测量距离的误差对杀伤目标的影响也就小。如某侧面跑步目标（高1米），实际距离为300

米,射手误测成400米,用重机枪装定表尺"4"瞄准目标中央射击,在300米处的弹道高为0.31米,没有超过目标高,目标仍能被杀伤(图7-6)。

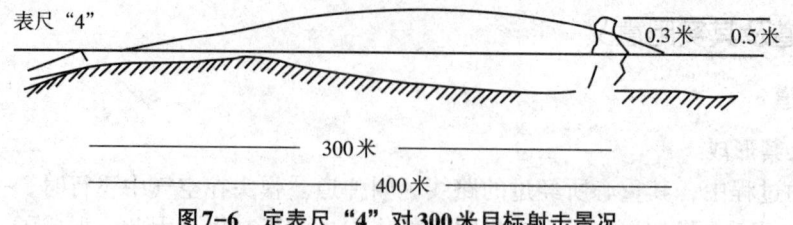

图7-6 定表尺"4"对300米目标射击景况

2. 弯曲弹道(图7-7)

用大于最大射程角的射角射击时,所获得的弹道称为弯曲弹道(60迫击炮的最大射程角为45°)。

弯曲弹道,由于弹道弯曲,能有效地杀伤遮蔽物后的各种目标。既能在自己分队之后随时实施超射击,以不间断的火力支援步兵分队战斗;又能在遮蔽物后占领发射阵地,避开正面敌低伸弹道火力的杀伤,以间接瞄准射击消灭敌人(图7-8)。

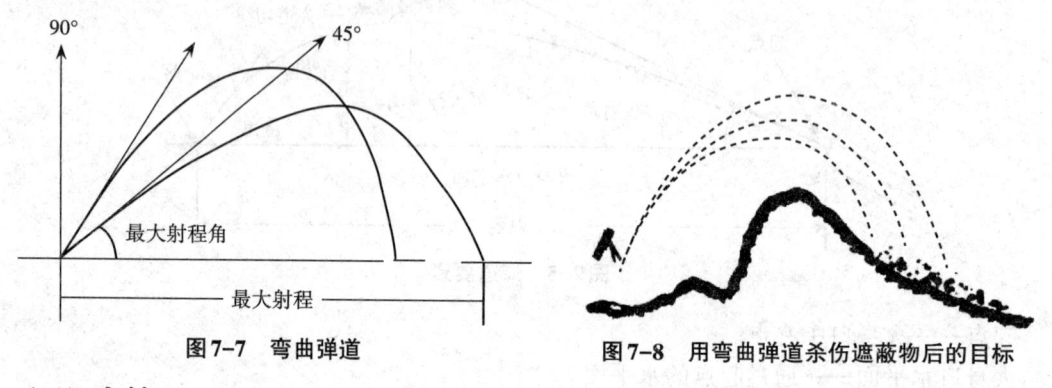

图7-7 弯曲弹道　　　　图7-8 用弯曲弹道杀伤遮蔽物后的目标

(三)直射

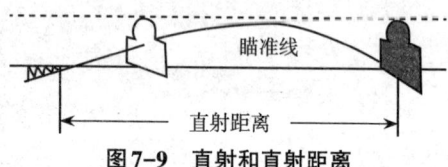

图7-9 直射和直射距离

1. 直射和直射距离

瞄准线上的弹道高在整个表尺距离上不超过目标高的射击,叫直射。这段表尺距离叫直射距离(图7-9)。

2. 直射距离的求法

直射距离的大小,决定于目标的高低和弹道的低伸程度。目标越高,弹道越低伸,直射距离就越大;目标越低,弹道越弯曲,直射距离就越小(表7-2),因此,直射距离可根据图7-9直射和直射距离据武器在瞄准线上的最大弹道高与目标高相比较求出。

表7-2 各种枪对主要目标射击的直射距离(概略值)

直射距离/米 枪种	目标	人头目标高 /30厘米	人胸目标高 /厘米	半身目标高 /100厘米	跃进目标高 /150厘米
冲锋枪、半自动步枪、班用轻机枪		200	300	400	500
重机枪		300	400	500	600
附注		四〇火箭筒对坦克射击的直射距离为300米			

例：求冲锋枪对跃进目标（1.5米）射击的直射距离。

解：根据瞄准线上的弹道高表将目标高与最大弹道高相比较得出：装定表尺"5"射击时的最大弹道高（1.2米）小于目标高，而装定表尺"6"射击时最大弹道高（2米）超过目标高。因此，冲锋枪对跃进目标射击的直射距离约为500米。

3. 直射的实用意义

① 对在直射距离内的目标射击时，瞄准目标下沿，不变更表尺分划即可进行连续射击，以增大战斗射速，提高射击效果。

② 可以弥补测量距离的误差对命中的影响。如人胸目标距离250米，冲锋枪手误测为300米，装定表尺"3"射击，在250米处的弹道高为0.21米，没有超过目标高，目标仍能被杀伤。

③ 指挥员运用直射的原理，组织侧射、斜射、短兵射击和夜间标定射击，均能获得良好的射击效果。例如，短兵射击是以人胸目标的直射距离为依据的，因此，短兵射击的距离不超过300米，目标在此距离内都可被杀伤；侧射是以跃进目标为依据的，因此，侧射的距离不超过500米，在此距离上可杀伤向自己冲击的跃进目标。

④ 反坦克火器在直射距离内对敌装甲目标射击，效果更好。

（四）危险界、遮蔽界和死角

1. 危险界

危险界分为表尺危险界和实地危险界。

（1）表尺危险界

瞄准线上的弹道高没有超过目标高的部分，称为表尺危险界。由于大多数射击情况下，是依靠弹道降弧杀伤目标，即在落点附近杀伤目标（如目标距离不大，就可利用直射距离杀伤目标）。这样，升弧部分所构成的危险界就没有实用意义。所以，通常把弹道降弧部分在瞄准线上的高度没有超过目标高的一段距离，称为表尺危险界。

（2）实地危险界

在实际地形上弹道高没有超过目标高的一段距离，称为实地危险界。

（3）决定实地危险界大小的条件

① 弹道低伸程度。对同一地形上的同一目标射击时，弹道越低伸，实地危险界就越大；反之就越小（图7-10）。

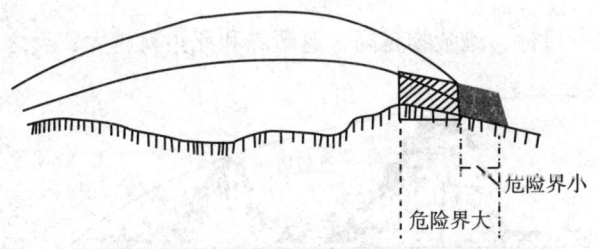

图7-10 弹道低伸程度与实地危险界的关系

② 目标高低。用同一武器对同一地形上的不同目标射击，目标越高，实地危险界越大；反之越小（图7-11）。

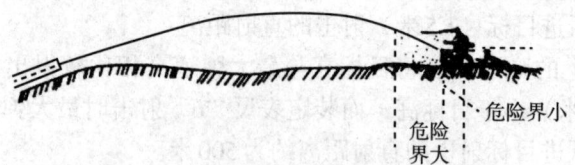

图 7-11　目标高低与实地危险界的关系

③ 目标所在位置的地貌。用同一武器对同一种目标射击,目标所在位置的地貌与弹道形状越一致,实地危险界越大;反之越小(图 7-12)。

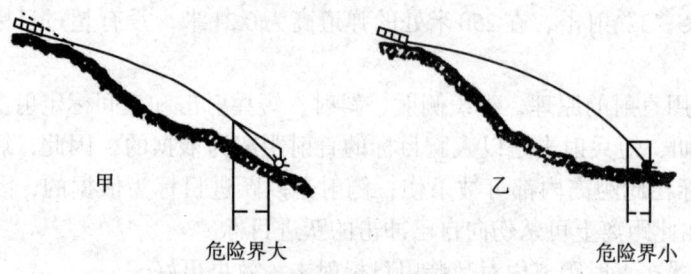

图 7-12　地貌状况与实地危险界的关系

2. 遮蔽界和死角

从弹头不能射穿的遮蔽物顶端到弹着点的一段距离,叫遮蔽界。目标在遮蔽界内不会被杀伤的一段距离,叫死角。遮蔽界内包括死角和危险界(图 7-13)。

遮蔽界和死角的大小是由遮蔽物的高低和落角的大小决定的。死角的大小还决定于目标的高低。

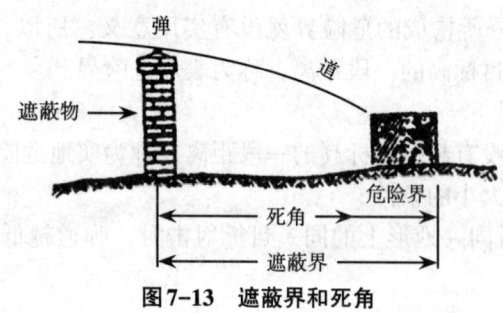

图 7-13　遮蔽界和死角

① 同一弹道,同一目标,遮蔽物越高,遮蔽界和死角就越大;反之越小(图 7-14)。

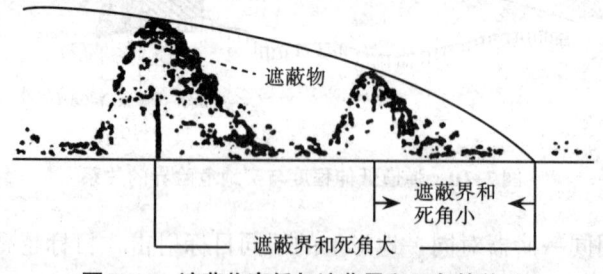

图 7-14　遮蔽物高低与遮蔽界和死角的关系

② 同一遮蔽物,同一目标,落角越小,遮蔽界和死角就越大;反之越小(图 7-15)。

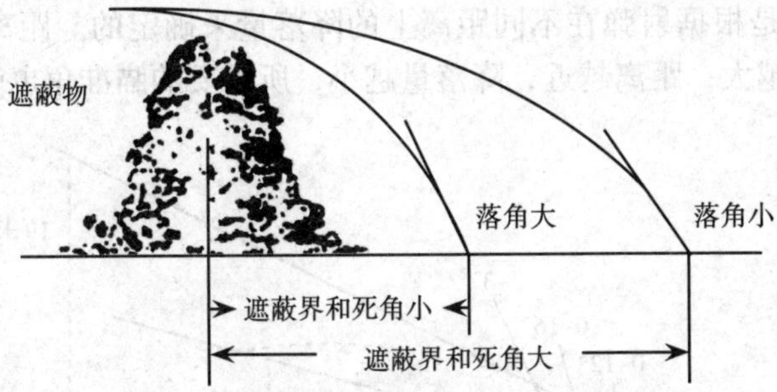

图7-15 落角大小与遮蔽界和死角的关系

③同一遮蔽物，同一弹道，目标越高，死角越小；反之越大（图7-16）。

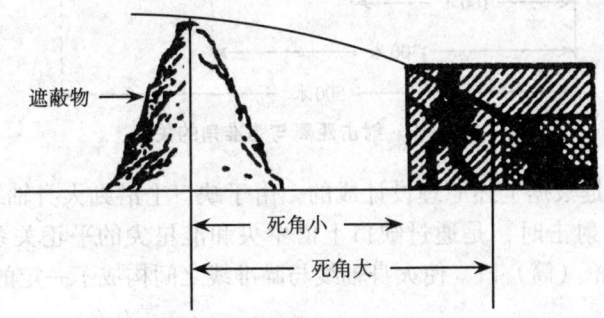

图7-16 目标高低与死角的关系

危险界、遮蔽界和死角的实用意义：懂得了危险界、遮蔽界和死角，在战斗中就能更好地隐蔽身体，发扬火力，灵活地利用地形地物，隐蔽地运动、集结和转移，以避开或尽量减少敌人火力的杀伤。在组织火力配系时，就能正确地选择射击位置和组织火力，千方百计地力求增大危险界和减少射击地带内的遮蔽界和死角，并善于运用弯曲弹道和各种武器的侧射、斜射火力消灭隐蔽在遮蔽界和死角内的敌人。

三、选定表尺（瞄准镜）分划和瞄准点

（一）瞄准具（镜）的作用

由于地心吸力和空气阻力的作用，如果用枪管（筒身）瞄向目标射击，射弹就会打低、打近（图7-17）。

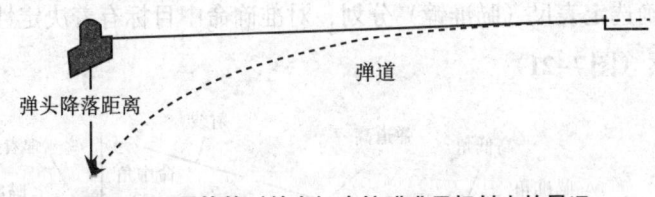

图7-17 用枪管（筒身）直接瞄准目标射击的景况

为了命中目标，必须将枪（筒）口抬高，使火身轴线与瞄准线之间形成一定的角度，即瞄准角（图7-18）。

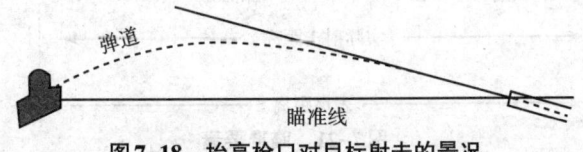

图7-18 抬高枪口对目标射击的景况

瞄准角的大小，是根据射弹在不同距离上的降落量来确定的。距离越远，降落量越大，所需要的瞄准角也就越大；距离越近，降落量越小，所需要的瞄准角也就越小（图7-19）。

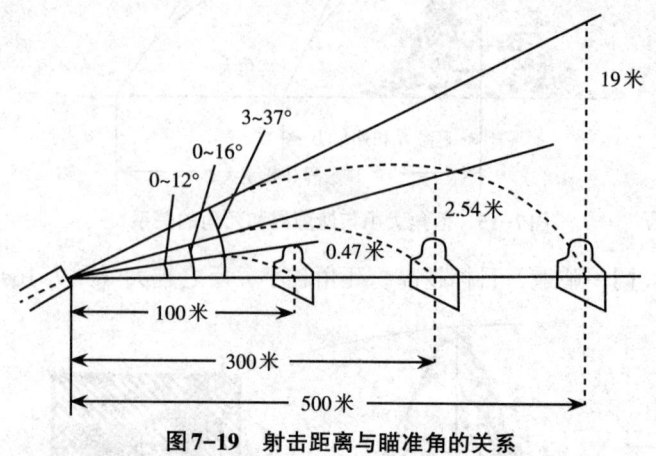

图7-19　射击距离与瞄准角的关系

瞄准具（镜）就是根据上述原理设计成的。由于缺口上沿到火身轴线的高度大于准星尖到火身轴线的高度，射击时，是通过缺口上沿中央和准星尖的平正关系来对目标进行瞄准的。因此，就抬高了枪（筒）口，使火身轴线与瞄准线之间构成了一定的瞄准角（图7-20）。

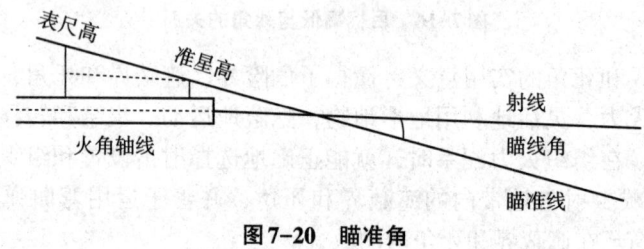

图7-20　瞄准角

表尺位置高，瞄准角就大，相应的射击距离就远；表尺位置低，瞄准角就小，相应的射击距离就近。各种枪（筒）的表尺钣（瞄准镜）上都刻有不同的表尺（距离）分划，装定表尺（距离）分划，就是改变表尺的高低位置，实际上也就是装定瞄准角。

由此可见，瞄准具的作用，就是对一定距离上的目标射击时赋予的相应的瞄准角和射向。射击时，只要按照目标的距离装（选）定相应的表尺（瞄准镜）分划瞄准射击，就能命中目标。因此，正确选定表尺（瞄准镜）分划，对准确命中目标有着决定性的意义。

（二）瞄准要素（图7-21）

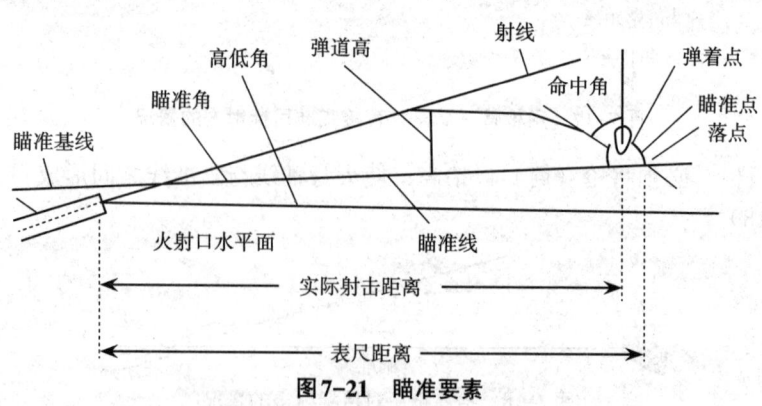

图7-21　瞄准要素

瞄准基线：缺口的上沿中央到准星尖的直线。

瞄准线：视线通过缺口上沿中央和准星尖的延长线。

瞄准点：瞄准线所指向的一点。

瞄准角：射线与瞄准线的夹角。

高低角：瞄准线与火身口水平面的夹角（目标高于火身口水平面时，高低角为"＋"；目标低于火身口水平面时，高低角为"－"）。

瞄准线上弹道高：弹道上任何一点到瞄准线的垂直距离。

落点：弹道降弧与瞄准线的交点。

弹着点：弹道与目标表面或地面的交点。

命中角：弹着点的弹道切线与目标表面或地面所夹的角。命中角通常以小于90°的角计算。

表尺距离：起点到落点的距离。

实际射击距离：起点到弹着点的距离。

（三）选定表尺（瞄准镜）分划和瞄准点

为了使射弹准确地命中目标，射击时，射手应根据目标的距离、大小和武器的弹道高低，正确地选定表尺（瞄准镜）分划和瞄准点。其方法主要有以下几种。

1. 定实距离表尺（瞄准镜）分划，瞄目标中央

目标距离为百米（轻机枪50米）的整数时，可根据目标的距离装定相应的表尺分划，瞄准点先在目标中央。如冲锋枪对距离100米的人胸目标射击时，定表尺"1"；班用轻机枪对150米距离上半身目标射击时，定表尺"1.5"。瞄准目标中央射击，即可命中目标中央（图7-22）。

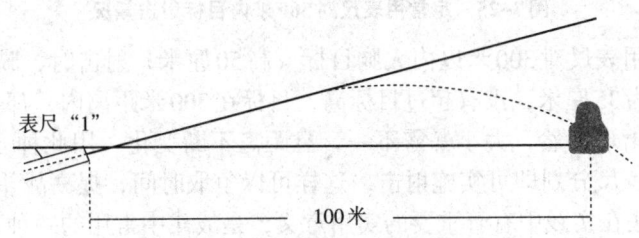

图7-22 定实距离表尺分划射击景况

2. 定大小或小于实距离表尺分划，适当降低或提高瞄准点

目标距离不是百米（轻机枪50米）的整数时，通常选定大于实距离的表尺分划，根据武器在该距离上的弹道高，相应降低瞄准点射击。如冲锋枪对距离250米的人胸目标射击时，定表尺"3"，在250米处的弹道高21厘米，这时，瞄准目标下沿中央射击，即可命中目标中央（图7-23）。

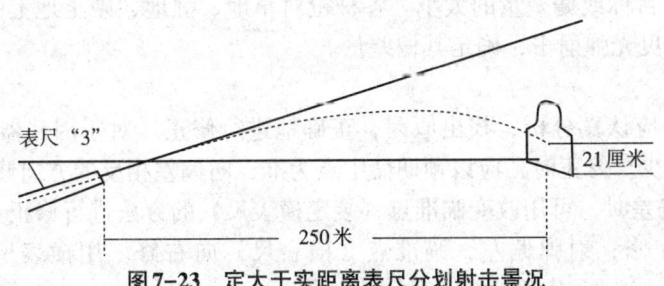

图7-23 定大于实距离表尺分划射击景况

也可选定小于实距离的表尺分划，根据武器在该距离上的负弹道高，相应提高瞄准点射击。如半自动步枪对距离250米的人头目标（高30厘米）射击时，定表尺"2"，在250米处的弹道高为16厘米，这时，瞄准目标头顶中央射击，即可命中（图7-24）。

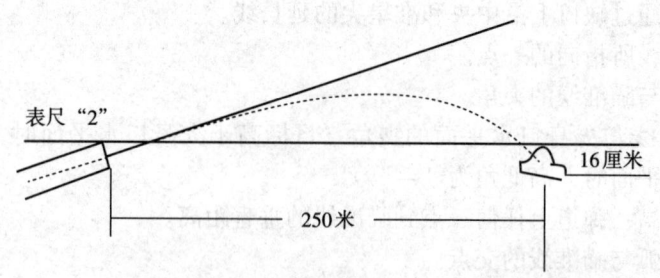

图7-24　定小于实距离表尺分划射击景况

3. 定常用表尺分划，小目标瞄下沿，大目标瞄中央

战斗中，对300米距离以内的目标射击时，通常定常用表尺（表尺"3"）分划，小目标瞄下沿，大目标瞄中央射击，即可命中（图7-25）。

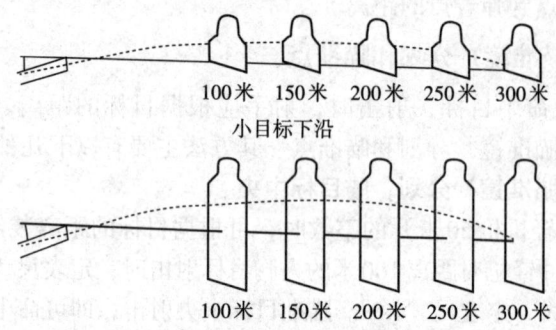

图7-25　定常用表尺对300米内目标射击景况

如冲锋枪定常用表尺对300米以内人胸目标（高50厘米）射击时，瞄目标下沿，则整个瞄准线上最大弹高为35厘米，没有超过目标高，目标在300米距离内，都会被杀伤。

在战场，目标出现突然，大小暴露不一，且距离不断变化。用此种方法，对300米以内的目标不需要变更表尺分划即可实施射击，这样可以争取时间，提高战斗射速，增大射击效果。因此，此种方法在实践中有着重要的实用意义，是战斗中常用的一种方法。

（四）观察弹道和修正偏差

射击时，测距、瞄准的误差和外界条件对射击的影响，以及射手操作不正确等原因，会使射弹产生偏差。因此，射手应注意观察弹着，及时修正偏差，以提高射击效果。

1. 观察弹着

观察弹着时，应根据射弹击起的尘土、水花的位置、曳光迹和目标状况的变化等情况，判断射弹是否命中目标或偏差量的大小。各种枪对草地、湿地、硬土地上的目标射击时，弹着不易观察，可用曳光弹射击，确定其偏差量。

2. 修正方法

发现偏差时，应认真分析，找出原因，正确地进行修正。对于因武器、风造成的偏差，偏差多少就修正多少。修正时，应以预期命中点为准，向偏差相反的方向修正。

① 修正方向偏差时，可用改变瞄准点（装定横表尺）的方法进行修正。射弹偏右，瞄准点（横表尺）向左修；射弹偏左，瞄准点（横表尺）向右修。用横表尺修正时，瞄准点不变。

② 修正高低偏差时，可用提高、降低瞄准点或增减表尺分划的方法进行修正。射弹偏高时，降低瞄准点或减少表尺分划；射弹偏低时，提高瞄准点或增加表尺分划。

四、外界条件对射击的影响及修正

武器弹道基本诸元的计算，都是在标准条件下进行的。射击时，若外界条件不符合标准条件，就会改变弹道的形状，影响射击的程度。要使射弹准确地命中目标，就要了解外界条件对射击的影响，学会修正和克服的方法。

（一）风对射弹的影响及修正

风是一种具有速度和方向的气流，它能改变射弹的飞行方向和距离。在各种外界条件中，风对射弹的飞行影响最大。因此，必须准确地判定风向和风力，根据风对射弹的影响进行修正，以保证射弹准确命中目标。

1. 风向和风力的判定

（1）风向的判定

按风吹的方向和射击方向所形成的角度可分为横风、斜风和纵风（图7-26）。

横风：从左或右与射向成90°角吹的风。

斜风：与射向成锐角（小于90°）的风。射击时，通常以与射向约成45°角的风计算。

纵风：从后或前与射向平行吹的风。顺射向吹的风为顺风；逆射向吹的风为逆风。

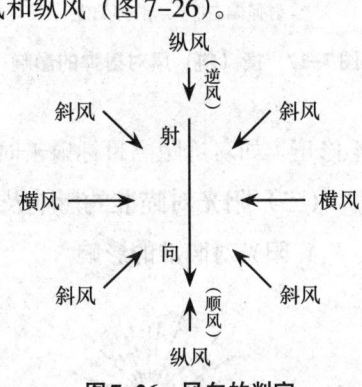

图7-26 风向的判定

（2）风力的判定

风力按其大小分为强风、和风与弱风。风力的大小，可用测风仪等器材测出，也可根据人的感觉和常见物体被风吹动的情况来判定（表7-3）。

表7-3 风力（风速）判定表

风力			人的感觉	常见物体现象				
区分	级别	速度		草	树	旗帜	烟	海面、渔船
弱风	二级风	2～3米/秒	面部和手稍感到有风	微动	灌木丛、细树枝、树叶"沙沙"作响	微动并稍离开旗杆	微动	有小波，船身摇动，船帆基本正直
和风	三至四级风	4～7米/秒	明显地感到有风，吹过耳边时"呜呜"响，面对风可睁开眼	被吹弯	灌木摆动，树上的细枝被吹弯，树叶剧烈地摆动	展开飘动	被吹斜约成45°角	有轻浪，船身摇动明显，船帆倾向一侧
强风	五至六级风	8～12米/秒	迎面站立或行走，明显地感到有阻力，尘土飞扬，面对风感到睁眼困难	倒在地上	树干摆动，粗枝被吹动	飘成水平状态，并"哗哗"作响	被吹成水平状态，并被吹散	有大浪，浪顶的白色泡沫很多，船身常被风吹离浪顶

2. 风对射弹的影响及修正

（1）横（斜）风对射弹的影响及修正

横（斜）风能对弹头的侧面施加压力，使射弹偏向一侧，产生方向偏差（斜风还能使射弹产生距离偏差，因偏差很小，故不考虑）。风力越大，距离越远，偏差就越大。风从左吹

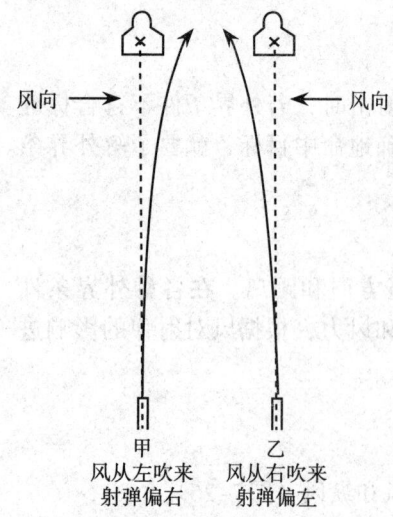

图7-27 横（斜）风对射弹的影响

来，射弹偏右；风从右吹来，射弹偏左（图7-27）。

各种枪射击时，为了使射弹准确地命中目标，必须根据射弹受风影响的偏差量，将瞄准点或横表尺朝风吹来的方向修正。修正时，以横方向的和风修正量为准，强风加一倍，弱风减一半，斜方向强（和或弱）风的修正量减一半。修正量从预期命中点算起，偏差多少，就修正多少。

横表尺修正后，瞄准点不变。

（2）纵风对射弹的影响及修正

纵风影响射弹的飞行距离。顺风时，空气阻力减小，使射弹打远（高）；逆风时，空气阻力增大，使射弹打近（低）。

但在近距离内，风速为10米/秒时，纵风对射弹的影响很小。如半自动步枪、冲锋枪和班用轻机枪在400米距离上的距离修正量为3米，高、低修正量为2厘米。因此，在400米内，图7-27横风对射弹的影响风速小于10米/秒，可不修正。如对远距离目标射击时，应适当降低或提高瞄准点。

（二）阳光对瞄准的影响及克服方法

1. 阳光对瞄准的影响

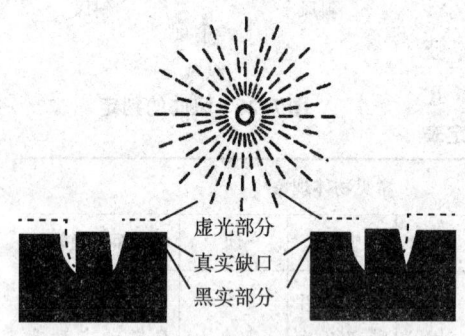

图7-28 缺口部分产生虚光形成三层缺口

在阳光下瞄准时，由于阳光照射作用，缺口部分产生虚光，形成三层缺口：虚光部分、真实缺口、黑实部分（图7-28）。如不注意辨清真实缺口的位置，就容易产生误差，使射弹产生偏差。

① 若用虚光瞄准，射弹就偏向阳光照来的方向（图7-29）。阳光从右上方照来时，缺口右边和上沿产生虚光，用虚光部分瞄准，准星实际上偏右高。因此，射弹偏右上。阳光从左上方照来时，射弹则偏左上。

② 若用黑实部分瞄准，射弹就偏向阳光照来的相反方向（图7-30）。阳光从右上方照来时，用黑实部分瞄准，准星实际上偏左低。因此，射弹偏左下。阳光从左上方照来，射弹则偏右下。

图7-29 用虚光部分瞄准，射弹偏向阳光照来的方向

图7-30 用黑实部分瞄准，射弹偏向阳光照来的相反方向

③ 在阳光照射下，缺口和准星尖同时产生虚光时，若用虚光部分瞄准，射弹偏低；若用黑实部分瞄准，射弹偏高。

2. 克服的方法

① 可在不同方向的阳光照射下练习瞄准，采取遮光瞄准不遮光检查，或不遮光瞄准遮光检查的方法，反复练习，确实辨清真实缺口的位置和正确瞄准的景况。

② 在阳光下瞄准的时间不宜过长，以免眼花而产生误差。

③ 平时要注意保护好瞄准具，不使其磨亮而反光。

（三）气温对射弹的影响及修正

1. 气温对射弹的影响

气温就是空气的温度，它随着天气的炎热和寒冷而变化。气温变化时，空气密度也会随着改变，对射弹的阻力也就不同，从而影响射弹的飞行速度，使弹道形状发生变化。

气温升高时，空气密度减小（稀薄），射弹飞行中受到的空气阻力就小，射弹就打得远（高）。

气温降低时，空气密度增大（稠密），射弹在飞行中受到的空气阻力就大，射弹就打得近（低）。

2. 修正方法

由于各地区和各季节的气温不同，很难与标准气温（15℃）条件相符。因此，应在当时当地的气温条件下矫正武器的射效，并以矫正射效时的气温条件为准。射击时，若气温差别不大，在400米内对射弹命中的影响较小，不必修正。若气温差别很大或对远距离目标射击时，应适当提高或降低瞄准点射击，气温降低时，提高瞄准点或增加表尺分划；气温升高时，降低瞄准点或减小表尺分划。

★ 第三节　射击动作 ★

一、验枪

验枪是一项保证安全的重要措施。使用武器前后及必要时，均应验枪，认真检查弹膛、弹匣和教练弹中有无实弹。验枪时，严禁枪口对人。

口令："验枪""验枪完毕"。

（一）半自动步枪

动作要领：听到"验枪"口令后，右手将枪提起，以右脚掌为轴，身体半面向右转，左脚顺势向前迈出一步（两脚约与肩同宽），同时右手将枪向前送出，左手接握下护木，左大臂紧靠左肋，枪托贴于胯骨，枪刺尖约与眼同高，右手打开保险和弹仓盖，移握机柄。

当指挥员检查时，拉枪机向后。验过后，自行送回枪机，关上弹仓盖，扣扳机，关保险，移握枪颈。

听到"验枪完毕"口令后，右手移握上护木，身体半面向左转，在右脚靠拢左脚的同时，恢复持枪姿势。

（二）冲锋枪

动作要领：听到"验枪"口令后，以右脚掌为轴，身体半面向右转，左脚顺势向前迈出一步（两脚约与肩同宽），同时右手移握上护木，将枪向前送出（背带从肩上脱下），左手接握下护木，左大臂紧靠左肋，枪托贴于右胯，准星约与肩同高，打开保险，卸下弹匣，使弹匣口向后交给左手握于护木右侧。

（三）手枪

动作要领：听到"验枪"口令后，左手握住枪套下端，右手打开枪套扣，取出手枪置于右胸前，大臂自然下垂，手与肩同高，枪口指向前上方，左手拇指压弹匣卡笋，取出弹匣交给右手，握于枪的左侧，左手拇指扳击锤向后于待发位置，然后左手拇指和食指捏握套筒后部。

当指挥员检查时，拉套筒向后，或指挥员不检查时，自行拉套筒向后。验枪后，自行送回套筒，左手装上弹匣，右手食指扣扳机，左手拇指压击锤、使击锤稍向前移动，放开扳机，使击锤位于保险位置。

听取"验枪完毕"的口令后，左手掀开枪套盖，右手将枪装入枪套内并扣好。

二、射击准备

（一）半自动步枪

1. 卧姿装退子弹及定复表尺

口令："卧姿——装子弹""退子弹起立"。

动作要领：听到"卧姿——装子弹"口令后，右手将枪提起稍向前倾，左脚向右脚尖前迈出一大步（也可右脚顺脚尖方向迈出一大步），左手在左（右）脚尖前支地，顺势卧倒，以身体左侧、左肘支持全身，右手将枪朝目标方向送出，左手接握表尺下方，枪托着地，右手拉枪机到定位。解开弹袋扣，取出一夹子弹，插入弹夹槽，以食指或拇指将子弹压入弹仓，取出弹夹，送弹上膛，将弹夹装入弹袋并扣好。右手拇指和食指捏压游标卡笋，移动游标，使游标前切面对正所需要的表尺分划。右手移握枪颈，全身伏地，两脚分开约与肩同宽，身体与射向约成30°角，枪刺离地，目视前方，准备射击。

听到"退子弹起立"口令后，稍向左侧身，右手解开弹袋扣，打开弹仓盖，接住落下的子弹，装入弹袋，拇指拉机柄向后，余指接住从膛内退出的子弹，送回枪机，将子弹装入弹袋并扣好，关上弹仓盖，打开保险，扣扳机，关保险，复表尺，移握上护木，将枪收回，同时左小臂向里合，屈左腿于右腿下。以左手和两脚撑起身体，右脚向前一大步，左脚再向前一步，在右脚靠拢左脚的同时，恢复持枪姿势。

2. 跪姿装退子弹及定复表尺

口令："跪姿——装子弹""退子弹——起立"。

动作要领：听到"跪姿——装子弹"口令后，右手将枪提起，左脚向右脚前方迈出一步，右手将枪朝目标方向送出，左手接握表尺下方，同时右膝向右跪下，臀部坐在右脚跟上，左小腿略垂直，两腿约成90°，左小臂放在左大腿上，枪刺尖约与眼同高。然后，按要领装子弹，定表尺，右手移握枪颈，目视前方，准备射击。

听到"退子弹——起立"口令后，按要领退出子弹，打开保险，扣扳机，关保险，复表尺，右手移握上护木，左脚尖向外打开同时起立，在右脚靠拢左脚的同时，恢复持枪姿势。

3. 立姿装退子弹及定复表尺

口令："立姿——装子弹""退子弹"。

动作要领：听到"立姿——装子弹"口令后，右手将枪提起，以右脚掌为轴，身体大半面向右转，左脚顺势向前迈出一步（两脚与肩同宽，外八字），体重落在两脚上，右手将枪朝目标方向送出，左手接握表尺下方，左大臂紧靠左肋，枪托贴于胯骨，枪刺尖约与眼同高。然后，按要领装子弹，定表尺，右手移握枪颈，目视前方，准备射击。听到"退子弹"口令后，按要领退出子弹，打开保险，扣扳机，关保险，复表尺，右手移握上护木，身体大半面向左转，在右脚靠拢左脚的同时，恢复持枪姿势。

（二）冲锋枪

1. 向弹匣内装子弹

左手握弹匣，使弹匣口朝上，挂耳向左前，右手将子弹放于弹匣口，两手协力将子弹压入弹匣内。

2. 卧姿装退子弹及定复表尺

口令："卧姿——装子弹""退子弹——起立"。

动作要领：听到"卧姿——装子弹"口令后，右手移握上护木，使枪口向前（背带从肩上脱下），左脚向右脚尖前迈出一大步（也可右脚顺脚尖方向迈出一大步），左手在左（右）脚尖前支地，顺势卧倒，以身体左侧、左肘支持全身，右手将枪朝目标方向送出，左手接握下护木，枪面稍向左，枪托着地，右手打开枪刺，卸下空弹匣（弹匣口朝后）交给左手握于护木右侧，解开弹袋扣，换上实弹匣，将空弹匣装入弹袋内并扣好，打开保险，拉枪机送子弹上膛，关上保险。右手拇指和食指捏压游标卡笋，移动游标，使游标前切面对正所需的表尺分划。然后，右手移握握把，全身伏地，枪面向上，弹匣、枪托着地，两脚分开约与肩同宽，身体右侧与枪略成一线，目视前方，准备射击。听到"退子弹——起立"口令后，稍向左侧身，右手卸下实弹匣交给左手，打开保险，拇指慢拉枪机向后，余指接住从膛内退出的子弹，送回枪机，将子弹压入弹匣内，解开弹袋扣，换上空弹匣，把实弹匣装入弹袋内并扣好，扣扳机，关保险，复表尺，折回枪刺，移握上护木，将枪收回，同时左小臂向里合，屈左腿于右腿下。以左手和两脚撑起身体，右脚向前一大步，左脚再向前一步，左手反握上护木，将枪倒置于胸前，右手挑起背带，在右脚靠拢左脚的同时，两手协力将枪送上右肩，恢复肩枪姿势。

3. 跪姿装退子弹及定复表尺

口令："跪姿——装子弹""退子弹——起立"。

动作要领：听到"跪姿——装子弹"口令后，右手移握上护木，使枪口向前（背带从肩上脱下），左脚向右脚前方迈出一步，右手将枪朝目标方向送出，左手接握下护木，同时，右膝向右跪下，臀部坐在右脚跟上，左小腿略垂直，两脚约成90°，左小臂放在大腿上，枪面稍向左，准星略与肩同高。然后，按要领打开枪刺，换上实弹匣，打开保险，送子弹上膛，关保险，定表尺，右手移握握把，目视前方，准备射击。

听到"退子弹——起立"口令后，按要领卸下实弹匣，打开保险，退出膛内子弹，换上空弹匣，扣扳机，关保险，复表尺，右手折回枪刺，移握上护木，左脚尖向外打开的同时起立，左手反握上护木，将枪倒置于胸前，右手挑起背带，在右脚靠拢左脚的同时，两手协力将枪送上右肩，恢复肩枪姿势。

4. 立姿装退子弹及定复表尺

口令："立姿——装子弹""退子弹"。

动作要领：听到"立姿——装子弹"口令后，右手移握上护木，以右脚掌为轴，身体大半面向右转，左脚顺势向前迈出一步（两脚约与肩同宽，外八字），体重落在两脚上，右手将枪朝目标方向送出（背带从肩上脱下），左手接握下护木，左大臂紧靠左肋，枪托贴于胯骨，准星约与肩同高。然后，按要领打开枪刺，换上实弹匣，打开保险，送子弹上膛，关保险，定表尺，右手移握握把，目视前方，准备射击。

听到"退子弹"口令后，按要领卸下实弹匣，打开保险，退出膛内子弹，换上空弹匣，扣扳机，关保险，复表尺，右手折回枪刺，移握上护木，身体大半面向左转，右手反握上护木，将枪倒置于胸前，右手挑起背带，在右脚靠拢左脚的同时，两手协力将枪送上右肩，恢复肩枪姿势。

（三）手枪

1. 立姿装退子弹

口令："立姿——装子弹""退子弹"。

动作要领：听到"立姿——装子弹"口令后，以左脚掌为轴，身体大半面向左转，同时右脚顺势向前迈出一步（约与肩同宽），身体保持正直，体重落于两脚。左手握枪套一端，右手解开枪套扣，从枪套内取出手枪，置于右胸前，大臂自然下垂，手与肩同高，枪口指向前上方。左手拇指按压弹匣卡笋，取出空弹匣交给右手，握于枪的左侧，然后从弹匣套内取出实弹匣装入枪内（图7–31），再将空弹匣装入弹匣套内。扳击锤向后呈待发状态，拉套筒后到定位并松开，推子弹上膛，将击锤送于保险位置，左臂自然下垂或叉于腰际。

图7–31 弹匣子装入枪内

听到"退子弹"口令后，左手拇指按压弹匣卡笋，取出实弹匣交给右手，握于枪的左侧，扳击锤向后到定位，以左手拇、食指捏握套筒，虎口对正抛壳口，快拉筒向后，用虎口夹住抛出子弹，送回套筒，将退出的子弹装入实弹匣内，左手从弹匣套内取出空弹装入枪内。然后，按动作要领使击锤位于保险位置，将枪装入枪套内并扣好，身体大半面向右转，左脚靠拢右脚，恢复立正姿势。

2. 跪姿装退子弹

口令："跪姿——装子弹""退子弹——起立"。

动作要领：听到"跪姿——装子弹"口令后，右脚向左脚前方迈出一步，同时左膝向左迅速跪下，臀部坐在左脚跟上，右小腿垂直，两腿约成90°角。然后，按要领装子弹（图7–32），右大臂自然下垂，右手与肩同高，枪口指向前上方，左臂自然下垂。听到"退子弹——

起立"口令后，按要领退出子弹，将枪装入枪套内并扣好。然后，左脚尖向外打开并起立，左脚靠拢右脚，恢复立正姿势。

图7-32　跪姿装子弹

三、据枪、瞄准、击发

（一）据枪

为了获得更好的射击效果，应力求充分利用地形，实施有依托射击。条件许可时，就构筑依托物。依托物的高度应以射手的身体而定，一般为25～30厘米。在紧急情况下，还应善于利用不同高度的依托物实施射击。

1. 半自动步枪有依托据枪

卧姿据枪时，下护木放在依托物上，左手托握表尺下方，手背紧靠依托物（也可将手垫在依托物上），左肘向合。右手握枪颈，食指第一节靠在扳机上，大臂略成垂直。两手协同将枪托确实抵于肩窝，头稍前倾，自然贴腮。

掩体内跪姿据枪时，通常跪左膝，身体左前侧紧靠掩体前崖，右小腿垂直或右脚向右后蹬，两肘抵在臂座上。

掩体内立姿据枪时，左腿微曲，上体左前侧紧靠掩体前崖，右脚向后蹬，两肘抵在臂座上。

2. 冲锋枪有依托据枪

卧姿据枪时，下护木（枪刺座或枪管）放在依托物上，身体右侧与枪身略成一线。右手虎口向前紧握握把，食指第一节靠在扳机上，右肘尽量里合着地前撑。左手握弹匣（也可握下护木），左肘着地外撑，两肘保持稳固。胸部挺起，身体稍向前跟（右肘不离地），上体自然下塌，两手用力保持不变，使枪托确实抵于肩窝，头稍前倾，自然贴腮。

掩体内跪姿据枪时，通常跪左膝，右膝靠掩体前崖或右脚向后蹬，也可跪双膝。上体紧靠掩体前崖，两肘抵在臂座上。

掩体内外立姿据枪时，上体左前侧紧靠掩体前崖，左腿微曲，右脚向后蹬，两肘抵在臂座上。

（二）瞄准

右眼通视缺口和准星，使准星尖位于缺口中央前与上沿平齐，指向瞄准点，就是正确瞄准。正确瞄准景况，应是准星与缺口的平正关系看得清楚，而目标看得较模糊（图7-33）。

甲：准星与缺口的正确关系

乙：正确的瞄准景况

图 7-33　正确瞄准

1. 瞄准的方法

据枪后，应首先使瞄准线自然指向目标。若未指向目标，不可迁就而强扭枪身，必须调整姿势。需要修正方向时，可左右移动身体或两肘。需要修正高低时，可调整依托物，前后移动整个身体或两肘里合、外张（连发射击时，右肘不宜外张），也可适当移动左手的托枪位置。

瞄准时，应把主要精力集中在准星与缺口的平正关系上。如果把主要精力集中在准星与目标上，就会忽略准量与缺口的平正关系，使射弹产生偏差。

2. 瞄准误差对命中的影响

① 准星与缺口关系不正确：瞄准时，若准星与缺口的关系不正确，对命中影响很大。准星偏哪，弹着偏哪。如准星尖在缺口内偏差 1 毫米，弹着点在 100 米距离上的偏差量为：半自动步枪 21 厘米，冲锋枪 26 厘米。距离增加几倍，偏差量就增加几倍。

② 瞄准线指向的偏差：瞄准时，若准星与缺口的关系正确，而瞄准线指向产生偏差时，射弹也会产生偏差。射弹的偏差与瞄准线指向的偏差相一致，如瞄准线指向偏左 15 厘米，射弹也就偏左 15 厘米。

3. 检查瞄准的方法

① 个人检查。瞄准时，头稍上下移动，检查准星是否位于缺口中央；头稍左右移动，检查准星尖是否与缺口上沿平齐。也可用平正准星检查器或白纸遮挡的方法，检查准星与缺口是否平正。

② 固定枪检查。将枪放在依托物上，瞄准后不动枪，互相检查瞄准的正确程度。

③ 四点瞄准检查。将枪放在依托物上，在枪前 15 米处设固定白纸靶。示靶手将检查靶固定在白纸上，由教练员或优秀射手向检查靶瞄准。瞄好后，将枪固定好，示靶手通过检查靶中央的圆孔，点上标记作为基准点。然后，移开检查靶。由射手不动枪瞄准，指挥示靶手移动检查靶。连续瞄 3 次，每次点上标记。3 次的瞄准标记点与基准点能套在直径 10 毫米的圆孔内为及格，能套在 5 毫米的圆孔内为良好，能套在 3 毫米的圆孔内为优等。四点瞄准时，是动靶不动枪，而实际射击则是动枪不动靶。因此，瞄准标记点对基准点的高低和方向偏差与实际射击的偏差相反。

④ 用检查镜检查。将检查镜固定在枪上，检查者位于射手的左侧通过检查镜进行检查。

（三）击发

击发时，用右手食指第一节均匀正直地向后扣压扳机（食指内侧与枪应有不大的空隙），余指力量不变。当瞄准线接近瞄准点时，开始预压扳机，并减缓呼吸。当瞄准线指向瞄准点时，应停止呼吸，继续增加对扳机的压力，直至击发，击发瞬间应保持正确一致的瞄准。若瞄准线偏离瞄准点或不能继续停止呼吸时，应既不增加也不放松对扳机的压力，待修正或换气后，再继续扣压扳机。

连发武器操纵点射出，应稳扣快松，扣到底松开为2~3发。在扣扳机的过程中，应始终保持姿势稳固，操枪力量不变，以提高连发射击命中精度。

据枪、瞄准、击发是互相联系和互相影响的动作。稳固协调地据枪，正确一致地瞄准，均匀正直地击发，三者正确结合，是准确射击的关键。因此，必须刻苦学习，熟练掌握。

（四）手枪的握枪、瞄准、击发

1. 握枪

握枪时，先以右手虎口对正握把后方，拇指自然伸直，握把下端后右侧贴于手掌肉厚部分，余指第二节贴于握把前端与手掌肉厚部分合力握握把，中指第二关节同时还应紧顶扳机护圈，食指第一节贴于扳机上（食指内侧与枪之间应有不大的空隙），左手大拇指扳击锤向后呈待发状态。然后，右臂自然垂直，手腕挺直，枪面要平，将枪概略指向目标。若未指向目标，应移动脚（膝）或手臂进行调整，切忌扭动手腕进行修正（图7-34）。

图7-34 据枪

2. 瞄准

手枪射击是单手悬臂举枪，稳定性较差，要想瞄准一点较困难。所以，手枪的瞄准不强求于一点，而应围绕瞄准点选择一个有范围的瞄准区。瞄准区范围的大小应根据射手的训练程度和技术状况来确定。因此，为了使射弹准确地命中目标，射击时，射手应根据目标的距离、目标的大小和弹道高低选择一个适当的瞄准点（区）。瞄准时，若准星与缺口的关系不正确，对命中影响甚大，如准星尖在缺口中央内偏差1毫米，在25米距离处弹着点的偏差量，五四式手枪为16厘米，在50米距离处偏差量增大一倍，若准星与缺口的关系脱离，射弹就要脱靶。

3. 击发

在击发过程中，心不慌张，不猛扣扳机，集中精力保持正确一致地瞄准。

（五）据枪、瞄准、击发常犯的毛病及纠正方法

1. 抵肩位置不正确

射击时，射手若不能正确地抵肩，会使射弹产生偏差。在通常情况下，抵肩过低易打低；抵肩过高易打高。纠正时，射手要反复体会正确的抵肩位置，并通过他人摸、推的方法检查抵肩位置是否正确。

2. 两手用力不当

射击时，射手为了命中目标，往往以强力控制枪的晃动，造成肌肉紧张，用力方向不

正，姿势不稳，使枪产生角度摆动，增大射弹散布。纠正时，应强调据枪时正直向后适当用力，使用力方向与后坐方向一致。连发射击时，应保持姿势稳固，操枪力量不变。练习时，可据枪后由协助者向后推枪、拉枪机或射手两手向后引枪等方法，检查用力方向是否正确，发生偏差，及时纠正。自动武器射击应特别注意防止右手上抬、下压或向后引枪等毛病。

3. 击发时机掌握不好

无依托射击时，有的射手常为捕捉瞄准点造成勉强击发或猛扣扳机。纠正时，应指出瞄准线的指向在瞄准点附近轻微晃动是正常现象，当瞄准线在瞄准点附近轻微晃动时，应适时击发。

4. 停止呼吸过早

射击时，停止呼吸过早易造成憋气，使肌肉颤动而导致据枪不稳或猛扣扳机。纠正时，应使射手反复体会在瞄准线指向瞄准点或在瞄准点附近轻微晃动时自然停止呼吸的要领。在剧烈运动后，无法按正常情况停止呼吸时，应进行深呼吸后再停止呼吸。

5. 耸肩、眨眼和猛扣扳机

射击时，由于射手过多地考虑枪响时机、点射弹数、射击成绩等原因，造成心情紧张，产生耸肩、眨眼和猛扣扳机等错误动作，影响射弹命中。纠正时，应强调按要领操作，把主要精力、视力集中在准星与缺口的正确关系上，达到自然击发。

6. 枪面倾斜

瞄准时，如枪面偏左（右），射角减小，枪身轴线指向瞄准点左（右）边，射击时，弹着偏左（右）下。纠正时，强调射手据枪应保持枪面平正。

思考题

① 半自动步枪的自动原理是什么？
② 半自动步枪击发的要领是什么？
③ 射击中要防止哪些常犯的毛病？

第九章

战 术

  战术是进行战斗的方法。主要包括基本原则及兵力部署、协同动作、战斗指挥、战斗行动的方法和各种保障措施。按照战斗基本类型，分为进攻战术和防御战术；按照参加战斗的军种、兵种，分为合同战术、军种战术、兵种战术；按照战斗规模，分为兵团战术、部队战术、分队战术等。灵活运用和变换战术，对于夺取战斗的胜利具有重要意义。本章主要介绍战斗类型和战斗样式、战术基本原则、单兵战术动作等内容。

★ 第一节　战斗类型和战斗样式 ★

一、战斗类型

战斗类型是按照武装冲突的性质、目的及相关条件，对作战所进行的分类。其基本类型只有两种：一是进攻战斗；二是防御战斗。但战斗的发展往往会受战斗目的、承担任务和有关条件的影响，战略家们为从夺取战争胜利这个全局出发，必须确定各阶段的战斗任务，组织阶段的战斗，于是，战斗又可细分为不同的类型。

（一）进攻战斗

进攻战斗是主动进攻敌人的战斗，其目的是歼灭或击溃敌人，攻占重要地区或目标的战斗。基本任务可能为下列各项之一：① 突破敌人阵地，消灭防御之敌，夺占重要地域或目标；② 攻歼驻止、运动之敌；③ 破袭敌人的交通运输或重要目标；④ 攻占敌纵深要点，分割敌部署，断敌退路，阻敌增援，配合主力围歼敌人。步兵班在进攻战斗中，通常在排的编成内担任突击班，有时担任连（排）预备队，根据情况还可以担任穿插、渗透、开辟通路等任务。

进攻战斗通常是在有利的战斗时机，有目的、有计划地进行的。这种有利战机是由战场上的各种主客观因素决定的，产生战机的原因也是不尽相同的。无论是何种原因造成的，战术指挥员只有善于根据战役和战斗全局的需要，创造和捕捉战机，形成一定的优势和主动，才能有效地运用进攻战斗这一主动进击敌人的战斗行动，达到克敌制胜之目的；反之，如果时机不利，未能造成一定的优势和主动，贸然实施进攻战斗，往往难以达到预定的效果，甚至会遭受严重的挫折。

现代进攻战斗通常在使用现代技术特别是高技术武器装备条件下进行，并在激烈的电子对抗中，于地面和空中、前沿和纵深同时展开，具有更大的突然性、坚决性和快速性。进攻战斗可以从直接接触情况下发起，也可以从行进间发起。无论在哪种情况下开始实施的进攻，都应当进行周密的组织侦察，正确地选定主要进攻方向和集中使用兵力，建立有重点的纵深、梯次的战斗部署，组织好各部（分）队、各兵种之间协同动作和各种保障，迅速完成各项准备，隐蔽、突然地发起攻击，突破后还要善于实施包围迂回，穿插分割，各个歼灭。

（二）防御战斗

防御战斗是抗击敌人进攻的战斗行动，是辅助进攻或准备转入进攻的一种手段。它通常是在保卫重要地区或目标，阻隔敌人或阻敌增援、突围，掩护主力集中、休整或机动，巩固占领地区或保障主力翼侧安全等情况下实施的。其目的是杀伤、消耗、迟滞敌人，扼守阵地，争取时间，为转入进攻或保障其他方向的进攻创造条件。

基本任务可能为下列各项之一：① 保卫重要目标或地域；② 迟滞、消耗、钳制、吸引敌人，创造歼敌的有利战机或掩护主力进攻；③ 阻敌增援、突围或退却；④ 巩固占领的地区，抗击敌人反冲击；⑤掩护主力集中、机动或休整。通常情况下，防御战斗是战术兵团、部队或分队在保卫重要地域或目标，阻敌增援、突围或退却，掩护主力集中、机动或休整，巩固占领地区或阵地等情况下组织实施的。

进行防御战斗的时机，是由战役、战斗的目的和敌人的进攻行动决定的。在现代条件下，随着军队机动能力提高，战场情况变化急剧，攻防战斗样式转换频繁，兵团、部队和分队转入防御战斗的时机将会越来越多。

(三) 进攻战斗与防御战斗的关系

进攻战斗和防御战斗是战斗中最基本的一对矛盾，具有相互对立、相互统一的辩证关系。进攻和防御的对立，表现为两者的相互区别和相互排斥。在战斗目的上，进攻是为了歼灭敌人，攻占重要地域或目标；防御是为了保存力量，坚守重要地域或目标。在战斗行动上，进攻是为了突破对方的防御，防御是为了阻止对方的进攻。进攻和防御的统一，表现为两者相互依存、相互渗透和相互转化。进攻和防御不是孤立的，它们在运动中互为前提、互为条件。没有进攻，就无所谓防御，没有防御也就不存在进攻；进攻和防御不是单一的状态，而是相互包含，相互贯通，攻中有防、防中有攻，这一点在高技术条件下表现得更加明显。但从战斗性质和根本目的上看，两种类型的界限仍然是明确的。进攻和防御的地位并不是一成不变的，在一定的条件下可以相互转化，当进攻达到顶点或失去相应条件时则会转入防御，当防御具备了条件也会转入进攻。进攻和防御的矛盾运动，推动它们不断由低级形态向高级形态发展。进攻的发展变化，必然导致防御的发展变化；同样，防御的发展变化，又反过来作用于进攻的发展变化。

二、战斗样式

战斗样式是对战斗类型的进一步分类。无论是进攻战斗，还是防御战斗，由于敌情、地形、季节、任务和性质的不同，都可以划分成为若干战斗样式。作战的具体条件不同，作战的样式也就不同。我们必须根据具体条件，采取合理的战斗样式，才能取得战斗胜利。尤其是在高技术条件下，战场指挥员要时刻保持清醒的头脑。如果在某一战役或战场上采取不合理的战斗样式，不仅损失人力、物力、财力，还可能导致战役、战场的失败，甚至导致整个战争的失败。

(一) 进攻战斗的样式

进攻战斗的样式，依敌人行动的性质和态势，分为对防御之敌的进攻战斗、对驻守之敌的进攻战斗和对运动之敌的进攻战斗。对防御之敌的进攻战斗，有对野战阵地防御之敌的进攻战斗、对仓促防御之敌的进攻战斗、对坚固阵地防御之敌的进攻战斗、对空降着陆之敌的进攻战斗；对驻守之敌的进攻战斗，有对临时驻守之敌的袭击战斗、破袭战斗；对运动之敌的进攻战斗，有伏击战斗、遭遇战斗、追击战斗。按照地形、气候等条件，还有登陆进攻战斗、渡江河进攻战斗、城市进攻战斗、山地进攻战斗、荒漠草原地进攻战斗、水网稻田地进攻战斗、热带山岳丛林地进攻战斗、高寒地进攻战斗及夜间进攻战斗等。本节介绍其中的几种进攻战斗样式。

1. 对野战阵地防御之敌的进攻战斗

对野战阵地防御之敌的进攻战斗，是指对已占领阵地，兵力部署和火力配系已就绪，筑有野战工事和障碍物，但阵地尚不坚固完善之敌实施的进攻战斗。这种战斗通常具有两个特点：一是情况复杂，准备时间较短；二是战斗激烈，完成任务艰巨。针对这一特点，对野战阵地防御之敌进攻，必须抓紧时间，周密组织，迅速完成进攻准备。通常要采取强攻或强攻与袭击相结合的方法，集中优势兵力，实施包围迂回，选敌弱点，突然猛烈地攻击，迅速突入敌阵地，大胆穿插分割，各个歼灭敌人。情况允许时也可以奇袭歼敌。

2. 对坚固阵地防御之敌的进攻战斗

对坚固阵地防御之敌的进攻战斗，是指对占领了永备筑垒地域，有充分防御准备的敌人实施的进攻战斗。这种防御之敌，工事坚固，兵力部署、火力配系、阵地编成和障碍物设置都很周密完善，指挥和通信联络稳定，物资储备充足，有独立长期坚守的准备。其主要特点有：一是准备时间长；二是投入兵力兵器多；三是难度大，消耗大。因此，对坚固阵地防御之敌的进攻，必须周密组织，充分准备，集中绝对优势的兵力、火力和器材，选敌弱点，实施有重点的连续突击，坚决突破敌人的阵地，灵活采取分割包围战术，各个歼灭敌人。

3. 对立足未稳之敌的进攻战斗

对立足未稳之敌的进攻战斗，一般是指对临时驻止、仓促转入防御和空降刚着陆之敌实施的进攻战斗。这种立足未稳的敌人通常未占领阵地或刚占领阵地，对地形不熟，兵力未展开或部署不周，火力配系不完善，没有工事、障碍物或工事、障碍物不完备，翼侧暴露，间隙较大，纵深较浅，协同不严密，指挥不稳定。因而，对立足未稳之敌的进攻，是对防御准备不足、比较好打之敌的进攻战斗。其主要特点有：一是任务紧迫，组织准备时间极为短促；二是情况变化急剧，战机稍纵即逝；三是便于以包围迂回、穿插分割的战术手段各个歼敌。根据上述特点，对立足未稳之敌进攻，必须抓住战机，快速准备，乘敌立足未稳，以袭击或急袭的战法，突然攻击，迅速歼敌；同时，要有强攻的准备，以便袭击或急袭不成，立即转为强攻。

4. 对运动之敌的进攻战斗

对运动之敌的进攻战斗，通常是指对行军、开进、增援、突围或退却的敌人实施的进攻战斗。这种处于移动状态的敌人没有阵地依托，目标暴露，未展开成战斗队形，组织指挥不够严密，行军路线长，战斗准备不足，属于好打之敌。其主要特点是：要求高，战机稍纵即逝。运动之敌，机动速度快，侦察手段先进，警戒组织严密，有时还派出空降分队抢占要点掩护机动；遭敌攻击后，能够迅速抢占要点组织防御，并能快速地组织地面和空中增援，摆脱不利地位。这对进攻一方隐蔽行动企图，抓住战机，达成战斗的突然性和速决性，都提出了更高的要求。因此，对运动之敌的进攻，应针对现代战斗特点，预做准备，主动灵活地采取各种手段，隐蔽行动企图，积极创造和捕捉战机，出敌不意，突然攻击，力求速战速决，歼敌于运动之中。

（二）防御战斗样式

防御战斗样式是对防御战斗所作的分类。依据防御的目的和防御准备的程度，可分为阵地防御战斗、机动防御战斗和仓促防御战斗等。其中，阵地防御战斗按照阵地性质的不同，可区分为野战阵地防御战斗和坚固阵地防御战斗；按作战地形、气象和时间的不同，可区分为一般条件下防御战斗和特殊条件下防御战斗。其中，特殊条件下防御战斗，按照战场地形条件，可区分为山地、平原地、高原地、城市、山林地、荒漠草原地、热带山岳丛林地、海岸、岛屿、江河、水网稻田地防御战斗等；按照战场气象条件，可区分为热带地区和严寒地区防御战斗等；按照作战时间，可区分为昼间防御战斗和夜间防御战斗等。本节着重介绍四种基本防御战斗样式。

1. 野战阵地防御战斗

野战阵地防御战斗，是在有利地形上，依托临时构筑的野战阵地，抗击优势敌人的防御战斗。其主要特点如下。一是任务紧迫，组织战斗的时间短促，准备不够充分。因为野战阵地防御，通常是在战役战斗的过程中根据敌我双方的作战企图和敌我态势的发展临时组织的。它在战斗的组织准备方面，不可能像坚固阵地防御那样，有比较充分的时间和保障条件。二是战斗激烈、艰苦，完成任务艰巨。因此，实行野战阵地防御，必须从全局的需要出发，抓紧时间，突出重点，迅速完成防御准备；搞好防护，减少伤亡；并要善于采取顽强抗击和积极反击相结合的战术手段，挫败敌人的进攻，完成防御任务。

野战阵地防御的基本要求：必须从战役全局的需要出发，科学计划，突出重点，在有限时间内迅速完成防御准备；构成全纵深、全方位、立体、有重点的、稳固的防御体系，能抗击敌人连续突击；建立以支撑点为基础的纵深、环形的阵地体系；严密组织对地、对空火力配系，特别是反坦克火力配系；充分利用有利地形，快速构筑工事和布设障碍物；采取综合防护措施，降低敌人火力毁伤效果；广泛机动兵力、火力，发挥诸兵种整体威力，将顽强抗击与积极的攻势行动相结合，正面抗击与侧后袭击和阵地内伏击相结合，挫败敌人的进攻。

2. 坚固阵地防御战斗

坚固阵地防御战斗，是依托预先构筑的以坑道（地道）和地面永备工事为骨干，与野战工事相结合的坚固阵地，长期抗击敌人进攻的坚守防御战斗。其主要特点如下。一是作战地区固定，准备时间充裕。二是防御配系完善，组织周密。三是战斗持续时间长，任务艰巨复杂。坚守防御要达成防御目的，就要依托阵地，长期坚守，以有限的空间换取必要的时间。因此，实行坚固阵地防御，应从全局出发，树立长期坚守、独立作战的思想，周密、完善地组织防御，依托坚固阵地，以积极顽强的战斗行动，大量杀伤、消耗敌人。这样，才能挫败敌人的进攻，达到守住阵地的目的。

坚固阵地防御的基本要求：树立长期坚守、独立作战的思想；集中兵力、兵器于主要防御方向，掌握强有力的预备队；充分利用地形，形成全纵深、全方位、有重点、坚固的防御体系；充分发挥各兵种特长，密切组织协同，形成整体力量；周密组织各种保障，提高部队战场生存能力和持久战斗能力；坚定、沉着、灵活、果断地组织指挥。

3. 机动防御战斗

机动防御战斗，是指以迟滞作战与机动反击相结合的方法粉碎敌人进攻的防御战斗。其目的是大量消耗和歼击敌人有生力量，剥夺其进攻能力，为转入进攻或保障其他方向的作战行动创造条件。其主要特点是：防御正面宽，纵深大，翼侧暴露，战斗过程中的机动性强，情况变化快，有时前后同时处于独立战斗状态，指挥协同较为复杂。因此，进行机动防御战斗，应充分利用有利地形的依托作用，正确选择防御地区、防御要点和预定歼击区，广泛地机动兵力、火力和器材，采取灵活多样的战法，适时实施决定性的攻势行动，一举挫败敌人的进攻。

4. 仓促防御战斗

仓促防御战斗，是预先没有准备，或准备时间极为短促的防御战斗。它通常是在受敌直接威胁较大的情况下被迫组织实施的。其主要特点如下。一是防御的稳定性差。这是因为：组织战斗的时间极为短促，地形生疏，防御配系不完善，一般只有简单的工事，并容易出现较大的间隙和暴露的翼侧，易遭敌迂回包围和穿插分割。二是边打边组织战斗。由于仓促防御情况紧急，受敌兵力或火力威胁较大，为了迅速阻止敌人的进攻，稳定防御态势，通常不能先准备好了再打，而要充分利用地形，边打边组织，边打边准备，并在战斗过程中，逐步完善防御配系。三是战斗持续时间短，转化快。仓促防御往往经过激烈战斗之后，可能转入进攻或成为有准备的野战阵地防御，也可能转为运动防御或退却。

仓促防御战斗的基本要求是：抢占有利地形，控制要点，争取有利态势；疏散而有重点地部署兵力，控制强有力的预备队；快速而有重点地构筑工事，设置障碍物和组织火力；以攻助守，以多种手段积极主动打击敌人，坚决抗住敌人的首次攻击；抓紧时间尽快完善防御体系。未来战争中，随着军队火力、机动力、突击力的提高，运动防御战斗将是全纵深、全方位的立体抗击，并更加强调以积极的行动打击敌人。

★ 第二节　战术基本原则 ★

战术原则的内容十分丰富，各兵书说法不一。但归纳起来，笔者认为，在高技术条件下，我军的战术基本原则有如下十种。

一、知彼知己，因势制敌

知彼知己，因势制敌，是指在弄清敌人的情况、熟知己方的情况基础上，以己方的优势打击敌方的弱处，最终夺取战争胜利。知彼知己，历来被古今中外军事家视为兵家要则。我国古代军事家孙子在其军事著作《孙子兵法·谋攻篇》中写道："知彼知己者，百战不殆，不知彼而知己，一胜一负；不知彼，不知己，每战必殆。"孙子的这一论述，深刻地揭示了"知彼知己"与战争胜负的辩证关系。战斗中，对敌情，除认真研究上级的通报外，还应迅速组织力量对敌进行侦察，切实查明当前敌人的兵力、部署，判明敌人的行动性质、企图及其可能采取的战术手段，并找出敌人的强弱点。确实掌握战斗地域内的地理状况和特点，判明其对敌我双方战斗行动的影响，定出克敌制胜的行动方案，以确保实施正确的战斗指挥。

二、保存自己，消灭敌人

保存自己，消灭敌人，是战斗的基本目的，也是其他一切战斗行动的基本原则。它普及于战斗的全体，贯彻于战斗的始终，其他战斗原则都是在此基础上建立的。

消灭敌人与保存自己是辩证统一的关系，两者是相辅相成的。消灭敌人是主要的，是第一位的，只有大量消灭敌人，才能有效地保存自己；保存自己是第二位的，只有有效地保存自己，才有可能不断地消灭敌人，二者互为作用，相互依存。但在一定时期和一定的条件下，也可以保存自己为主，以夺取和保卫重要的目标和地域为主要目的。如我军在革命战争中采取的"打得赢就打，打不赢就走"的战术，就是对"打"这种消灭敌人的手段和"走"这种保存自己的手段的灵活运用，在打走结合、打走转换中，实现消灭敌人与保存自己。

三、集中兵力，各个歼灭

集中兵力，各个歼灭，是分队克敌制胜的基本战斗方法。无论进攻或防御，分队都应集中自己的兵力，打击一个主要目标，力求消灭当前之敌；然后转移兵力，打击另一部分敌人，以达各个歼灭敌人之目的。

孙子曰，凡用兵要"我专而敌分；我专为一，敌分为十"，才能达到"以十攻其一"的目的。这一古老的战斗原则，不仅在古时适应，在现代战争中仍然十分重要。因为，高技术战争仍然要遵循战斗的基本原则，只不过在高技术条件下，集中兵力的含义有着更广阔的延伸，不再像古时那样单指参战的勇士，而是要把战斗力的一切要素集中起来，如把机动、火力、防护、指挥等要素的综合效能集中起来，实现快速、安全、高效作战。具体战争战斗运用：进攻时，要对冲击目标的全部或小部分形成兵力优势，以夺取冲击的胜利；防御时，应集中兵力扼守主要阵地，且各个击破敌坦克、步兵战车和敌步兵的冲击。因此，无论是进攻还是防御，均应以集中、准确、猛烈的火力打击敌人。

四、充分准备，快速反应

充分准备，快速反应，是战斗胜利的基本条件。有优势而无准备，不是真正的优势，也不能发挥优势的作用。实践证明，战斗准备的程度，将直接影响战斗的进程和结局，而部队迅速、突然的行动，可以使战斗力倍增。

必须在精神、物质和组织上随时保持戒备，及时预见可能发生的情况，预先计划，预先多做准备，特别是复杂、困难情况下的战斗行动准备；接到上级号令后，科学计算和分配时间，突出重点，分工负责，迅速完成准备，不失时机地对突然情况做出反应。紧急情况下，应当边行动边准备，以弥补战前准备的不足，不得借口准备不足而贻误战机。现代战争是诸军兵种协同作战，参战兵种多，规模大，组织协同困难，战斗准备任务十分艰巨。加之军事信息化后，部队难以隐蔽和伪装，战斗准备时间相应缩短，战斗的快速性和突然性增强，这就要求我们，既要每战必须有周密的计划和战前、战中详细的准备，又要在平时加强训练，做到在紧急情况下迅速投入战斗。

五、疏散隐蔽，速战速决

未来高技术战争，随着敌侦察监视手段的先进，给部队隐蔽工作增加了许多难度。战争将要求分队的一切行动必须迅速、隐蔽，队形尽量疏散，以降低敌人各种侦察手段的发现率，减少敌人各种兵器的杀伤率。而在战斗中则必须集中兵力、火力击敌，速战速决。在行军或机动时，应采取便于迅速机动和展开、便于保持战斗力的行军队形。在敌航空兵、炮兵火力威胁下向敌前进时，应结合地形采取疏散的临战队形。为达到迅速疏散、隐蔽和集中，分队必须做好战斗行动方案和准备，养成行动迅速的作风，熟练夜间行动动作，善于伪装，能随地形和敌情的变化迅速疏散和变换队形，同时要有正确的指挥和各种充分的保障措施。

六、审时度势，主动灵活

审时度势，主动灵活，是指在客观物质基础上，善于观察战场情况与态势，充分发挥主观能动性，主动灵活地指挥分队的战斗行动，以达到克敌制胜的目的。灵活是指挥员审时度势，采取及时而恰当的处置方法的一种指挥才能，是战术的生命；主动则是灵活的表现形式，其核心是巧妙用兵和讲究战术。孙子曰："水无常形，兵无常势，能因敌变化而取胜者，谓之神矣。"正是对审时度势、主动灵活这一战斗原则的深刻阐释。现代战斗，战场情况错综复杂，战机稍纵即逝，情况瞬息万变，因此分队指挥员必须敏锐地观察战场态势，正确地判断敌我情况，及时地发现和利用敌人的弱点及错误，在上级总的策划下，积极大胆地机动组织兵力、火力，不失时机地打击敌人。当情况发生变化，又与上级中断联络时，应主动灵活地指挥战斗，采取适应当时情况的战术行动、克敌制胜；当处于被动地位时，指挥员应及时果断地采取有效措施，迅速摆脱被动局面，争取主动权。

七、力求近战，注重夜战

力求近战，是远战武器装备处于劣势一方所必须遵循的原则。近战是指敌对双方在近距离内进行的作战。其特点是与敌胶着，短兵相接，行动迅速，紧张激烈，在较短的时间内解决战斗，是彻底消灭敌人、最终达成战斗目的的一种战斗行动。夜战是指在夜暗条件下进行的作战，其特点是利于隐蔽行动企图，减少伤亡，出奇制胜。注重夜战，就是要加强对夜战的研究与训练，不断提高夜战能力，实战中，对拥有先进夜视器材装备的一方应尽可能进行夜战，对夜视装备处于落后的一方应尽量避免夜战，同时要积极做好应对夜战的准备。近战、夜战，是我军的传统战法，它不仅能削弱敌技术装备的优势，而且能发挥我军步兵的特长。夜间进攻时，要善于利用暗夜和隐蔽地形迅速地接近敌人，突然发起冲击，以近战火力打击敌人；防御时，应严密伪装，隐蔽人员和火力点，以减少敌人对我军造成的损伤；待敌迫近时，应以突然猛烈的近战火力和勇敢顽强的反冲击，歼灭接近之敌，坚守阵地。

八、协同一致，合力破敌

协同一致，合力破敌，是指参战的诸兵种在统一计划下，为完成共同的战斗任务，按战斗的目的、时间、地点，协调一致行动，发挥整体威力，合力打击敌人。现代战斗，参战军兵种多，武器装备较为复杂。各军兵种部队或分队都具有适应某种特定的作战功能，它们之间既不能互相代替，也难以单独解决战斗。它们只有协同，才能发挥各自的最佳作战效能，而协同一致、合力破敌的实质就在于提高和发挥整体作战效能。当然，协同要分主次，通常情况下，诸兵种之间的协同是以陆军为主，陆军又以步兵为主。步兵各分队之间的协同，以执行主要任务的分队为主。战斗中，各类指挥员必须严格执行上级指示，周密组织协同动作，树立高度整体观念，严格遵守协同动作规定，保持不间断的通信联络，坚决按计划完成所受领的任务，并主动配合，互相支援。同时，指挥员还应根据情况变化，适时协调各分队行动，协同动作一旦遭到破坏，应及时恢复。

九、勇猛顽强，连续作战

勇敢顽强，连续作战，是我军传统的优良战斗作风，也是夺取战斗胜利的重要因素。战争实践无不证明，在必要的物质力量的基础上，始终保持高昂、旺盛的士气，能在很大程度上弥补武器装备和其他方面的不足，才有可能经受艰难困苦，乃至生死存亡的严峻考验，从而努力去克服一切困难、寻求克敌制胜的方法，并把战斗引向胜利；而没有英勇顽强的战斗精神和高昂的士气，即使拥有先进的武器装备，也难以充分发挥其作用和赢得战斗的胜利。目前我军重大研究课题——怎样以劣势装备打赢优势装备，其实质就是怎样才能充分发挥军队将士的勇猛顽强、连续作战的战斗作风。古人云："善战者不在少，善守者不在小，胜在得威，败在失气。""用兵之法，必先察吾士众，激吾胜气，乃可以击敌焉。"近代一些国内外军事理论家对军队的勇猛精神，也有不少著述。这都深刻地论述了战斗中勇者锐、怯者顿是战斗本质的一种客观反映的道理。由此可见，对战斗中的军心士气，古今中外的军事家都很重视，我们面对未来可能发生的局部战争，必须不断深入地进行思想政治教育，通过强有力的政治工作，树立部队将士的革命英雄主义精神，调动和激发部队高昂的斗志，坚定敢打必胜的信念。

十、周密组织，全面保障

分队的战斗行动，除由上级采取措施予以保障外，自身还要组织好物质和技术保障。物质和技术保障，是顺利实施战斗并夺取胜利的重要保证。高技术条件下的诸兵种合同战斗，人力物力的损耗剧增，技术装备复杂，战斗进程速战速决，加大了对后勤保障和技术保障的依赖程度。因此，战争要求周密组织，全面保障。其内容包括组织侦察，及时获取战斗行动所需的情报；组织对地面、空中警戒，及时发现和抗击敌人的袭击；组织对敌核、化学、生物、燃烧武器袭击的观察和防护；组织构筑工事，并根据需要设置反坦克障碍物；组织实施伪装，积极与敌侦察器材进行斗争；组织战斗勤务，开展自救互救；充分利用战斗间隙，抓紧时间，组织人员休息；情况允许时，组织人员总结战斗经验，改进战术技术，以利再战；等等。

★ 第三节　单兵战术动作 ★

单兵战术动作是战士在战斗中的具体行动，是分队战术的基础。战士要想在战场上有效地躲避敌火力杀伤和消灭敌人，就必须熟练掌握和能够灵活地应用战术基础动作。本节主要讲述几种最基本的单兵战术动作。

一、持枪

持枪，是指士兵在战斗中携带枪支的动作和方法。持枪时要做到：便于运动，便于卧倒，便于观察，便于射击。在不同的地形和距离条件下，士兵根据敌情和任务可灵活采用不同的持枪动作。

（一）单手持枪

右臂微曲，右手虎口正对上护木握枪（背带上挑压于拇指下），用五指的握力将枪身固定。枪身轴线与地面略成45°，枪身距身体约10厘米。左臂自然下垂，运动时自然摆动（图8-1）。

图8-1　士兵单手持枪

图8-2　士兵单手擎枪

（二）单手擎枪

右手正握握把，食指微接扳机，将枪置于身体的右侧，枪口向上，机匣盖末端贴于肩窝，枪身微向前倾，枪面向后，右大臂里合，枪托贴于右胁（枪托折叠时除外），背带自然下垂，目视前方，左手自然下垂或攀附，运动时自然摆动（图8-2）。

（三）双手持枪

左手托握下护木或握弹匣弯曲部，右手握握把，食指微接扳机，将枪身置于胸前，枪口向前，枪身略成水平，背带自然下垂或挂在后颈上（图8-3）。

(a) 不挂枪背带　　(b) 挂枪背带

图8-3　士兵双手持枪

(四)双手擎枪

在单手擎枪基础上,左手托握下护木或弹匣弯曲部,枪身略低,枪口对向前上方,背带自然下垂或压于左手下,身体与射向略成30°(图8-4)。

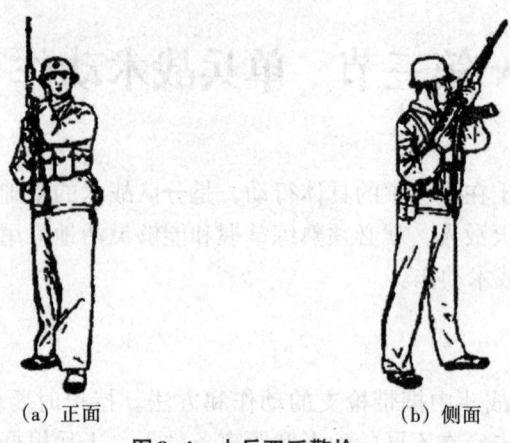

(a) 正面　　　　　　(b) 侧面

图8-4　士兵双手擎枪

二、卧倒、起立

(一)卧倒

卧倒是隐蔽身体、减少敌火杀伤的一种最低姿势。

动作要领:左脚向右脚尖迈出一大步,左腿弯曲,上体前倾,两眼注视前方,左手顺左脚方向伸出,掌心向下,手指稍向右,以左膝、左手、左肘顺序着地,迅速卧倒,左小臂横贴于地面上,右手腕压在左手腕上;两手握拢,手心向下,两腿伸直,两脚分开与肩同宽,脚尖向外。

(二)起立

动作要领:转身向右,两眼注视前方,左腿自然微弯,左小臂稍向里合,以左手、左膝、左脚的支撑力将身体支起,同时右脚向前迈出一大步,左脚再迈出一步,右脚靠拢左脚,成立正姿势。携枪时,在转身向右的同时,右手提枪并握背带,然后按徒手要领起立,成持枪或肩枪立正姿势。

三、敌火下运动

(一)敌火下运动的姿势与方法

1. 直身前进

直身前进是在地形隐蔽,敌人对我观察不到,距离较远时,通常以大步或快步持枪前进时采用。动作要领:右手持枪于身体右侧。枪身与身体略成45°左右,两眼目视前方,大步或快步前进。

2. 屈身前进

屈身前进是在遮蔽物略低于人体时采用。动作要领:两眼目视前方,右手持枪,上体前倾,头部还要高出遮蔽物,两腿弯曲(屈身程度视遮蔽物高度而定),大步或快步前进。

3. 匍匐前进

匍匐前进是在通过敌火力封锁较短地段或利用较低的遮蔽物前进时采用。根据遮蔽物的高低分为低姿、高姿、侧身匍匐、高姿侧身匍匐四种。

（1）低姿匍匐

低姿匍匐在遮蔽物高约40厘米时采用。动作要领：腹部贴于地面，曲回右腿，伸出左手，用右脚内侧的蹬力和左手的扒力使身体前移，在移动的同时，曲回左腿，伸出右手，用左脚内侧的蹬力和右手的扒力使身体继续前移，依次交替前进。携枪时，右手掌心向上，枪面向右，虎口卡住机柄，握住背带，枪身紧靠右臂内侧，也可右手虎口向上，握枪的上背带环处，食指卡住枪管，将枪置于右小臂上。

（2）高姿匍匐

高姿匍匐在遮蔽物高约60厘米时采用。动作要领：前进时用两小臂和两膝支撑身体前进。携枪方法同低姿匍匐。有时可将枪托向右，两手托握枪，枪面向上前进。

（3）侧身匍匐

侧身匍匐在遮蔽物高约60厘米时采用。动作要领：身体左侧及左小臂着地。左大臂向前倾斜支撑上体，左腿弯曲，右腿收回，右脚靠近臀部着地，右手握枪，用左臂支撑力和脚跟的蹬力使身体前移。

（4）高姿侧身匍匐

高姿侧身匍匐通常在遮蔽物高80～100厘米时采用。动作要领：前进时左手和左小腿外侧着地，右手提枪，以左手的支撑力和右脚掌的蹬力使身体前移。

4. 滚进

滚进是在卧姿时，为避开敌人观察、射击而左右移动或通过棱线时采用。

动作要领：将枪关上保险，左手握枪表尺上方，右手握枪颈附近或两手握上护木，枪面向右，顺置于胸、腹前抱紧，两臂尽量向里合，两脚腕交叉或紧紧并拢，全身用力向移动方向滚进。运动中也可以卧倒同时向移动方向滚进。其动作要领：左（右）脚向前一大步，左手在左（右）脚前着地，身体尽量下塌，右手将枪挽于小臂内，枪面向右，身体向右（左）侧，右（左）肩、臂着地同时，向右（左）滚进。滚进时，右（左）腿伸直，左（右）腿微曲，滚进距离长时可两腿夹紧。

5. 沿壕运动

跳入壕内时，应根据壕的深浅，采用不同的跳入方法。在壕内运动时，根据情况通常采取直身或曲身姿势，目视前方，隐蔽迅速前进。运动中做到：姿势低，速度快，不断观察敌情和前进路线。同时应防止枪托碰撞壕壁。两人壕内相遇通过时，靠近掩体或堑壕交通壕交叉处的一方战士，应迅速利用其隐蔽，等另一方战士通过后继续前进。当无掩体或交叉处可利用时，两人可面对面，侧身朝各自的方向转动通过。在壕内运动，接近拐弯处时，应减慢速度，接近后隐蔽观察，迅速拐弯。跃出堑壕应尽量利用残缺部位或掩体跃出，也可以支撑跃出。

6. 跃进

跃进是在敌火力迅速通过开阔地时采用的一种运动方法。跃进时要做到跃起快，前进快，卧倒快。行动前，应先观察前方地形，选择好前进路线和暂停位置，尔后，迅速突然地前进。

动作要领：如卧姿跃起，可先向左（右）移动或滚动，以迷惑敌人，冲锋枪手、步枪手应迅速收枪，同时曲左腿于右腿下，右手提枪，以左手、左膝、左脚的支撑力将身体支起，同时出右脚前进。前进时，右手持枪，枪面向前倾斜45°，目视前方，曲身快跑。跃进距离和速度应根据敌火力和地形而定。敌火力越猛烈，地形越开阔，跃进距离应越短，速度应越快。每次跃进的距离一般为15～30米。当进到暂停位置或遭敌猛烈射击时，应迅速隐蔽或卧倒。卧倒后，如无射击任务，则不握枪，做好继续前进的准备。

（二）敌火下运动的时机和要求

敌火下运动，就是在敌人的各种火力（航空兵、炮兵、坦克、装甲车、机枪及步枪火力等）的威胁和拦阻下，灵活地采取不同的运动姿势，隐蔽迅速地接近敌人的行动。在敌火下运动时，应根据敌情、任务，利用地形，灵活地采用不同的运动姿势和方法，正确处理各种情况，适时迅速隐蔽地接近敌人。

1. 敌火下运动的时机

敌火下运动的时机，应按班（组长）的口令、信（记）号，利用我火力掩护或敌火力中断、减弱、转移的瞬间，迅速隐蔽地前进。有时可采取欺骗、迷惑敌人的方法突然前进。

2. 敌火下运动的要求

运动前，应选择好运动的路线和暂停位置。运动中，应不断地观察敌情、地形、班（组）长的指挥和领兵的行动，保持前进方向，发现目标后，应按班（组）长的口令或自行射击。

四、利用地形、地物

（一）利用地形、地物的目的和要求

利用地形、地物的目的是隐蔽身体、发扬火力，只有充分发扬火力，消灭敌人，才能有效地保存自己。

利用地形、地物时应做到：便于观察、射击和隐蔽身体；便于接近、占领和离开；便于防敌地面及空中火力的杀伤；不妨碍班（组）长的指挥、领兵的动作和火器射击；避免拥挤和在一地停留过久，视情况灵活变换位置，以免增大伤亡；尽量避开独立、明显的物体和难以通行的地段。

（二）利用地形、地物的方法

利用地形、地物时，应根据敌情和遮蔽物的高低及形状，取适当姿势，迅速隐蔽地接近，由下而上地占领，周密细致地观察，不失时机地出枪。

（三）利用地形防原子弹的动作

当听到原子弹袭击警报时，应立即利用附近地形进行防护。如在开阔地，应背向爆炸点方向，就地卧倒，面向地面，闭眼、闭嘴，两手置于胸下，两腿并拢紧贴地面，尽量不使皮肤暴露在外，待冲击波一过迅速穿戴防护器材。

★★★★★ 思考题

① 在高技术条件下有哪些基本战斗样式？
② 战斗的基本类型有哪些？
③ 战斗的基本原则是什么？
④ 战术有哪些基础动作？
⑤ 进攻战斗与防御战斗有何关系？怎样处理两者的关系？

第十章

军事地形学

军事地形学，是从军事需要出发，研究如何识别和利用地形的一门学科。其根本任务是为作战决策提供分析、研究利用地形的理论、手段和方法。研究的主要内容是：地形对作战行动的影响、识图用图、标绘要图、简易测图、制作沙盘、判读航空航天相片等。本章主要介绍地形对军队战斗行动的影响、地形图基本知识、现地使用地图和定向运动等内容。

★ 第一节 地形对军队战斗行动的影响 ★

一、地形的作用

（一）地形条件是组织指挥作战的重要依据

指挥员在下决定前，必须对敌情、我情、地形、气象等情况进行全面分析，并得到结论，其中地形是一个重要条件。

（二）地形是影响部队作战行动的基本因素之一

地形对部队作战运动的影响，较为明显的有以下五个方面。

1. 地形对军队机动的影响

在现代条件下军队的机动，对地形条件要求较高，无论是沿道路机动，还是越野机动，都受地形条件影响，特别是对摩托化程度较高的部队影响较大。

2. 地形对观察、射击的影响

战场地形的起伏、地物的密度和高度及其分布等情况，对观察、指挥所的通视和各种兵器发射阵地的火力发挥，均有极大的影响。

3. 地形对隐蔽、伪装的影响

植被、居民地、山谷冲沟、山洞、矿井和其他天然物体等，都具有隐蔽作用和伪装条件。

4. 地形对工程构筑的影响

地质和地下水的状况，是影响工程构筑的主要因素，森林和居民地状况对工程构筑的取材、人力资源的获得有一定的影响。

5. 地形对原子、化学武器袭击和防护的影响

地貌的起伏和陡峻，山脊、山谷的错综分布，可减小原子、化学武器的伤害；地形平坦开阔、地面物体少，有利于原子、化学武器杀伤作用的发挥，不利于防护。

此外，地形对判定方位、通信联络等也有一定影响。

二、地形的分类

地形是地貌和地物的总称。地貌是指地表面平坦和起伏的自然状态，如山地、丘陵地、平原等。地物指分布在地面上的人工建筑或自然形成的固定性物体，如居民地、道路、江河、森林等。

不同的地貌和地物的错综结合，形成了各种不同类型的地形。依地貌的状态，可分为平原、丘陵地、山地和高原；依地物的分布和土壤性质，可分为居民地、水网稻田地、江河与湖泊、山林地、石林地、黄土地形、沙漠与戈壁、草原、沼泽地等；依对作战行动的影响，又可分为开阔地、隐蔽地和断绝地等。不同的地形对军事行动又有着不同的影响。

（一）平原

地面平坦宽广，海拔一般在2000米以下的地区叫平原。它以较小的高度区别于高原，以较小的起伏区别于丘陵。中国平原的面积约占国土总面积的12%。主要有东北平原、华北平原、长江中下游平原。

1. 平原的地形特点

地面平坦、交通发达、人烟稠密、物产丰富，大部分为耕种地。因其地理位置不同，特点也不同。北方平原，如华北平原、东北平原，地势平坦开阔，起伏和缓，间有小的岗丘、垄岗，高差一般在50米以下；道路成网，四通八达，村镇之间也有公路相连；江河湖泊较少，水量变化大，雨季洪水暴涨，河水较深，枯水季节河水较浅；耕地多为旱田，夏季高秆作物生长茂盛，冬季无农作物生长；居民地多属集聚式，房屋多为砖瓦结构，地下水位低。

南方平原，如长江三角洲、珠江三角洲，地形平坦开阔，除公路外，乡村小路多弯曲多桥梁；江河湖泊遍布，沟渠纵横；耕地多为水田；村镇小而分散；地下水位较高。

2. 平原对战斗行动的影响

军队在平原地区作战，便于机动，尤其是北方平原，更能发挥装甲、机械化部队的机动性能，有利于军队组织指挥。而在雨季，江河会对双方都形成障碍。

平原展望良好，视界、射界开阔，便于观察射击，能较好地发挥各种武器的效能，但因地面平坦，不易选择观察所。冬春季一般隐蔽伪装困难，军队在行军、集结和机动方面容易暴露意图；炮兵不易寻找良好的遮蔽阵地。夏秋季高秆作物繁茂，便于隐蔽伪装，但观察和射击又受到了限制。

北方平原有利于构筑工事，修筑野战机场；南方平原由于水稻多、地下水位高，不利于构筑地下工事。平原地区还为军队宿营、后勤补给提供了比较好的条件。

平原地区地形平坦开阔，一般无险可守，所以，居民地经常成为防御的重要依托，而独立高地、高大的土堆、土堤及高大的建筑物则经常成为攻防双方争夺的焦点。

平原地区一般来说是易攻难守的，不过只要善于利用和改造地形，注意战场建设，就可以弥补防御的不足。

（二）丘陵地

地面起伏较缓，高差一般在200米以下的高地叫丘陵。许多丘陵错综连绵的地区就叫丘陵地。中国丘陵地分布比较广，约占国土总面积的10%，较大的有东南丘陵地、胶东丘陵地和辽西丘陵地。

1. 丘陵地的地形特点

丘陵地高差不大，山顶圆浑，谷宽岭低，坡度平缓，断绝地少，山脚附近多为耕地梯田和谷地，是介于山地与平原之间的过渡地形。接近平原的地区，其高差较小，丘陵分布不多，且由于天然冲积和人工垦殖，逐渐成为不显著的波状起伏地形；接近山区的地区则高差比较大，丘陵分布密，坡度比较陡，与山交错。我国沿海各省多为此种地形。

丘陵地地区一般人烟稠密，居住地多依靠山谷建立，大的城镇则多在广阔的谷地和水陆交通要冲；交通发达，仅次于平原，江河水流平缓，河面较宽，河道弯曲多浅滩。

北方丘陵地多为土质丘陵，形状圆浑，谷宽岭低，坡度平缓，树木、草丛少，斜面及山肢多为旱地、梯田，有的几乎都是旱地。

南方丘陵则多为石质丘陵，呈尖顶，坡度陡，山脊、山背狭窄，地形起伏凌乱复杂，丘陵上多为茶林、竹林、灌木和草丛，部分地区还有陡坡和断绝地，山脚多水田、梯田。

2. 丘陵地对战斗行动的影响

丘陵地对军队的机动武器装备的使用一般限制较小。因为丘陵地形有起伏，所以具备一定的隐蔽条件，并且通行条件好，有利于各兵种组织指挥、通信联络、隐蔽机动、协同作战；展望良好，射界开阔，有利于选择良好的制高点、指挥所、观察所和各种射击、前进阵地；土层厚实，材料丰富，有利于构筑野战工事。

丘陵地不论攻击还是防御都有利于部署兵力，攻击方可以隐蔽接近敌方实施迂回包围，防御方则可以利用丘陵地形起伏较多实施多纵深、多层次、支撑点式环形防御。

丘陵地与平原一样适合大集团部队作战，而且由于丘陵地地貌起伏多，作战不会像平原那样以争夺居民地为主，而是变成利用错综复杂的丘陵，占领制高点，争夺高地的战斗。

（三）山地

地面起伏显著，高差一般在200米以上的高地叫山。群山连绵交错的地区叫山地。中国山地分布很广，约占国土总面积的33%，其中较大的有东北的大、小兴安岭和长白山，北部的阿尔泰山、阴山和燕山，西部的天山、昆仑山、唐古拉山和喜马拉雅山，西南的横断山脉，东南的南岭和武夷山，中部的秦岭、太行山和大别山。

1. 山地的地形特点

山地山高、坡陡、谷深，地形断绝，山顶高耸，山背、山脊纵横起伏。中国山地高度多在1000米以上，西部山地更是大多在4000米以上，山地的高度差一般在500~1500米，有的地方达到了2000~4000米，坡度一般为30°~50°，有的高达50°以上。道路稀少，多为乡村小路、隘路，有的地方还是栈道，道路质量不高，弯多坡大，河床窄小，水流湍急，落差大，人烟稀少，物资匮乏，在高山地区空气稀薄，气象变化无测，山顶与山脚之间、昼夜之间温差大。

山地由于所处地理位置不同，其特点也各不相同。沿海地区山地海拔不高，高差却显著，坡度比较陡，人员也比较密集，道路多，气候温和。

高原山地除少数地区起伏平缓外，大多数山是很高的，且高度差大，人烟稀少，交通不便，气候、温差变化大，山下温暖如春之时，山上可能是常年积雪。

南方山地一般是顶尖坡陡，谷窄岭狭，山形凌乱，丛林密布，峡谷中多河流，河岸陡峭，夏季经常暴发山洪，道路多沿河而筑，水源充足。

北方山地一般山顶圆浑，山脊延伸变化不明显，斜面坡度较缓，谷宽林少石多，河流少，水源不足。

2. 山地对战斗行动的影响

军队在山地作战，由于山地起伏急剧，形成地形割裂断绝，军队运动困难，装甲部队、炮兵、机械化部队只能沿公路、平坦谷地行动，大集团行动也受道路限制，人员体力消耗增大。由于高山多，判定方位困难，容易迷失方向，观察、射击死角多，联络、指挥协同比较困难，不过有利于选择良好的制高点、指挥所，有利于隐蔽伪装。

土质山地容易构筑坚固的坑道工事，而石质山地挖掘艰难，作业效率低，且道路少而小，不利于交通运输。

山地的制高点、山垭口和隘路经常是山地战双方争夺的要点，占领这些地方对本方战术的实施、作战的支援都能起到至关重要的作用。

山地进攻时可利用山间谷地、丛林，有利于隐蔽集结、突然攻击，有利于实施穿插迂回、包围和埋伏，还有利于熟悉山地作战的部队进行近战、夜战、独立作战和开展游击战等。另外，由于山地地形割裂，部队机动困难，不利于指挥和联络，所以需要派遣熟悉山地作战的部队参战。

山地防御采用构筑坑道工事和野战工事相结合的环形阵地，但以前者为主，后者为辅，可依靠山势驻守，还可以利用山洞、丛林和其他具有隐蔽条件的地段设置隐蔽火力点，还能利用山洞、隧道和坑道隐蔽部队和储备物资。山地由于自身结构不能构建连续不断的防御阵地，因为这样容易形成间隙和暴露自己的侧翼。

总而言之，山地地形对攻防双方都是有利有弊的，不过一般来说还是易守难攻，因此专业山地部队的建立大有必要。

（四）高原

地势高而地面比较平缓宽广，海拔一般在500米以上的地区叫高原，我国有青藏高原、云贵高原、内蒙古高原等。

1. 高原的地形特点

高原地势高，地面平坦开阔，多为盆地，少数为宽谷地。高原地区空气稀薄，气象多变，气压低，温差大。大多数地区地广人稀，道路少，还有些地区气候寒冷，风多且风向不定，多风暴和雪崩。

2. 高原对战斗行动的影响

高原地区视野广阔，而且由于交通不便，部队机动困难，特别是技术兵器使用受到了限制；空气稀薄，部队成员的体力消耗很大，难以进行大运动量的活动。但有些高原，汽车可以越野行驶，地形开阔有利于各兵种协同机动。高原地区的通信联络和工程作业难度很大。

在高原地区作战的部队，人员都会出现不同程度的高山反应，并且容易发生冻伤、雪盲、呼吸和消化系统的疾病，由此引发的非战斗减员增多。同时武器和技术兵器的效能也会受到一定的影响。由于高原地区无法就地补给，所以必须依靠自己的后勤体系，而此地区的地形也决定了其后勤保障是艰难的。

（五）岛屿和海岸

岛屿是散列于海岸、江、湖中的陆地。面积大小不一，通常大的叫岛，小的叫屿。我国岛屿众多，其中台湾岛最大，海南岛次之，其他还有常山列岛、舟山列岛、万山群岛和南沙群岛等，面积在500米^{2}以上的有6500多个。

海水与陆地接触的滨海地带叫海岸，海水与陆地相接触的分界线叫海岸线（通常是指海边多年的大潮高潮时所形成的海水痕迹线）。我国大陆海岸线北自鸭绿江口，南至中越边境的北仑河口，总长18400多千米。

1. 岛屿和海岸的地形特点

岛屿四面环水，面积狭小，多为列岛或群岛，少数为孤岛。一般岛上多山，坡度陡峭，地形复杂，海岸线弯曲，岸陡滩狭，道路少，居民少，淡水缺乏，多数岛上土壤贫乏，植被较少，不过热带地区的岛上丛林茂盛。岛屿气象复杂多变，夏季台风威胁大，有些岛屿之间流水浅礁多，航道狭小。

海岸依照性质可分为泥岸、岩岸和沙岸。泥岸多与平原相连。其特点是岸滩多淤泥，岸线直、岸坡缓，涨落潮界线距离远。岩岸多为山地延伸入海，特点是岸高且陡，岸线曲折，土质坚硬，近岸多岛屿、礁石，滨海地形起伏大，港湾多。沙岸多由丘陵延伸入海，特点是岸线比较曲折，港湾多，岸坡短平，地形隐蔽。

2. 岛屿和海岸对战斗行动的影响

岛屿对战斗的影响主要由岛屿的位置、形状、大小、岛上的地形及港湾、交通和给水条件决定。岛屿是捍卫大陆的天然屏障，是海军作战的重要依托，也是战略反攻和追击敌人的前进基地。一般来说，岛屿是不利于进攻的。因岛上多山，地形险要，利于登陆的地点少，便于守军依托有利地形，构筑以坑道为主的坚固的防御阵地；并且岛屿四面环水，部队机动和补给受限，通信联络上也受到限制，协同指挥困难。在进攻岛屿时，由于岛屿内多险峻山地，沿海海岸岸陡滩狭，登陆战受到很大的限制。而航渡时，战斗队形容易暴露于海面，易遭受来自空中、海上和岛屿上的火力攻击。海洋气候多变，风浪和海潮也会对部队的航渡造成影响，并增加疲劳。

海岸是抵抗敌方入侵的前沿阵地，它对部队行动的影响主要取决于海岸曲折程度、港湾的大小、滨海地形、近岸岛屿及潮汐等。泥岸不利于部队登陆，且泥岸泥泞多水，技术兵器很难发挥作用，构筑工事也困难。岩岸的登陆段小，不利于展开和靠岸，技术兵器的使用也受到限制，向纵深发展困难。于防守来说则是优良的防御阵地。可以依托要地进行纵深梯次防御。沙岸用于登陆的地段就比较多，舰船也容易靠近，可以有规模地使用技术兵，有利于向纵深发展。对防御来说则有利于控制要地和隐蔽机动兵力和兵器。

另外，港湾是舰船抛锚、停靠和装卸物资的地方，是海军作战的依托，也是战斗双方的主要争夺目标。海岸突出部、沿岸高地和近岸岛屿是防御的重点。

（六）居民地

人们因生产和生活需要而形成的集聚定居的地区叫居民地。根据性质和人口可以分为城镇和村庄。

1. 居民地的地形特点

城镇一般都是某一地区政治、经济和文化中心，又多是交通枢纽，一般依山傍水、临河或临海、临湖而建，人口众多，房屋密集，建筑物高大坚固，还拥有建筑和防空工事设施，街道排列整齐，纵横交错，交通方便，有机场、港口、铁路、公路等运输设施。城市之间都是公路、铁路相连接。

村庄则是较小的居民地，人口不多，房屋比较矮小，有村级公路相连。

2. 居民地对战斗行动的影响

居民地对战斗行动的影响程度取决于它的大小、所在位置、建筑物状况和附近地形条件等一系列因素。大的居民地通常是战场的争夺点，是双方航空兵、炮兵、导弹的主要攻击目标。特别是那些地处交通要道，且战略位置极其重要的城市，更是战争双方争夺的焦点。居民地有利于构建坚固的防御阵地，适于近战、巷战和小分队作战。可以利用城市现有通信设备组织部队通信联络，也有利于部队宿营和后勤补给，但侦察、指挥和协同不便，战斗队形容易被分割。城市附近的高地、交通枢纽、桥梁、渡口和机场、火车站、发电厂、水源及重要的工业区经常成为战争双方的争夺目标。

（七）沙漠与戈壁

在地表面覆盖厚薄不一的沙层而形成广阔的沙砾地区叫沙漠。在硬土层上覆盖着砾石的广阔荒漠地区叫戈壁。它不同于沙漠，但戈壁内部往往有沙漠。中国沙漠与戈壁大多分布在西北地区，约占全国总面积的30%。我国较大的沙漠有塔克拉玛干沙漠、古尔班通古特沙漠、巴丹吉林沙漠、腾格里沙漠、毛乌素沙漠、乌兰布和沙漠、库布齐沙漠和库木塔格沙漠。戈壁一般分布在大沙漠的边缘地区，但也有独立分布的。比如内蒙古阴山山脉以北和以东地区、河西走廊、柴达木盆地和新疆的广大地区。

1. 沙漠与戈壁的地形特点

沙漠地形多为平坦的沙地和在风力作用下形成的各种沙丘、沙垄和沙质尘土洼地。一般分为固定沙丘、半固定沙丘和流动沙丘。

固定沙丘。沙丘一般高10~30米，坡度为20°左右，泥土成分较多，土质松软，夏秋季节杂草、灌木丛生，各沙丘之间有比较平坦的草甸和小面积的沼泽，部分草甸中有水井。

半固定沙丘。沙丘一般高10~40米，坡度为20°以上，风蚀严重，沙丘形状常随风力部分改变，有一定的泥土成分，下陷力小。沙丘植被覆盖面积为40%~50%，杂草和灌木丛多呈小片分布。

流动沙丘。面积较小，高度也不一定，外部轮廓常随风改变，位置移动，春季为活动期，夏季为稳定期。

戈壁地区地势平坦，表面布满一层大小不一、有棱角的石块或卵石，砾石粗沙混杂，地面不生长植物或只生长一些草类，缺少水源，但在积雪融化而成河流的流经地区水源较好。道路少，但地表坚硬。

沙漠与戈壁地区是属于干燥气候地带，气温变化剧烈，夏季酷热，温度高达40～60℃，冬季严寒，温度低达-30～20℃，昼夜温差大。并且雨量少，大多数地区全年降水量不到250毫米。风多且大，特别是风口地带，狂风到来，飞沙走石。

2. 沙漠与戈壁对战斗行动的影响

沙漠、戈壁地形特殊，气候恶劣，温度变化大，多暴风沙，水源缺乏和交通不便等是影响部队行动的主要因素，给部队行动带来了许多不便和困难。

沙漠和戈壁地形开阔，视野、射界良好，但是部队隐蔽和伪装困难。由于缺少方位物，部队在沙漠地区行动判定方位困难，加以风沙弥漫，极易迷失方向，经常需要用方位角确定方向，有时飓风卷起尘沙，不但通行、视野困难，而且又有被流沙淹没的危险。戈壁地面坚硬，便于机械化部队行动。沙漠地面松软，车辆通行困难，人员行动体力消耗增大。因为气温变化急剧，昼夜温差大，很可能使部队中暑和冻伤，气候干燥、风沙大对人体黏膜部分危害是很大的，武器、车辆机件也容易受损，并且水源缺乏，宿营补给困难，后勤保障任务很重。

（八）水网稻田地

江河沟渠纵横交错，湖泊、池塘密布，遍地水稻田的地区叫水网稻田地。

1. 水网稻田地的地形特点

地势平坦开阔，河渠相连，岸堤不高，稻田积水、泥深，公路较少，乡村小路多蜿蜒于河岸和田埂，桥梁、涵洞较多，人口较稠密。居民地多分布于道路和河流两侧，农产品丰富。

2. 水网稻田地对战斗行动的影响

地势平坦，展望良好，视界、射界均较开阔，但不易选择良好的观察所、指挥所和火炮发射阵地，直射火器不便实施超越射击；由于河渠交错，岸陡水深，河底淤泥，形成断绝地形，严重影响诸兵种的机动，特别是机械化、装甲、炮兵部队的越野运动极为困难，进攻部队的战斗队形易被河渠分割，不便于指挥、联络和协同；部队连续通过泥泞稻田，体力消耗大，运动速度低；道路易被破坏，工程保障难度大，但便于步兵分队、轻便炮兵或船载炮兵、水陆坦克利用河流、沟渠实施水上机动；由于地下水位高，防御时不易构筑坚固工事，防御配置易受水网分割，但可利用河流、沟渠、湖泊等天然障碍组织防御；居民地、小高地、土丘等，常为防御的依托，有些居民地是水陆交通的枢纽，更是攻防双方争夺的要点。对原子、化学武器的防护作用与平原地区相近，但水有利于吸收辐射热和洗消，故消除袭击后果的条件相对较好。

★ 第二节　地形图基本知识 ★

按照一定的数学法则，用特定的符号、颜色和文字注记，将地球表面的自然和社会现象综合测绘于平面图纸上的图，称为地形图。

当前，地图的测绘正处于发展时期，使用卫星进行激光摄制的全息地图已经问世，存储于计算机内并在屏幕上显示的电子地图早已出现。可以预见，在不久的将来，必将出现完全崭新的地图。

一、地图的分类和用途

地图按照其内容可以分为普通地图和专门地图；按照比例尺可分为大、中、小比例尺地图；按照表现形式可分为线划地图、影像地图、磁带记录、电视图像和全息相片等形式。

普通地图是综合反映地表自然现象和社会经济现象一般特征的地图。内容包括：自然地理要素，如地貌、水源、土壤、植被等；社会经济要素，如居民地、行政区域、工矿、交通网等。普通地图分为地形图和地理图，是编制专门地图的基础。其中，地形图是普通地图的一种，其比例尺大于1∶1000000，它是国家经济建设、国防建设和军队作战、训练不可缺少的重要地形资料。在地形图上，可以进行长度（距离）、高度、坡度、水平角度、坐标和面积的量读、计算。

专门地图，又称专题地图或主题地图，简称专题图，是以普通地图为底图，着重表示一个专题内容的地图。如地质图、地貌图、水文图、人口图、交通图、历史图等。

二、地图比例尺

（一）地图比例尺的概念

图上某线段的长与相应实地水平距离之比叫地图比例尺。

$$比例尺 = \frac{图上长度}{相应实地水平距离}$$

如图上两点长为1厘米，实地该两点的水平距离为50000厘米，那么这幅图比例尺则为1∶50000。地图比例尺的分子通常用1表示，以便了解地图缩小的倍数。由于地图使用目的和要求不同，地图比例尺也就不同。

（二）地图比例尺的大小及特点

地图比例尺的大小是按比值来衡量的。地图比例尺越大，图上显示的地形就越详细，量读精度就越高，但同一幅图中所包含的实地范围就越小；地图比例尺越小，图上显示的地形就越概略，量读精度就越低，但同一幅图中所包含的实地范围就越大。

我国军用系列比例尺地形图有7种，即1∶10000、1∶25000、1∶50000、1∶100000、1∶250000、1∶500000、1∶1000000。

（三）地图比例尺的表示形式

地图比例尺，通常绘注在每幅图的图底下方，用文字、数字结合图形表示。形式通常有两种。

① 数字比例尺。它是用数字表示的。分为比例式，如1∶50000或1∶5万；分数式，如$\frac{1}{50000}$。数字比例尺使人们对缩小的程度有一个明确的概念，又可进行运算。

② 直线比例尺。它是在一条直线上，以某点为基准，按图上不同线段长加注实地相应水平距离的一种图解比例尺。直线比例尺，不仅可直接量读实地距离，当用照相法把地图缩小（或放大）若干倍时，直线比例尺也随地图一起缩小或放大相应的倍数，这种优点是数字比

例尺所不及的。

（四）图上距离的量法

1. 用直尺量算

用直尺量算距离时，先用直尺在图上量取所求两点的长度（厘米），然后乘以该图比例尺分母，即得实地距离。其公式为：

$$\text{实地水平距离} = \text{图上长} \times \text{比例尺分母}$$

如在 1∶50000 地图上量得某两点长为 3.4 厘米，则实地水平距离为：3.4 厘米 × 50000 = 170000 厘米 = 1700 米。

2. 在直线比例尺上比量

直线比例尺上注记的数字，表示相应实地的水平距离。从"0"向右为尺身，注记的是公里数，用来量 500 米或整公里的距离；从"0"向左为尺头，注记的是米数，用来量取不足 500 米或不足整公里的半数（图 9-1）。

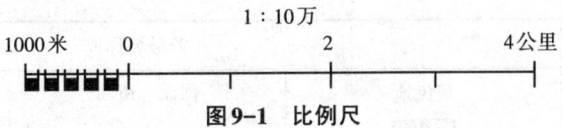

图 9-1 比例尺

在直线比例尺上量读时，先用两脚规（或纸条）量出两点间的长，并保持张度不变，再到直线比例尺上比量，即可直接读出两点间的实地水平距离。

3. 用里程表量读

量取图上的曲线距离，通常用指北表上的里程进行。在地形图上量取弯曲线段时使用指北针上的里程表比较方便。里程表由表盘、指针和滚轮三部分组成。表盘的分划圈上有 1∶25000、1∶50000、1∶100000 三种比例尺注（记千米数）。

量读时，先使指针归零，然后，手持里程表，把滚轮置于起点上，沿所量线段滚至终点，并注意使指针顺时针方向转动，按指针在相应比例尺分划圈上所指数字，读出该路线的公里数。

需要指出的是，用以上各法量算之距离都是水平距离。然而，实地是起伏不平的，当需求两点间沿实地表面的距离时，必须对量得之值加以改正，使其由图上量得之水平距离换算为地表相应的实际距离。在军事用图中，常用平均坡度改正法，坡度及弯曲改正数表见表 9-1。

表 9-1 坡度及弯曲改正数表

坡度	改正率	坡度	改正率	
0°～4°	3%	20°～24°	40%	如图上量读距离为 2000 米，平均坡度为 13°，则实地距离 = 2000+2000×20%=2400 米
5°～9°	10%	25°～29°	50%	
10°～14°	20%	30°～34°	65%	
15°～19°	30%	35°～40°	80%	

改正距离的计算公式为：

$$\text{实地距离} = \text{水平距离} + \text{水平距离} \times \text{改正率}$$

三、地物符号

对于地面上的物体，地图上是用统一规定的符号结合注记表示的，这些规定的图形符号叫地物符号。它是地图的重要构成因素，是地图无声的语言。要识别地物符号，并了解它在军事上的重要意义，就必须首先了解地物符号的特点及相互关系。

（一）符号的图形特点

地物符号的图形，依其形状，主要有以下三个特点（图9-2）。

① 图形与地物的平面形状相似。这类符号的图形与地物正身投影后的平面形状相似，并保持一定的比例关系，所以叫正形图形。用以表示较大的地物，如居民地、森林、河流、湖泊等。

② 图形与地物的侧面形状相近。部分地物符号是根据其侧面形状绘制的，所以叫侧形图形。其特点是跟地物的侧面形状相近，如突出的树、烟囱、水塔等。

③ 图形与有关意义相应。少数地物是根据有关意义绘制的，也叫象征符号。具有形象和富有联想的特点，如气象站、变电所、矿井、飞机场等。

图形特点	符号名称			
与平面形状相似	居民地 	河流 苗圃 		公路 桥梁 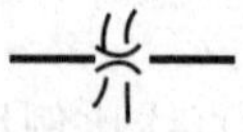
与侧面形状相似	突出阔叶树 	烟囱		水塔
与有关意义相应	变电所	矿井		气象站

图9-2 符号图形特点

（二）符号的分类

① 依比例尺表示的符号（又叫轮廓符号）。实地面积较大的地物，如大居民地、森林、江河、湖泊等，其外部轮廓是按比例尺表示的。在图上不但可以了解它的分布和形状，还可以量取相应实地长宽和面积。

② 半依比例尺表示的符号（又叫线状符号）。实地窄长的线状地物，如道路、垣栅、土堤、通信线等，其转折点和交叉点位置是按实地精确测定，其长度是按比例尺缩绘的，而宽度则不是按比例尺缩绘的。这种符号在图上只能量取其相应实地的长度，而不能量其宽度和面积。

③ 不依比例尺表示的符号（又叫点状符号）。有些较小的地物，如三角点、油库、变电所、塔、亭等，对部队行动都有一定影响，是部队判定方位、确定位置、指示目标、实施射击指挥的重要依据，在图上只能用规定的符号表示。这种符号可以了解实地地物的性质和位置，但不能量取其大小。

④ 说明和配置符号。主要用来补充说明上述符号不能表示的内容。如表示江河流向的箭头，街区性质的晕线等为说明符号；果园、行道树、疏林和灌木等为配置符号。说明和配置符号只表示实地某些地物的情况和分布，不表示其真实位置和数量。

（三）符号的有关规定

（1）注记的规定

注记是用文字和数字来补充说明各种符号还不能表示的内容。注记有两种：文字注记：

用来说明地物或地貌名称或性质特征的,它分为名称注记和说明注记。数字注记:用来说明地物的数量特征的,它分为分数式和单个数字两种形式。分数形式注记中,分子一般表示地物的长度、宽度和高度;分母表示地物的深度、粗度和载重量。单个数字注记中,一般表示地物的高度、深度、比高、流速、里程、界碑编号、小隘通行和时令河有水的月份等。

（2）颜色规定

为使地图内容层次分明,清晰易读,地形图用不同颜色来区分地形的性质和种类。地物符号分四色描绘：用墨色表示人工地物及部分自然地物;蓝色表示水源和冰雪有关的区域;绿色表示天然或人工植被;棕色表示地貌和土质。

（3）定位点的规定

① 不依比例尺表示的符号（图9-3）。

定位点	符号名称		
图形中有一点的,在该点上	三角点	亭	窑
几何图形,在图形的中心	油库	独立房屋	发电厂
底部宽大的,在底部中点	水塔	气象站	碑
底部为直角的,在直角的顶点	路标	突出阔叶树	突出针叶树
两个图形组成的,在下方图形中心	变电所	散热塔	石油井

图9-3　不依比例尺地物符号定位点

② 半依比例尺表示的符号。半依比例尺表示的符号,主要指线状地物符号,用定位线表示实地地物的中心线位置。其规定是：成轴对称的符号,在中心线上,如公路、土堤、高出地面的水渠等;不成轴对称的符号,在底线或缘线上,如城墙、土城墙、陡岸等。

③ 依比例尺表示的符号。依比例尺表示的地物符号,由实际地物转折点的连线（轮廓线）确定其范围。以相应地物符号表示实际地物。

四、地貌判读

地貌是指地表高低起伏的变化形态。地貌对部队军事行动有很大影响。因此,要求图上不仅要显示地貌的一般形象,而且还要准确地判读地貌的起伏高度、坡度和形象特征,显然在地图上用显示一般物体的方法,就解决不了这个问题。长期以来人们进行了大量的探讨实践,到目前为止,在地图上表示地貌的方法已有多种,但世界各国目前广泛采用"等高线法"来显示地貌。

地图上表示地貌的方法有很多,主要有：等高线法、晕渲法、分层设色法、写景法等。在此,主要研究等高线法。

（一）等高线显示地貌

1. 等高线显示的原理

由地面上高程相等的各点连接而成的曲线,称等高线。设想将一座山从底至山顶按相等的高度，一层一层地水平切开，在山的表面上就出现了许多大小不同的截线口，再把这些截线口垂直投影到一个平面上，就呈现出一圈套一圈的等高线图形（图9-4）。地图就是根据这个原理以等高线显示地貌。

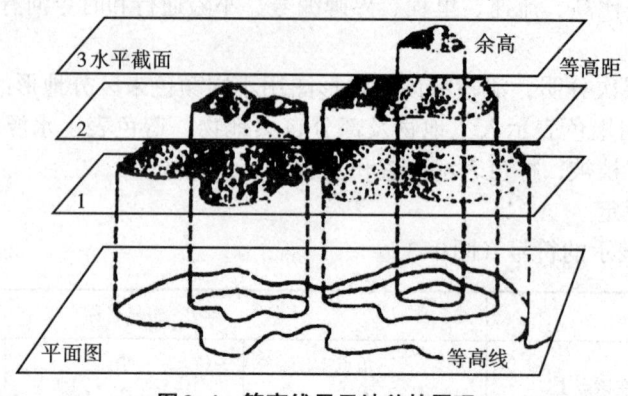

图9-4　等高线显示地貌的原理

2. 等高线显示地貌的特点

①在同一条等高线上各点高度相等，并各自闭合成圈（同高闭合）。

②在同一幅地图上，等高线多，说明山就高；等高线少，说明山就低。凹地则相反（多高少低）。

③在同一幅地图上，等高线间隔密，说明实地坡度陡；等高线间隔稀，说明实地坡度缓（密陡稀缓）。

④图上等高线弯曲形状与相应的现地地貌相似（形似现地）。

3. 等高距规定

相邻两条等高线水平截面间的垂直距离叫等高距。由于地图比例尺不同，等高距的规定也各不相同，具体规定见表9-2。

表9-2　不同比例尺地形图的等高距

比例尺	等高距/米
1:25000	5
1:50000	10
1:100000	20
1:250000	50

4. 等高线的种类和作用

等高线按其作用不同，分为以下四种（图9-5）。

①首曲线（基本等高线）。用来显示地貌基本形态，按等高距用细实线表示。

②间曲线（半距等高线）。用来显示首曲线不能显示的局部地貌，按$\frac{1}{2}$等高距绘长虚线表示。

③助曲线（辅助等高线）。用来补助间曲线还不能显示的局部地貌，按$\frac{1}{4}$等高距绘短虚线表示。

④计曲线（加粗等高线）。为便于计算，每隔四条首曲线绘的粗实线。

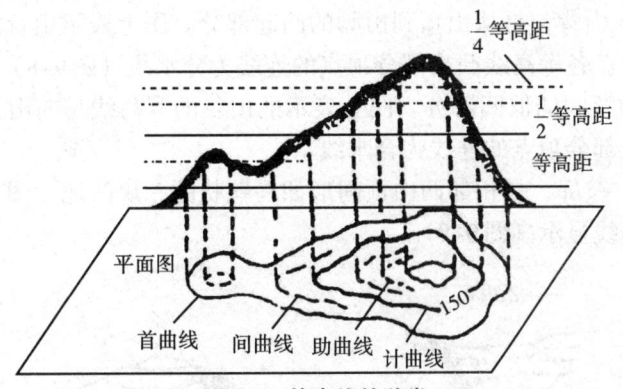

图9-5 等高线的种类

5. 高程起算注记

我国过去规定以1956年青岛验潮站的观测数据所计算的黄海平均海水面为全国高程起算的基准面。20世纪80年代，通过复查和计算，又对原起算基准做了准确修正，定为"1985年国家高程基准"。从平均海水面起算的高程称为绝对高程，也叫真高，或称海拔，通常简称高程。两点间高程之差叫高差（图9-6）。

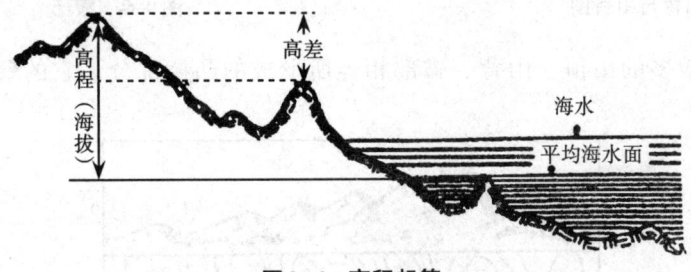

图9-6 高程起算

地形图的高程注记有两种：一种是高程点的注记，用黑色，字头朝向北图廓；一种是等高线的注记，用棕色，字头朝上坡方向。

比高（由物体所在地面起算的高度）注记，与其所属要素的颜色一致。

（二）地貌识别

地貌识别虽然多种多样，但它们都是由山顶、鞍部、山背、山谷、山脚等地貌元素组成。

1. 山的各部形态

① 山顶与凹地。凸出地面而高于四周地区的单独高地叫山。大的叫山岭，小的称山丘，山岭、山丘最高部位叫山顶。军事上把注有高程的山地叫××高地，没有高程注记的叫无名高地。山顶有尖、圆、平之分，图上用等高线最小的环圈表示。环圈外常绘有示坡线（与等高线垂直的短线），其不与等高线连接的一端表示斜坡的下降方向。

凹地是低于周围地面，且经常无水的地方。图上用小环圈表示，但示坡线绘在小环圈内侧（图9-7）。

图9-7 山顶与凹地

② 山背与山谷。山背，是从山顶到山脚的凸起部分。图上表示山背的等高线，是以山顶为准向外凸出的部分。各等高线凸出部分顶点的连线为分水线（图9-8）。

山谷，是两个山背间的低凹部分。图上表示的山谷的等高线是向山顶或鞍部方向凹入的地方。各等高线凹入部分顶点的连线为合水线。

③ 鞍部与山脊。鞍部，是相邻两山顶间形如马鞍状的一块凹地。图上用一对表示山背和一对表示山谷的等高线显示（图9-9）。

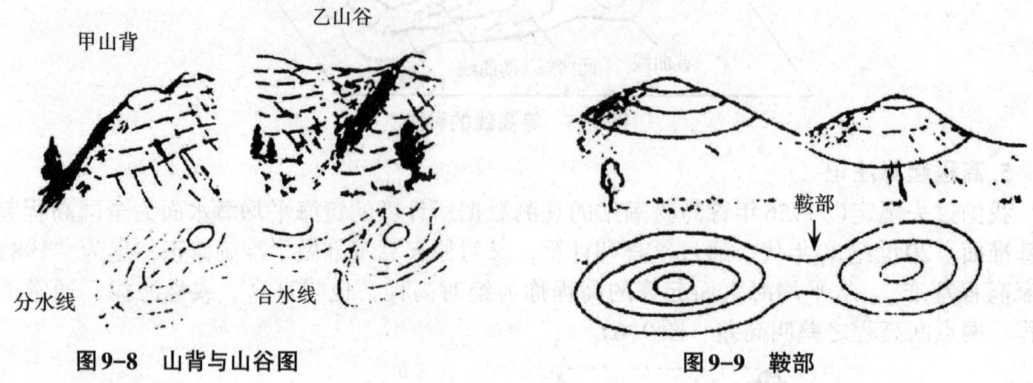

图9-8　山背与山谷图　　　　　　　图9-9　鞍部

山脊，是由较多的山顶、山背、鞍部相连所形成的凸棱部分。它的最高棱线叫山脊线（图9-10）。

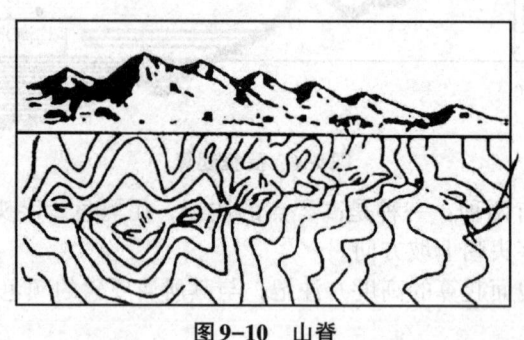

图9-10　山脊

2. 斜面和防界线

① 斜面是指从山顶到山脚的倾斜部分，又叫斜坡。斜面是部队进攻或防御的重要部位，军事上把朝向敌方的斜面称为正斜面；背向敌方的斜面叫反斜面。斜面按其形状分为等齐斜面、凸形斜面、凹形斜面和波形斜面四种。

② 防界线就是指军事上能用于防守的界限。防界线要求地势适宜，展望良好，便于设置观察所和构筑射击阵地等。图上就是要选在等高线由稀变密的交界线上。

3. 特殊地貌形态

地貌形态千变万化，有许多地貌形态仅用等高线是不能表示清楚准确的，只能用特殊的地貌符号表示。如变形地的冲沟、陡石山、陡崖、崩崖、滑坡等。

（三）高程、起伏和坡度的判定

（1）高程的判定

根据等高线和高程注记点的高程可以判定任意地面点的高程。判定高程时通常有三种情况（图9-11）。

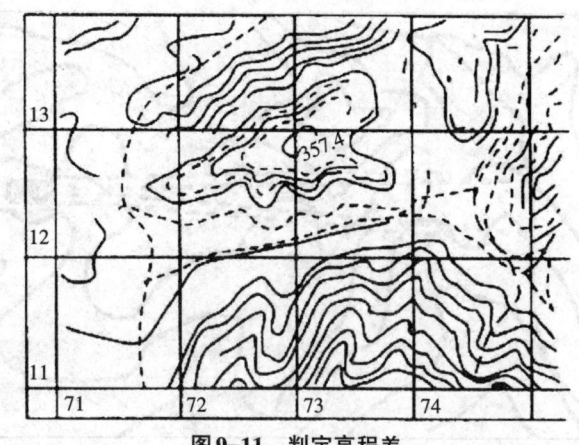

图9-11 判定高程差

① 当判定的点在等高线上时,只要判明该等高线的高程,即为该点的高程。如图9-11独立房的高程为270米。

② 当判定的点在某两等高线之间时,可先判明两相邻等高线的高程,再按其所在位置估计目标点的高程。如山背上突出树在310米与320米之间,故突出树高程为314米。

③ 主要山顶和鞍部在图上常有高程注记,但一般的山顶和鞍部没有注记,用图时根据附近的等高线判定。如图9-11独立石的高程为325米,根据判定点之高程,可以求得两点间的高程差,即高差。

(2) 地面起伏判定

地面起伏判定,是先按等高线的疏密及河流的关系位置、河流流向,找出山川大势,进而找出山顶、鞍部、山背、山谷的分布,详细判明起伏的状况。当等高线在河一侧时,靠河流的方向为下坡方向;等高线通过河流时,依河流流向来判定实际地貌的上下坡方向(图9-12)。

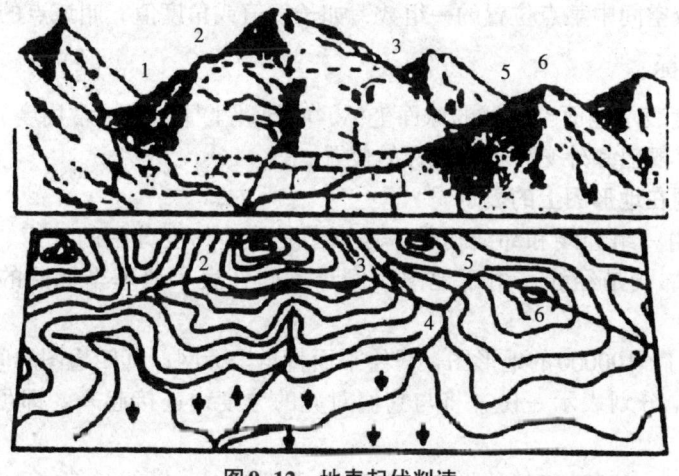

图9-12 地表起伏判读

(3) 坡度的判定

需判定坡度时,可用两脚规在坡度尺上比量。坡度尺的纵线表示等高线的间隔;纵线下方的注记表示相应间隔的坡度值。坡度值下的百分比为相应的高差和水平距离之比值。在坡度尺上可量取相邻间隔相等的2~6条等高线之间的坡度。如图9-13所示,所量取路段的坡度为2°。

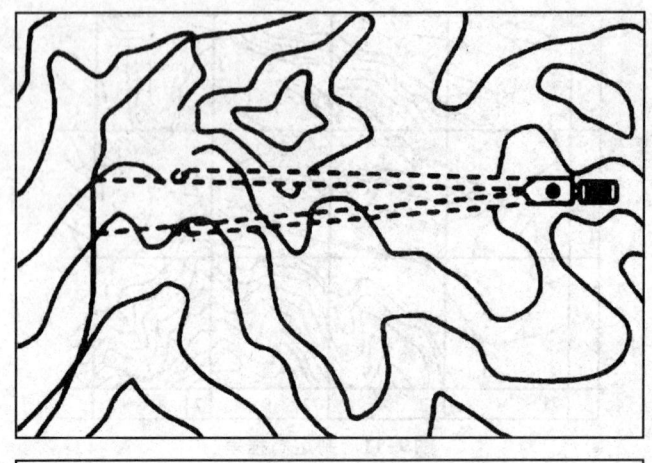

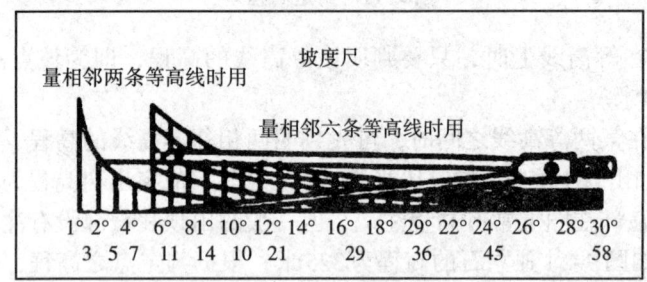

图 9-13 用坡度尺量坡度

五、坐标

我国地形图上的坐标是"1954年北京坐标系"。它是按高斯投影,采用克拉索夫斯基椭球,并在1954年完成北京坐标原点测算定向工作的,故称"1954年北京坐标系"。我国已于1980年在西安完成重建适应我国情况的坐标系,故称"1980年西安坐标系"。

确定平面上或空间中某点位置的一组数,如长度值或角度值,叫该点的坐标。

(一)地理坐标

用经度、纬度表示地面点位置的球面坐标,叫地理坐标。它通常用度、分、秒表示。一般用来指示飞机、舰船和外交事务中目标的位置。

1. 地理坐标网在地形图上的表示

地理坐标网由一组经线和纬线构成。地形图是按经纬度分幅的,南、北内图廓线是纬线;东、西内图廓线是经线。由于地图比例尺不同,表示地理坐标网的形式也有一定的区分。

1:250000到1:100000的地形图,只绘平面直角坐标网,其四边图廓间绘有经、纬分度带,分度带的每个分划表示一份,将与它们对应的分度线连接起来,即可构成地理坐标网(图9-14)。

1:200000到1:1000000的地形图,只绘地理坐标网。横线是纬线,纵线是经线,经、纬度数值注记在内外图廓间,在四边内图廓上还绘有表示分、秒的短线。

2. 地理坐标的量读

在大比例尺地形图上量取某点分别向经、纬分度带作垂线,直接在分度带上读取坐标,也可连接对应的分度带,即可绘成地理坐标网。如图9-14,读烟囱的地理坐标是北纬30°21′25″,东经114°01′42″。

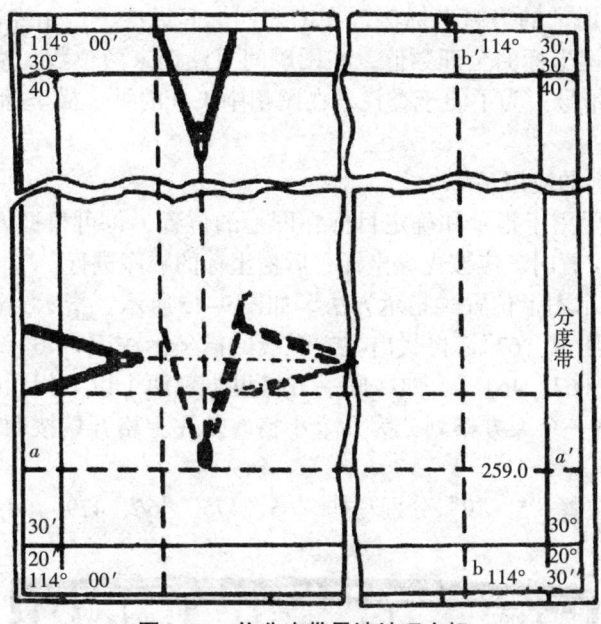

图9-14 依分度带量读地理坐标

在使用地理坐标时，一般按先纬度、后经度的顺序进行。

（二）平面直角坐标

确定平面上某点位置的长度值，叫该点的平面直角坐标。

（1）平面直角坐标网的构成

我国地形图上的平面直角坐标网，是按高斯投影绘制的，它以径差6°为一个投影带，全球共分60个投影带。每个投影带的中央经线和赤道被投影成互相垂直的直线。高斯平面直角坐标系规定：以每带的中央经线为纵坐标轴，赤道为横坐标轴，两轴的交点为坐标原点，这样每一带便构成一个独立的坐标系。

为便于测量任意点的坐标，在大比例尺地形图上，以千米为单位，按相等的距离，作平行于纵、横轴的若干直线，而构成的平面直角坐标网，也叫方里格网（见表9-3）。

表9-3 坐标方格边长的规定

比例尺	坐标方格的边长/厘米	相应的实地距离/千米
1:10000	10	1
1:25000	4	1
1:50000	2	1
1:100000	2	2

（2）平面直角坐标的起算和注记

① 坐标的起算。纵坐标表示某一直线距赤道的千米数。纵坐标（X）以赤道为0起算，向北为正，向南为负。我国位于北半球，正坐标值都是正值。横坐标（Y）表示某一直线距中央经线的公里数。横坐标本应以中央经线为0起算，以东为正，以西为负，坐标值均为正负值。因不便于使用，所以又规定，凡横坐标值均加500千米（即等于将纵轴沿赤道西移500千米），横坐标值均大于500千米，以西的小于500千米。

② 坐标的注记。地形图上坐标值均以千米数为单位注记在内外图廓线之间。在东西图廓

间横线上,由下向上增大的为纵坐标值,在南北图廓间纵线上,由左向右增大的为横坐标值;在图廓四角,注记坐标的全部数值,在图廓间只注记末两位数,横坐标值均为三位数,三位数前面的为投影带号。为了便于查找,在图幅中央处的纵、横坐标线上,也注有相应的坐标数值。

(3) 平面直角坐标的应用

平面直角坐标主要用于指示和确定目标在图上的位置,也可根据方格估算距离和面积。指示目标和确定点的位置时,应按先纵坐标、后横坐标的顺序进行。

① 用概略坐标指示图上位置。指示方法,如图9-15所示:指示116、6高地,先找出该点下方横线的纵坐标注记"67",再找出左方纵线的横坐标注记"46"。该点概略坐标即67、46,书写为"116、6 (67、46)"。如在同一方格里出现两个以上相同的目标,这时需要用"#"字格指示,即将一个大方格划分为九个小格,从左上格开始按顺时针方向将各小格编号(图9-16)。

方格中两座桥的位置"5""9"分别写作"66、475""66、479"。小格编号要低于坐标方格半格。

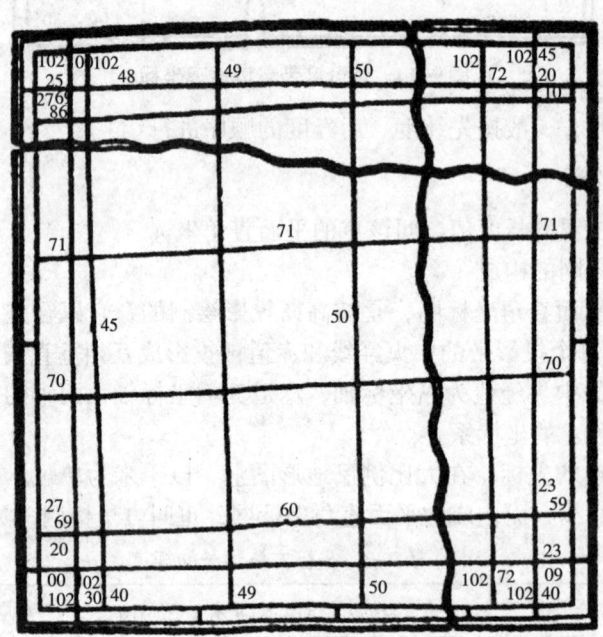

图 9-15 坐标注记

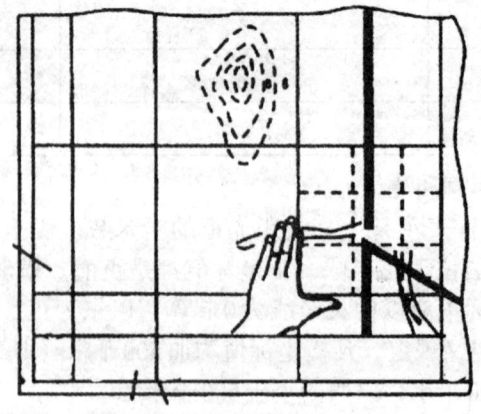

图 9-16 用概略坐标指示目标

② 量取图上点精确坐标和依精确坐标确定点在图上位置。精确坐标，由点的概略坐标，加上该点的米数组成。通常将"精确"二字省略，称平面直角坐标。量取点的平面直角坐标如图9-17所示。量取发射点的平面直角坐标，方法如下。

第一，查出发射点的概略坐标为85、49，并使坐标尺纵边与49的纵线重合，横边通过发射点。

第二，先从坐标尺的纵边上读出与85横线所对的距离为650米，再将其与85千米相加，即纵坐标为85650米。

第三，从坐标尺的横边上，读出发射点位置的距离为300米，将其与49千米相加，即横坐标为49300米。发射点的平面直角坐标为$X85650$、$Y49300$，用平面直角坐标确定目标在图上的位置：

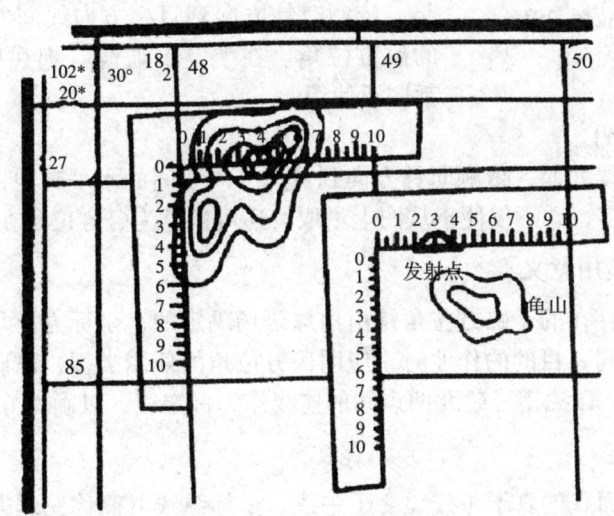

图9-17 用坐标尺量取坐标

已知观察所的平面直角坐标为$X86075$，$Y48410$，确定图上位置的方法如下。

第一，如上图，先按概略坐标86、48找到该目标所在方格。

第二，使坐标尺纵边与48坐标重合，并使75米相应的刻线切于86坐标横线上。

第三，沿坐标尺的横边找到410米相应的刻线，即该点的图上位置。

利用平面直角坐标指示目标时，在电话（或口述）报告中，应先报坐标，后报地点和目标。如坐标85、49（$X85650$、$Y49300$），龟山敌暗堡。在书面文件中，应先写地名，后写坐标和目标。如"龟山（$X85650$、$Y49300$）敌暗堡"。

六、方位角与偏角

（一）六五式指北针

六五式指北针是我国1965年定型生产的用于野外作业人员指示方位的工具。它由磁针、密位刻度盘、角度摆、方位指标、反光镜、里程表、直尺、准星、照门、距离估计器等组成。由于磁针容易受电和钢铁物体吸引，因此使用前应检查磁针是否灵敏，使用时不要靠近高压线、钢铁物体。另外，还应注意在磁铁矿和磁力异常地区不能使用。

（二）方位角的种类

方位角：从某点的指北方向线起，依顺时针方向到目标方向线之间的水平夹角，叫方位角。由于每点都有真北（N）、磁北（M）和坐标纵线北（X）三种不同的指北方向线，因此从某点到某一目标，就有三种不同的方位角 C（图9-18）。

1. 真方位角（A）

某点指向北极的方向线叫真北方向线，即经线，也叫真子午线。从某点的真北方向线起，依顺时针方向到目标方向线间的水平夹角，叫该点的真方位角。通常在精密测量中使用。

2. 磁方位角（M）

某点指向磁北极的方向线叫磁北方向线，也叫磁子午线。在地形图南、北廊上的磁南、磁北（即 P、P′）两点间的连线，为该图的磁子午线。从某点的磁北方向线起，依顺时针方向到目标方向线间的水平夹角，叫该点的磁方位角。在航空、航海、炮兵射击、军队进行时，都广泛使用。

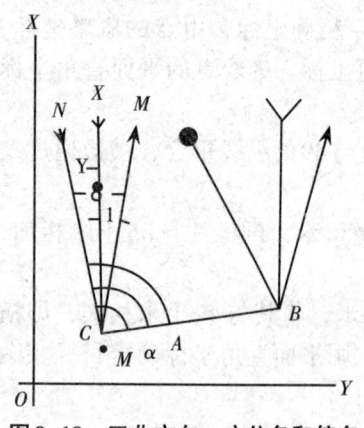

图9-18 三北方向、方位角和偏角

3. 坐标方位角（α）

从某点的坐标纵线北起，依顺时针方向到目标方向线间的水平夹角，叫该点的坐标方位角。炮兵一般使用较多，它不仅便于从图上量取，还可换算为磁方位角在现地上使用。

（三）方位角的实用意义

真方位角是客观存在的；磁方位角是由地球磁场决定的；坐标方位角是由地形图制作过程中产生的。在实施同一目的的作业时，应明确方位角的使用类型，以确保任务实施的一致性。在使用地形图时，以磁南、磁北两点间的连线作为标定线，以确保方向的准确性。

（四）偏角的种类

由于通过每个地面点的真子午线、磁子午线、坐标纵线（简称三北方向线）三者方向不一致，因而构成不同的水平夹角，这种夹角叫偏角。

1. 磁偏角

某点的磁子午线与真子午线间的夹角，叫磁偏角。磁子午线在真子午线以东的为东偏，在真子午线以西的为西偏。它随时间和地点的不同而变化。

2. 坐标纵线偏角

某点的坐标纵线与真子午线间的水平夹角叫坐标纵线偏角，又叫子午线敛角。坐标纵线在真子午线以东的为东偏，在真子午线以西的为西偏。在同一高斯影带内，距中央经线和赤道越近，偏角越小，反之偏角越大，但最大的偏角不超过3°。

3. 磁坐偏角

某点的磁子午线与坐标纵线间的水平夹角，叫磁坐偏角。磁子午线在坐标纵线以东的为东偏，在坐标纵线以西为西偏。它有时为磁偏角和坐标纵线偏角值之和，有时为两者之差。

为了便于计算，上述三种偏角，都以东偏为正（+），西偏为负（-）。地形图南图廓的下方，都绘有偏角图。

（五）坐标方位角的量读和磁方位角的换算

1. 在图上量读坐标方位角

在量取某点至目标点的坐标方位角时，先将该点和目标点连成直线，使其与坐标纵线相交（若两点在同一方格内，可延长直线）。然后，用量角器按方位角的定义量读。如图9-19中，197.0三角点和187.5高程点的坐标方位角为：6～60（即660密位）。

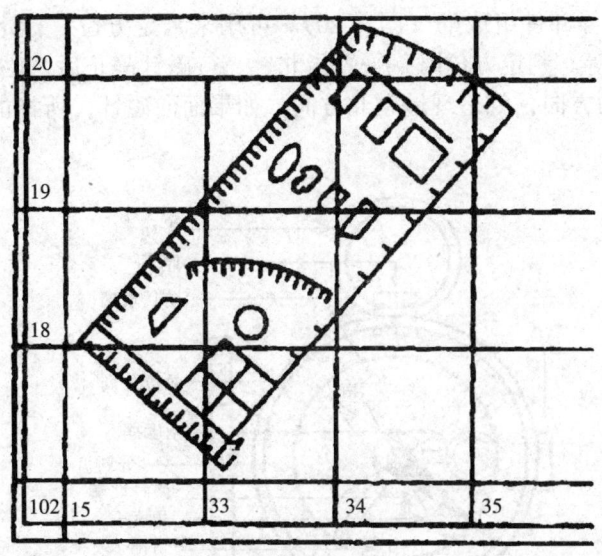

图 9-19 用指挥尺量读坐标方位角

应当注意：指挥尺的量程是 0~90°（00-00 至 15-00）。若目标在 15-00 至 30-00 区间（第二象限）时，读出的分划数应加上 15-00；同理在 30-00 至 45-00 区间（第三象限）时，应加 30-00；在 45-00 至 60-00 区间（第四象限）时，应加 45-00，即目标方向的坐标方位角。

2. 坐标方位角和磁方位角的换算

（1）求坐标方位角

当磁方位角已知时，可按下式计算：

$$坐标方位角 = 磁方位角（\pm）磁坐偏角$$

（2）求磁方位角

当坐标方位角已知时，可按下式计算：

$$磁方位角 = 坐标方位角 -（\pm）磁坐偏角$$

式中的磁坐偏角值，可在地图下方的偏角图中查取。

计算中，当两个角度相加大于 60-00 时，应减去 60-00；若小角度减去大角度时，应加上 60-00，再与大角度相减。

第三节 现地使用地图

地形图的使用是指利用地图所进行的判读、量算、行进、组织计划等工作。

一、判定方位

判定方位，就是在野外判明东、西、南、北方向。部队在陌生地区或在不良气候条件下，或是在夜间行动时，必须要分清方向，判明准确方位，确保作战行动的正确实施。

（一）利用指北针判明方向

指北针携带方便，操作简单，是判定方位的基本工具。

我军现用的指北针有五一式、六二式、六五式等，虽然型号不一，但其构造原理基本相同。以六二式指北针为例，六二式指北针是由磁针、刻度盘、方位玻璃框、角度摆、距离估定器、里程表和直尺等部件组成的（图9-20）。可用来判定方位，标定地图，测定方位角，测定距离、坡度里程等。判定方位时，平置指北针，待磁针静止后，磁针涂有夜光剂的一端（或黑色一端）所指的方向，就是现地磁北方向。如果面向磁针，所指的北方，则背后是南，右边为东，左边为西。

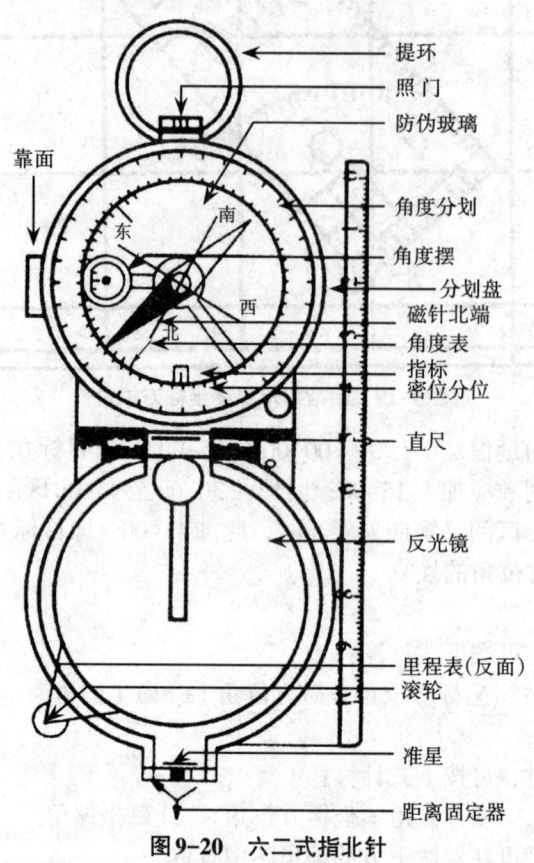

图9-20 六二式指北针

水平放置指北针，待磁针静止后，磁针北端所指的方向就是北方。常用的指北针为六二式和六五式指北针。使用指北针前应检查磁针是否灵敏，使用时应避开高压线和钢铁物体。指北针在磁铁矿和磁力异常的地区不能使用。

（二）利用太阳和时表判明方向

我国地处地球的北半球，大部位于中纬度地带。通常在当地时间6时左右，太阳在东方；12时左右在正南方；18时左右在西方。根据这一规律，可概略判定方位。要领口诀是："时数折半对太阳，'12'指的是北方"，如上午9时判定，以4时30分对太阳；若下午14时40分判定，以7时20分对太阳，此时表盘"12"所指的方向就是北方（图9-21）。

北京时间是以东经120°为准，由于经度不同，同是使用北京时间，但各地太阳位置不同。所以在离北京经差较大的地区判定时，应修正时间。方法是以东经120°为准，每向东15°要按北京时间加一小时，每向西15°要减一小时，而后按上述方法判定。此法在北回归线（北纬23°26′）以南地区，夏季由于太阳垂直照射，不易判定。

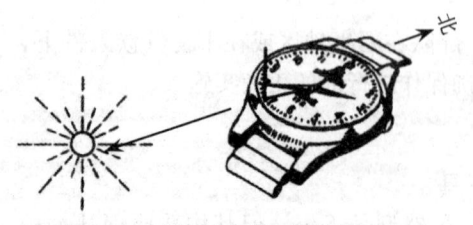

图9-21 利用太阳和时表判定方位

（三）利用北极星和南十字星座判明方向

1. 根据北极星判明方向

北极星位于正北天空，离地平面高度相当于当地的纬度。通常根据北斗七星（大熊星座）或3字星（仙后星座）寻找，它们位于北极星两边，围绕北极星旋转。北斗七星是七颗比较亮的星，其排列形状似一把勺子，将勺头甲乙两星连线朝勺口方向延长，约为甲乙两星距离的5倍处，有一颗略暗的星，就是北极星。当北斗七星转到地平线下，则可利用3字星寻找，3字星由5颗较亮的星组成，形似"3"字，在3字缺口方向约为缺口宽度的2倍处，就是北极星（图9-22）。

2. 根据南十字星座判明方向

在我国北回归线以南地区，夜间看到南十字星座时，也可判定方位。南十字星座由四颗较亮的星组成，形状像个"十"字（图9-23）。在甲乙两星连线向下延长约为两星间距离的4倍半处，即正南方。

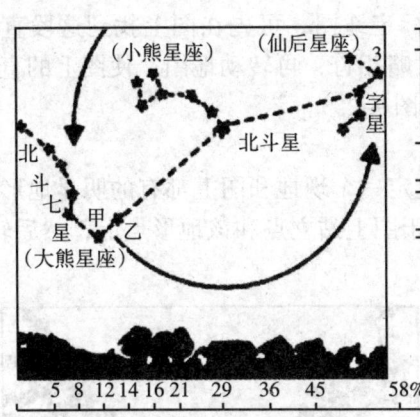

图9-22 利用北极星判定方位

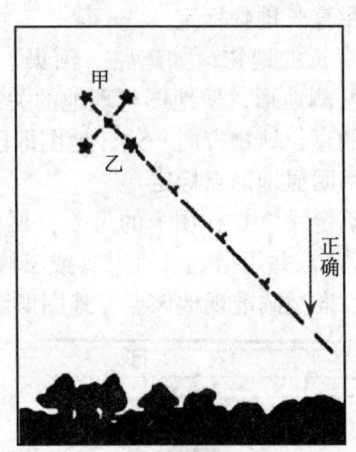

图9-23 利用南十字星座判定方位

（四）利用地物特征判明方向

有些地物受阳光、气候等自然条件的影响，形成了某些特征，可以利用这些特征来概略地判明方位。

① 独立大树，通常是南面枝叶茂密，树皮较光滑；北面枝叶较稀少，树皮粗糙，有时还长青苔；砍伐后，树桩年轮，通常北面间隔小，南面间隔大。

② 突出地面的物体，如土堆、土堤、树林和建筑物等，通常南面干燥，青草茂密，冬季积雪融化较快；北面潮湿，易生青苔，积雪融化较慢。土坑、沟渠和林间空地则相反。

③ 我国北方农村单个房屋的门窗和较大的庙宇、古塔的正门多朝南开。

④ 我国北方草原、沙漠地区刮西风多，在草棵附近常形成许多沙垄、雪坎，其头部大，尾部小，头部所指的方向是西北方向，草原上蒙古包的门多朝东南方向开。

由于我国幅员辽阔，各地都有不同的特征，只要留心观察，就会找到判定方向的自然特征。但以上特征只能判明概略方位，有时也可能有反常现象，在方位判定时应多种方法结合运用。

二、地图与现地对照

地图与现地对照就是将地图上各种符号与相应的现地地形对应起来，能随时确定站立点在图上的位置，以便了解和熟悉地形，保障实施正确的作战指挥和行动。

（一）标定地图

标定地图，就是要使地图方位与现地方位一致，这是地图与现地对照的前提。

1. 概略标定

在现地判明方位后，将地图北对向现地北，地图即已概略标定。这种方法简便迅速。

2. 用指北针标定

指北针可依磁子午线、坐标纵线和真子午线进行标定。这里主要介绍利用指北针依磁子午线标定地图的要领。

在地形图的南北内图廓线上，各绘有一个小圆圈，分别注有磁南（或P）、磁北（或P'），将这两点用长虚线连接，就是该图幅的磁子午线。

标定时，将指北针放平，使指北针准星的一端朝向地图的上方。使指北针的直尺边切于磁子午线；然后转动地图，使磁针北端对正指针（或角度盘上的"0"分划），地图即已标定（图9-24）。

3. 利用直长地物标定

利用直长的地物，如道路、河渠、土堤等标定地图，可先在图上找到这段直长地物符号，对照两侧地形，使地图与现地的关系位置大略相符，再转动地图，使图上的直长地物符号与现地的直长地物方向一致，地图即已标定（图9-25）。

4. 利用明显地形点标定

首先确定站立点在图上的位置，再从远方选定一个现地和图上都有的明显地形点（如山顶独立地物），并用指北针直尺（或三棱尺）切于图上站立点和该地形点上，然后转动地图，通过照门、准星瞄准现地该点，地图即已标定。

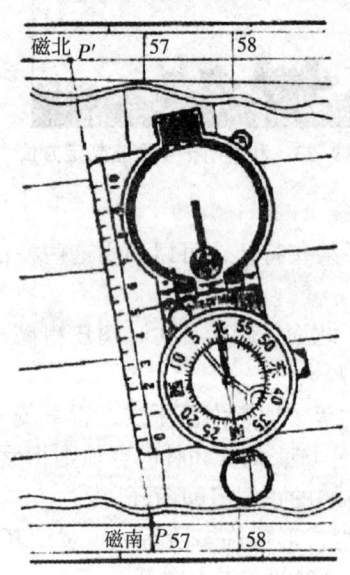

图9-24 依磁子午线标定地图

图9-25 利用直长地物标定地图

5. 依北极星标定

在夜间，可利用北极星标定地图。标定时，先面向北极星，并使地图上方朝北，然后转动地图，使地图的纵图廓线（真子午线）对准北极星，地图即已标定。

（二）确立站立点

地图标定后，应先确定站立点在图上的位置，这是现地使用地图的关键，也是地图与现地对照的基础。

1. 利用明显地形点确定

当站立点在明显的地形点上时,从图上找出该地形点的符号,确定站立点的图上位置。如果站立点在明显地形点附近时,先标定地图,对照周围明显的地形,根据站立点与明显地形点的方向、距离和关系位置,判定站立点在图上的位置(图9-26)。

2. 用截线法确定

当站立点在线状地物(如道路、河流、土堤)上时,可利用截线法确定其图上位置。方法如图9-27所示。

图9-26 利用明显地形点

图9-27 截线法

标定地图。在线状地物的侧方选择一个图上和现地都有的明显地形点。先将直尺(或三棱尺)边切于相应地形点符号的定位点上(可插一细针);再转动直尺瞄准现地该地形点;然后沿直尺边向后面方向线,该方向线与线状地形符号的交点,即站立点在图上的位置。

3. 用后方交会法确定

当站立点附近无明显地形点时,可采用此法。首先标定地图,在远方选择两个图上和现地都有的明显地形点,将直尺边分别切于图上两个明显地形点符号的定位点上(可插细针),再依次瞄准现地相应的形点,并向后方画线,两方向线的交点,就是站立点在图上的位置。采用后方交会法确定站立点时,交会角度大于15°,小于150°(图9-28)。

4. 用磁方位角交会法确定

在丛林或不便于直接从图上找准目标的地区,可用此法确定站立点。步骤是先攀登到便于通视远方的树上,在远方选定现地和图上都有的两个明显地形点,分别测出至这两个点的磁方位角。后在树下近旁标定,将指北针的直尺边依次切于图上两相应地形点的定位点上,转动指北针,使指北针先后指向树上所测之方位角,并沿直尺画线,两线交点是站立点的图上位置(图9-29)。

图9-28 用后方交会法确定站立点

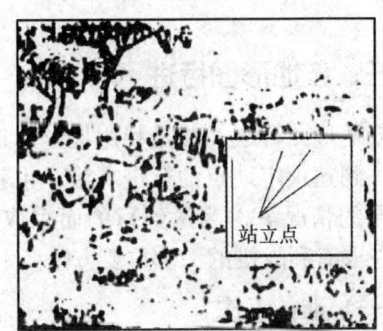

图9-29 用磁方位角交会法确定站立点

（三）确定目标点

1. 目测法

当目标点在明显地形点上时，从图上找出该明显地形点，即目标点在图上的位置。当目标点在明显地形点附近时，应先标定地图，在图上找出该明显地形点，再根据目标与明显地形点的方位、距离和高差等关系，目测判定目标点在图上的位置。

2. 光线法

当目标较多，其附近没有明显地形点时，多采用光线法来确定目标点在图上的位置。其方法如下所述。

① 标定地图。

② 确定站立点在图上的位置。

③ 朝目标瞄画方向线。先将指北针直尺边切于图上的站立点（可插细针），再向现地各目标瞄准，并朝前画方向线。

④ 目测站立点至目标点的距离，并根据距离按地图比例尺在各方向线上截取相应目标的图上位置。不易目测距离时，也可通过分析地形层次，或目标点与附近地形的关系位置，在方向线上目测判定目标点的图上位置。

3. 前方交会法

当目标点较远而附近又无明显地形点时，可采用前方交会法确定目标点在图上的位置。其方法如下所述。

① 选定现地与图上都有的 2~3 个明显地形点，作为站立点。

② 在第一点上先标定地图，确定该点图上位置并插一细针；再以指北针直尺边紧靠细针向现地目标点瞄准，并朝前画方向线。

③ 以同样的方法在第二点上瞄画方向线，两线的交点就是目标点在图上的位置。

（四）现地对照地形

现地对照地形，就是将地图上的地物、地貌符号和现地的地物、地貌一一对应找到。现地有而图上没有的目标，要能确定其在图上的位置；图上有而现地没有的，应找出其在现地的位置。现地对照地形，通常是在标定地图和确定站立点的基础上进行的。对照地形的顺序应先主要方向，后次要方向；先对照大而明显的地形，后对照一般地形；由近及远，由右至左（或由左至右）；先从图上到现地，再从现地到图上；以大带小，由点到面，逐段、分片地进行对照。对照地形的方法，主要根据站立点与目标点的方向、距离、特征、高程及目标与其附近地形的关系位置，分析比较，反复验证。对照通常采用目估法，必要时可利用观测器材。

三、按地形图行进

按地形图行进，就是利用地形图选定行军路线，通过地图与现地对照，以保持沿选定的路线，到达预定地点的行进方法，也就是部队在生疏地区、复杂地形、恶劣气象等条件而又无向导的情况下，为达到目的而采取的一种行进方法，按地形图行进，是保障部队行动自如、夺取有利战机的一个重要方法。

（一）准备工作

1. 选择行进路线

首先，要根据所接受的任务、敌情、地形和装备等情况，在地形图上选出最佳的行进路线。选择时，应考虑路线上与行动有关的地形因素，诸如地形起伏、居民地、植被、道路、水系等。在越野行进时，要使每一个转弯处都有明显的方位物。在夜间行进时，还要选定在夜间能识别的方位物。为准确掌握行进中的方向，还要在行进沿线相关地方选定明显、不易变化的标志物作为方位物。

2. 标绘行进路线

在地形图上，将行进路线和途中的方位物，用彩笔醒目地标绘出来，并按行进方向和顺序予以编号，在行进中随时予以检查、对照。必要时也可专门调制行军路线略图。

3. 熟记行军路线

按行进顺序，记忆里程、时间、方位物、地貌特征等熟记行军路线。特别是道路的岔路口、拐弯处、居民地进出口的方位物更要牢记。做到"胸中有图，未到先知"。

4. 计算行军里程和时间

正确量取行进路线上的各段距离，并计算好行进时间。如果地形起伏较大，应按不同的坡度进行距离修正。

（二）徒步沿道路前进

① 行进前，在出发点上标定地图。对照地形，判定出发点在图上的位置，明确至下一点行进途中的方位物及地形情况，然后计时出发。

② 在行进中，要一直保持地图与现地方位一致，一边走一边对照，随时明确站立点在图上的位置。

③ 及时对照沿途重要方位物，明确在地图上的位置，保持正确的行进方向。

④ 发现行进有误时，立即停止前进，仔细对照地形和地图，回忆途经路上的地形特征、方位物，判断走错的原因，行进方向偏差的大小等，并根据情况决定选择迂回路线或及时返回原路。

⑤ 发现现地地形与地图不一致时，应及时采取有效方法认真对照、全面分析、准确判定站立点在图上的位置和行进方向。

（三）乘车行进

在行军中，乘车行进是分队机动的一种主要方式。随着军队装备的不断改善，机动能力将不断提高。乘车行进，具有车速快、颠簸大、方向转换多、对照不连贯、观察地形粗略的特点。乘车按地图行进与徒步沿道路行进相比较，有以下的不同点。

1. 要选择好行军路线

在行进路线的选择上，要重点考虑车辆能否通行，路面质量、桥涵载重、渡口通过能力等；应选择道路上和道路两侧大而明显的目标；对有些质量较低的路段要选择迂回路程。

需要使用多幅地图时，要按行进方向顺序依次叠放，以便随时对照取用。

2. 要掌握以下行进中的要领

① 及时标定地图。由于在车上不能使用指北针标定地图，通常依直长地物标定。进行过程中始终要使地图与现地方位一致，要领是"车转图转、方向相反"。

② 依次对方位物进行对照。对行进途中的居民地、桥梁、转弯点、岔路口和沿路两侧突出目标等，要不停地依次进行提前对照。

③ 有效把握行进车速和里程。出发前要记录时间和车上的当前里程数，以便于判定行车途中的各位置。

④ 行进中遇到路口、转弯处时，要提前跟司机打招呼，同时要放慢车速，便于对照地形。

⑤ 无把握时，要停车判定，直至现地对照无疑后，再行进。

四、按方位角行进

军队在沙漠、草原、山林地等地形上，或夜间、浓雾、大风雪等不良气候条件下行进时，常需按方位角行进。

（一）行进资料的准备

① 选择路线。根据任务、敌情和地形情况选定，一般应选择在地貌起伏较小、障碍较小、特征明显的地段。路线的各转折点应有明显的方位物。为防止行进时方位偏差过大，要求各转折点间的距离在1千米左右，平原地区可远一些，山区和夜间则应近些。

② 量测方位角和距离。先测定图上各段的磁方位角，同时量出各段距离，并换算成复步数或行进时间，换算公式为：

$$复步数 = 实地距离（米）\div 复步长$$
$$行进时间 = 实地距离（米）\div 行进速度$$

③ 绘制行进路线图。路线图可直接在地形图上标绘，即在各段方向线一侧注记行军路线资料。也可以绘制成略图。略图可以按比例尺绘制，也可不按比例尺绘制。绘制略图时，先将出发点、转变点、终点等附近的主要地形与方位物标绘出来，再把各转变点，按行进顺序依次编号，最后注记各段磁方位角和行进距离或行进时间（图9-30、图9-31）。

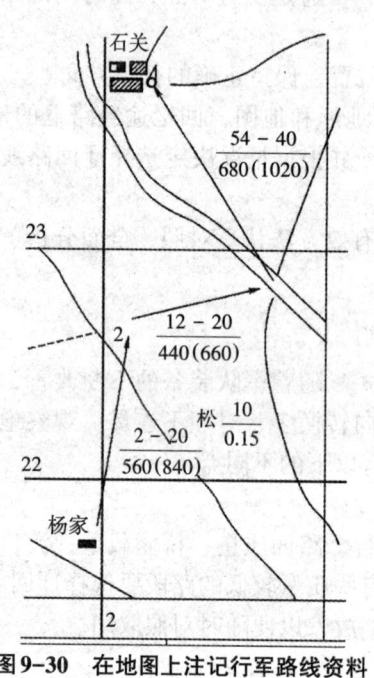

图9-30　在地图上注记行军路线资料

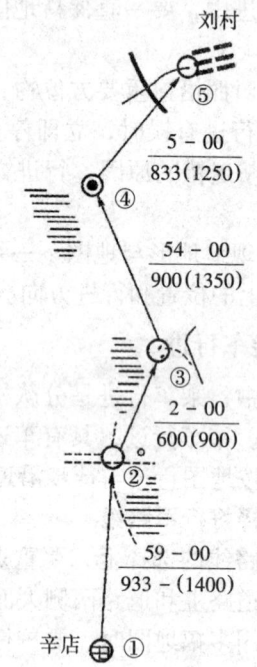

图9-31　按方位角绘制略图

（二）行进要领

① 首先要依据有关行进的资料在现地找到出发点的准确位置，查明到达下一点的磁方位角、距离和时间，并记住沿途经过的重要地形和下一点的地形地貌特征，然后手持指北针，转动身体，使磁针北端指向下一点的方位角密位数，这时，由照门至准星的方向，就是行进的方向。并在该方向线上寻找第二点方位物（如看不见时，可在该方向线上选一辅助方位物）。最后即按此方向行进。行进一般是越野照直行进，也可记准方向，选择便于通过的道路走到该点。

②在行进过程中,要随时根据地图或记忆,对照地形,用指北针检查行进方向,记清走过的复步数或行进时间。到达辅助方位物后,如仍看不到第二点方位物时,则按原磁方位角再选一辅助方位物,继续前进,直至到达第二点为止。若在起伏较大的地段上行进,要适时调整行进步伐和速度。

③在地形变换点上,当快到达下一点时,要特别注意附近地形地貌特征,当走完预定距离,未见到第二点方位物时,可在以这段距离十分之一为半径的范围内寻找。如仍寻找不到,应仔细分析原因,是地形有了变化,还是方向、距离出了差错,或者利用反方位角向第一点瞄准,进行检查。到达第二点方位物后,仍按出发点的要领,再向下一点前进,依此要领逐段前进,直到终点。

④行进中如果遇到障碍物,应根据不同情况采取不同的办法通过。对能通视的障碍,可沿行进方向在障碍地段的对面选一辅助方位物,然后找一迂回路线绕过障碍地段,但应将该段的距离,加在已走过的距离内,到达辅助方位物后继续按原方向前进。遇到不能通视的障碍地段时,可采取走直角四边形(或平行四边形)的方法绕过(每次应将该段距离数加到已走过的距离内),然后按原方向继续前进。

特殊条件下行进

★ 第四节 定向运动 ★

定向运动是利用地图和指北针,根据组织者预先在地图上设计的点标和顺序,选择路线,在最短的时间内寻找目标任务的一项体育运动。它可提高参与者识图、用图能力,野外辨别定向能力,奔跑能力等,是一项实用性极强的体育运动项目,是国防体育的重要组成部分,是新时期提高部队官兵和当代大学生综合素质的有效途径。

一、定向运动的基础知识

(一)定向运动的种类

定向运动按照运动工具的不同可分为两种。

①徒步定向,如定向越野、公园定向、校园定向、百米定向、接力定向、积分定向、夜间定向等。

②工具定向,如滑雪定向、轮椅定向、山地自行车定向、划船定向、摩托车定向等。

(二)定向运动器材

1. 定向地图

定向运动地图是一种专题地图,它的主要特点是:范围小、每版印量小、总体需求量大、比例尺大、现势性强、用不同色彩表示地面可奔跑程度。定向地图必须具备五大基本要素。

(1)地图比例尺

标准定向运动地图比例尺为1∶15000或1∶10000,等高距为5米;公园定向运动地图比例尺为1∶12000~1∶5000。

(2)地物符号

地面上的各种地物在地图上是用符号表示的,地物符号由图形和颜色组成。图形分别由依比例尺表示的符号（轮廓符号）、半依比例尺表示的符号（线状符号）、不依比例尺表示的符号（点状符号）构成。颜色分别以黑色、灰色表示人工建筑；以网点疏密的棕色表示地面的硬度和村庄；以蓝色网点和线条等表示人工物及自然水系沼泽；以不同网点疏密的黄色及花纹图案表示植物与地面开阔、空旷度，黄色越深，通视度、奔跑度越好；以不同网点疏密的绿色、线条或复色表示植物的疏密和对奔跑的影响度，绿色块越深，线条越密，植物越密，对奔跑影响也越大；紫红色多表示定向点标位置、线路方向、禁区等。

（3）地貌符号

地貌就是地表的高低起伏状态，如山地、平地、凹地、谷地等。当然也包括一些附属于它的地物，如小丘、冲沟等。定向图采用等高线法表示地貌。能够熟练地应用等高线图形理解地貌是非常重要的。因为，定向图上的所有要素都是建立在地貌的基础之上，并与地貌形成各种关系。比如，地物的分布、比赛中它的方向和距离等，都要受到地表起伏与变化的制约和影响，而且，在地物稀少的地方及森林中，地貌就是主要的甚至是唯一的行进参照物。

（4）磁北方向线

磁北方向线是地图上表示地磁的方向线。它不仅可以用来标定地图的方向、确定寻找目标的方向，还可以用于概略地判明比赛路线的方向和距离。除非遇上重要特征物会被遮盖的情况，磁北方向线必须在图上呈南北方向地贯通整个定向区。

（5）图例注记

图例就是图上的各种符号，注记就是图上的文字与数字。图例注记主要包括比例尺、等高距、图名、图例、出版单位、出版时间、成图方法、用图要求等。有时定向图上还会印有检查卡片、检查点说明表等。比赛路线是在定向越野比赛前根据设计临时标绘的内容，在较正规的定向越野比赛用图上，比赛路线符号一律用透明紫色表示。一般普及型的定向地图都附有图例，对于高级竞赛型的定向地图可不附图例，或只附统一规范之外的符号图例。起点在图中用三角形表示，并指向第一个点标。点标用圆圈标出，且点标的具体位置在圆圈的中心，圆圈的直径大约7毫米，点标序号阿拉伯数字要南北竖直标写，点标之间用直线连接；终点则用双圆圈表示。

2. 定向专用指北针

定向专用指北针的作用是为参与者指示方向做准备和标定地图，它与定向地图配合能起到辨别和保持运动方向、确定检查点的位置的作用。定向专用指北针的种类有很多，目前国际上已有几款久经考验的定向专用指北针，国产和合作生产的也陆续上市。它们基本上被分为两类：基板式与拇指式。虽然它们的外形稍有差异，但结构基本相同。其特点一是采用全透明有机玻璃制成，使用方便，可以透过指北针看清地图，大都还配有直尺刻度、放大镜等，便于参与者测算距离；二是指北针的灵敏度和稳定性都好，非常适合在运动中使用；三是配有携带绳或紧固带，能很方便地系在手腕或手指上，如图9-32所示。

（a）基板式

（b）拇指式

图9-32 基板式与拇指式指北针

3. 检查卡片

检查卡片主要用于判定参与者的成绩。用厚纸片制成，分为主卡和副卡两部分。主卡由运动员在比赛中携带，并按顺序将每个检查点的点签图案印在空格中，到达终点时交裁判人员验证。副卡在出发前交工作人员留底和公布成绩时使用。检查卡片的尺寸一般为21厘米×10厘米。

电子指卡（SI卡）是近几年兴起使用的一种基于电子点签系统的成绩验证装置。

4. 检查点

检查点用于检验参与者是否按规定跑完全程，为此，应设置专门的标志。检查点应在地图上准确地表示出来。检查点标志由三面标志旗连接组成。每面正方形小旗，沿对角线分开，左上为白色、右下为红色，旗的尺寸为30厘米×30厘米，可以用硬纸壳、胶合板、金属板、布等材料制作。标志旗通常要编上代号（国际上曾使用数字作为代号，现已规定使用英文字母），以便于选手在比赛时根据旗上的代号来判断他是否找到了正确的检查点。悬挂标志旗的方法有两种：有桩式和无桩式。悬挂高度一般从标志旗的上端计算，距地面80～120厘米。

5. 点签

点签是与检查点配合而起作用的，它提供给运动员一个到达位置的凭据。传统的点签是夹钳式的。检查钳用弹性材料制成，顶端装有钢针，钢针的不同排列，使检查钳可以印出不同的图案印痕。

电子式点签，也称"卡座"（SI器）。它的前端有一个圆洞，在参与者插入电子指卡时，会把当时的时间写入指卡。当完成比赛携带指卡返回终点时，指卡上不但记录了参与者的练习（比赛）总用时，而且还记录了参与者到达每一个检查点的具体时间。

6. 个人装备

定向运动对参与者的个人装备没有特殊的要求。但根据经验，参与者对服装的选择应该是：紧身而又不影响呼吸与运动，为防止树枝刮伤和害虫侵袭，最好穿着面料结实的长袖和长裤甚至使用护腿；鞋应该轻便、柔软而又结实，为便于上下陡坡、踩光滑的树叶或走泥泞地，鞋底的花纹最好是高凸深凹的。参与定向运动时还可根据个人的需要配备其他个人装备，如背包、帽子、腰包、水壶和头巾等。

（三）定向运动场地

通常情况下，合格的定向运动比赛地域应具备下列特点：中等起伏的森林地、植被适度；地形变化多样的有限通视地域、生疏的人烟稀少地区。当然，在组织一般的定向运动时，城市公园、校园、近郊区及未耕种或未长成的田地也是可供选择的地点。

1. 起点和终点

定向越野比赛的起点与终点最好设置在同一处，这样能方便比赛的组织工作。起点与站立点一般设在地势平坦且面积足够大（与比赛规模相适应）的开阔地上。对于作为终点通道的地段就更要平坦和有足够的长度，这样才能让裁判人员与观众看清楚跑回来的选手。

2. 比赛路线

定向运动比赛路线通常按环形设计。定向运动比赛路线的距离只是个相对准确的数字，因为它是按从起点经各检查点至终点的图上最短水平距离计算的。比赛路线的距离一般要根据运动员的水平和比赛时间确定。在小型比赛中，路线长度的设计应参考表9-4完成时间。

表 9-4　路线设计时间

| 竞争性的 | 40分钟以上（4~6千米） | 60分钟以上（6~8千米） |
| 初学者 | 30分钟以上（2~3千米） | 50分钟以上（4~5千米） |

比赛路线的质量标准，简单地说就是：具有可选择性，使运动员能够根据自己的能力对前进的方向和路径进行选择；具有可判读性，只有这样才能迫使选手依赖识图用图的能力参加比赛，体现出定向越野的特点。

在比赛中，检查点间最合适的距离应设计在500~1000米，如果受到地图比例尺或地形条件的限制，检查点间的距离可以适当放宽，但是最短不宜少于100米，最长不宜超过3000米。通常检查点的数量越多，比赛的难度越大，用的时间就越长；反之，比赛的难度越小，需要的时间就越短。

（1）路线的开端

要使运动员一开始就思考如何行进，因此，路线开端的地形以不应让运动员观察到赛区的全貌为原则，但也不必过于复杂，这样可以避免对运动员的体力与技术提出过高的要求。

（2）路线的中段

比赛路线的中段是定向运动比赛的关键性部分，选手的比赛成绩主要是在中段比赛中决定的。路线中段的设计质量主要取决于地形的因素和检查点位置的选择。一般来说，地形要有变化并有足够的难度，检查点设置在地图上做了正确表示的地物上或地物附近。

检查点的位置应使选手既不能在很远的地方就能看到，也无需很费力就能找到。符合上述要求，那么这个路线中段的设计质量就是比较好的。

（3）路线的末端

地形要比较简单、开阔而且通视要好，以便满足设置标志、选手们做最后的冲刺、工作人员和观众观察等需要。

二、定向运动的基本技术

（一）读图技术

1. 要完整、正确地理解定向图

定向地图不是对地面客观存在的机械反映，它是通过制图工作者采用取舍、概括、夸大、移位等制图综合方法完成的。因此，图上物体的数量、形状、大小、精确位置等与实地并不总是完全一致的。

① 在多种地物聚集的地方只表示了对运动有价值的，其他地物通常不表示或仅象征性地选择表示。

② 山背上、河岸边的细小凸凹，图上不可能全部表示，仅表示出了它们的概略形状。

③ 公路、铁路等线状地物，其符号的宽度是夸大了的，地图比例尺越小夸大程度越高，这必然引起线状地物两旁其他符号的移位，因此这些符号位置就不可能十分精确。

2. 要有选择地了解地图的内容

读图不能漫无边际什么都看，而应有选择地把注意力集中在解决如何定向和越野跑问题有关的地域和内容上。可以先综合扫视一下图上的比赛地域，而后确定需要重点考察的内容，进而获取需要的信息。

3. 要对各类符号进行综合阅读

不能孤立地看待地物或地貌的单个符号，而应将它们与地貌和其他地形要素联系起来阅

读，即不仅要了解它们的性质，还要了解它们之间的方向、距离、高差等空间位置关系，从而明确这些要素对竞赛的综合影响。

4. 要注意读图与记图的关系

读图时，要边理解边记忆，对在比赛中可能有助于判定方位与确定站立点的各种要素更应如此。有效的读图应转变为一种能力，即比赛中不必频繁地查看地图就能在自己的意识中清楚地再现从图上得到的信息，并根据自己的记忆快速而准确地确定自己在图上的位置、下一步的运动路线和方向。

5. 要考虑现地的可能变化

虽然定向地图的测制十分强调现势性，但由于人工或自然的原因造成地形变化是不可避免的，有时甚至是十分迅速的，因此，读图时必须根据图廓外说明注记中注明的测图时间，考虑图上表现内容落后于现地变化的可能性。一般，测图时间距离使用时间越久，图上与现地之间的差异就会越大。

（二）拇指辅行法

先明确自己的站立点和将要行进的路线，并用左手拇指或指北针边角压于站立一侧，再开始行进。行进中要根据自己所在达到位置，不断移动拇指或指北针边角，每经过明显地形点都要进行校对。这样就可以在任何时候都能立即指出自己在图上的位置。

1. 分段运动法

分段运动法就是将地图上从某站立点（出发点或检查点）到目标点（检查点或终点）之间的最佳运动路线分成若干段，然后逐段分析判断运动路线沿途地形，确定运动方向和运动路线，选择适当的运动方法，逐段完成站立点到目标点整个运动路程。分段方法主要是以沿途运动路线上所选择的参照物的设定来划分的。分段运动法操作简便，这种方法适用于初学者使用。但每一段都要停下来分析判断地形，确定运动方向和运动路线，选择运动方法等，消耗了时间，影响定向运动成绩。

2. 一次记忆运动法

技术全面、经验丰富的参赛者，为了取得更理想的比赛成绩，还可采用一次记忆运动法。这种方法是：在出发点，把在地图上选择的从出发点到第1号检查点的最佳运动路线，一次性记在脑子里，运动中按记忆的路线运动。到达第1号检查点之前，在地图上选择从第1号检查点到第2号检查点的最佳运动路线，又一次性记在脑子里。这样在检查点"作记"后可立即离开检查点连续运动。

3. 连续运动法

有一定基础的参赛者可以采用连续运动法。连续运动时，要把在各辅助目标要做的工作提前，出发后到达第一个辅助目标之前，边跑边进行图上分析，分析下一段能通视地域内的地形，选择好下一个辅助目标及运动路线。到达第一个辅助目标后，如观察到的地形与到达之前从地图上分析的地形一致，即可不在第一个辅助目标停留而作连续运动，如此类推直到检查点。到达检查点之前，同样可以分析检查点之后的路线，到达检查点之后，只需"作记"即可迅速向下一个检查点运动。

选择一条路线进行找点，根据不同的阶段使用不同的技术方法，因此可以形象地把它分成三个区域：绿区、黄区、红区。

绿区——概略定向。在这个区域，由于刚刚标定了行进方向，精确地确定了站立点（借助于检查点），可以用最快的速度奔跑。如有可能，应多采用借线、记忆等方法沿道路奔跑。

黄区——标准定向。在这个区域的各种明显地形点将逐渐引导你接近检查点，因此应采用借点、导线、水平位移等方法行进，并尽可能地保持标准速度。

红区——精确定向。即将到达检查点，应减慢跑速，防止过早地兜圈子寻找点标，或者错过点标。此时应勤看地图勤对照，时时明确站立点在图上的位置。多采用拇指辅行、偏向瞄准、借助进攻点，以及使用指北针确定行进方向，通过步测确定行进距离，并参考检查点说明以寻找点标。

三、定向运动的注意事项

（一）选准最佳行进路线

选准最佳行进路线既能减少练习者的体力消耗，又能省时，而且能使定向水平得到充分发挥。选择定向路线时必须考虑以下几点。

① "有路不越野"。由于在道路上奔跑远比在丛中越野的速度快，且不易迷失方向，所以有道路的地区要充分利用道路。

② "走高不走低"。这里的高与低是针对山脊和山谷而言，高处通视度好，易判定方位，越野难度一般也比山谷小，在这种地形上要予以考虑。

③ "遇障提前绕"。对于河沟水域、峻岭悬崖等障碍，应该在选择路线时全局考虑，以免遇到时才绕过行进、多走弯路。

④ "就近不就远"。在能行进通过、而且离道路较远的地形上，必须权衡利弊，放弃"有路不越野"的原则，果断越野。

（二）人在地上走，心在图上移

这是定向运动的首要原则。运动中随时了解自己在地图上的位置，做到每走一步都胸有成竹，这样才能成功地寻找到目标点。

（三）充分利用点标说明

检查点说明符号对检查点及附近地域的地物、位置都有指示，充分利用能起到快速捕捉到检查点的作用。点标说明还能为练习者判定站立点位置起到一定作用。

（四）遇到特殊情况要冷静

在野外奔跑难免会在过程中遇到特殊情况或出现意外情况，这时练习者要非常冷静，妥善处理。如果发现自己走错了，这时就必须选择高处确定自己的站立点，如还不行就只能回到前面的检查点，重新标定图和选择路线；如果在越野过程中受伤了，不能继续找点，则必须设法与就近工作人员联系，找到解决问题的最佳方法。

① 几种主要地形对作战行动的影响是什么？
② 等高线显示地貌的特点是什么？
③ 利用地物特征判定方位的方法有哪些？
④ 定向运动地图的五大基本要素是什么？

第十一章
综合训练

军队为了形成有利态势,争取战斗的主动权,除了具备基本的战斗技能外,还应学会各种各样生存和竞争的方法。综合训练是对部(分)队人员进行的行、住、藏、打,以及对战斗保障、应急情况、卫生救护等各方面的训练,内容包括行军、宿营与野外生存等。

第一节 行军

行军是指军队向指定地区有组织地实施移动。按照行军方式，分为徒步行军和乘车行军；按照行程、速度，分为常行军、急行军和强行军；按照行军时间，分为昼间行军和夜间行军；按照行军方向，分为向敌行军、侧敌行军和背敌行军等。行军的目的是为了争取主动，转移兵力，朝指定方向或地区实施有组织的移动，创造歼敌的有利条件。

当今社会条件下行军，是在敌人地面、空中袭击威胁和道路、桥梁可能遭到破坏、受污染的情况下实施的。行军不一定与敌人发生直接冲突，但也可能遭遇战斗。在行军时必须保持充分的战斗准备，正确编组行军队形，预定各种紧急情况的处理方案以确保万无一失，发扬我军不怕苦不怕累、连续作战的优良作风，迅速、隐蔽、安全、准时到达指定地域。

一、行军的组织准备

分队受领任务后，应根据分队具体情况在规定时间内，有计划地做好行军准备。必要时可派出侦察人员，了解行军路线、桥梁、河流、徒涉场等情况。如果时间紧迫，可在进行中不断加以组织和完善。

（一）传达任务，确定行军方案

指挥员接到行军命令后，应迅速向部属传达行军任务，并一起制定行军方案。方案包括行军路线、行军序列、各分队任务；前卫及搜索分队的编制、任务及搜索方法；行军途中可能遇到的危险及处理方案和各种保障措施等。

（二）下达行军命令，做好思想动员

指挥员向分队下达行军命令时，应根据分队具体情况进行明确分工，亲自负责行军的组织指挥。行军命令要明确行军内容：敌情；上级任务；本分队任务；出发时间、行军路线、调整地区时间、行程，到达时间和地点；行军序列、集合时间和地点；友邻行军路线；休息地点时间与警戒；行进中可能与敌人相遇的地点及行动等一切行军过程中的安排。行军前，指挥员应根据本分队担负的任务，集合分队的思想情况，进行深入的思想动员。教育战士模范遵守行军纪律，服从命令听从指挥，不得擅自离队、丢失装具和食物，不喝生水、不违反群众纪律等，保障分队顺利完成行军任务。

（三）组织各种保障

高技术条件下的行军保障流动性强、时效性高、物质器材消耗大、保障困难。因此，指挥员必须根据受领任务、敌情、地形、道路等情况，着眼特点，周密计划和全面组织行军的各种保障工作，保障行军的顺利实施，准时投入战斗。

（四）行军的物质准备

为了顺利完成行军任务，保持分队的战斗力，行军前指挥员必须做到以下几点。
① 检查携带的给养、饮食、武器、弹药等情况。
② 检查着装情况，如鞋袜的整理、背包的捆绑、装具的佩戴等。
③ 妥善安置伤病员，做好医疗准备。
④ 根据季节，进行防暑防冻教育和药物准备。

二、行军的管理与指挥

行军中,指挥员通常在本队领头行进,以掌握行军方向、路线和速度,随时了解敌情、沿途地形和道路状况,及时组织分队积极克服各种困难,沿上级指定路线迅速隐蔽前进,按时到达宿营地。

(一)准时集合出发,强化行军纪律

集合地点选择在便于进入行军道路的位置,避开公路、交叉路口,避免阻碍交通。行军中,应严守行军纪律,保守行军机密,维护行军秩序,听从调整指挥,未经上级允许不得超越前面分队,要主动给车辆和执行特殊任务的分队和人员让路。

(二)掌握好行军路线和速度

行军中,指挥员应根据情况适当掌握行军速度,在通过渡口、桥梁、岔路口时,指挥员应亲自指挥,控制速度并保持规定的距离,防止拥挤、堵塞而耽误时间。通过后,领头分队应适当减速,以便保持队形间距。掉队时应大步跟进,不宜跑步。摩托化行军应保持规定车速、车距,不得随意超车或停车,主动给指挥车和特殊车让路。夜间行军,要严格管制灯火。

(三)适时组织休息

规定行军中大、小休息时间和地点,是可以缓解行军疲劳、检查保养车辆、人员休息就餐,保持分队持续行军能力,顺利地实施行军的重要条件。由上级编成内行军的大、小休息时间和远程连续行军的休息时间,统一掌握。单独行军时,由本级指挥员掌握,休息次数和时间,应根据敌情、地形、道路等情况而定。

小休息,通常在开始行军30分钟后进行,时间约为15分钟,而后每50分钟休息一次,每次为10分钟。摩托化行军,通常1~2小时小休息一次,每次约为25分钟。

大休息,通常在完成当日行程一半以上时进行,时间约2小时。

休息时,应派出警戒,明确出发时间,必要时应指定值班人员占领附近有利地形。休息完毕要清点人数,检查武器、弹药、装具、器材和物质,严防丢失。

(四)果断处理各种情况

行军中,指挥员应注意观察,及时发现各种情况,灵活、机动、果断地处理,并应及时向上级报告。

1. 行军路线改变时

行军中,接到上级批示或因突发情况需要改变行军路线时,指挥员应迅速命令分队停止前进并向分队简要明确地介绍新的行军路线。

2. 遇敌空袭时

行军中,当收到空袭警报或防空命令时,应迅速指挥车辆就近离开道路,利用地形地物隐蔽伪装,人员下车就地疏散隐蔽。夜间行军时应立即关闭灯光和禁止灯火。

3. 通过敌炮火封锁区时

通过敌炮火封锁区前,指挥员应掌握敌炮火射击规律,如时间、地点、间隔等,规定分队行军队形和通过顺序、车距和时间间隔、通过后停车地点、中途发生情况的处置方法;准备好拖车缆绳,人员戴好钢盔,军官进行分工,而后指挥车辆通过。

4. 通过受染地段时

指挥员指挥分队尽量绕过受染区。当时间紧迫又无法迂回时,应增大距离,以最快的速

度通过，通过人员除穿戴好防护衣罩外，还应对武器和携带物品进行防护。通过后车辆应及时洗消检查，人员口服抗辐射药物，喝足开水，排除大小便。

5. 遭敌核、生、化武器袭击时

接到敌核、生、化武器袭击警报时，应充分利用地形和防护器材进行防护。袭击过后，应迅速查明损伤情况，及时组织抢救，消除沾染。

6. 通过敌雷区时

通过敌雷区时，应指挥尖兵分队占领附近有利地形，指挥工兵分队迅速查明雷区的范围和性质，并报告上级，根据上级指示选择迂回路线或开辟道路通过。

7. 与敌遭遇时

与敌遭遇时，指挥员应视情况指挥分队迅速展开。抢占有利地形，果断下定决心，按照遭遇战斗原则灵活处置，并迅速查明情况，报告上级，而后根据上级指示行动。

三、在复杂地形、气候条件下行军

分队在复杂地形、气候下行军，应加强行军的组织准备和行军指挥。

（一）山林行军

山林地行军，便于隐蔽伪装，但视度不好，容易迷路；障碍物多，行进困难。应特别加强侦察警戒和安全措施，做好利用地图、按方位角行进的准备，必要时组织方向组和排障组，携带必要的砍刀、斧、锯、绳索和其他排障器材，以便排障开路。

行军中特别注意防火、防山洪、防病和防毒虫，尽量沿道路行进。走错路时，一般不要取捷径斜插，应原路返回到开始走错的地点，再按正确路线继续前进。经过山垭口、上下坡、急转弯等难行路段时，应加强指挥，减速慢行。避开悬崖、峭壁，并经常检查行进方向。无道路时，应选择起伏较小、有明显地形特征的路线行进，顺山脊走，少走山谷，不绕山腰。

（二）高寒地区行军

高寒地区空气稀薄，人员易疲劳，易出现"高山反应"；天气寒冷，容易冻伤；雪盖地面，容易迷路；积雪厚时，通行困难；气温过低，车辆不易发动，耗油量增加；行军速度慢，驾驶人员的观察困难，通信装备性能下降；道路工程保障难度大。

行军前，应准备好防冻的被服、装具和物品。调查好行军路线，做好雪地按图和按方位角行进的准备。制定雪地行军防滑和伪装的措施，准备好克服冰雪障碍工具，驾驶员给车轮安装防滑链，并搞好伪装，根据出发时间及时发动，必要时提前给发动机加温。

行军中，要注意掌握方向，适当减慢速度。应缩短小休息时间，增加小休息次数，每次小休息的时间以约5分钟为宜，每行进半小时左右小休息一次，人员下车活动，切忌睡觉。通常不进行大休息，如有必要时，大休息应选择在有水源并避开风口的地点，力争吃熟食，饮热开水。越野通过冰冻的江河前，应调查冰层厚度，根据冰层负重决定通过方法。通过隘路、山腰及在暴风雪中行军时应特别加强行军指挥和安全保障，防摔、防雪崩、防翻车，采取前拉后推或以绳索相助等办法克服强逆风和险情。

（三）炎热条件行军

炎热条件下行军，人员容易中暑，行军比较困难。因此，行军应力求在夜间和早晚阴凉时实施。

行军前，应准备好防暑、防毒虫等药品，带足饮水，饮水中可适当加盐。根据地区特点规定着装,乘车行军还应整理好车篷。行军中,应注意饮水方法,前1~2小时尽量控制饮水,酷热时应减慢速度,增加小休息次数,延长大休息时间,大休息时尽量补充开水。雨季行军,应采取防雷击、防滑、防洪、防潮、防病虫叮咬等措施。通过桥梁前,应仔细查看有无损坏,上游有无洪水;通过险要地段时,预防塌方。遇到台风、龙卷风时,应利用地形躲避。能见度极差时,应特别注意使用多种方法掌握好行军路线。

(四)江河地区行军

江河是天然障碍,对行军的组织指挥、通信联络带来不便,因此,指挥员应加强对渡口和徒涉场的侦察,精心计划,细心组织。

通过渡口时,应根据上级命令,预先派出侦察组,查明渡口情况,明确各分队隐蔽待渡地区、渡河顺序、时间、渡口和渡河器材等,待分队到达后,迅速组织通过。分队渡河时,应加强调整勤务,组织好警戒和对空防护。

通过徒涉场时,应首先了解徒涉场的宽度、水深、流速及河底状况。必要时,可组织人员修整两岸道路,清除河底障碍,标示行进方向和界线。通过时应正确掌握行进方向,车辆要慢速行驶,中途不得停留。车辆、火炮通过后,应调整行军序列,并开往指定地区,加强伪装,派出警戒。待全部到达后,按命令再继续行军。

★ 第二节 宿 营 ★

宿营是部队离开常驻营房遂行各种任务中的临时住宿,分为舍营和露营。根据情况,可采取两者结合的方法进行宿营,使部队得到适当的休息和整顿,为继续行军或战斗做好充分准备。

一、宿营方式

宿营方式可分为三种,分别是舍营、露营和舍营与露营结合。舍营是军队在房屋内宿营,露营是军队在房舍外宿营,通常在不具备舍营条件时采用,是平时部队训练的重点。野外露营又可分为利用制式器材露营和利用就便器材露营。前者通常指利用帐篷、装配式工事等装备的制式器材进行露宿,后者通常指用车辆、坦克、篷布、雨衣、草木等进行露宿。

二、营地的选择

营地的选择,应根据敌情、地形、任务和行军编成而定,既要能保证分队安全休息,又要便于迅速投入战斗,一般条件是:有较好的地形,充足的水源,良好的进出道路,便于疏散、隐蔽,通常应远离城镇、集市、车站、渡口、大的桥梁,避开疫区、传染病流行村落,群众基础较好,或影响群众利益较小的地区。

三、宿营管理

分队宿营时,指挥员应根据分工,迅速指挥分队完成各项工作,使分队尽快得到休息。

(一)宿营配置与要求

指挥员应根据敌情、宿营时间、宿营方式和地形等条件确定宿营配置。无敌情顾虑或敌情顾虑小,宿营时间短,可将分队沿行军路线疏散配置,或集中配置;敌情顾虑较大或宿营时间较长时，应尽可能离开行军路线疏散配置，要便于隐藏、便于警戒和便于战斗行动。

分队到达宿营地后，指挥员应迅速明确各分队住房或露营地；明确次日主要任务及为执行任务应做的准备，宿营的通信联络信号，各指挥员位置；规定紧急集合场；制定隐蔽伪装、灯火管制措施；根据情况划分防空疏散区，组织构筑必要的防空工事；消除车胎痕迹；明确遭敌核、化学武器袭击及突击、空袭防护措施。

（二）宿营报告

进入宿营地域后，应迅速搜集情况，及时向上级报告。报告的方式分为文字和口述两种。连通常应呈送宿营报告，排通常用口述报告。

（三）组织休息

宿营部属完毕后，分队应迅速投入各自营地，卸装、卸载、打扫卫生、设铺搭棚、架帐篷、挖厕所；明确饮水、用水、做饭、吃饭；检查车辆，加油加水；擦拭武器，整理装具；补充弹药、器材；安排好伤员，穿刺脚泡；修理鞋袜；干部深入排、班，检查监督分队尽快休息，加强查铺查哨。

（四）做好群众工作

分队首长应与当地政府和人民群众取得联系，了解社情。向分队简要介绍宿营地区的敌情、社情和疫情及风俗习惯，认真执行党的政策和"三大纪律八项注意"，开展拥政爱民活动，并根据情况，动员群众、民兵，封锁消息，防奸保密，宣传群众，帮助民兵训练，组织助民劳动，解决群众困难。离开宿营地时，应做好群众工作，送还借用东西，打水扫地，填平厕所，征求意见，检查纪律。

（五）各种情况处理

遭敌空袭时，应立即发出警报，迅速进入指定疏散区隐蔽，组织火器对空射击。空袭后根据情况继续宿营或按上级指示转移宿营地。

遭敌坦克、摩托化步兵突袭时，应迅速指挥分队抢占有利地形，顽强抵抗敌人，并及时报告上级，如敌少，应将其歼灭；如敌占优势，应配合主力部队歼灭敌人，或交替掩护撤退。发现敌人向我宿营地空投时，应立即报告上级，并指挥分队迅速奔赴空投地区，抢占要点，在友邻部队和民兵协同下歼灭敌人。

遭敌核、化学武器袭击时，应迅速进入疏散区，利用地形和工事进行隐蔽，用制式或就便器材进行防护。袭击过后，应立即抢救伤员。

四、在复杂地形、气候条件下露营

（一）山地露营

在山地露营时，应避开悬崖、陡坡和峡谷等危险区。通常用制式器材就地取材架设帐篷或草棚，帐篷、草棚周围需要挖排水沟，铲除杂草，必要时撒些草木灰，构筑运量工事，严防敌人突然袭击。

（二）高寒地露营

高寒地露营时，要减少人员在外停留时间防止冻伤。通常采用搭帐篷、草棚、挖洞、堆雪房、围雪墙等方法露营。

(三) 荒漠、草原地露营

荒漠、草原地露营时，以自制器材和就便器材架设帐篷、搭草棚为主，结合挖土坑、垒石墙设置露营地。

宿营结束，要认真清理文件和武器装备，避免丢失，消除宿营时所留下痕迹，并会合政治部门进行群众纪律检查和做好善后工作。

★ 第三节　野外生存 ★

野外生存主要发生在以下几种情况：一是和平时期较长时间远离基本生活区的野外作业和训练，这是在预先有准备的情况下进行的；二是战争时期的野外行军作战，这是在毫无准备的情况下遭遇的意外情况；三是因意外情受困荒野，这是特殊环境决定的。不管遇到哪种情况，要适应野外生存的环境，就必须有充分的物质准备和精神准备。

一、物质准备

对有计划的野外行动，出发前，应根据客观环境的需要选择合适装备。主要有以下三类。

(一) 基本用品

①鞋子：挑选合适的鞋子，出发前数周就进行试穿，使新鞋与脚有个磨合过程，以避免或减少脚起泡。

②衣服：根据预定的野外活动季节与时间的长短，挑选合适的衣服，一套换洗的衣服和一套休息时能保暖的衣服，在严寒天气，应有几件御寒衣服；雨季外出必须带上雨衣。

③被装：根据季节选择合适的被装，最好选柔软、轻便、保暖性好的被装。

④帐篷：在野外生活的时间较长时，应备有帐篷，以作为日常休息的场所。

⑤背包或行囊：要有一个背着舒服而且结实、防水的背包或行囊，以便携带衣服和必要装备。

⑥食品：各种食物的比例可按照自己口味确定，但一定要保证营养物的合理配置。

⑦通信设备：个人或小团体野外行动，要带上对讲机和手提电话以解决通信问题。如果是有组织的远程探险等集体行动，最好备有无线电通信设备。

必须注意的是：出发之前，所有电子设备应充足电能，并带有备用电源；使用时，应尽量节省电能消耗，以延长使用时间。

(二) 医疗卫生盒

医疗卫生盒内装常用药盒卫生用品，主要有以下几种。

①镇痛类药：可缓解疼痛，减轻痛苦。

②跌打损伤药：如扶他林、三七片、云南白药等。

③膏药类：使用前，应保证将伤口弄清洁，常用的有创可贴、风湿止痛膏、红药水、冻疮膏等。

④急救包：用来固定受伤部位，促使伤口愈合。

⑤抗生素：用于治疗常见细菌感染，常用的有阿莫西林、乙酰螺旋霉素等。

⑥ 肠道镇静剂：用于治疗急性或慢性腹泻，常用的有神奇止泻丸、黄连素等。
⑦ 治疗感冒药。
⑧ 防中暑和抗过敏类药：如藿香正气水、仁丹、扑尔敏等。
⑨ 防毒蛇咬、蚊虫叮伤药：常用的有蛇药片、风油精等。
⑩ 还应备有高锰酸钾和漂白粉之类的消毒、灭菌药物。

（三）百宝盒

在紧急情况下，日常并不起眼的小器具会增加幸存机会。百宝盒里通常应装有：火柴、蜡烛、打火机、放大镜、针线、鱼钩、鱼线、指南针、手电筒、刀具、救生袋等。

二、精神准备

在极其恶劣的环境中生存下去，关键在于要有活下去的勇气，野外生存第一要素是强烈的求生欲望和战胜恶劣环境的意志和勇气。

身处野外生存的境遇中，无论是心理上还是生理上都会面临巨大压力。每一个生存者都会面对恐惧与焦虑心理，伤病与疼痛折磨，恶劣的气候环境，饥渴与劳累，厌倦与烦躁等，对于上述难关都要战胜它们，关键在于信心和毅力。

首先要有正视灾难的勇气，敢于求生。面对灾难稳定情绪，分析所面临困境，筹划求生计划。其次要有生还的坚定信心，积极求生。制定精确的行动计划，切忌盲目乱闯，不管遇到怎样的困难、危机与病痛，都要想办法战胜它们，顽强地生存下去。

三、生存的基本需要及其获取

生存的基本需要是水、火、食品和庇护所，它们各自的重要程度取决于所处的环境。在求生的一切努力中，第一个行动就是要明确自己当前的首要需求是什么。然后按照需求的轻重缓急，逐一想办法解决。

（一）水

水是人体最基本的需求，离开它，人就无法生存。身体消耗的水分要是得不到及时补充，健康和工作效率就无从谈起。一旦缺水时间较长，就可能出现脱水现象，甚至危及生命。因此，保持体液和补水充分，是野外生存必须优先考虑的因素。

一方面，要注意保留珍贵的应急储备水，并尽最大努力去寻找水源；另一方面，一旦出现缺水，当务之急是最大限度地缓解身体脱水状况，以维持体液平衡，再想办法找水补充，如在短时间内难以找到水源，则必须保持平静，减少体液消耗，争取时间等待和寻求救援。

（二）食物

食物是为人体提供热能和营养以维持生命的基本物质，因此，受困荒野，要战胜危机生存下去，重要的是要想办法获取食物。

人类必需的食物分为植物类食物和动物类食物。野外生存，要寻找到可以充饥的植物，并辨别有无毒性。如果是自己所不认识、未尝试过的植物，在食用之前，必须先鉴别其是否有毒，可否食用。

捕捉一切能够食用的小动物，是野外求生时解决食物来源的有效方法。比较容易捕捉的小动物有蛙、龟、鱼、虾等。昆虫也是野外求生者能获取的动物性食物资源，最有利用价值的是白蚁、蝗虫、蟋蟀、蜜蜂等。

（三）火

对于野外求生者来说，火有着特殊的重要意义，它不仅能使人保持体温，减少体内热量散失，而且还可以烤干衣服、煮饭烧水、熏烤食品、吓跑野兽、驱走害虫等。总之，火能给人带来生机和活力。但是，用火不慎，引发火灾，也会危及生命，破坏自然生态，造成不可挽回的损失。所以野外求生者，不仅要懂得如何生火、用火，而且要懂得控制火焰燃烧，安全用火。

在选择生火地点时，要尽量避开易燃的植物；生火前，生火点四周要有足够的防火隔离带，如果没有自然形成的隔离带，必须人工开辟2米以上的防火隔离带；要有灭火应急措施，在生火点旁边，必须备有沙土堆或水，或者备有灭火工具，一旦火势失去控制，马上扑灭；从点火到撤离的整个用火过程，火堆、火炉边都必须有人值守。如果是单人行动，至少必须与火堆保持目视联系，并时时注意观察火势，发现燃烧有可能失控时，必须把火彻底扑灭，并用沙土覆盖，以防死灰复燃、引发火灾。

（四）露营地与庇护所

野外求生，在短时间内难以得到救助而不得不在荒野之中生存较长时间的情况下，庇护所是满足生存需要的一个非常重要的场所。因此，在正常情况下，睡眠和休息本身就是人的基本生理需求。没有一个合适的栖息之所，得不到很好的睡眠和休息，会使求生者情绪低落、精神沮丧，体质下降，生存概率随之下降。尤其是在严寒或风雨交加的情况下，如果没有一个可以抵御风寒和雨雪的栖息之所，在寒风大雨中，求生者体温、体能会急剧下降，意志将被摧垮，并很快危及生命。所以，合适的露营地和庇护所，是野外生存不可缺少的。

露营地尽量选在可以防风、防雨、山洪冲不到、不会受到落石或雪崩威胁、比较平坦的地方；尽量选在离水源较近、附近有充足可以利用的林木的地方，但不要把帐篷搭在过于接近水源的地方，因为太靠近水，一旦上游山洪暴发，就有被冲走的危险，而且蚊虫较多，容易被叮咬，流水声也会妨碍睡眠；尽可能选择有自然地形地物可以利用的地方，这样可以为构建庇护所打下良好的基础。利用自然地形地物构筑庇护所，不但可以节省材料和体力，而且可以提高庇护所的稳固性。

四、其他野外生存常识

（一）判定方向的方法

野外生存首先要学会判定方向的方法，尤其是在没有地形图和指南针等制式器材的情况下，怎样利用自然特征判定方向是非常重要的；否则，就会迷失方向，走不出"迷宫"。其判定方法有三种。

① 利用太阳和时表判定。
② 利用北极星判定。
③ 利用自然特征判定。

（二）复杂地形行进方法

1. 山地行进时

为避免迷失方向，在山地行进应力求有道路不越野，有大路不走小路。如果没有道路，则选择纵向的山梁、山脊、山腰、河流、小溪边缘，以及树高林稀、空隙大、草丛低疏的地形上行进。要力求走梁不走沟，走纵不走横。行进时，能大步走就不小步走，这样数千米下来可少走许多步，节省体力。疲劳时，要用放松慢行的办法调整体能，而不能停下来休息。

2. 攀登岩石时

应对岩石进行细致观察，根据实际情况，确定攀登方向和路线。攀登岩石的基本方法是"三点固定"法，即两手一脚或两脚一手固定后，再移动剩余的一手或一脚，使身体重心上移。手脚要配合好，避免两点同时移动。行进时，一定要做到稳、轻、快。要根据自己的情况选择最合适的步幅距离和最稳固的支点，不要跨大步和抓、登过远的点，防止滑落。

3. 沼泽地行进时

遇沼泽地时，最好避开，如果沼泽地无法绕行，应手持棒棍探寻坚实的地面或泥水较浅的地点通过。注意：草原中的沼泽地最容易陷落的地方，往往生有鲜绿色的杂草；森林中的沼泽地容易陷落的地方枯树较多，而且树稀疏。遇到这种地方，要注意避开。

4. 沙漠、戈壁行进时

在沙漠、戈壁行进时，除正确判定方位外，还要注意三个相互依存的因素：周围的温度、活动量及饮用水的贮存量。在阳光直射下，人所消耗的水一般比阴影下多3倍。在沙漠、戈壁地区行进，为了降低水的消耗量，必要时可采取"夜行晓宿"的方法。

5. 雨季行进时

遇雨季时，应尽量避开低洼地，以防山洪和塌方。如遇雷雨时，应立即到附近的低洼地或稠密的灌木丛中，不要躲在高大的树下，以防雷击。如遇风雨、浓雾、强风等恶劣天气，应停止行进，躲避在山崖下或山洞里等待天气好转再走。

思考题

① 应该如何做好行军的组织准备？
② 如何选择营地？
③ 进行野外生存时，要做好哪些准备？

参考文献

[1] 韩朴明.军事理论教程［M］.济南：黄河出版社，2006.
[2] 程森成.军事理论教程［M］.武汉：武汉理工大学出版社，2005.
[3] 单小忠.军事理论教程［M］.杭州：浙江教育出版社，2007.
[4] 方宁.国防法规［M］.北京：军事科学出版社，2003.
[5] 刘新民.普通高等学校军事理论教程［M］.北京：国防工业出版社，2004.
[6] 穆永民.军事高技术与新军事变革［M］.北京：解放军出版社，2004.
[7] 赵世琦，付文军，张纵林.大学军事理论教程［M］.北京：中国书籍出版社，2010.
[8] 许慧远，黄科.大学生国防知识与军事理论［M］.北京：电子工业出版社，2010.
[9] 孙培雷，黄铁刚，张国清.军事理论与军事技能［M］.上海：同济大学出版社，2006.
[10] 刘金赋.大学生军事教程［M］.呼和浩特：内蒙古人民出版社，2003.
[11] 庞民.高校军事课教程［M］.呼和浩特：内蒙古人民出版社，2004.
[12] 李鹏青.普通高等学校军事教程［M］.北京：军事科学出版社，2008.
[13] 全军学生军训工作办公室.普通高等学校军事理论教程［M］.北京：国防大学出版社，2007.
[14] 中国人民解放军总参谋部.军事高技术知识［M］.北京：解放军出版社，2001.
[15] 伍仁和.信息化战争论［M］.北京：军事科学出版社，2004.
[16] 总参军训部.军队高技术知识教材［M］.北京：解放军出版社，1995.
[17] 朱建新.军事高技术知识教程［M］.北京：军事科学出版社，2005.
[18] 赵红.大学生军事教程［M］.长沙：湖南大学出版社，2006.
[19] 郭梅初.军事训练读本［M］.北京：军事科学出版社，2004.
[20] 匡壁民.军事理论教程［M］.北京：军事译文出版社，2007.
[21] 李庆山，罗宇，郁汉冲.新武器［M］.北京：解放军出版社，2011.
[22] 刘云飞，丁洪涌，孙贺.大学生国防教育读本［M］.沈阳：东北大学出版社，2014.
[23] 丁梦，张宝红.大学生军事理论教程［M］.北京：国家行政学院出版社，2019.